KB102986

포획된 저항

포획된 저항

신자유주의와 통치성, 헤게모니
그리고 사회적 기업의 정치학

김주환 지음

이매진

포획된 저항

신자유주의와 통치성, 헤게모니 그리고 사회적 기업의 정치학

1판 1쇄 2017년 4월 4일 **지은이** 김주환 **펴낸곳** 이매진 **펴낸이** 정철수 **등록** 2003년 5월 14일 제 313-2003-0183호 **주소** 서울시 은평구 진관3로 15-45 1019동 101호 **전화** 02-3141-1917 **팩스** 02-3141-0917 **이메일** imaginepub@naver.com **블로그** blog.naver.com/imaginepub **ISBN** 979-11-5531-083-0 (93300)

- 환경을 생각해서 재생 종이로 만들고, 콩기름 잉크로 찍었습니다. 표지 종이는 앙코르 190 그램이고, 본문 종이는 그린라이트 70그램입니다.
- 값은 뒤표지에 있습니다.
- 이 도서의 국립중앙도서관 출판시도서목록(CIP)은 서지정보유통지원시스템 홈페이지 (http://seoji.nl.go.kr)와 국가자료공동목록시스템(http://www.nl.go.kr/kolisnet)에서 이용하실 수 있습니다(CIP 제어 번호: CIP2017007215).

한국출판문화산업진흥원의 출판콘텐츠 창작자금을 지원받아 제작되었습니다.

2부 / **담론의 구조** 성공, 젠더, 사회적 기업가

사회적 경제와 비판의 위기

오늘날 사회적 경제의 담론들은 전통적인 사회 비판의 문법을 궁지로 몰아넣고 있다. 국가 권력과 시장 논리를 비판할 때 우리는 조화롭고 인간적인 자율적 공동체라는 규범적 이상을 비판의 정당성 근거로 삼아왔다. 그런데 사회적 경제 담론들에서는 그런 조화롭고 인간적인 자율적 공동체라는 '비판의 규범적 정당성'이 국가와 시장이라는 '비판 대상의 논리'하고 결합되고 있다. 카를 마르크스식 어법으로 말하자면, 우리의 '비판의 무기'와 비판받아야 할 '가해자의 무기'가 하나로 결합되고 있는 셈이다. 이를테면 사회적 경제 담론에서 공익, 타자의 고통에 관한 공감 그리고 여기에 바탕한 연대, 시민 참여에 기반한 민주주의, 공정, 휴머니즘 같은 규범적 이념과 가치들은 시민사회와 국가 사이의 협치에 바탕해 사회적 경제뿐 아니라 사회 전체를 조직하는 작동 원리로 설명된다. 흔히 착한 경제, 인간의 얼굴을 한 경제, 연대 경제 같은 따뜻하고 아름다운 수사들로 표현되기도 하면서, 사회적 경제는 차가운 현금 논리로 점철된 각자도생의 정글 자본주의와 개인의 자유(율)와 창의성을 억압하는 관료화된 권위적 국가를 넘어서거나, 최소한 그런 것들을 사회의 연대 논리에 순치시킬 수 있는 가능성을 열어줄 수 있다는 희망을 갖게 한다. 요컨대 이른바 착한 경제, 인간의 얼굴을 한 경제, 참여 민주주의적 협치 등 사회적 경제를 미화하는 다양한 표현들이 시사하듯, 사회적 경제의 논의 회로 속에서 국가 권력과 시장이라는 가해자의 논리와 그 가해자를 향한 비판의 무기로서 조화로운 공동체의 이상과 규범적 가치들이 하나로 결합됨으로써, 가해자와 피해자 또는 비판의 무기와 비판 대상의 구분이 형해화되고 있다. 그 결과 우리는 조화롭고 인간적인 자율적 공동체의 규범적 이상에 근거한 비판을 수행하면 할수록 역설적으로 국가와 시장이라는 가해자의 힘은 더욱 커지는 당황스러운 상황을 경험하고 있다.

요즘 한국 사회에서는 사회적 경제에 관한 논의가 비판보다는 긍정적 전망과 찬양 일변도로 진행되는 경향이 있다. 사회적 경제를 향한 비판이 실종된 이런 상황은, 앞서 말한 조화로운 공동체의 이상과 보편적인 규범적 가치들을 정당성의 근거로 삼아 진행돼온 전통적 비판 문법이 사회적 경제라는 과녁 앞에서 마주하게 되는 궁지하고 무관하지 않다. 사실 착한 경제를 조성하고, 공감과 나눔과 연대의 경제로 사회를 재조직하자는 주장을 비판하기는 쉽지 않다. 그렇지만 우리는 무엇이든 그것이 비판 대상에서 제외되면 권력 절대화로 귀결되거나 또 다른 지배 메커니즘으로 작동하게 된다는 점을 잘 알고 있다. 따라서 사회적 경제를 비판적으로 성찰할 수 있는 새로운 비판의 관점이 필요하다. 이 새로운 비판의 관점을 마련하려면 먼저 사회적 경제라는 대상이 전통적 비판 문법을 궁지에 빠뜨린 바로 그 지점에 주목해야 한다.

앞서 말한 대로 비판의 위기 문제에 관련해 사회적 경제와 사회적 경제의 제도적 전개가 지닌 독특성은 비판을 정당화하는 근거로서 보편적인 규범적 가치들과 전통적 비판 대상이던 경제와 국가가 상호 의존적으로 결합되고 있다는 점이다. 그렇다면 우리가 눈여겨봐야 할 문제는 공익, 공감, 연대, 참여 민주주의, 휴머니즘 같은 보편적 규범 가치들, 곧 자기를 비판하는 근거가 되던 원리들마저 자체 게임의 논리 안에 배치하며 작동하는 시장과 국가의 지배 메커니즘이 아닐까? 다시 말해 오로지 이윤 추구의 차가운 계산 논리에 따라서만 작동하기 때문에 공익, 공감, 연대, 참여 민주주의, 휴머니즘 같은 가치들을 침식한다고 여겨진 자본주의나 신자유주의에 관한 전형화된 관념을 넘어, 이제는 자기를 비판하는 규범적 근거들(앞서 말한 보편적인 규범적 가치들)마저도 실질적으로 포섭해 자기 증식과 지배 강화에 동원하면서 작동하는, 좀더 유연하고 그래서 더욱 강력해진 자본주의의 새로운 모습에 주목해야 하지 않을까?

이런 질문 속에서 제기되는 새로운 비판의 관점은 규범적 가치들 자체를 다양한 힘들이 투쟁하고 경합하는 전쟁터로 간주하는 시각을 필요로 한다. 다시 말해 그런 힘들의 투쟁과 경합의 정치학이 공익, 공감, 연대, 참여 민주주의, 휴머니즘 같은 보편적인 규범적 가치들을 어떤 방식으로 관통하며, 변형시키고, 동원하는지를 주목해야 한다.

마르크스가 지적한 대로 자본주의가 지닌 강력한 힘의 원천은 자기 적까지 자본 운동의 한 계기이자 구성 요소로 포섭할 수 있는 능력이라는 점을 상기한다면, 공익, 공감, 연대, 참여 민주주의, 휴머니즘 등 자체의 체계 논리에 이질적일 뿐 아니라 자기를 비판하는 논리가 기반하는 정당화 근거마저도 자기의 게임 논리 안에 배치하면서 작동하는 자본주의를 그려보는 일은 새삼스럽지 않다. 사회적 경제에서 대안 사회와 대안 경제의 가능성을 읽어내고 싶은 사람은 먼저 그 둘이 결합해 작동하는 자본주의 지배의 새로운 작동 방식을 진지하게 검토하는 작업을 거쳐야 한다. 그러지 않고 앞서 말한 보편적인 규범적 가치들과 자본주의 시장 경제를 대척점에 놓는 관점에 서서, 사회적 경제를 통해 공익, 공감, 연대, 참여 민주주의 등이 복원되고 있는 측면에 주목해 사회적 경제를 곧장 자본주의 시장 경제를 넘어설 대안으로 간주하게 되면, 의도하지 않게 새로운 방식으로 작동하는 오늘날 자본주의의 지배 메커니즘에 봉사하는 결과로 나아갈 가능성이 크다.

나는 이런 문제의식에서 사회적 경제, 특히 사회적 경제의 가장 전형적이자 선도적인 형태인 사회적 기업 육성 과정에 초점을 맞춰 사회적 기업이 신자유주의 통치 메커니즘 속에 포획되는 헤게모니의 동학을 그려보려 했다. 《포획된 저항》은 그런 시도를 담은 내 박사 학위 논문인 〈한국에서 신자유주의와 사회적 기업의 정치학 — 신자유주의 통치성과 헤게모니의 동학Neoliberalism and the Politics of Social Enterprises in South Korea: The Dynamics of Neoliberal Governmentality and Hegemony〉을 수정하고 재구성한 책이다. 2장은 〈신자유주의 사회적 책임화의 계보학 — 기업의 사회책임경영과 윤리적 소비를 중심으로〉《경제와 사회》 96호, 2012년, 4장은 〈사회적 기업 성공담론의 구조와 신자유주의 헤게모니〉《문화와 사회》 16권, 2014년, 5장은 〈사회적기업과 젠더 담론의 정치동학〉《문화와 사회》 18권, 2015, 7장은 〈한국에서 사회적기업과 신자유주의 통치 — 사회적인 것의 통치 메커니즘을 중심으로〉《경제와 사회》 110호, 2016년 등 다른 지면에 실린 논문 내용을 일부 포함하고 있다.

수정과 보완을 거쳤지만 여전히 흠이 많다. 특히 사회적 기업 경제가 형성되는 데 관여한 다양한 시민사회 조직들의 견해와 실천을 면밀히 분석하지 못했고, 사회적 기업 관련 활동가들의 목소리를 반영하지 못했다. 그밖에 방법론에 관련한 문제들도 제기될 수 있다. 부족한 부분은 앞으로 진행할 연구를 통해 보완할 생각이다. 일단 이 책을 세상에 내놓아 사회적 기업뿐 아니라 사회적 경제에 관한 좀더 생산적이고 진지한 논의가 촉발될 수 있기를 바란다.

이 책이 나오는 데 도움을 준 분들이 많다. 먼저 부모님들은 늘 아들의 연구에 관심을 갖고 물심양면으로 도움과 격려를 주셨다. 아내는 내 사고를 다듬고 벼리는 데 훌륭한 논쟁자이자 조언자였다. 그리고 점점 더 힘들어지는 출판 상황에서도 선뜻 출간을 결정하고 여러 논평과 조언을 해준 출판사 이매진에 고마움을 전하고 싶다.

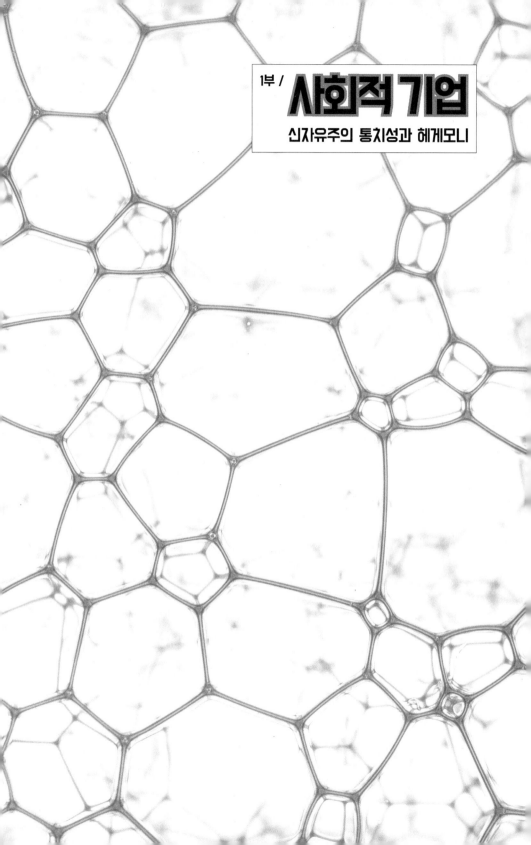

1부 / 사회적 기업

신자유주의 통치성과 헤게모니

1장
사회적인 것, 사회적 경제, 사회적 기업

1. 사회적 기업, 사회적 경제의 핵심 주자

지난 몇 년 동안 한국 사회는 물론 전세계적으로 시장 경제의 폐해가 깊어졌다. 시장 경제의 대안으로 '사회'와 '경제'라는 이질적인 두 요소를 조합한 '사회적 경제'라는 독특한 신조어와 담론들이 생겨나 빠르게 퍼지고 있다. 제3의 길, 빅 소사이어티, 연대 경제, 공정 무역, 윤리적 소비, 기업의 사회적 책임, 동반 성장, 공생 발전, 윤리 경영, 신뢰 경영, 공동체 자본주의, 커뮤니티 비즈니스, 사회적 자본, 사회 책임 투자, 협동조합, 사회적 기업 같은 용어와 담론들이 폭발적으로 늘어났다(Eikenberry and Kluver 2004: 김성윤 2011; 김주환 2012).

사회적 경제의 가장 전형적 형태라고 할 수 있는 사회적 기업은 많은 나라에서 다양한 사회 문제를 풀 수 있는 유망한 해법으로 채택되고 있다. 사회적 기업가들은 혁신적 아이디어로 세상을 바꾸고 시대정신을 만들어가는 새로운 영웅으로 표상되고 있으며(박명준 2011: 권은정 2010: 김종락 외 2012), 사회적 기업가의 성공 스토리도 빠르게 퍼지고 있다(Eikinberry 2009; Elington and Hartigan 2008; Yunus 2007).[1] 신자유주의 시대를 연 마거릿 대처가 '더는 사회 같은 것은 없다'는 선언으로 장례를 치른 뒤 20여 년 만에 부활한 '사회적인 것'은 시장 경제 원리에 결합된 모습으로 다시 돌아왔다.

한국도 예외가 아니다. 한국에서 사회적 경제의 대표 형태라 할 수 있는 사회적 기업은 다른 사회적 경제 활동들을 활성화하고 관련 담론을 촉발시키려는 전략 아래 핵심적인 제도 장치로 채택돼 정책적으로 '육성'되고 있다. 이때 한국에서 사회적 기업 육성이 신자유주의 시대 통치 방식의 변화를 반영하고 있다는 점을 주목해야 한다. 국가의 공식 사회적 기업 심벌 마크와 로고 송은 국가 장치를 거쳐 생산되고 유포되는 사회적 기업 담론의 핵심을 응축하고 있으며, 그런 담론 전략이 권위주의적 통치 시기의 국민 동원 담론 전략과 어떻게 다른지를 잘 보여준다. **그림 1**과 **그림 2**는 정부가 정한 사회적 기업의 심벌 마크와 로고 송 가사다.

사회적 기업 심벌 마크에 관한 한국사회적기업진흥원의 설명과 로고송 가사에는 네 가지 요소가 결합돼 있다. 첫째, '사람', '사랑', '아름다운', '훈훈한', '따뜻한', '우리 함께' 같은 언표들로 구성된 공동체와 휴머니즘에 관련된 미사여구들, 둘째, '일자리', '일', 일을 향한 '열정', '땀방울' 같은 언표들로 구성된 근로에 관한 칭송, 셋째, '숨막히는 세상', '끝이 없는 좌절들' 같은 표현들로 상징되는 부정적 현실을 지시하는 언표들, 넷째, '희망', '행복', '꿈', '기쁨' 같은 낙관적 미래의 결과를 상징하는 언표들이다.

이런 언표들을 배치함으로써 사회적 기업은 '숨막히는 이 세상, 가도 가도 끝이 없는 좌절들'뿐인 이 세상에서, 취약 계층에게 '일자리'와 '희망'을 주는 '따뜻한 기업, 좋은 일'을 하는 대안 기업으로 표상된다. 물론 사회적 기업을 미화하는 담론 속에서 차가운 금전적 계산, 합리적 경영, 수익, 효율성, 생산성 같은 기업의 언어들, 나쁜 노동 조건이나 저임금에 관한 불만 등은 언급되지 않는다. 또한 희망과 행복, 꿈의 실현은 오로지 근면한 노동을 통해 얻을 수 있는 결과로 규정된다. 그런 점에서 사회적 기업에 관한 이런 담론화 방식은 사회적 기업을 지배하는 담론들의 이데올로기적 성격을 보여준다.

그림 1. 사회적 기업 공식 심벌 마크

기업의 안정적인 운영,
편안하고 행복한 일터(GREEN)

재도약하는 근로자의
일에 대한 열정(RED)

노동의 기쁨을 다시찾은
직원들의 행복한 땀방울

행복한 내일, 더 나은 삶을 위한
도움을 주는 따뜻한 기업

사람의 체온 36.5도를 의미하는 따뜻한 기업
365일 누구에게나 활짝열린 훈훈한 기업

취약 계층에게 취업 기회 제공
(손을 내밀고 있는 형상)

※ 심벌 마크 각 부분에 부여한 의미는 한국사회적기업진흥원이 단 설명이다.

그림 2. 사회적 기업 로고송과 홍보 영상 중 한 장면

아름다운 사회적기업

(작사·작곡: 전정훈 / 노래: 신혜성)

사랑을 듬뿍 찾아가세요 희망도 듬뿍 찾아가세요
이곳 사랑 넘치는 아름다운 여긴 사회적 기업
행복 주는 일자리 세상에는 희망과 사랑을 사람과 사랑으로 뭉친 사회적 기업
꿈이 있는 분 일해요 꿈을 잃은 분도 다시 일해요
좋은 일도 하고 이익 만들어 주먹 불끈 용기내서 일어나보자
정말 열정 있고 용기 있는 우리 함께 모여 일해요
사랑을 듬뿍 찾아가세요 희망도 듬뿍 찾아가세요
사랑을 나누고 희망을 나누는 아름다운 사회적 기업
사랑을 듬뿍 찾아가세요 희망도 듬뿍 찾아가세요
사랑을 나누고 희망을 나누는 아름다운 여긴 사회적 기업
숨막히는 이 세상 가도 가도 끝이 없는 좌절들
하지만 떠오른 태양 사회적 기업
빗방울이 모여서 강이 되고 바다가 되듯이 모두 모여 세상 밝히자
사랑을 듬뿍 찾아가세요 희망도 듬뿍 찾아가세요
사랑을 나누고 희망을 나누는 아름다운 여긴 사회적 기업
여긴 사회적 기업
여긴 사회적 기업

※ 그림 출처: 고용노동부 제작 뮤직비디오 〈아름다운 사회적기업〉.

한편 이런 담론 전략은 권위주의적 통치와 신자유주의 통치 방식의 차이를 응축해 보여주기도 한다. 권위주의적 군부 독재 아래 조국 근대화를 위한 국가 주도의 국민 동원이라 할 수 있는 새마을운동 시절에 널리 불린 〈새마을 노래〉와 사회적 기업 공식 로고송인 〈아름다운 사회적기업〉을 간단히 비교해보자. 〈새마을 노래〉는 '새벽종'이 울리고 '새아침'이 밝자마자 '너도 나도' 일어나 '서로서로' 도와 땀 흘려 일하고 소득 증대에 힘써서, '우리 힘'으로 '부자마을', '살기 좋은 내 마을', '새조국'을 만들자고 독려한다. 여기서 국민들의 근면, 자조, 협동은 살기 좋은 '부자마을', 나아가 '새조국'을 만드는 동력으로 설명되며, 국민들의 복리를 위한 국가의 의무와 국민의 권리 대신에 마을과 조국을 위한 국민 개개인의 의무와 헌신이 강조된다.

〈아름다운 사회적기업〉에서도 근면, 자조, 협동의 정신이 강조되지만, 국가가 아니라 개인의 희망, 행복, 꿈, 기쁨을 실현하기 위한 요소로 설명된다. 〈새마을 노래〉는 '소득증대 힘써서 부자마을 만드세'라는 표현에서 알 수 있듯이 국민 동원을 위해 국민의 물질적 욕망을 자극하는 반면, 〈아름다운 사회적기업〉은 '희망', '행복', '꿈', '기쁨' 등의 표현이 시사하듯 개인의 물질적이고 이기적인 욕망 충족만으로는 환원될 수 없는, 공동체를 위해 좋은 일을 하는 데 같이 참여하면서 얻게 되는 인간 삶의 좀더 포괄적이고 다양한 형태의 내적 만족을 강조한다. 이런 차이는 사회적 기업을 통한 신자유주의의 통치가 국가를 위한 국민의 헌신을 강요하는 대신에 자기 이익뿐 아니라 더 넓은 공동체의 공익을 실현하려는 개인들의 자발적 참여를 겨냥한다는 점을 보여준다.[2]

한국에서 사회적 경제의 담론과 제도가 확산되는 현상의 중심에는 사회적 기업이라는 제도적 장치가 있다. 사회적 기업은 학자, 국가, 국제 조직마다 다르게 정의되지만,[3] 포괄적 의미에서 보면 시장의 영리 전략을 통해 사회의 공익이라는 목적을 추구하는 조직이다. 사회적 기업은 영리를 추구하는 조직이지만, 가장 중요한 목적이 주주 이익의 추구가 아니라 사회 공익을 담은 가치의 실현이라는 점에서 일반 영리 기업들하고 구분된다. 또한 비영리 시민사회 조직처럼 사회 공익적 가치의 실현을 존재 이유로 하지만 시장에 기반한 전략과 실천들을 통해 목적을 달성하려 한다는 점에서 비영리 시민사회 조직하고도 구분된다. 그런 점에서 사회적 기업은 공동체의 사회적 가치와 시장 경제의 원리를 독특하게 결합한 조직으로서 사회적 경제의 이념을 가장 구체적으로 구현하고 있는 장치다. 한국에서 사회적 기업은 사회적 경제 육성의 가장 중요한 전략으로 채택돼 2007년 관련법이 만들어지면서 안정적인 제도적 육성 지원 체계와 근거가 마련됐다. 또한 사회적 기업을 육성하는 과정에 국가는 물론 시민단체나 기업 등 민간 부문도 적극 참여해 사회적 경제와 사회적 경제에 관련된 논의를 촉발, 견인하고 있다.

한국의 사회적 기업은 사회적 기업이 좀더 일찍 발달한 유럽이나 미국의 사회적 기업하고는 다른 맥락과 형태를 지닌다(Bacq and Janssen 2011: Friedman and Desivilya 2010). 미국의 사회적 기업은 국가에 상대적으로 자율적인 상황에서 비정부 기구NGO나 비영리 조직NPO이 사회적 사명을 실현하고 조직 운영에 필요한 재원을 마련하려고 별도의 영리 기업을 세워 상업적으로 운영하는 형태가 지배적이다. 따라서 실제 운영에서는 일반 영리 기업하고 별반 다르지 않아 시장에 치우친 상업적 경향이 강하다(Eikenberry and Kluver 2004, Dees 1998: Froelich 1999: Arthur et al. 2009: 정선희 2007). 한국의 사회적 기업도 시장 수익성을 중시한다는 점에서 미국의 사회적 기업하고 비슷하지만, 국가 주도로 제도화된데다 직접 취약 계층을 위한 유급 일자리를 만들어 제공함으로써 활동 자체가 사회적 목적을 실현하는 형태를 취한다는 점에서 차이가 있다.

유럽과 한국의 사회적 기업은 실업과 빈곤 문제를 해결하고 사회적 서비스를 공급할 필요라는 맥락에서 출발해 정부가 제도화 과정에 깊이 개입한 점에서 비슷하다(Defourny and Nyssens 2008). 그렇지만 유럽은 시민사회와 사회적 경제 조직이 오랜 역사를 지닌 반면, 시민사회와 사회적 경제가 상대적으로 취약한 한국은 국가 주도성이 훨씬 더 강하다. 또한 유럽의 사회적 기업이 국가 주도의 복지 체제를 문제삼으면서 공공복지 부문을 축소하고 시장화하는 문제에 대응해 논의된 반면, 한국의 사회적 기업은 복지 체제가 취약한 상황에서 인위적으로 시장에 기반한 복지 체제를 창출하려는 시도라는 점에서도 차이가 있다.

한국 사회에서 사회적 기업이라는 말이 공론의 장에 처음 본격적으로 등장한 때는 1997년 외환 위기의 여파로 빈곤과 실업 문제가 심각하던 2000년이었다. 2000년 12월 6일, 민관이 공동으로 '빈곤과 실업극복을 위한 국제포럼 — 자활사업 활성화와 사회적 일자리 창출'이라는 행사를 열었다. 실업 관련 사회운동 단체들이 사실상 주도한 이 행사에서 참가자들은 유럽 사례를 소개하고 참조하면서 빈곤과 실업을 극복할 방안이 '사회적 일자리' 창출 사업이라고 주장한 뒤, 사회적 일자리를 만들 가장 유력한 수단으로 사회적 기업을 제시했다. 이때 사회적 기업은 단순히 취약 계층의 일자리를 만드는 생산 조직에 그치지 않고 사회의 공동체성을 복원하는 동시에 효율성의 논리를 넘어 사회적 민주화라는 이념을 실현하기 위한 사회운동의 일환으로 여겨졌다.

그 뒤 언론들은 다양한 형태의 사회적 경제를 소개하면서 사회적 기업을 중심에 놓아 사회적 경제와 사회적 기업 담론을 대중화하는 데 큰 구실을 했다.[4] 정부도 여러 정책 보고서를 통해 사회적 경제와 사회적 기업 육성에 관한 다양한 논의를 진행했다.[5] 2007년부터 2012년까지 5년에 걸친 1차 사회적 기업 육성 기간 동안 거둔 성과를 평가하고 2차 기본 계획을 제시한 〈제2차 사회적기업 육성 기본계획〉(관계부처합동, 2012), 〈사회적기업 육성 기본계획 수립을 위한 기초연구〉(노동부, 2012), 〈사회적기업 활성화 추진계획〉(노동부, 2013) 등은 1차 육성 기간 동안 사회적 기업은 양적으로 괄목할 만하게 성장했으며,

그 결과 사회적 경제에 관한 논의를 자극하고 다양한 형태의 사회적 경제 조직과 활동이 형성되는 데 큰 구실을 했다고 평가했다. 그런 맥락에서 이 보고서들은 앞으로 5년 동안 2차 육성 기간에는 사회적 기업과 다른 형태의 사회적 경제 조직들이 함께 성장하면서 사회적 기업이 사회적 경제를 혁신할 수 있는 질적 성장을 하는 쪽으로 정책 방향을 설정하고 있다. 이렇게 한국에서 사회적 기업은 사회적 경제의 형성을 이끄는 대표 주자였다.

2. 신자유주의의 아포리아 그리고 사회적 기업

신자유주의는 경제는 물론 정치, 사회, 개인적 일상 같은 모든 것이 합리적 개인들의 자유와 자발성에 입각한 자유 시장의 원리에 따라 작동할 때 가장 이상적인 결과를 가져올 수 있다고 생각하는 신념 체계다(Eikenberry 2009). 이런 신념 아래 신자유주의는 개인, 가족, 공동체, 시민사회, 심지어 국가처럼 전통적으로 비시장 영역으로 여겨지던 영역들을 시장 영역으로 간주하고 조직해왔다(Foucault 2008; Lemke 2001; Burchell 1993; Shamir 2008; Simpsona and Cheney 2007). 이 과정에서 신자유주의 체제는 공공 영역의 기업화와 시장화, 경제 영역의 탈규제, 복지 축소와 작은 정부 지향 정책들을 통해 국가를 비롯한 다른 공공 영역들의 공익적 성격을 침식했다. 또한 공동체 구성원들을 합리적 계산에 따라 경제적 이익을 극대화하는 행동을 최고의 미덕으로 삼는 원자화된 호모 에코노미쿠스로 변형해왔다.

　한국도 이런 대대적인 신자유주의적 사회 재구조화 과정을 피할 수 없었다. 1997년 외환 위기는 한국 사회가 본격적으로 신자유주의 재구조화 과정을 겪는 결정적 계기가 됐다. 경제 위기를 극복하려고 국제통화기금IMF에 구제 금융을 요청하면서 한국 정부는 아이엠에프의 통제 아래 들어간다. 아이엠에프 체제에서 정부는 노동 시장 유연화, 공공 기관 민영화, 정부 재정 축소, 기업 구조 조정 등 가혹한 신자유주의적 사회 재구조화 요구를 받아들일 수밖에 없었다. 아이엠에프가 '개혁'을 위한 과감한 정책들과 모든 노력을 다한 정책 집행이 한국을 더욱 개방적이고 경쟁력 있는 '시장 주도 경제'로 만들었다고 평가하듯이, 1997년 아이엠에프 체제 뒤 국가 주도형 한국 경제는 빠르게 시장 주도형 경제로 바뀌어갔다(IMF 2000, 80).

신자유주의적인 사회 구조의 변화는 경제 영역에만 한정되지 않았다. 심지어 개개인들의 일상적 삶과 사고방식 같은 문화 영역에서도 커다란 변화를 불러왔다. 노동자는 자기가 가진 인적 자본을 경영하고 고용자를 상대로 자기가 가진 자본을 거래하는 기업가로 간주되기 시작했고(서동진 2009), 주부는 가정 경제와 자녀들의 인적 자본을 경영하는 전문 최고 경영자CEO로 표상되기 시작했으며(박혜정 2010), 자기 계발서 읽기가 크게 유행하면서 자기 계발의 문화가 폭넓게 퍼졌다. 이런 분위기에서 개개인들이 자기 앞에 닥친 다양한 문제들을 정부에 의지하지 않고 스스로 해결하는 방식이 당연하고 바람직한 규범처럼 간주되기 시작했다(서동진 2009).

그렇지만 모든 것을 경쟁과 효율과 이윤 추구의 원리로 환원하는 신자유주의 체제는 필연적으로 양극화의 심화, 대규모 근로 빈곤 계층, 불안정한 고용, 실업률 상승 같은 사회 문제들을 야기할 수밖에 없었다. 이런 사회적 문제와 경제적 문제들은 궁극적으로 사회 갈등의 증가와 사회 통합의 위기를 가져온다는 점에서 신자유주의 체제의 존립을 위협한다. 전통적으로 이런 문제들은 국가의 복지 체계를 비롯한 재분배 정책을 통해 해결돼야 하지만, 신자유주의가 견지하는 작은 정부와 복지 축소 탓에 효과적으로 해결되기는커녕 더 심각해졌다. 또한 이런 문제를 흡수할 수 있는 또 다른 기제인 가족, 시민사회, 지역 공동체 영역도 신자유주의에 물들어 합리적으로 손익을 계산하는 자유로운 개인들의 경쟁이라는 원리에 종속되다 보니, 신자유주의에 맞서 공동체의 연대를 조직하고 활성화할 수 있는 적절한 언어와 수단을 제공할 수 없었다. 이렇듯 신자유주의가 야기한 여러 사회 문제들을 신자유주의의 내적 체계와 원리로 해결될 수 없다는 사실이 드러나면서 신자유주의 체제는 정당성 위기에 빠지게 된다. 위기는 신자유주의를 대체하려는 새로운 대안 담론들의 도전과 저항을 불러왔고, 저항은 반세계화 시위나 한-미 자유무역협정 반대 투쟁처럼 신자유주의에 저항하는 사회운동의 형태로 구체화됐다.

결국 신자유주의는 두 차원의 압박에 직면하게 된다. 첫째, 논리적 일관성을 무너뜨리지 않으면서도, 곧 경쟁, 효율, 합리적이고 자유로운 개인들의 선택, 시장, 작은 정부와 복지 축소, 탈규제 같은 원리를 유지하면서도, 점증하는 양극화, 대규모 근로 빈곤층 양산, 불안정한 고용, 실업 증가 같은 여러 사회 문제에 대응하고 해결할 수 있다는 점을 증명해 신자유주의의 우월성을 입증해야 한다는 요구다. 둘째, 헤게모니를 유지하려면 신자유주의에 대항하는 대안 담론들을 비롯해 사회운동 세력의 도전과 저항에 대응해야 한다는 압박이다. 앞서 밝힌 대로 신자유주의 체제의 안정을 뒤흔드는 사회 문제들은 전통적으로 국가나 공동체를 통해 해결돼왔지만, 신자유주의는 국가의 개입이나 공동체적 연대를 뒷받침할 언어를 갖고 있지 않을 뿐 아니라 그런 처방에 적대적이다. 반면 신자유주의에 저항하는 대안 담론과 운동 세력들은 전통적으로 국가의 적극적 개입을 통한 분배 정의의 강화와 공동체의 저항적 연대를 통한 사회 개혁을 주장해왔다. 그런 점에서 신자유주의가 그런 대안 담론과 세력들에 헤게모니를 내주는 것은 어쩌면 자연스러워 보인다. 그렇다면 신자유주의 체제는 이 딜레마를 어떻게 해결할 수 있을까?

쉽지 않아 보이는 이 문제를 푸는 방법은 의외로 간단할 수 있다. 바로 신자유주의에 저항하는 대안 담론들과 사회운동 세력들이 주장하는 공동체적 연대의 강화라는 요구를 수용하되, 그런 흐름들이 내걸고 있는 연대, 공익, 협력, 상생 같은 공동체의 사회적 가치들을 철저히 시장의 언어로 재구조화해 시장에 바탕해서 작동하게 만들면 된다. 이를테면 연대, 호혜성, 신뢰 같은 가치들을 사회적 자본이라는 시장의 언어로 재정의함으로써 그런 가치들에 내재된 저항과 사회 비판의 함의들을 제거하고, 궁극적으로는 오로지 시장에서 통용되는 경제적 효용이라는 측면에서만 이해되게 만든다. 더불어 국가나 영리 기업들을 대신해 비판적 사회운동 세력들이 스스로 그런 시장의 언어로 재정의된 공동체적 가치들을 현실화하는 작업의 주체로 참여하게 하면 가장 이상적이라고 할 수 있다. 왜냐하면 공동체적 가치들을 시장의 언어로 재구조화한 상태에서 공동체적 가치를 추구하며 비판적 사회운동 세력들이 수행하는 다양한 실천은 결국 시장과 신자유주의를 강화할 수밖에 없기 때문이다. 신자유주의에 저항하는 세력들을 이용해 역설적으로 신자유주의를 강화하는 이 해법은, 최소의 권력 투자로 최고의 복종 효과를 끌어내야 한다는 권력의 경제학의 관점에서 볼 때 최고의 권력 효율성을 구현한다.

사회적 기업이라는 제도적 장치의 등장은 이런 신자유주의 통치 전략의 변화라는 맥락에서 이해돼야 한다. 명칭 자체가 시사하듯이 사회직 기업은 '사회적'이라는 말이 상징하는 공동체적 연대의 가치와 '기업'이라는 말이 상징하는 시장 원리의 결합을 특징으로 한다. 따라서 사회적 기업은 학자, 나라, 기구들마다 다르게 정의되고 있지만, 대체로 '시장의 영리 전략으로 사회적 목적을 실현하려 하는 민간 조직'이라는 의미를 지닌다. 그리고 사회적 기업을 운영하는 주체는 국가 기구나 영리 기업이 아니라 주로 시민운동 단체를 비롯한 민간이다. 특히 아이엠에프 외환 위기 직후 국가가 시행한 공공근로 민간 위탁 사업과 2003년부터 시작한 사회적 일자리 사업에 시민운동 단체들이 대거 사업 파트너로 참여하기 시작한 뒤, 한국에서는 사회적 기업 육성 사업 단계에서 시민운동 단체와 활동가들은 단순한 파트너를 넘어 기업을 직접 운영하고 육성하는 핵심 주체가 됐다. 이런 사회적 기업의 등장과 전개는 두 측면에서 커다란 정치사회학적 함의를 지닌다. 첫째, 사회적 기업은 신자유주의 체제 아래에서 진행되고 있는 국가, 시장, 사회 사이의 관계 방식의 변형을 반영하고 있다. 둘째, 사회적 기업은 신자유주의 체제가 저항을 체제 내화해 자기를 강화할 수 있게 배치하는 과정을 보여준다는 점에서 세력들 사이의 정치적 투쟁과 포섭의 정치적 동학을 이해할 수 있게 해준다.

신자유주의 체제 아래에서 국가, 시장, 사회 같은 사회적 구분선이 변형되는 문제에 관련해 미셸 푸코는 유용한 통찰을 제공한다. 이론적 배경을 다루는 다음 장에서 이 문제를 좀더 자세히 살펴보기로 하고, 여기서는 푸코가 한 논의의 핵심을 간단히 정리해보자. 푸코의 권력/지식 논의의 관점에서, 그런 사회적 영역들의 구분은 고정된 실체가 아니라 통치를 위해 동원되는 권력/지식 구성체의 효과다(Foucault 2008; Mitchell 1999). 그런 점에서 보면 사회적 구분선들의 변화는 통치 전략의 변화를 반영한다. 따라서 비시장 영역으로 간주되던 국가와 사회, 심지어 가족과 개인까지 모든 것을 시장 영역으로 간주하는 신자유주의 체제가 어떤 지식과 담론의 체계와 권력의 테크놀로지들을 동원해 자기의 통치를 실현하고 있느냐 하는 관점에서 사회적 기업이, 그리고 사회적 기업가들의 출현과 전개가 분석돼야 한다.

다음으로 신자유주의 체제가 저항을 자기를 강화할 수 있는 유용한 자원으로 배치하는 문제는 안토니오 그람시가 제기해 에르네스토 라클라우와 샹탈 무페가 담론 영역으로 발전시킨 헤게모니에 관한 논의가 유용한 통찰을 제공한다. 이 문제도 다음 장에서 자세히 다룰 생각인 만큼, 여기서는 요점만 간단히 정리해보자. 권위적 명령에 따른 하향식 지배 방식하고 다르게 헤게모니는 지배 세력이 상이한 정치적 이해와 상황을 지닌 세력들을 자기 계급의 정치적 이해와 상황에 결합시켜 지배를 유지하는 데 동원하는 문제에 관한 논의다. 특히 지배 세력이 자기들의 정치적 이해와 상황을 중심으로 다른 세력들의 이해와 상황을 접합할 수 있는 지적이고 도덕적인 능력이 관건이 된다(Gramsci 1971; Laclau and Mouffe 2001). 그런 점에서 사회적 기업을 둘러싼 정치 동학은 신자유주의 체제와 신자유주의에 저항하는 사회운동 세력들이 각자 자신의 이해와 상황을 중심으로 상대의 이해와 상황을 접합하려는 일련의 정치적 헤게모니 투쟁 과정이라는 측면에서 독해돼야 한다.

따라서 공동체, 휴머니즘의 가치, 시민 참여를 특징으로 하는 사회적 기업을 둘러싸고 펼쳐지는 신자유주의 통치 메커니즘을 향한 비판이 초점을 맞춰야 하는 분석 대상은 바로 신자유주의 통치가 동원하는 지식과 권력의 전략과 기술, 그리고 헤게모니 투쟁의 양상들이다. 이런 분석은 한국에서 사회적 기업을 둘러싸고 펼쳐지는 신자유주의 비판의 흐름들에 관한 이론적이고 실천적인 비판이라는 함의를 지닌다. 사회적 기업에 쏟아지는 '착한 기업', '인간의 얼굴을 한 경제', '따뜻한 기업' 같은 미사여구들이 시사하듯, 한국에서 사회적 기업 운동을 옹호하는 많은 사람들은 신자유주의의 시장 논리가 공감, 연대, 상생 같은 공동체나 휴머니즘의 가치와 시민 참여에 바탕한 민주주의의 가치를 침식하고 있다고 비판하면서 사회적 기업 모델을 신자유주의의 대안으로 제시한다. 신자유주의를 비판하고 사회적 기업을 옹호하는 이런 주장이 지니는 규범적 정당성의 근거는 '공동체', '휴머니즘', '시민 참여' 같은 가치들이다. 그렇지만 이 비판과 대안 제시의 문법에서 규범적 정당성의 근거들은 신자유주의라는 비판 대상을 비판하는 기준으로 작용할 뿐 바로 그 근거들의 정당성이 문제화되지 않고 비판 대상에서 면제됨으로써 정당성은 절대화된다. 정당성의 절대화는 또 다른 형태의 권력이 출현하고 작동하는 통로가 된다.

사회적 기업을 둘러싸고 놓쳐서는 안 될 문제는 바로 신자유주의가 공동체나 휴머니즘, 시민 참여의 가치 같은 바로 그 신자유주의 비판 논자들의 정당성 근거들을 통해 작동한다는 점이다. 신자유주의는 그런 가치들을 단순히 침식하는 데 그치지 않고 통치 목적에 알맞게 변형하고 재구조화해 활성화함으로써 통치 메커니즘 안에 배치한다(Rose 1996a; Shamir 2008). 따라서 그런 정당성 근거들은 권력에서 자유로운 중립적 가치가 아니라, 이미 통치 권력과 지식의 전략과 기술들을 거쳐 매개되고 구성되는 권력의 산물이다. 따라서 그런 정당성 근거들도 비판의 법정에 피고로 회부돼야 한다.

이렇게 볼 때 사회적 기업을 둘러싸고 펼쳐지고 있는 신자유주의 통치 메커니즘 비판은 공동체, 휴머니즘, 민주적 시민 참여 같은 가치들을 정당성 근거로 삼는 규범적 비판의 형태가 아니라, 이질적으로 여겨지던 가치들을 신자유주의가 재구조화해 통치 수단화하는 메커니즘을 향한 계보학적 비판의 형태를 취해야 한다. 이런 형태의 계보학적 비판은 규범적 정당성을 확립하는 대신 규범적 정당성에 깃든 권력의 의지를 드러냄으로써 규범적 정당성을 문제화하는 방향을 취한다(Foucault 1977; 1984c). 구체적으로 보면 사회적 기업을 통한 신자유주의 통치 메커니즘에 개입하는 다양한 지식과 권력의 전략과 기술들, 그리고 세력들 사이의 투쟁에 주목하며 진행하는 신자유주의 통치 메커니즘이 분석돼야 한다.

3. 비판 — 사회적 기업과 신자유주의 시장 사이에서

사회적 기업은 지난 20여 년 동안 전지구적으로 주목받으면서 확산되고 있다(Bull 2006). 그렇지만 사회적 기업과 사회적 기업가 정신 연구는 주로 경영학이 주도하고 있다(Ritchie and Lam 2006; Granados et al. 2011). 사회적 기업에 관한 연구에서 '기업' 측면이 좀더 중요한 초점이 되고 '사회적' 측면은 상대적으로 덜 강조된다는 뜻이다. 실제로 사회적 기업 연구의 핵심 주제들은 대부분 사회적 기업의 효과 측정과 사회적 기업의 영리 활동, 개인들의 능력에 초점을 맞추고 있다(Granados et al. 2011). 사회적 기업은 사회 공익적 성격을 지니고 있어 '자명하게 긍정적인 이미지'로 받아들여지는데다(Dey 2006, 121), 관련 연구들 또한 비판적 문제의식보다는 도구적 실용성의 관점에서 사태를 바라보는 경영학이 주도한 결과, 사회적 기업 연구에서 근본적인 비판적 논의는 상대적으로 주변화돼 있다.

한국도 이런 상황은 크게 다르지 않다. 사회적 기업 연구는 경영학이 주도하고 있다. 사회적 기업의 역사가 짧고 용어도 새롭기 때문에 사회적 기업의 개념을 설명하거나 미국이나 유럽의 사례를 소개하는 내용이 많다. 그리고 사회적 기업의 성과 평가나 지속 가능성에 관한 연구, 제도적 보완이나 제언 등을 다룬 연구가 대부분이다(조상미 외. 2013). 더구나 한국에서 사회적 기업은 시장 경제와 신자유주의를 넘어설 수 있는 대안 또는 문제점을 보완할수 있는 방안으로 받아들여진다. 특히 그동안 민주화 운동 과정에서 성장해 국가와 자본에 비판적인 태도를 취해온 한국의 진보적 시민운동 진영은 오늘날의 신자유주의 시대를 '시장의 과잉'이자 '시장의 논리'에 밀려 시민사회의 힘이 '위축'되고 '포섭'되는 상황으로 보면서, 사회적 기업이나 사회적 경제를 '시민사회의 강화를 통한 국가/시장/근린의 재조직화'를 위한 전략으로 사고하는 경향이 강하다(엄형식 2008, 17~18). 따라서 한국에서 사회적 기업에 관한 근본적 비판을 수행하는 경험적 연구를 찾기는 쉽지 않다.

나는 이 책에서 사회적 기업의 정치학을 비판적으로 분석한다. 사회적 기업에 관한 비판적 논의들은 시장 경제의 대안이라는 특성에 주목하기보다는 비영리 영역의 시장화 또는 신자유주의의 전략이나 효과라는 맥락에 사회적 기업을 위치시켜 비판적으로 접근한다는 점에서 비슷하다. 그렇지만 비판의 형태나 밑바탕에 깔린 이론적 맥락에 따라 크게 네 유형으로 구분할수 있다. 첫째, 진실을 통한 허위의 타파라는 전통적인 이데올로기 비판, 둘째, 사회적 기업의 정치적 효과에 관한 규범적 비판, 셋째, 푸코주의적 신자유주의 통치성 비판, 넷째, 지배 이데올로기나 주류 담론에 맞선 개인들의 거부나 저항에 주목하는 비판이다.

이데올로기 비판

전통적인 이데올로기 비판의 유형은 사회적 기업을 둘러싸고 당연시되는 지배적 관점이나 대중적 표상들에 담긴 주장과 전제와 가정들이 참된 현실에 불일치한다는 점을 보여줘 허위라는 사실을 밝혀내는 탈신화화의 비판 방식이다(Eagleton 1991, 72). 먼저 베스 쿡 등은 사회적 기업을 다루는 자료들이 대부분 두 가지 잘못된 전제에 기초하고 있다고 주장한다(Cook et al. 2003). 첫째, 실업이 늘어나는 진짜 원인이 시장 실패가 아니라 일자리 공급과 수요의 부조화나 지나친 정부 규제라는 가정. 둘째는 정부가 복지 서비스를 공급하면서 재정적 압박에 직면한다는 가정이 바로 그 잘못된 전제들이다. 대량 실업의 진짜 원인은 시장 실패고, 사례로 든 오스트레일리아 정부는 실제로 재정 압박을 받고 있지 않았다는 점도 밝힌다. 이렇게 진실을 호도하는 잘못된 이데올로기적 전제에 기초해 진행됨으로써 사회적 기업 운동이 그동안 사회 정의와 시민의 정당한 권리라는 원리에 기초해 운영되던 보편적 복지를 침식하는 구실을 하고 있다고 쿡 등은 비판한다. 따라서 사회적 기업 운동은 신자유주의하고 차별성이 없고 실업과 복지 요구를 풀 해법이 될 수 없다고 주장한다.

자넬 A. 컬린과 톰 H. 폴락은 사회적 기업 같은 비영리 조직의 상업화 경향에 관련한 대중적 인식을 대상으로 이데올로기 비판을 수행한다(Kerlin and Pollak 2011). 미국은 1980년대부터 사회적 기업이 늘어나고 비영리 조직이 눈에 띄게 상업화됐다. 이런 현상의 배경을 설명하는 가장 대표적인 통념은 정부가 지원금을 깎고 민간 부문에서 들어오는 기부금이 줄자 재정 압박에 직면한 비영리 조직이 운영 자금을 확보하려고 상업적 활동을 강화했다는 믿음이다. 그렇지만 1982년부터 2002년까지의 비영리 조직들의 공식 수입 통계를 분석한 컬린과 폴락은 비영리 조직에서 상업적 소득의 증가와 정부 지원금 삭감과 민간 기부 감소는 통계적으로 관련성이 없다는 점을 밝혀냈다. 이렇게 비영리 조직의 상업화에 관련된 대중적 믿음과 실제 현실이 불일치한다는 사실을 보여주면서 컬린과 폴락은 그런 통념이 비영리 조직과 활동가들의 사고와 행동을 특정한 방식으로 유도하기 위한 이데올로기일 뿐이라고 주장했다.

계몽주의적 합리주의에 기반한 이데올로기 비판 유형은 우리가 당연시하던 믿음들의 허구성을 폭로해 그 안에 담긴 정치적 함의를 비판적으로 분석한다는 점에서 의미가 있다. 이데올로기 비판은 허구로서 이데올로기와 참된 인식으로서 과학적 진리 또는 허구로서 이데올로기와 참된 현실이라는 이분법에 바탕해 후자를 통해 전자를 극복하는 비판 전략이다. 그렇지만 사회적 기업의 담론들은 단순히 허구라고 치부할 수 없는 정교한 과학적 지식의 형태를 띤 채 전달되고 유포될 뿐 아니라, 푸코가 말한 대로 진실의 생산은 권력 관계들에 철저히 스며들어 있다(Foucault 1978, 60). 곧 진실 또는 지식은 권력의 의도에 따라 구성되고 권력이 작용할 수 있는 지침을 제공한다는 점에서 권력하고 분리할 수 없으며, 그런 점에서 이런 이데올로기 비판은 지식이나 진리가 야기하는 권력 효과를 드러내지 못한다는 한계가 있다.

규범적 비판

사회적 기업과 사회적 기업 관련 담론의 정치적 효과에 관한 규범적 비판 유형에 속하는 논의들은 한 사회가 추구해야 할 이상적 가치나 윤리 같은 규범적 정당성에 바탕한다. 전형적으로 사회적 기업을 옹호하거나 긍정적으로 바라보는 논의들은 신자유주의 시장 논리가 공동체와 다양한 휴머니즘, 사회적 가치들을 침식한다는 점에서 신자유주의를 규범적으로 비판하고 사회적 기업을 대안으로 제시한다. 이때 사회적인 것은 시장 논리나 신자유주의를 비판하는 규범적 정당성의 근거가 되고, 사회적 기업은 훼손돼 온 공동체와 사회적 연대의 논리를 확장하는 '빅 소사이어티'를 구축하는 전략이다(정인철 2011). 그렇지만 사회적 기업에 관한 규범적 비판은 대체로 사회적 기업이 오히려 시장에서 통용되는 도구적 합리성의 논리를 끌어들임으로써 민주주의, 공동체의 연대, 인권, 시민의 권리, 사회적 분배 정의의 추구자로서 국가의 소임 같은 가치들을 축소하고 침식한다는 관점을 취한다. 달리 말해 사회적 기업이라는 표현에서 '기업'이라는 측면이 '사회적'이라는 측면을 억압하고 침식한다는 비판이다. 이런 비판은 사회적 기업에 관한 가장 지배적인 비판 유형이다. 특히 마리아 험프리와 수잔 그랜트는 이런 비판의 전형을 보여준다(Humphries and Grant 2005). 위르겐 하버마스(Habermas 1987)의 의사소통 합리성 이론의 관점에서 험프리와 그랜트는, 시장이라는 체계의 도구적 합리성 또는 기능적 합리성의 논리가 침투해 생활 세계를 식민화함으로써 사회적 기업이 인간들 사이의 관계적 합리성을 침식한다고 파악한다. 따라서 사회적 기업은 사회적 사명을 실현하려 하더라도 시장의 도구적 논리를 강조하는 한 목적을 달성할 수 없다고 주장한다. 이런 맥락에서 두 사람은 시장 논리에 깊이 침윤된 사회적 기업의 위험성을 경계하고, 사회적 사명을 푸는 열쇠는 시장의 도구적 합리성이 아니라 시민사회의 관계적 합리성의 논리여야 한다고 주장한다. 구체적으로는 시장이 민주주의의 지침이 되는 원리들에 지배되도록 공동체와 시민사회를 강화하고, (시민사회가 국가를 이끌 힘이 있다는 전제 아래) 정의로운 사회를 형성하는 데 필요한 상호성을 촉진할 수 있을 만큼 국가를 강고하게 만드는 방안을 대안으로 제시한다.

앤젤러 에이켄베리와 조디 클루버도 사회적 기업이 시민들의 참여에 바탕한 민주주의를 침식한다는 점에 초점을 둔다(Eikenberry 2009; Eikenberry and Kluver 2004).

오늘날 비영리 활동가들뿐 아니라 대중들 사이에 '비즈니스, 전문성주의, 기업가적 행위, 시장 기반 재원 문제 해결' 같은 모델들을 비영리 단체가 활동하는 데 최상의 방안으로 여기는 관념이 널리 퍼지고 있다. 에이켄베리에 따르면 이런 관념은 정치적 삶과 경제적 삶을 개인의 자유와 이니셔티브의 문제로 간주하면서 '자유 시장'과 '작은 국가'를 핵심 목적으로 삼아 점차 더 많은 삶의 영역들까지 시장을 확장해가는 '신자유주의 이데올로기'며, 사회적 기업가 정신은 그런 '이데올로기'의 중요한 부분이다(Eikenberry 2009, 583: 586). 에이켄베리는 비영리 단체의 시장화가 참여 민주주의를 침식하고 있다고 주장하면서, 시민 참여에 기초한 참여 민주주의의 확장을 지향하는 대항 담론을 형성해 신자유주의 이데올로기에 맞서자고 제안한다.

　사라 뎀프시와 매튜 샌더스는 미국의 저명한 사회적 기업가들이 쓴 자서전을 분석해 비영리의 시장화가 '의미 있는 일'이라는 것의 규범적 의미를 구성해내는 과정과 그런 과정이 가져온 정치적 효과를 분석한다. 뎀프시와 샌더스에 따르면 이런 자서전은 '의미 있는 일'이 '나쁜 노동 조건, 개인적 희생, 저임금' 등을 당연히 전제한다고 묘사하면서, 의미 있는 일을 하려면 '일과 삶의 경계를 철저히 해체'해야 한다고 설파한다(Dempsey and Sanders 2010, 449). 성공한 사회적 기업가들이 의미 있는 일을 하려면 일을 위해 당연히 개인의 삶을 희생해야 한다고 생각하게 만든다는 점에서 문제가 있다는 말이다.

　규범적 비판 유형에 속하는 논의들은 사회적 기업을 규범적으로 '좋은' 기업 또는 '착한' 기업으로 여기는 관념이 일종의 형용 모순이라고 주장한다. 이런 비판은 사회적 기업도 기업인 만큼 사회 공익적 목적이나 가치를 실현하기보다는 그런 가능성을 축소하는 정치적 효과로 귀결될 수밖에 없다고 주장한다는 점에서 통찰력이 있다. 그렇지만 이런 관점은 사회적 기업 같은 비영리나 사회적 영역의 시장화 메커니즘이 시민들의 참여를 축소시키기보다는 오히려 적극적 참여를 독려하면서 작동하는 점, 공동체나 다른 다양한 사회적 가치들을 침식하기보다는 활성화하는 점에 비춰 볼 때 잘못된 문제 인식이라고 할 수 있다(Rose 1996a). 오히려 사회적 기업 같은 비영리나 사회 영역의 시장화는 시장의 논리가 '확장'되면서 사회나 공동체의 원리가 '축소'되는 제로섬 게임이 아니라, 오늘날 신자유주의의 작동 방식 속에서 국가, 사회, 시장, 개인 등의 관계 설정 방식이 재구조화되고 있다는 관점에서 바라봐야 한다(김주환 2012; 2014). 이런 새로운 관점은 푸코주의적 권력/지식 연계의 관점, 특히 신자유주의 통치성 관점에 기반한 사회적 기업 비판 유형이 잘 보여준다.

푸코주의적 신자유주의 통치성 비판

사회적 기업에 관한 이데올로기 비판이나 규범적 비판의 흐름이 각각 진리와 보편적 규범 가치들을 비판의 정당성 근거로 삼는 반면, 통치성 비판의 유형은 바로 그 정당성 근거인 진리와 사회적인 것들이 통치 메커니즘을 통해 구성된다는 점에 초점을 둔다는 점에서 앞의 두 비판 유형들하고 방향을 달리한다. 푸코는 후기에 근대 국가의 등장에 관한 계보학적 연구의 맥락에서 통치성 분석을 발전시켰다(Foucault 2007; 2008; 2000a). 통치성이란 통치의 목적을 위해 다양한 지식과 기술, 전략 등을 배치하는 데 지침 구실을 하는 정치적 합리화의 원리를 의미한다. 통치성에 관한 연구에서 푸코는 신자유주의를 하나의 통치성으로 파악한다. 신자유주의 통치성은 시장이나 경제 외적인 것이라고 여겨지던 개인, 가족, 공동체, 정부 기관 등 모든 영역을 시장과 경제의 영역으로 간주하고, 이런 영역을 시장과 경제의 원리에 따라 재구조화하며, 모든 사회적 행위자들이 기업가 정신을 지니고 자기의 삶이나 활동을 경제 원리에 따라 조직하고 경영한 뒤, 그 결과에 스스로 책임을 지는 기업으로 구성하는 정치적 합리성 원리다(Foucault 2008; 김주환 2012). 푸코의 통치성 논의를 다루는 책들이 얼마 전에야 출간돼 통치성 비판의 관점에서 사회적 기업이나 사회적 기업가 정신을 연구 대상으로 삼은 연구는 많지 않다. 그렇지만 푸코의 통치성 논의는 사회적 기업에 관한 비판적 분석에 큰 통찰을 제시한다.

미첼 딘, 니콜라스 로즈, 슈테판 레세니히는 배타적으로 사회적 기업만 다루지는 않았지만 사회적 기업을 둘러싸고 벌어지는 사회적인 것의 동원이라는 문제를 통치성의 관점에서 예리하게 분석하고 있다(Dean 2010a; 2010b; Rose 1996a; Lessenich 2011). 이 이론가들은 대처 같은 정치인이나 장 보드리야르 등이 제기해 유명해진 '사회의 종언' 테제를 거부하면서(Thatcher 1987; Baudrillard 1983), 오늘날 활성화되고 있는 새로운 사회성을 주목한다. 이 새로운 사회성은 공동체와 시민사회에 영리 기업가의 에토스를 불어넣고 자발성을 촉진함으로써 요즘 새롭게 활성화되고 있는 특성으로, 세 이론가들은 그런 특성이 통치 전략의 변형을 반영한다고 본다. 오늘날 새롭게 형성되고 있는 사회적인 것의 영역은 통치의 새로운 영토로 구축돼, 그 영역이 통치에 야기할 위험을 스스로 관리하고 통치의 목적을 위해 배치됨으로써 통치의 강화에 활용되고 있다는 주장이다. 이런 맥락에서 이 이론가들은 사회적인 것의 종언이 아니라 사회적인 것에 관한 포스트 복지 체제의 출현을 주목한다(Rose 1996a, 332). 레세니히는 같은 맥락에서 그런 포스트 복지 체제나 공동체를 통한 통치에서 이제 개인들이 사회적 권리의 주체인 시민이 아니라 자기 자신뿐 아니라 타인과 사회에 관해서도 책임을 지는 사회적 책임의 주체로 출현하고 있다는 점에 주목한다. 그리고 이런 개인들을 '사회화된 호모 에코노미쿠스'라고 부른다. 이런 개인들은 역설적이게도 '자기들에 맞서, 곧 자기들이 책임성 있는 존재로 행동하지 않을 경우 자기가 사회에 야기하게 될 리스크에서 맞서 사회를 보호함으로써 사회에 기여하려 하는 주체들'이다(Lessenich 2011, 315).

파스칼 데이와 크리스 스테야트는 푸코의 신자유주의 통치성에 관련된 논의의 맥락에서 사회적 기업가 정신을 특정한 진리 체제들의 구성체로 봐야 한다고 주장한다(Dey 2006: 2010: 2014: Dey and Steyaert 2010). 또한 지식/권력의 진리효과라는 측면에서 사회적 기업가 정신이 어떤 권력의 테크놀로지들에 결합돼 어떻게 타당한 인지 구성체로 규범화되는지를 파악할 필요가 있다고 주장한다(Dey 2010. 4). 두 사람은 사회적 기업가 정신을 후기 자유주의advanced-liberalism 사회라는 변화된 사회적 조건 속에서 사회적 책임의 문제를 변형하려 동원되는 하나의 통치 테크놀로지라고 주장한다. 곧 사회적 기업가 정신은 효율성, 경영 노하우, 기업가 정신의 아이디어들을 사회적인 것의 영역에 새겨 넣음으로써 개인들을 기업가적 태도를 지닌 채 기꺼이 사회적 책임을 다하는 주체들로 변형하며, 이렇게 해서 개인들이 전통적인 사회적 책임의 담당자로서 국가의 구실을 대행하는 메커니즘을 만들어내려고 동원하는 진리의 체계이자 통치의 테크놀로지라는 말이다. 또한 그런 점에서 사회적 기업가 정신은 신자유주의가 사회적인 것을 통치하는 방법을 응축하고 있다고 주장한다.

구체적으로 데이와 스테야트는 사회적 기업가 정신에 관한 담론 속에 신자유주의 통치성이 어떤 담론 전략을 통해 작동하고 있는지 분석한다(Dey 2006: Dey and Steyaert 2010). 데이와 스테야트에 따르면 사회적 기업의 담론에서 사회적 기업가들의 영웅적 행위들과 능동성이 강조된다. 또한 의료적 치료의 메타포 속에서 사회적 기업가들은 사회를 고쳐야 할 의사로 표상되며, 취약계층은 치료받아야 할 환자로 묘사된다. 전문가주의와 효율성의 논리가 비영리 영역에 침투하며, 국가의 비효율성이 당연시되고 강조된다. 또한 성공하는 사회적 기업가들이 남성화되고 있다는 점 등이 밝혀졌다. 데이와 스테야트는 어떻게 해서 사회적 기업가가 일방적으로 긍정적 이미지로 표상되는지 그 이데올로기의 구체적 모습들을 포괄적으로 꼼꼼하게 밝혀내고 있다.

에마 카멜과 제니 하록은 사회적 기업을 둘러싼 구체적인 통치 테크놀로지들을 분석한다(Carmel and Harlock 2008). 두 사람에 따르면, 영국의 맥락에서 사회적 기업에 관련해 국가는 민간 영역하고 파트너십을 맺어 권력을 분산하는 형태를 띤다. 또한 새로운 형태의 통치 전략을 보여주는 파트너십은 제3섹터를 조작 가능한 새로운 통치 영토로 변환하는 목적을 지닌다고 주장한다.

그렇지만 통치성 비판의 맥락에서 제기되는 사회적 기업에 관한 비판적 분석은 지금 발전 중에 있는 연구 분야일 뿐 아니라 아직까지는 사례가 많지 않다. 또한 통치성 비판의 관점에 진행된 분석들도 이론적 논의에 집중하는 경향이 있어 상대적으로 본격적인 경험적 분석은 부족한 편이다. 더구나 경험적 분석들도 주로 사회적 기업을 둘러싼 담론 분석에 치중하고 있는 탓에, 사회적 기업의 통치 메커니즘을 둘러싼 담론이나 지식, 권력의 테크놀로지, 자기의 테크놀로지 등의 작동 방식을 종합적으로 파악하는 데는 한계가 있다. 그런 점에서 구체적인 경험적 분석에 바탕해 사회적 기업을 둘러싸고 작동하는 신자유주의 통치성의 구체적인 작동 방식을 종합적으로 분석하는 연구가 필요하다.

다른 한편 통치성 비판의 관점에서 진행하는 사회적 기업을 둘러싼 통치 메커니즘 분석을 포함해 비판적 담론 분석이나 이데올로기 분석이 빠지기 쉬운 함정도 고려해야 한다. 푸코 자신을 포함해 푸코의 영향을 받은 통치성 연구자들은 담론과 권력에 따른 주체의 구성이라는 측면을 지나치게 강조함으로써 개인들이 주류 담론을 거부하거나 저항하는 양상을 간과하는 경향이 있다. 특히 주류 담론에 관한 행위자들의 거부나 대항 담론의 형성에 주목하는 연구들은 통치성 분석이 보완해야 할 지점이 무엇인지를 잘 알려준다.

개인들의 거부와 저항에 주목하는 비판

국가나 미디어들이 대중적으로 퍼뜨리고 있는 사회적 기업(가)에 관한 수사들이 현장의 사회적 기업가들이나 사회적 기업 실무자들의 사고와 언어

속으로 그대로 전달되는 것은 아니다. 관련 분석들은 비즈니스 마인드, 전문성주의, 효율성, 재정적 자립 등을 특징으로 하는 사회적 기업에 관한 지배적 표상과 현장 활동가들의 언어 사이에는 불일치가 존재하며, 때로 이 사람들의 언어는 지배적 표상에 맞서 저항하고 경멸하며 거부하기도 한다는 점을 보여준다.[6] 이를테면 영국에서 현장 활동가들은 그런 비즈니스 언어들에 '더러운', '인정 없는', '잔인한', '불법 경제 부당 사용', '부와 제국 만들기', '사람들을 이등 계급으로 대하는' 같은 부정적 표현을 활용해 반응하고 있었다(Parkinson and Howorth 2008, 300~301). 또한 사회적 기업의 실무자들은 자기를 사회적 기업가로 부르는 분위기를 경멸하고 자기 정체성을 기업가가 아니라 노동 계급에 두는 경우도 자주 있었다.

이런 연구들은 지배 이데올로기나 지배 담론이 실패하는 지점을 보여주는 동시에 그런 이데올로기나 담론에 맞선 저항이나 거부가 일어나는 구체적 현실을 드러낸다. 비슷한 맥락에서 캐롤라인 파킨슨은 사회적 기업가들의 성공과 성과 개념은 일반 영리 기업가의 담론에 등장하는 성공과 성과 개념하고 다르다는 점을 지적하며(Parkinson 2005), 앨버트 조와 로저 스피어는 개인주의를 강조하는 일반 영리 기업 문화와 사회적 기업에 자리잡은 집합적 연대의 문화 사이에 긴장이 있다고 주장한다(Cho 2006; Spear 2006). 사회적 기업가들과 일반 영리 기업가들이 서로 다른 의미의 세계에서 활동한다는 점을 지적하는 셈이다. 이런 연구들은 지배와 피지배 사이의 내적 긴장과 지배 구조의 파열 가능성을 포함하지 않는 일괴암적 이데올로기나 담론 비판의 한계를 보여준다.

개인들의 거부와 저항에 주목하는 흐름은 사회적 기업의 정치학에 관한 연구가 지배적 담론이나 이데올로기에만 집중하지 말고 현장의 개인들이나 피지배 집단이 이런 담론과 이데올로기에 어떻게 반응하는지를 살피는 미시적 분석을 포함해야 한다고 주장한다. 또한 지배적 담론이나 이데올로기를 분석하더라도 단일한 일괴암처럼 다루지 말고 내적 불일치, 모순과 긴장, 파열 가능성이 내재된 복합적 구성물로 봐야 한다는 점을 시사한다.

4. 세 가지 질문

사회적 기업에 관한 이데올로기 비판의 유형은 한계를 지닌다. 허구와 진실이라는 이분법 구도 위에서 비판이 수행됨으로써, 진실이 권력을 거쳐 매개되고 조건이 부여되거나 권력을 강화하기도 하는 등 권력과 지식의 연계를 간과한다는 점에서 그렇다. 또한 사회적 기업에 관한 규범적 비판은 사회적 기업 메커니즘이 신자유주의 시장 논리를 확장하고 사회적인 것을 축소한다는 제로섬 게임의 관점에서 사회적 기업을 바라봄으로써, 신자유주의와 사회적 기업 메커니즘이 사회적인 것을 축소하지 않고 오히려 활성화할 뿐 아니라 국가, 사회, 시장, 가족, 개인 등의 영역을 재구조화하고 재배치함으로써 작동하게 된다는 점을 드러내지 못한다.

　따라서 나는 근본적으로는 푸코가 제기한 신자유주의 통치성 비판의 관점에서 사회적 기업을 둘러싼 정치학을 분석할 생각이다. 곧 사회적 기업의 정치학에 관련해 담론이나 지식을 고찰하고, 그리고 그런 담론과 지식이 권력의 작동과 주체의 생산을 둘러싼 구체적인 기술들에 결합돼 신자유주의적 통치 효과를 만들어내는 과정을 포괄적으로 살펴보려 한다. 다만 특히 비판적 담론 분석이 종종 담론의 내적 모순이나 불일치 등의 긴장 관계를 간과함으로써 의도하지 않게 담론을 일괴암적 형상으로 파악하게 되는 오류에 빠지지 않기 위해 그람시가 문제 제기해 라클라우와 무페 등이 정교하게 다듬은 헤게모니의 개념을 끌어들인다(Gramsci 1971; Laclau and Mouffe 2001). 헤게모니 개념을 도입해 사회적 기업의 담론을 여러 세력들 사이에 벌어지는 담론 투쟁의 과정이자 결과라는 관점에서 분석할 생각이다.

종합하면 나는 사회적 기업의 정치학을 신자유주의 통치성 비판과 헤게모니 분석의 관점에서 분석한다. 사회적 기업을 둘러싸고 담론이나 지식, 권력과 자기의 기술들이 동원되고 결합되는 구체적 양상을 살피고, 이때 관련 담론에 응축된 세력들 사이의 헤게모니 투쟁이 드러내는 양상에 주목할 생각이다. 이론적 배경과 방법론의 원칙들을 다루는 다음 장들에서 이런 문제를 좀더 자세히 다루겠다.

무엇보다도 나는 세 가지의 포괄적 질문에 답하려 한다. 첫째, 신자유주의 한국 사회에서 사회적 기업은 어떻게 새로운 담론 구성체이자 새로운 제도적 메커니즘으로 출현해서 어떤 메커니즘을 거쳐 작동하고 있는가? 둘째, 사회적 기업가라는 새로운 주체성은 어떻게 생산되는가? 셋째, 한국 사회의 신자유주의적 변화라는 측면에서 사회적 기업과 사회적 기업가라는 주체성의 출현이 제기하는 이론적 함의와 실천적 의의는 무엇인가?

먼저 2장에서는 분석의 이론적 틀과 분석 자료 및 방법의 절차들을 서술한다. 나는 푸코의 통치성 분석과 네오마르크스주의의 헤게모니 이론을 활용한다. 분석 자료는 주요 일간지 신문 기사, 정부의 정책 보고서와 정책 연구 보고서, 관련 학술 논문, 사회적 기업가의 구루들이 쓴 사회적 기업가 지침서를 활용한다. 그리고 비판적 담론 분석 방법을 통해 사회적 기업을 둘러싼 담론들의 정치적 함의를 분석한다.

3장에서는 한국에서 사회적 기업이 등장하고 발전하는 과정을 좀더 넓은 사회적 상황과 정치경제적 맥락 속에 위치시켜 사회적 기업을 둘러싼 역사적 조건들을 분석한다. 특히 역사적 배경 속에 새겨진 힘 관계와 이질적 혈통들을 드러내기 위해서 사회적 기업의 등장을 한국 사회의 사회 구조적 변화의 맥락, 세력들 사이의 투쟁과 타협의 맥락, 관련 정부 정책의 변화 과정, 사회적 기업 제도화를 추동한 합리화의 원리들에 초점을 두고 분석한다.

4장부터 6장까지는 진보 신문과 보수 신문의 사회적 기업 관련 기사들을 분석 대상으로 삼아 사회적 기업을 둘러싼 담론 구조의 양상들, 그리고 담론을 둘러싸고 진보와 보수 사이에 벌어지는 헤게모니 투쟁의 양상을 분석함으로써 사회적 기업 담론의 정치적 함의를 해석한다.

먼저 4장은 사회적 기업을 둘러싼 다양한 담론 중에서 사회적 기업을 육성하는 정책의 실질적 지향점과 작동 방식 등 사회적 기업의 핵심 메커니즘을 드러낼 수 있는 중요한 요소가 '사회적 기업 성공 담론'이라고 보고, '사회적 기업 성공 담론'의 정치학을 분석한다. 여기서는 특히 세 가지 측면에 주목한다. 첫째, 전통적으로 진보의 의제라 할 수 있는 공적 가치와 관심사들과 보수의 의제라고 할 수 있는 시장의 가치와 관심사들을 결합한 형태라고 할 수 있는 사회적 기업에서, 구체적으로 사회적 기업 성공 담론 안에서 이 두 측면이 접합되고 있는 방식이다. 둘째, 사회적 기업에서 성공의 의미를 구성하는 데 동원되고 활용되는 담론 전략이다. 셋째, 사회적 기업 성공 담론의 구조나 담론 투쟁의 전략들을 둘러싸고 진보와 보수 사이에 나타나는 차이다.

일반 영리 기업의 담론들하고 다르게 사회적 기입 담론들 속에는 '여성적인 것'이 지닌 가치들이 중시되고, 여성성 어휘들과 언표들로 구성된 담론이 두드러진다. 따라서 5장에서는 젠더라는 주제에 관련해 사회적 기업 담론의 구조는 어떤지를 분석한다. 또한 사회적 기업과 젠더라는 쟁점을 둘러싸고 진보와 보수가 활용하는 담론 투쟁의 양상도 살펴본다. 특히 다음 세 가지가 초점이다. 첫째, 사회적 기업 담론 속에서 남성성 어휘들과 여성성 어휘들이 접합되고 있는 양상, 둘째, 사회적 기업과 젠더라는 쟁점을 둘러싸고 벌어지는 구체적인 담론 전략들, 셋째, 젠더라는 쟁점에 관련해 사회적 기업 담론의 구조와 전략들에서 진보와 보수 사이에 나타나는 차이다.

6장에서는 사회적 기업가라는 새로운 주체성이 어떻게 담론적으로 구성되는지를 탐구한다. 사회적 기업가가 담론적으로 구성되는 과정에서 작동하는 구체적인 담론 전략들, 그리고 진보 세력과 보수 세력 사이에 벌어지는 담론 투쟁의 양상들을 분석한다. 분석의 주요 초점은 다음 네 가지다. 첫째, 사회적 기업가가 담론화되고 있는 주체 형태들이다. 둘째, 이 주체 형태들 중 나머지 주체 형태들을 지배하는 지배적 주체 형태, 그리고 이 지배적 주체 형태를 중심으로 나머지 주체 형태들이 접합되는 방식이다. 셋째, 사회적 기업가라는 주체성을 몇몇 특수한 부류의 사람들을 겨냥하는 수준을 넘어 국민 전체를 겨냥하는 보편적 인간 주체로 끌어올리기 위해 활용되는 담론 전략들이다. 넷째, 이런 일련의 담론 구조 또는 담론 전략들을 둘러싸고 진보와 보수 진영 사이에서 드러나는 차이다.

4장부터 6장까지 나는 신문 기사들처럼 대중적인 형식의 텍스트들 속에서 드러난 사회적 기업 담론의 내적 구조에 초점을 뒀다. 이어지는 7장과 8장에서는 정부가 낸 정책 보고서, 연구 보고서, 학술 논문, 사회적 기업가 지침서 등 좀더 전문적인 형태의 텍스트들을 분석 대상으로 삼아 지식, 권력, 자기의 구체적인 기술들 사이에서 드러나는 연관에 초점을 둔다. 7장에서는 특히 사회적 기업의 메커니즘 속에서 사회적인 것의 영역이 시장의 언어들을 거쳐 '리프레이밍'돼 신자유주의 통치의 영토로 재편되는 과정, 그리고 신자유주의 통치가 통치 영토화된 사회적인 것의 영역을 거쳐 통치를 수행하는 메커니즘을 분석한다. 이때 초점은 이 과정에 구체적으로 어떤 지식들이 개입되는지, 그리고 그 지식들이 어떤 권력의 기술들에 결합돼 서로 강화하면서 통치를 공고화하는지다.

8장은 사회운동가인 동시에 취약 계층의 구원자고, 윤리적이고 도덕적인 존재며, 전문 경영인이고 호모 에코노미쿠스지만, 고통받는 타인에게도 기꺼이 사회적 책임을 다하려 한다는 점에서 '사회화된 호모 에코노미쿠스'기도 한 복합적이고 독특한 존재인 사회적 기업가라는 주체성이 생산되는지 메커니즘을 분석한다. 특히 이 과정에 어떤 지식, 권력, 자기 배려의 구체적 기술과 전략들이 개입하고 서로 결합되는지에 초점을 둔다.

결론인 9장에서는 지금까지 한 분석을 종합해 신자유주의 통치에 관련해 사회적 기업이라는 제도적 메커니즘이 지니는 정치적 함의를 비판적으로 해석한다.

2장

푸코와 그람시
통치성, 헤게모니, 비판적 담론 분석

1. 통치성과 헤게모니 — 푸코와 그람시가 만나다

먼저 푸코의 권력 이론, 특히 푸코가 말년에 발전시킨 통치성 연구를 주요 분석 틀로 삼아 사회적 기업의 정치학을 살펴보자. 통치성^{governmentality}이라는 말은 푸코가 근대 국가 출현의 계보학을 연구하는 과정에서 만들어낸 말로, 언뜻 분리된 듯 보일 수 있는 지식, 권력, 기술, 전략, 주체화, 윤리, 자기 등 푸코의 사회 이론을 구성하는 개념이나 주제들을 포괄하는 용어다^(Lemke 2002: Dean 2010b). 이런 의미에서 딘은 통치^{government}라는 푸코의 용어를 이렇게 포괄적으로 정의한다.

다양하고 복합적인 권력 당국이나 기관들이, 분명하면서도 종잡을 수 없는 목적을 위해서, 때로는 상대적으로 예상치 못한 일련의 다양한 결과, 효과, 성과들을 낳기도 하는 다양한 기술들, 다양한 형태의 지식들을 활용해, 다양한 행위자들의 욕망, 열망, 이익, 믿음들을 통해 작동함으로써, 이 행위자들의 행위를 특정 형태로 형성하고자 수행하는 어느 정도 계산된 합리적 행위다. ^(Dean 2010b, 18)

다시 말해 푸코의 사회 이론을 구성하는 다양한 개념과 주제들은 통치성이라는 용어 속에서 교차, 결합, 수렴한다. 이런 맥락에서 푸코는 통치성을 '타자에 대한 지배의 테크놀로지들과 자기에 대한 지배의 테크놀로지들의 마주침'이라고 정의한다(Foucault 1997a, 225). 다른 한편 푸코는 통치성을 '통치의 기술'이라고 부르기도 한다(Foucault 1991, 87). 이때도 푸코가 사용하는 '통치'라는 말은 단순히 국가 권력의 공적으로 제도화된 정치적 활동을 뜻하는 오늘날의 의미로 한정되지 않는다. 18세기의 다양한 용법들에 주목하면서 푸코는 통치라는 용어를 개인, 가족, 인구, 신체 등 여러 대상에 적용되는 갖가지 거시적이고 미시적인 사회 지배의 기술들을 포괄하기 위해 사용한다(Foucault 2007: 2008; Dean 1994).

이렇듯 푸코 스스로 통치 또는 통치성이라는 용어를 다양한 방식으로 정의하고 있고 의미도 매우 포괄적이어서 하나의 이론적 개념으로 충분히 정교화된 분석 도구라고 말하기는 힘들다. 또한 마찬가지 이유로 통치성을 다룬 푸코의 논의들을 하나의 '이론'이라고 부르는 데는 사실 무리가 따른다. 푸코가 다루려 한 핵심을 포괄적으로 가장 잘 드러낼 수 있으려면 통치성을 '정치적 합리성'으로 이해해야 한다. 경영자가 '최소의 비용으로 최대의 수익을 창출'한다는 경영 합리성의 원리에 따라 쓸 수 있는 자원과 경영 기법을 적재적소에 배치하려 하듯이, 통치도 나름의 정치적 합리성의 원리와 통치 지침들을 따른다.

이런 맥락에서 푸코는 '목적을 달성하기 위한 사물들의 올바른 배치'라는 라 페리에르La Perriere의 정의가 통치의 의미를 가장 잘 보여준다고 본다(Foucault 2007, 96). 이때 사물이란 인간과 객관적 대상들로 구성된 하나의 복합체로서 영토나 부 같은 객관적 요소뿐 아니라 경제 활동, 자원, 기아, 출산율, 생활방식과 사고방식 등 권력이 관여하려 하는 모든 것들하고 맺은 연관 속에서 파악된 인간들까지 포괄한다. 특정 목적을 위해 그런 사물들을 효과적으로 배치하는 데 동원되는 전략과 전술과 다양한 테크놀로지들이 통치성 분석이 초점을 두는 대상이다. 시기마다 통치 합리성의 원리는 다를 수 있는데, 이를테면 국가 이성Raison d'Etat, 자유주의, 신자유주의는 각기 변별성을 지닌 정치적 합리성들이다.

이런 원리들을 '정치사상'으로 이해하지 않고 '정치적 합리성'으로 이해한 다는 말은, 그 원리들을 순수하고 중립적인 관념으로 다루는 대신 그런 원리가 발휘하는 물질적 효과들 속에서 다룬다는 뜻이다.[1] 달리 말해 그런 정치사상들은 그 사상들이 제기하는 통치의 '목적들'과 그 목적들을 달성하기 위해 동원하고 채택하는 일련의 통치 전략이나 테크놀로지들로 구성된 '수단들'의 연관 속에서 이해돼야 한다. 그리고 그런 통치 전략과 테크놀로지들은 그것들이 참조하고 활용하는 절차, 효율성 계산, 성찰들을 가능하게 하는 어떤 정치적 합리화의 원리들하고 맺는 연관 속에서 다루어져야 한다(Foucault 1991a: 1998: 2007: Simon 1995: Lemke 2002: 김주환 2012). 따라서 통치 실천과 기술들에 관련된 푸코의 분석은 거기에 깃든 특정한 유형의 정치적 합리성에 관한 분석 속에서 실행되며, 푸코에게 권력에 대한 비판이란 다름 아니라 바로 그 정치적 합리성에 대한 비판을 뜻한다(Foucault 2000a).

푸코의 통치성 이론

통치성이라는 말에서 푸코가 특히 주목하려는 내용은 크게 네 가지로 나눌 수 있다. 첫째, 권력과 지식의 관계, 둘째, 정치적 합리성들과 공적인 것/사적인 것, 시장/국가, 경제/사회, 또는 국가/사회/시장/가족/개인 등 한 사회를 구성하는 위상학적 영역들을 가르는 구분선의 변동 관계, 셋째, 주체의 생산, 넷째, 사회 통합의 전략으로서 개인들에 대한 테크놀로지.[2]

첫째, 지식과 권력의 관계는 통치 대상을 구성하고 거기에 권력이 작동할 수 있도록 하기 위해 어떤 지식과 진리의 체제가 작동하는지에 관한 문제다. 푸코의 권력 이론에서 권력과 지식은 각각을 구성한다. "어떤 지식 영역을 상관적으로 구성하는 한에서만 권력 관계는 존재할 수 있고, 동시에 권력 관계를 전제하지 않거나 구성하지 않는 지식도 마찬가지로 존재하지 않는다"(Foucault 1995, 337). 또한 푸코는 이렇게 말한다. "지식의 기술들과 권력의 전략들 사이에는 어떤 외재성도 존재하지 않는다"(Foucault 1978, 98). 곧 지식은 지식의 대상을 지배 가능하게 만들고, 권력은 통치하려는 대상을 인식의 대상으로 만든다. 그런 의미에서 푸코는 자기가 하는 작업을 '문제화problematization'에 관한 분석이라고 부른다(Foucault 1997b, 117). 달리 말해 어째서, 어떻게, 그리고 어떤 특정한 시기와 환경 속에서 어떤 것들이 도덕적 성찰, 과학적 지식, 정치적 분석의 대상이 됐는지, 그리고 어떻게 특정한 종류의 권력의 테크놀로지들이 이런 과정들에 개입하게 됐는지를 분석하려 했다는 뜻이다(Foucault 1988a). 따라서 권력과 지식의 배치에 관한 분석은 통치성 분석의 핵심이다.

둘째, 국가/시장, 공적인 것/사적인 것, 국가/사회/시장/가족/개인 등을 가르는 구분선의 변동과 정치적 합리성의 관계에 관한 문제다. 이런 구분선의 변동은 권력이 국가나 사회, 시장 등을 가로질러 작동하는 방식의 변동을 반영한다(Foucault 2008; Rose 1996a; 2004; Mitchell 1999). 이런 구분선은 통치돼야 할 대상과 통치가 넘어서는 안 되는 대상을 나눈다. 이를테면 자유주의가 국가와 시장을 구분할 때 이 구분은 통치가 개입해 통치 대상으로 삼을 영역과 통치가 개입하지 말아야 할 영역을 나누는 선이었다. 따라서 이런 구분선들에서 나타나는 변화는 새로운 통치 대상이 출현한 현실을 뜻한다. 또한 통치 영역의 바깥에 있던 대상을 통치 대상으로 변형하려고 동원하는 새로운 통치 테크놀로지와 지식들의 출현을 의미하는 변화기도 하다. 이를테면 서구에서 17세기 이전까지 인간의 육체는 국가 권력이 개입해야 할 어떤 '공적' 영역으로 거의 여겨지지 않았다. 그렇지만 18세기부터 인간의 노동력에 기반해 작동하는 자본주의가 형성되기 시작한 뒤 인간의 육체는 국가 권력이 개입해야 할 '공적인' 통치 대상이 된다. 그리고 공적인 것과 공적이지 않은 것을 가르는 구분선은 변동한다. 이런 조건에서 인간의 육체나 건강 상태에 관한 세심한 관찰, 출산율 통제, 위생 지식과 위생 규율의 유포 같은 다양하고 새로운 통치 테크놀로지와 지식들이 고안돼 인간의 육체를 통치 가능하게 만드는 데 활용됐다. 푸코는 이렇게 전체 인구를 구성하는 인간의 육체를 대상으로 실행되는 새로운 권력의 테크놀로지를 생체 권력bio-power이라고 부른다(Foucault 1978).

셋째, 주체의 생산에 관한 문제다.[3] 통치는 통치하려 하는 주체들을 만들어내지 않고서는 작동할 수 없다. 주체의 생산에 관한 푸코의 통치성 논의에서 독특한 점은 그 과정에 개입하는 개인들에 외적인 권력/지식의 선분과 개인들에 내적인 권력/지식의 선분이 결합하는 양상에 주목한다는 점이다. 곧 개인들을 특정 주체로 만들어내기 위해 외부에서 개인에게 작동하는 권력/지식의 다양한 테크놀로지들과 전략들, 그리고 개인들이 자기 자신을 특정 주체로 만들어내기 위해 자기를 대상으로 행사하는 권력/지식의 테크놀로지와 전략들이 결합하는 방식에 통치성 분석은 주목한다. 푸코는 후자를 '자기의 테크놀로지'라고 부른다(Foucault 1978; 1982). '타인에 대한 지배의 테크놀로지와 자기에 대한 지배의 테크놀로지의 마주침'(Foucault 1997a, 225)이라는 통치에 관한 푸코의 정의는 특히 주체 생산 과정에서 일어나는 이 두 차원의 결합을 지시한다고 볼 수 있다. 그런 점에서 콜린 고든이 지적하듯 푸코의 통치성 논의는 권력 동학의 거시적 차원과 미시적 차원을 결합하려 한다(Gordon 1987, 296~297). 특히 푸코에게 권력은 인지의 측면보다는 육체의 차원, 곧 개인의 행위나 품행의 차원에서 먼저 작동한다. 그런 의미에서 푸코는 통치성을 '행실의 통솔conduct of conduct'이라고 정의하기도 하는데(Foucault 1982, 220~221; 2007, 193~201), 이런 논의는 주체의 생산 과정의 핵심을 구성하는 일이 개인들이 특정한 행위 양식들 또는 특정한 에토스를 형성하는 일이라는 점을 뜻한다.

따라서 주체 생산 메커니즘에 관한 통치성 연구는 바로 그런 세세한 행위의 양식들, 그리고 그런 행위의 양식들을 만들어내려 하는 세세한 권력의 테크놀로지들과 자기의 테크놀로지들이 작동하는 방식에 초점을 둔다.

넷째, 개인들에 대한 테크놀로지technologies of individuals에 관련된 문제다. 개인들에 대한 테크놀로지란 '우리가 우리 자신을 하나의 사회(결속체)로, 사회라는 것의 한 부분으로, 민족이나 국가의 한 부분으로 인지하도록 이끄는 방식'을 뜻한다(Foucault 2000b, 404). 곧 개인들에 대한 테크놀로지란 사회 통합의 정치적 기술이라 할 수 있다. 푸코는 근대 국가의 출현에 관한 계보학적 연구를 통해 근대적 통치가 '개별화하면서 전체화하는' 방식으로 작동한다고, 특히 '개별화하면서 전체화하는 권력 형태'로서 근대 국가는 근대적 통치를 가장 잘 보여주는 메커니즘이라고 봤다(Foucault 2000a, 325: 1982, 213). 국가란 개인들을 통치하고 그런 개인들을 하나의 집합으로 전체화하기 위해 활용되는 구체적인 기술, 실천, 합리화의 원칙들로 구성된 독특한 집합이라고 푸코는 주장한다(Foucault 2000a). 푸코에 따르면 근대 국가는 목자/양떼 게임(사목 권력)과 도시/시민 게임의 결합을 특징으로 한다. 목자처럼 근대 국가는 개인들의 일상적 삶 하나하나를 보살핀다. 시민들의 통합에 초점을 두는 한 도시의 정치가처럼 근대 국가는 또한 그 개인들을 하나의 사회 속으로 통합해낸다. 이런 두 가지 형태의 결합으로서 근대 국가는 개별화하는 권력인 동시에 전체화하는 권력이다. 신자유주의 체제 이전에 특히 국가가 주도하는 복지 제도들은 취약한 상황에 놓인 사람들에게 다양한 지원을 제공함으로써 사회 통합을 꾀하는 핵심 테크놀로지로 기능했다(Donzelot 1991[1982]; Rose 1996a: Dean 2010a). 그렇지만 오늘날 신자유주의 체제는 국가 주도 복지 체제를 무너뜨리면서 새로운 형태의 사회 통합 테크놀로지를 발명해 사회국가의 보편적 복지 체제를 대체하려 한다. 따라서 신자유주의의 맥락에서 통치성에 관한 분석은 바로 이 새로운 사회 통합 테크놀로지들의 출현에 주목해야 한다.

신자유주의와 통치성

신자유주의는 케인스주의 복지 정책에 맞서 민영화, 탈규제, 작은 정부로 대표되는 시장 친화적 국가 '정책'으로 정의되기도 하며, 때로는 지배 계급이 자기들의 이익과 권력을 유지하고 강화하기 위해 사용하는 허구적 지배 '이데올로기'로 정의되기도 한다. 물론 완전히 틀린 견해는 아니다. 그렇지만 신자유주의를 특정한 경제 정책으로 협소하게 이해하는 방식은 단순히 경제 정책으로 환원될 수 없는 신자유주의 문화나 신자유주의 주체화의 에토스를 포괄하기 힘들다는 점에서, 그리고 신자유주의를 허구적 지배 이데올로기로 이해하는 관점은 신자유주의가 단순히 이데올로기로 간단히 치부될 수 없는 다양한 지식과 진리의 체제들을 거쳐 작동한다는 점에서 한계가 있다. 푸코는 신자유주의를 하나의 통치성으로 보자고 제안한다.[4] 그렇다면 하나의 통치성, 곧 하나의 정치 합리성으로서 신자유주의는 어떤 합리화의 논리를 거쳐 통치를 실행하는가?[5] 이 질문에 답하려면 먼저 신자유주의의 통치 합리성이 국가 이성이나 자유주의의 통치 합리성하고 어떻게 다른지를 '공적인 것과 사적인 것', '시민사회와 국가', '경제, 사회, 국가' 같은 구분들의 경계선이 어떻게 정의되고 재정의되느냐 하는 관점에서 바라봐야 한다.

똑같이 인류의 구원이라는 선한 가치를 내건 구교와 신교 사이의 피비린내 나는 살육, 선한 가치와 목적을 추구하는 행위가 역설적으로 거대한 악과 평화의 파괴를 야기한 종교 전쟁을 겪은 충격과 반성에서 16세기 후반부터 국가 이성이라는 정치적 합리성이 등장한다. 국가 이성은 일체의 종교적 가치나 목적을 배제하고 오로지 국가의 존립과 유지 자체를 위해 국가의 힘을 강화하고 그 부를 증대하는 세속적 '목적'을 추구했다(Koselleck 1988: Foucault 2007: 2008). 국가 이성은 다른 국가들하고 맺는 역학 관계에 관한 외교적 계산, 그리고 국가의 부와 힘의 증대를 위해 인구를 배치하는 행정 관리와 중상주의의 지식 같은 통치 기술들을 '수단'으로 이용했다. 국가 이성 속에서 국가는 오로지 국가 자신의 존립을 위해 존재했고, '시장'이나 '경제'는 국가 존립이라는 목표에 종속됐다. 따라서 국가 이성 아래에서 시장이나 경제는 뚜렷한 독립적 지위를 가질 수 없었고, 국가는 자기의 존립을 위해 이런 영역들에 개입하는 데 제한이 없었다.

반면 18세기를 전후해 등장한 새로운 통치성으로서 자유주의는 개인의 권리와 자유에 바탕해 통치의 과도함을 문제삼고 국가의 정당한 활동의 한계는 무엇인지를 묻는다(Foucault 2008, 13~25). 이런 질문을 통해 국가하고 구분되면서 경제적 행위자 개개인들의 자유로운 활동에 기반해 통치된다고 간주되는 '시민사회' 개념이 발명된다. 진리 체제로서 중농주의를 비롯한 다른 자유주의 정치 담론들은 시민사회를 국가의 인위적 통치가 아닌 시장의 자연 법칙과 행위자들의 자발성에 따라 통치되는 자연적 영역으로 구성한 뒤 이런 시민사회를 국가에 대립시키면서 국가가 개입해서는 안 될 한계로 설정한다(Foucault 2008: 1984a: Burchell 1991). 국가 이성에서 통치가 국가의 존립과 부의 증대, 힘의 강화 같은 '국가의' 세속적 목적을 달성하기 위해 구성된 반면, 자유주의 통치는 '시민사회'가 최대한 제한 없이 작동하게 한다는 '목적'을 위해 재구성된다(Foucault 2008: Rose and Miller 1992). 이 목적을 달성하기 위한 수단으로서 다양한 통치 기술들은 시장에 미치는 효과를 기준으로 적절성이 판단되기 시작하며, 이 효과들을 측정하기 위해 다양한 지식이 만들어진다. 이렇게 해서 시장은 통치 기술들의 정당성을 결정하는 진리의 처소가 된다.

신자유주의의 통치성은 흔히 고전적 자유주의의 부활 정도로 치부되지만, 푸코의 관점에서 그 둘은 질적으로 다른 방식의 통치다(Donzelot 2008). 자유주의는 국가의 통치가 넘어서는 안 될 영역으로 시장 또는 시민사회를 발명한 뒤 그 발명품하고 국가를 구분했다. 그렇지만 신자유주의는 한발 더 나아가 공적 영역과 사적 영역, 시장 또는 경제와 사회의 구분, 시민사회와 국가의 구분 자체를 해체하고 시장이나 경제 외적인 요소라고 간주되던 모든 영역을 시장과 경제의 영역으로 간주한다(Foucault 2008; Lemke 2001; Burchell 1993; Shamir 2008; 서동진 2009). 따라서 신자유주의 통치는 "삶의 모든 영역들, 심지어 전통적으로는 경제적 사유와 행위 방식하고는 이질적이라고 여겨지던 삶의 영역들에서도 기업가 정신을 고취하면서 …… 끊임없이 경제 자체보다는 사회에 개입한다"(Guala 2006, 6). 곧 신자유주의 통치성은 개인, 집단, 가족, 공동체, 정부 기관 등 모든 사회적 행위자들을 기업으로 간주한다. 기업가 정신을 갖고 자기들의 삶과 사회적 관계와 활동들을 수요와 공급 또는 투자비 대비 편익 계산 같은 경제적 형태에 입각해 조직하고 경영하며 그 결과에 스스로 책임지는 기업 말이다. 경제학과 경영학, 그리고 거기에서 파생된 다양한 인접 학문들로 구성된 일련의 지식 체제와 테크놀로지들을 통해 노동자는 고용자와 거래하는 기업가로, 주부는 재테크를 통해 한 가계를 경영하는 최고 경영자로, 정부 기관의 활동은 국민을 고객으로 삼는 일종의 경영 활동으로 변형된다. 인간의 지식, 기술, 재능은 노동력이라는 말 대신 인적 자본으로, 신뢰, 규범, 인간관계 등은 사회 자본이라는 용어로 재정의된다.

신자유주의 통치성에 관한 푸코의 연구(Foucault 2008)와 여기에 자극받은 다른 연구자들의 논의(Lemke 2001; Rose et al. 2006; Burchell 1993; Guala 2006; Gane 2012)를 종합하면, 하나의 통치성으로서 신자유주의는 몇 가지 특징을 지닌다.

첫째, 신자유주의는 단순히 국가 정책이거나 경제 현상이 아니며 단순한 이데올로기도 아니다. 국가, 사회, 시장, 가족, 국가 등 사회 전 영역의 행위자들과 제도들을 새로운 통치 합리성의 원리에 따라 새롭게 배치하며 작동하는 통치 양식이다. 둘째, 그 통치 합리성은 시장 모델에 기반하고 있다. 곧국가, 사회, 가족, 개인 등 모든 비시장적인 것들의 영역을 시장으로 간주하면서 그것들이 시장 원리에 따라 운영될 때 가장 이상적이라고 본다. 셋째, 신자유주의는 국가의 후퇴나 그 권력의 축소를 의미하는 대신 통치에서 국가가 하는 구실의 근본적 변화로 해석돼야 한다. 국가는 직접 통치하기보다는 신자유주의 통치가 작동할 수 있는 조건들을 형성하는 구실을 부여받는다. 넷째, 신자유주의는 국가 같은 공식적 주권 권력보다는 점차 비공식 형태의 조직들과 개인들의 자유와 자발성을 통해 통치한다. 이런 비국가 행위자들은 그동안 국가가 맡던 업무들에 적극 참여하도록 권장받으면서 국가의 구실을 점차 대행하게 된다. 이런 상황은 신자유주의 통치가 이런 비국가 행위자들을 통치 대상이자 통치를 수행하는 주체로 변형해서 이 행위자들이 자기 자신을, 그리고 자기들이 만들어내는 사회를 스스로 통치하도록 통치가 확장됐다는 뜻이다. 다섯째, 따라서 개인들을 신자유주의 통치에 부합하는 주체로 만들어내기 위한 여러 전략과 전술들이 활용된다. 특히 개인들이 자기 자신을 기업으로 간주해 자기의 삶을 기업으로 조직하게 만들고, 경영, 효율성, 전문성 같은 시장 담론들이 이 개인들을 에워싼다.

신자유주의 통치성 속에서 '사적인 것과 공적인 것', '시민사회와 국가', '경제, 사회, 국가' 같은 익숙한 구분들이 해체된다. 따라서 신자유주의에 관한 분석이나 비판은 그런 익숙한 구분들을 공리로 받아들이는 대신 그런 구분들이 재구조화되는 방식에 먼저 주목해야 한다. 여기에 바탕해 통치성 분석은 그런 구분들의 재구조화를 위해서 통치가 동원하는 지식의 배치와 체제는 무엇이며, 어떤 권력의 전략과 테크놀로지와 자기의 테크놀로지들이 동원되는지, 그리고 개별화된 개인들을 통합하기 위해 동원하는 개인(또는 사회적인 것)에 관한 테크놀로지는 무엇인지에 주목한다.[6]

헤게모니

푸코의 통치성 논의 말고도 나는 안토니오 그람시가 제기한 뒤 라클라우와 무페, 스튜어트 홀, 제솝 등 네오마르크스주의 또는 포스트마르크스주의 학자들이 정교화한 헤게모니 개념을 적극 활용한다(Laclau and Mouffe 2001; Hall 1980; 1996; 2002; Jessop 1990). 그람시는 헤게모니 개념을 설명하기 위해 지배와 권력의 메커니즘으로서 강제coercion과 동의consent를 구분한다. 그람시는 지배 계급이 피지배 계급을 권위주의적 수단을 써 하향식으로 지배하는 방식이 아니라 지배 집단이 '지적이고 도덕적인 지도력'에 기초한 '동의'를 통해 피지배 집단을 이끄는 지배 방식으로 헤게모니를 정의한다(Gramsci 1971, 57; 148). 강제를 통한 지배는 지배적 사회 시스템에 저항하는 집단의 의지에 반해서 폭력을 동원하는 능력을 뜻하는 반면, 헤게모니, 곧 동의를 통한 지배는 피지배 집단을 설득해 지배적인 사회 규범이나 가치들을 받아들이게 함으로써 지배 집단에 종속되게 만드는 방식이다. 자기의 이해관계를 어느 정도 양보해야 하는 상황을 무릅쓰고 상대의 이해관계까지 받아들여 자기 계급의 전체적 이해관계 아래 종속시킴으로써, 지배 집단은 자기들의 이해관계기 단지 자기 계급만의 특수 이해관계가 아니라 상대의 이해관계까지 충족할 수 있는 보편적 이해관계라는 점을 설득해 이런 동의를 이끌어낼 수 있어야 한다.

그람시가 제기한 헤게모니 개념을 더욱 정교화하고 있는 네오마르크스주의나 포스트마르크스주의 학자들은 헤게모니가 관철되는 이데올로기적 또는 담론적 메커니즘을 포착하기 위해 접합articulation이라는 용어를 제시한다(Laclau and Mouffe 2001; Hall 1996; 2002). 포스트구조주의의 담론 분석에 영향을 받은 이런 학자들에게 의미란 어떤 단어나 사물에 내재돼 있는 어떤 본질이 아니다. 의미는 언어적 요소들, 그리고 권력하고 맺는 관계 속에서 생산된다. 접합이란 '상이한 요소들의 통일성'을 만들어내는(Hall 1996, 141), '(상이한) 요소들 사이의 관계를 설립하는 실천'(Laclalu and Mouffe 2001, 105)을 뜻한다. 이를테면 '성장을 통한 분배'라는 우파의 수사는 분배라는 좌파의 수사를 성장이라는 우파의 이데올로기를 중심으로 한 수사에 접합한다.

홀은 접합은 세 차원 안에서 기능한다고 말한다(Hall 1996, 143~144). 이데올로기 내부의 상이한 요소들 사이, 이데올로기와 사회 집단들 사이, 특정한 권력 관계 속에서 상이한 사회 집단들 사이가 그것이다. 결국 어느 집단이 헤게모니를 확보하는지에 관한 문제는 다양한 사회 세력들이 접합되는 방식에 관한 문제다. 또한 사회 세력들이 어떻게 접합되는지에 관한 문제는 각 사회 세력들이 이데올로기들하고 어떻게 접합되는지에 관한 문제가 된다. 그리고 사회 세력들과 이데올로기들이 어떻게 접합되는지에 관한 문제는 이데올로기 내부 구성 요소들이 어떻게 접합되는지에 관한 문제가 된다. 결국 이데올로기나 담론 내부에서 그 구성 요소들이 접합되는 방식은 헤게모니 메커니즘을 이해하는 관건이라고 할 수 있다. 이를테면 '성장을 통한 분배'라는 수사에 관련해 우파는 성장 논리를 대중에게 일방적으로 강요하지 않는다. 분배라는 좌파의 이데올로기를 성장 이데올로기를 토대로 접합함으로써, 그리고 오로지 성장을 통해서만 더 많은 분배를 보장할 수 있다고 논증함으로써, 성장 우선주의가 단지 자기들의 특수 이해관계가 아니라 전체 대중의 이해관계를 반영하는 보편적 이해관계라는 점을 설득하고 대중의 동의를 이끌어낸다. 헤게모니는 이런 식으로 작동한다.

이런 헤게모니 개념은 지배의 문제를 이해하는 데 유용한 통찰을 제공하는데, 여기서는 크게 두 가지로 구분할 수 있다. 첫째, 헤게모니 개념은 다양한 이데올로기나 담론들이 만들어지고 전파되는 한 사회의 문화 영역이 헤게모니 확보를 위한 중요한 전장이 된다는 점을 함의한다(Lears 1985). 설득과 동의는 언어적 실천을 통해 실행될 수밖에 없으며, 한 집단이 자기 이해관계의 보편적 성격을 설득하기 위해 활용하는 정당화 수단인 보편적 가치와 규범들의 영역도 마찬가지로 문화 영역이기 때문이다. 둘째, 헤게모니란 단순히 일방적 강제와 명령이 관철되는 '고정된 상태'가 아니라 다른 세력들을 설득하고 동의를 얻어내기 위해 '다양한 세력들 사이에 벌어지는 지속적인 갈등과 투쟁의 과정'이라는 점이다. 이런 사실은 헤게모니가 일괴암적인 상태가 아니라 다양한 세력들 사이에 지속적으로 투쟁과 타협이 벌어지는 유동적 과정이라는 점을 뜻한다(Hall 1980; Poulantzas 2000; Jessop 1990; Stoddart 2007).

푸코의 통치성 분석에 관한 논의는 요즘 한국에서 펼쳐지는 사회적 기업의 정치학을 이해하는 데 유용한 이론적 통찰을 제공한다. 그렇지만 푸코의 통치성 분석은 헤게모니 논의로 보완돼야 한다. 푸코의 권력 분석은 방법론상 '다양한 세력들 사이의 투쟁'이라는 전제에서 시작한다. 푸코는 이런 전제를 '니체의 가정'이라고 불렀다(Foucault 1980b; 2003). 니체의 가정이란 '권력 관계는 세력들의 적대적 투쟁에 기초하고 있다'는 전제다(Foucault 1980b, 91). 따라서 푸코의 권력 분석은 언뜻 투쟁과 전쟁이 끝나 안정화된 질서처럼 보이는 대상에 관련해서도 거기에 새겨진 세력들 사이의 투쟁 관계를 드러내려 한다. 푸코는 이런 방법론적 원리를 클라우제비츠의 명제를 뒤집어 '정치란 다른 수단에 의해 지속되는 전쟁'이라고 표현한다(Foucault 2003, 15~19; 43~64). 그렇지만 많은 비판가들이 지적하듯 푸코의 권력 분석은 애초의 의도하고 다르게 종국에는 이런 다양한 세력들 사이의 투쟁이 시야에서 사라지게 되는 유사 기능주의나 유사 체계 이론으로 귀착되는 경향이 있다(Honneth 1991; Brenner 1994; Deleuze 1988b). 이런 경향은 푸코가 권력의 '변화'를 다양한 세력들 사이의 투쟁이라는 관점에서 설명하기보다는 권력의 효율성 증대라는 관점에서 설명하려는 경향이 강하기 때문에 나타나는 체계적 귀결이다. 이런 맥락에서 헤게모니 개념은 푸코의 통치성 이론의 문제점을 보완하는 데 유용한 분석 도구가 될 수 있다. 왜냐하면 헤게모니는 고정된 일괴암적 상태가 아니라 세력들 사이의 경합과 타협이 일어나는 끊임없는 유동적 과정이기 때문이다.

2. 비판적 담론 분석 — 사회적 기업을 사회적으로 바라보기

사회적 기업은 그 표현 자체가 시사하듯이 신자유주의 체제에서 공적인 것/사적인 것, 국가/시장, 국가/사회/시장/가족/개인 등을 나누는 구분선의 변형을 보여주는 좋은 사례다. 이런 구분선이 통치 전략이 가져온 효과라는 점에서 볼 때, 사회적 기업을 둘러싸고 사회와 시장이 결합하고, 그 둘 사이의 경계가 흐려지며, 국가가 비가시화되는 현상은 모두 사회적 기업이 신자유주의 시대 통치 방식의 변화를 함축한다는 점을 시사한다. 또한 한국에서 사회적 기업의 제도화에는 복지 패러다임의 전환이라는 맥락이 깔려 있다. 사회 통합 기능을 맡아온 국가나 복지 프로그램들을 대신해 사회적 기업들은 기꺼이 타인의 어려움에 관련해 사회적 책임을 지려 한다. 그런 점에서 사회적 기업이라는 제도적 메커니즘은 신자유주의 시대의 새로운 사회 통합의 테크놀로지(개인들에 관한 테크놀로지)의 출현으로 이해될 필요가 있으며, 이런 사실 또한 사회적 기업이 새로운 통치 방식의 등장을 함축한다는 점을 시사한다. 따라서 사회적 기업의 정치학을 규명하기 위해 나는 헤게모니 이론과 푸코의 통치성 분석을 종합해, 사회적 기업과 사회적 기업가의 등장을 둘러싸고 작동하는 담론, 권력의 테크놀로지, 자기의 테크놀로지들의 배치를 분석한다. 구체적인 연구 방향과 초점은 다음 같다.

먼저 담론과 권력 또는 지식과 권력의 결합이라는 주제에 관련해 사회적 기업을 둘러싼 담론의 구조와 전략을 연구하되, 세력들 사이의 헤게모니를 향한 담론 투쟁의 양상을 파악하기 위해 진보의 담론과 보수의 담론으로 나눠 분석한다. 그리고 사회적 기업이라는 통치 장치의 등장에 어떤 지식이 개입했는지, 사회적 기업의 통치 메커니즘 속에서 통치가 어떤 지식을 만들어내고 어떤 지식들의 안내를 거쳐 작동하는지를 탐구한다. 사회적 기업이라는 말의 '사회적'이라는 표현이 상징하는 '사회적인 것'과 '공동체적인 것' 같은 본질적으로 측정 불가능한 대상들이 사회적 기업의 통치 메커니즘 속에서 어떻게 측정 가능한 앎의 대상으로 변형되는지를, 그런 결과 어떻게 통치가 그런 앎의 대상들을 통치 영토로 구축해내는지를 주목할 생각이다.

권력은 지배하려 하는 주체들을 생산해내지 않고서는 작동할 수 없다. 따라서 나는 다양한 담론이나 지식, 권력의 테크놀로지, 자기의 테크놀로지들의 총체적 효과로서 사회적 기업가라는 특정한 형태의 주체성이 생산되는 과정에도 주목한다. 이런 시도 또한 사회적 기업가를 둘러싼 담론의 구조와 전략을 분석하되 담론 영역에서 상이한 정치 세력들 사이에 벌어지는 헤게모니 투쟁의 양상에 초점을 둘 작정이다. 또한 개인을 사회적 기업가로 변형하려 하는 통치 메커니즘 속에서 어떤 지식이 생산되고 동원돼 통치를 강화하는지에 주목할 생각이다. 그리고 개인들이 자기 자신을 사회적 기업가로 구성해내기 위해 자기를 앎의 대상이자 자기 통치의 대상으로 삼아 자기에 관해 어떤 지식을 산출하는지, 그리고 그 지식이 자기의 통치, 곧 자기의 테크놀로지하고 어떻게 결합되는지에 주목해 분석할 계획이다.

특히 4장, 5장, 6장에서는 사회적 기업을 둘러싼 담론의 구조를 분석한다. 의미는 단어나 사물에 내재돼 있는 어떤 본질이 아니다. 의미는 다양한 담론적 요소들 사이의 관계에 따라 생산된다. 그리고 그런 담론적 요소들 사이의 관계는 제도 또는 정치적, 경제적, 역사적 조건 같은 좀더 넓은 비담론적 요소들하고 맺는 관계에 따라 구성된다. 이 점을 고려해 4장, 5장, 6장에서는 페어클러프(Fairclough 1989; 1992; 1995; 2003) 등이 정교화한 비판적 담론 분석을 핵심적 분석 방법으로 활용할 생각이다. 페어클러프는 비판적 담론 분석을 세 개의 서로 연관된 차원, 곧 텍스트 차원, 담론적 실천의 차원, 사회적 실천의 차원으로 구분한다(Fairclough 1992, 73; 1995, 97). 텍스트 차원의 분석은 어휘, 문법, 문맥적 결합 관계, 텍스트 구조 같은 언어의 형식적 특성들에 관한 분석에 초점을 둔다. 이런 텍스트의 언어적 형식이 지닌 특성들은 담론적 실천에 따라 구성된다. 따라서 다음 차원인 담론적 실천 차원의 분석은 어떻게 담론들과 담론의 구성 요소들이 서로 배치되고 결합되는지를 분석하는 데 초점을 둔다. 담론적 실천은 또한 더 넓은 다양한 사회적 실천의 차원들하고 맺는 관계 속에서 형태를 부여받는다. 따라서 사회적 실천 차원의 분석은 어떻게 담론적 실천들이 헤게모니적 권력 관계 같은 비담론적 사회적 실천들에 연관되는지에 초점을 둔다. 비판적 담론 분석은 담론적 실천의 차원을 통해 텍스트 차원과 사회적 실천의 차원이 결합된다는 점에 주목하면서, 담론 분석을 통해 텍스트들을 둘러싼 정치적 맥락들을 드러내려 한다(Phillips and Jorgensen 2002, 69~70). 구체적으로 페어클러프의 비판적 담론 분석 모델을 기초로 해 나는 이런 연구 절차를 기안하고 적용했다.

텍스트 차원

이 단계의 목적은 사회적 기업을 둘러싼 담론들을 구성하는 언표[7]들의 유형을 확인하는 일이다. 나는 분석 대상 텍스트에서 흔하게 쓰이는 어휘나 용어의 유형을 확인했다. 텍스트 차원의 분석이 추구한 목표는 그런 어휘 분석을 거쳐 담론의 의미를 확정하는 일이 아니라 어떤 주요 언표들이 사회적 기업의 담론을 구성하는지를 확인하는 데 있었다. 이 작업을 위해 담론 분석 프로그램인 엔비보 10[NVivo 10]의 단어 빈도 검색 도구를 활용했고, 같은 프로그램을 이용해 코딩 작업을 했다.

담론적 실천 차원

이 단계의 목적은 담론의 질서, 곧 사회적 기업 담론의 하위 구성 요소들이 서로 배열되고 결합되는 양상이나 구조를 밝히는 일이다. 큰 틀에서 세 가지 측면에 주목했다. 첫째, 사회적 기업 담론들 속에서 특정한 사회 현상(이를테면 빈곤, 실업, 양극화 등)들이 문제화되는 방식, 그런 문제화 방식에서 그 사회 문제들의 원인과 해법에 관한 논의가 구성되는 방식이다. 둘째, 다양한 유형의 지식들이 사회적 기업 담론들 속에 접합되는 방식이다. 셋째, 사회적 기업 담론들 속에서 각 정치 세력들이 헤게모니를 확보하기 위해 자기들의 이해관계나 담론을 상대의 이해관계나 담론에 접합하는 방식이다.

텍스트 차원의 분석에서 파악된 사회적 기업 담론의 핵심 어휘들이 어떻게 배열되는지 알아보기 위해 두 가지 분석 절차를 설계하고 실행했다. 첫째 단계에서는 같은 텍스트 안에서 핵심 어휘들의 공출현 빈도를 조사했다. 사회적 기업 담론 구조들의 큰 그림을 파악하기 위해 엔비보 10을 활용해 공출현 빈도 매트릭스를 생성하고, 이를 유시아이넷^{UCINET}의 넷드로우^{NetDraw} 프로그램에 투입해 가시화했다. 이 단계의 분석은 단지 담론 구조의 커다란 윤곽이나 전반적 특징을 포착하기 위한 시도로, 사회적 기업 담론의 구조에 관한 세세한 정보를 제공해주지는 못한다. 따라서 이 결과를 길잡이로 삼아 다음 단계에서 좀더 깊이 있는 담론 분석을 수행했다.

다음 둘째 단계에서는 이전 단계에서 파악된 어떤 담론 구조의 특징을 대표적으로 보여주는 텍스트들을 선별해 세밀한 담론 분석을 수행했다. 이를테면 해당 텍스트들에서 특정한 사회 문제나 사회적 기업의 성공에 관련해 어떤 원인-현상-해법의 구조를 통해 담론이 구성되고 있는지, 어떤 담론들은 표현되고 어떤 담론들은 억압되거나 침묵당하는지, 사회적 기업가와 사회적 기업가들이 사회적 기업 활동을 통해 돕고 연대하려 하는 취약 계층의 관계는 지난날 혁명적 사회운동가와 프롤레타리아 또는 민중의 관계하고 어떻게 같거나 다른지, 어떤 덕목이나 능력이 바람직한 사회적 기업가의 자질로 표상되는지, 어떻게 사회 공익적 가치의 담론들이 시장의 담론들하고 결합돼 통합되는지 등 세세한 담론적 구조와 전략들에 관해 분석했다.

사회적 실천 차원

이 단계의 목적은 사회적 기업 담론들을 담론적 차원을 넘어서 사회적 실천의 차원들하고 맺는 관계 속에서 해석하는 일이다. 따라서 이 단계에서는 어떤 제도나 기관, 또는 정치적, 경제적, 역사적 조건 같은 사회적 환경 속에서 사회적 기업 담론들과 그런 담론들의 의미가 생산되는지를 주목했다. 특히 다음 세 가지에 초점을 두고 분석했다. 첫째, 사회적 기업을 둘러싼 관련 담론과 지식을 생산하고 유포하는 사회적이고 정치적인 세력, 기구, 학문들, 둘째, 이런 담론이나 지식이 사회적 기업을 둘러싼 권력의 작동 메커니즘에 결합되는 방식들, 셋째, 사회적 기업의 담론들이 출현한 경제적, 정치적, 사회적 조건들이다. **그림 3**은 이 연구에서 적용한 비판적 담론 분석의 절차를 도식화한 것이다. 사회적 기업 담론이 출현한 2000년대 초반부터 2014년 12월까지 한국에서 나온 신문 기사, 정부의 정책 보고서나 연구 보고서, 학술지에 실린 논문, 사회적 기업가 지침서를 분석 자료로 활용했다.

신문 기사는 사회적 기업에 관한 대중적 담론들의 양상을 파악하기 위해, 특히 관련 담론을 통해 작동하는 다양한 세력들 사이의 헤게모니 투쟁의 양상을 포착하기 위해 활용했다. 그렇지만 분량이 많고 사회 세력들이 다양한 탓에 관련된 모든 기사와 모든 사회 세력의 목소리를 분석하는 일은 가능하지 않고 효과도 없다. 따라서 두 가지 전략을 써 자료 범위를 한정했다. 첫째 전략은 다양한 세력들 중에서도 정치적 견해를 달리하는 진보 세력과 보수 세력의 관련 담론에 주목하는 방식이다. 이 전략에 따라 진보 신문으로 분류되는 《경향신문》과 《한겨레》, 그리고 보수 신문으로 분류되는 《조선일보》와 《중앙일보》의 신문 기사로 분석 대상을 한정했다. 일단 '사회적 기업', '사회적 기업가', '사회적 기업가 정신'이라는 용어를 1회 이상 쓴 기사를 수집한 결과 《경향신문》 490건, 《조선일보》 741건, 《중앙일보》 620건, 《한겨레》 874건 등 모두 2725건이 추출됐다. 이 2725건에서 다시 각 연구 주제의 목적과 취지에 맞게 자료의 범위와 크기를 한정했다. 이를테면 사회적 기업의 성공 담론을 다룬 4장에서는 《경향신문》 34건, 《조선일보》 36건, 《중앙일보》 20건, 《한겨레》 36건 모두 126건의 기사를 분석했다. 사회적 기업과 젠더 담론의 정치 동학을 다룬 5장에서는 《경향신문》 30건, 《조선일보》 22건, 《중앙일보》 8건, 《한겨레》 11건 등 모두 71건의 기사를 분석했다. 사회적

그림 3. 비판적 담론 분석의 절차

핵심 언표의 확인 (어휘나 개념 등)

⇩

핵심 언표들 사이의 공출현 빈도 분석 (담론 구조들에 관한 커다란 그림 파악)

⇩

담론 구조 또는 담론적 실천에 관한 심층 분석

⇩

담론 구조 또는 담론적 실천들을 사회적 실천들하고 맺은 연관 속에서 분석

기업가 담론의 구조를 분석한 6장에서는 《경향신문》 57건, 《조선일보》 44건, 《중앙일보》 31건, 《한겨레》 33건 등 모두 176건의 기사를 분석했다.

　내가 핵심 분석 대상으로 삼은 것 중 하나는 사회적 기업의 담론 속에서 지식과 권력이 만나고 서로 의존하며 강화하는 방식이었다. 지식이나 진리는 단순히 순수한 이론적 추상이 아니다. 물질성을 지닐 수밖에 없다. 지식이나 진리는 그런 지식을 산출하는 다양한 물질적 장치들(학회, 대학, 연구소, 연구비 지원 등)을 통해 생산되며, 그 과정은 권력이 개입하는 지점이기도 하다(Rose 1996d, 109). 특히 한국에서 사회적 기업은 국가 주도 아래 제도적으로 육성되고 있다. 따라서 국가 권력과 국가 기구들이 관련 지식을 생산하고 활용하는 양상에 주목해야 한다. 그래서 나는 사회적 기업을 둘러싸고 지식과 권력이 결합되는 양상을 파악하기 위해 정부의 공식 정책 보고서와 정책 연구 보고서를 분석 자료로 활용했다. 정부는 어떤 정책이나 제도를 추진하는 데 필요한 다양한 정보를 수집하고 생산하며, 이 결과를 토대로 정책 집행의 타당성을 검토하고 효율적인 정책 추진 전략을 선택한다. 정부 기관들은 직접 연구를 진행하거나 전문가에게 연구 용역을 위탁하는 방식으로 관련 지식을 끌어모은다. 따라서 사회적 기업 메커니즘에 관련해 정부의 정책 보고서나 연구 보고서는 권력과 지식이 결합되는 양상을 파악하는 데 최적의 자료다. 사회적 기업에 관련한 정부 정책 보고서나 정책 연구 보고서는 주로 안전행정부 '정책연구관리시스템'(www.prism.go.kr)과 한국사회적기업진흥원 문서 아카이브(www.socialenterprise.or.kr)를 활용해 수집했다.

사회적 기업가라는 주체의 생산 문제와 관련해서 보면 정부 보고서들은 사회적 기업가의 이런저런 자질이나 역량이 중요하다고 전제하고는 있다. 그렇지만 사회적 기업가 양성에 관련한 제도적 관심에 집중할 뿐 사회적 기업가가 갖춰야 할 역량을 핵심 주제로 삼아 연구를 진행하고 관련 지식을 생산한 보고서는 없었다. 정부는 당장 눈에 띄는 성과를 낼 수 있는 정책과 제도를 개발하는 데 더 큰 비중을 두는 경향이 있기 때문인 듯하다. 그래서 사회적 기업가에게 요구되는 역량에 관련된 지식 체계에 관한 연구는 한국연구재단에 등재지로 등록된 학술지에 실린 논문 중 사회적 기업가가 갖춰야 할 덕목, 리더십, 능력 등의 역량들에 관한 논의를 주제로 한 논문 17편(사회적 기업가 정신 관련 논문 9편, 기업 조직 문화 형성의 리더십에 관한 논문 8편)을 분석 자료로 활용했다.

마지막으로 개인이 자기를 바람직한 사회적 기업가 주체로 구성해내는 방식, 곧 개인이 자기에 관해 작동시키는 자기의 테크놀로지를 파악하기 위해서 자기를 사회적 기업가로 성장시키는 데 필요한 규칙, 의견, 충고 등을 담고 있는 텍스트들이다. 이른바 사회적 기업가의 '구루'라고 할 수 있는 성공한 사회적 기업가나 저명한 전문가들이 사회적 기업가가 되고 싶어하는 독자들을 목표 독자로 설정해 출간한 사회적 기업가 지침서를 활용했다. 구체적 분석이 된 텍스트는 우인회가 쓴 《성공하는 사회적기업의 9가지 조건》(황금고래, 2010), 야마모토 시게루가 쓴 《사회적기업 창업 교과서》(생각비행, 2011), 마크 알비온이 쓴 《미래 기업의 3C경영》(프라임, 2007)이다.

3장

/착한 기업
민주화의 성과인가 통치 합리화의 수단인가

사회적 기업은 흔히 '착한 기업'이라고 불린다. 사회적 기업은 기업으로서 시장의 영리 추구 전략을 이용하지만, 이윤 추구를 제일 목표로 삼는 영리 기업의 이기심이나 탐욕하고는 반대로 사회적 약자의 삶을 돌보는 등 공동체와 사회의 공익적 가치를 실현하는 목표를 지향하기 때문이다. 그런 점에서 사회적 기업은 정치적 견해 차이를 막론하고 거의 대부분의 세력들에게서 찬사를 받는다.

한국의 진보적 시민운동 세력들은 자본주의 사회에서 금과옥조로 삼는 경쟁과 이윤 추구 원리 대신 사회적 연대와 공동체 가치의 실현을 추구한다는 점에서 사회적 기업을 시장 경제를 대체하려 하는 진보적 사회운동의 역사적 전통 속에 위치시키기도 한다(엄형식 2008: 김성기 2011). 반대로 한국의 몇몇 보수적 자유주의자들도 자본주의에는 본디부터 공동체적 성격이 내재돼 있다고 주장하면서 사회적 기업을 자본주의 정신의 역사적 전통 안에 위치시키고, 사회 공익적인 목표도 시장 원리에 따를 때 가장 효과적으로 실현될 수 있다고 주장한다(KDI 2008: 권영준 외 2007).[1]

방향은 다르지만 두 흐름은 사회적 기업의 독창성을 지난 역사에서 찾으려 한다는 점에서 똑같다. 이런 관점들은 지금의 사회적 기업을 역사적인 투쟁의 전통이나 자본주의 형성 초기에 활동한 자본가들의 윤리적 관심에 연결하면서 각자 나름의 방식으로 사회적 기업 운동을 정당화하고 미화한다. 그렇지만 이런 관점들은 사회적 기업이라는 제도적 메커니즘이 등장하는 과정에 새겨진 다양한 이질적 요소들(때로는 악하거나 반공동체주의적 요소들이라고 간주될 수도 있을 요소들, 그리고 때로는 반기업적이고 반시장적이라고 간주될 수도 있을 요소들)과 세력들 사이의 투쟁 관계를 드러내지 못한다는 점, 따라서 지금의 사회적 기업과 과거의 유사 형태들 사이에서 나타나는 단절적 성격과 이질성을 드러내지 못한다는 점에서 한계를 지닌다.

푸코는 비판 전략의 방법론으로서 계보학적 방법론을 확립하면서 제도를 세력들 사이의 투쟁의 응축물로 봐야 하며, 현존하는 어떤 대상의 역사적 독창성을 찾는 대신 그 대상의 발생 과정에 기입된 이질적 혈통들을 드러내는 전략을 취해야 한다고 제안한다(Foucault 1977). 이 전략은 현존하는 제도의 정통성을 드러내어 제도의 존립을 정당화하려는 방법론이 아니라, 정당한 것으로 인정받고 있는 요소에 깃들어 있는 이질적 혈통들과 힘 관계의 맥락을 드러내어 정당화의 근거를 문제화하는 비판적인 역사적 방법론이다. 이 장에서는 사회적 기업이 등장하는 역사적 배경 속에 기입돼 있는 그런 힘 관계의 맥락과 이질적 혈통들을 드러내기 위해 사회적 기업의 등장을 좀더 넓은 사회 구조적 변화의 맥락, 곧 세력들 사이의 투쟁과 타협이라는 맥락에 위치시키고, 사회적 기업의 제도화를 추동한 가장 중요한 합리화의 원리들은 무엇이었는지에 초점을 둘 생각이다.

1. 병 주고 약 주기 — 시장의 문제를 시장으로 해결하기

사회적 기업의 소관 부처가 고용노동부이라는 점이나 사회적기업육성법에서 사회적 기업이 '취약 계층에게 사회서비스 또는 일자리를 제공하거나 지역사회에 공헌함으로써 지역주민의 삶의 질을 높이는 등의 사회적 목적을 추구하면서 재화 및 서비스의 생산·판매 등 영업활동을 하는 기업'으로 정의되는 데서 알 수 있듯이, 한국 사회에서 사회적 기업은 무엇보다 점증하는 실업자와 근로 빈곤층에 대응하는 과정에서 출발했다. 실업자와 근로 빈곤층의 증가는 단순히 취약 계층의 경제적 궁핍과 삶의 질 저하라는 문제에 머물지 않는다. 교육, 문화, 의료 등 여러 사회적 자원에 접근할 기회가 제한됨으로써 취약 계층은 다원적 측면에서 사회적 배제를 경험하게 된다. 또한 경제 정책이나 국가 정책의 측면에서 소비 감소에 따른 내수 위축을 가져와 경제적 악순환을 불러올 뿐 아니라, 범죄가 늘고 계층 갈등이 폭발해 사회가 불안해지고 복지 부담이 증가하게 된다. 또한 실업률 상승과 근로 빈민층 증가가 경기 변동에 따른 일시적 현상이 아니라 사회 전체의 구조적 변화 때문에 장기화될 수 있다고 예상된다는 점에서 문제가 심각하다. 특히 산업 구조 재편, 급속한 고령화 등 인구학적 변화, 여성 경제 활동의 확대, 1997년 아이엠에프 체제 뒤 본격화된 경제 구조의 신자유주의적 재편은 실업과 빈곤의 문제를 심화시키는 사회 구조적 배경이다.

수출 제조업을 중심으로 빠르게 성장한 한국 경제는 높은 경제 성장률에 더해 실질적으로 완전 고용에 가까운 고용 상황을 유지했다. 그렇지만 노동 집약적 산업 구조에서 점차 기술과 지식 서비스 주도의 산업으로 산업 구조가 재편되면서 만성적인 고용 없는 저성장 구조가 나타나고 있다. 더구나 노동 시장의 양극화, 곧 임금, 고용 조건, 노동 환경에서 정규직과 임시직 또는 비정규직 사이, 대기업 노동자와 중소기업 노동자 사이에 커다란 차이가 나는 노동 시장 구조 탓에 일자리가 있어도 빈곤 상황을 벗어나지 못하는 근로 빈곤층이 늘어나 신빈곤으로 불리는 새로운 사회 문제로 대두되고 있다.

여기에 더해 평균 수명이 늘어나고 출산율이 떨어지면서 고령화도 빠르게 진행되고 있다. 한국은 2000년에 65세 이상 인구 비율이 7.2퍼센트를 기록하면서 고령화 사회 단계에 접어들었고, 2014년에는 이 비율이 12.7퍼센트로 증가해 몇 년 안에 고령 사회로 진입할 듯하다(통계청 2014).[2] 노인 인구의 증가는 실업과 빈곤 문제를 악화시킬 뿐 아니라 노동 생산성 감소와 복지 부담의 증가 같은 문제로 연결될 수밖에 없다.

여성들이 경제 활동에 많이 참여하는 흐름도 사회적 기업이 등장하는 또 다른 구조적 맥락이다. 이런 흐름은 전통적으로 주로 여성이 수행하던 아동 교육, 보육, 노인 부양, 환자 간병 같은 돌봄 노동이 더는 가족 안에서 해결되기 힘든 구조를 낳는다. 이런 상황에서 돌봄 노동의 사회화라는 여성계의 요구에 힘이 실리자 국가의 복지 부담은 증가하게 된다.

마지막으로 1997년 외환 위기 뒤 진행된 한국 사회 전반의 신자유주의적 변화도 실업과 빈곤층 양산 문제를 불러온 중요한 사회 구조적 요인이다. 특히 노동 유연화라는 이름으로 진행된 노동 시장의 구조적 재편은 대규모 비정규직을 양산할 뿐 아니라 노동 안정성을 심각하게 훼손하면서 실업 문제와 근로 빈곤층 문제를 심화시키는 데 결정적인 구실을 했다.

이런 사회 구조적 변화는 실업과 근로 빈곤층 양산이라는 문제를 낳았고, 결국 이 계층들이 다양한 사회적, 문화적, 정치적 기회와 혜택에 접근할 수 있는 가능성을 줄여 사회적 배제를 야기했다. 1997년 외환 위기 이후 전면화된 신자유주의적 사회 구조의 재편이 실업과 빈곤 문제를 심화시키는 구실을 했지만, 그런 문제들을 풀 해법을 제시한 것도 신자유주의 원리라는 사실은 흥미롭다. 해법으로 제시된 사회적 기업은 시장 원리를 통해 사회 공익적 목적을 실현하려는 기업으로 정의될 수 있는데, 이런 정의는 모든 것을 시장으로 간주하면서 사회 공익적 목적마저 국가나 사회운동보다는 시장 원리에 따라 가장 잘 해결될 수 있다고 보는 신자유주의의 세계관을 반영한다.

2. 시장으로 들어간 운동권 ― 시민운동과 사회적 기업의 제도화

사회적 기업과 사회적 경제 운동을 처음 제기한 쪽은 정부가 아니라 민주화 운동 과정에서 성장한 시민사회 진영이었고, 이 세력은 사회적 기업과 사회적 경제 운동의 주축이 됐다(한국노동연구원·성공회대학교 2000; 임혁백 외 2007, 33; 엄형식 2008; 양세훈 2012; 서영표 2013). 이를테면 '아름다운가게'라는 사회적 기업을 만들어 성공시키고 다른 사회적 기업의 창업과 제도화를 도운 박원순과 희망제작소는 반자본주의와 반신자유주의를 주창하는 대표적인 시민 운동가이자 조직이다.[3] 또한 지난 10여 년 동안 진보적 시민사회 진영이 국가와 자본하고 동맹 관계에 들어간 사실을 보여주는 사례이기도 하다.

이런 동맹 관계는 서구 사회하고 다른 조건에서 발전한 한국의 진보적 시민운동의 역사를 고려할 때 매우 이례적인 흐름이다. 국가에 대립하는 관점 아래 시민사회를 자유 시장 경제하고 동일시하면서 국가 개입의 최소화와 시민의 자발적 결사를 통한 자유 민주주의의 강화를 특징으로 한 미국식 시민사회하고 다르게, 한국의 시민사회는 국가뿐 아니라 시장에 맞서 대결적 관계를 맺으며 발전했다. 한국의 시민사회가 발전한 역사적 맥락이 미국하고 다르기 때문이었다.

독재 정권은 다양한 형태의 친정부 시민단체를 인위적으로 조직하거나 전통적인 공동체적 결사체를 국가 장치의 일부로 동원해 체제 유지의 말단 조직으로 활용하기도 했다. 이런 형태의 시민 조직들은 관변화된 국가 동원 조직의 성격을 띤 점에서 본디 의미의 시민사회 조직으로 보기는 힘들다(엄형식 2008). 건국 때부터 1987년까지 40여 년간 이어진 독재 정권 아래에서 시민들의 민주화 욕구는 억압받았다. 특히 1960년대 초부터 1987년까지 이어진 군부 독재 정권은 국가 주도의 경제 개발 정책을 통해 재벌 경제를 의도적으로 육성했다. 성장이 우선시된 경제 개발 과정에서 양산된 도시 빈민과 저임금 노동자 등 다양한 사회적 약자들을 위한 재분배와 복지 요구는 후순위로 밀렸다. 반민주적 정치 상황, 친자본 정책, 선 성장 후 분배 정책은 정치 민주화를 요구하는 흐름과 국가와 시장이 배제한 사회적 약자들이 권익 향상을 요구하는 흐름이 하나의 사회운동으로 합류되는 조건을 형성했다.

이 시기의 사회운동은 국가와 자본에 모두 대항하는 비판적 실천을 펼치면서 급진화됐다.[4] 특히 학생운동과 노동운동의 결합은 한국에서 반체제 성향의 급진적 사회운동에서 가장 중요한 흐름을 형성했다. 냉전 체제와 민족 분단이라는 상황 속에서 마르크스주의를 비롯한 급진적 혁명 사상에 영향을 받은 학생운동과 폭발적으로 분출하던 노동운동이 결합하면서 사회주의 혁명이 공공연히 주장되는 등 사회운동은 급진화됐다(Koo 2001, 100~125). 결국 이런 사회운동들을 통해 1987년에 대통령 직선제 개헌이 실현되면서 한국 사회의 정치 민주화는 큰 발을 내디뎠다. 또한 이 과정에서 노동운동을 비롯한 여러 사회운동세력들이 폭넓게 조직된 결과 시민운동을 확산하고 사회 개혁과 진보를 이끄는 데 큰 영향을 줬다(서영표 2013). 1980년대 말 현실 사회주의가 몰락하면서 더는 사회주의 혁명이 사회운동의 목표로 제시될 수 없게 됐지만, 권위주의 독재 국가에 맞선 저항 속에서, 그리고 마르크스주의 같은 급진적 사회 사상의 영향 아래 성장한 한국의 사회운동은 1987년 이후에도 노동자, 농민, 장애인, 여성, 빈민 등 사회적 약자 집단들하고 연대해 국가와 자본에 맞선 비판적 저항을 실천했다. 이런 상황은 한국의 시민사회가 국가나 자본이나 시장에 관련해서 보완 관계보다는 적대 관계를 거쳐 발전한 사정을 설명해준다.[5]

1980년대 정치적인 민주화 운동 과정에서 성장한 시민운동을 통해 1990년대부터는 한국 사회에서 시민사회 영역이 크게 확장됐고, 주요 인사들이 제도 정치권에 대거 참여함으로써 진보적 시민운동 진영은 커다란 정치적 힘을 발휘하게 된다. 그런데 1990년대의 시민운동은 군부 독재 종식과 정치적 민주화라는 당면 과제를 해결하기는 했지만 눈앞의 적이 사라진 뒤 시민운동이 나아가야 할 방향을 설정하지 못한 채 표류하기 시작했다. 더불어 지나친 정치 지향성과 급진성 등으로 비판받으며 '시민 없는 시민운동'이라는 딜레마에 빠지게 된다(하승수 2003: 김희송 2006). 시민과 지역 주민의 일상적 삶에 천착해야 할 시민운동이 오히려 정치권에 밀착해 마치 진보적 정치 단체처럼 활동한다는 비판에 직면했다. 또한 1980년대 사회운동의 지나친 급진성과 과격성을 버리지 못하고 시대에 뒤떨어짐으로써 시민들의 일상적 삶에서 나온 요구들을 사회운동이 담아내지 못하고 있다는 지적도 나왔다.

시민과 유리된 엘리트 전문가들만의 시민운동이라는 문제를 해결할 대안을 찾는 과정에서 시민운동 세력들이 주목한 흐름은 유럽에서 들어온 신사회운동이었다. 신사회운동은 노동, 정치, 경제 의제 같은 전통적 문제들에 지나치게 집중하는 관행에서 벗어나 환경, 교육, 여성, 반전 평화, 소수자 문제, 인권, 반핵, 지역 공동체, 먹거리 같은 일상적 삶을 구성하는 생활 중심형 의제에 집중하는 흐름이었다. 생활 정치라고 불리기도 하는 이 흐름은 시민 없는 시민운동이라는 딜레마를 극복해 시민운동이 시민과 지역 주민들의 삶에 더 밀착할 수 있는 유망한 대안으로 받아들여졌고, 진보적 시민운동 안에 빠르게 퍼지게 된다(조돈문 1996, 57~59). 그리고 서구에서도 1980년대 후반부터 신사회운동이 급진성을 잃고 체제 내화됐듯이(Kuchler and Dalton 1990: Schmitt-Beck 1992), 한국의 시민운동도 권력과 자본에 맞서 대결하기보다는 협조적 관계를 맺으며 실용주의 노선을 추구하는 길을 걷게 된다(구도완 1995: 김성국 2000).

1997년 외환 위기는 한국 진보적 시민운동이 국가와 자본에 맞서 적대 관계를 설정하기보다는 협조 관계를 맺을 방안을 모색하도록 가속화한 계기가 됐다. 건국 이후 최대 '환란'으로 불린 1997년 외환 위기는 나라가 망할 수 있다는 위기감을 증폭시켰고, 진보적 시민운동도 그 뒤 본격화될 신자유주의적 사회 재편에 맞선 투쟁을 조직하는 과정에서 적절히 대응할 수 없었다. 진보적 시민운동 세력들은 1997년 외환 위기로 생겨난 대규모 실업자와 빈곤층 문제에 직접 다가감으로써 시민들의 삶 속으로 파고드는 전략을 취한다. 이런 전략은 1997년 외환 위기 뒤 긴급 구호 조치로 시행한 공공근로 민간 위탁 사업과 자활 사업, 2003년 이후 추진한 사회적 일자리 창출 사업을 비롯해 얼마 전부터 시작한 사회적 기업 육성 정책에 이르기까지 정부의 다양한 취약 계층 대책에 진보적 시민운동 조직들이 관여해 의제 형성과 제도화 과정을 주도하거나, 파트너로 참여해 일자리를 창출하고 서비스를 제공하는 구실을 맡는 식으로 구체화된다.

이런 과정에는 시장과 국가를 넘어 사회적 기업 같은 '새로운 혼합 경제'를 통해 '시장의 활력을 공익의 정신에 활용함으로써 공공 부문과 민간 부문 사이의 시너지'를 끌어내려고 앤서니 기든스가 주창한 '제3의 길'이 큰 구실을 한 점도 주목해야 한다(Giddens 1998, 100). '제3의 길'이라는 기든스의 아이디어는 영국 노동당 정부가 추진한 사회 개혁을 이끈 기획으로 채택되고, 미국의 빌 클린턴 민주당 정부의 복지 개혁에 영향을 줬다. 한국에서는 진보 정권으로 불린 참여정부 후반기의 정책 화두가 되기도 했다(한상진·황미영 2009, 189). 이렇듯 제3의 길 전략이 선진국의 보수 정당이 아니라 진보 정당의 지지를 받으면서, 한국의 진보적 사회운동 진영도 사회적 기업을 시장과 국가의 양자택일을 넘어설 수 있는 새로운 대안일 뿐 아니라 진보적 사회운동의 목적을 실현할 수 있는 방안으로 이해하는 경향이 있었다(서영표 2013).

정부는 진보적 시민운동 조직들의 협력을 이끌어내야 했다. 사회적 소외 계층들하고 유기적 관계를 형성해온 진보적 시민단체들의 경험과 노하우가 필요했고, 소외 계층들의 삶을 가장 잘 이해하면서 그런 이들의 처지를 향상시키려 하는 희생정신과 공동체적 가치를 토대로 사업을 추진할 수 있는 가장 효과적인 주체는 진보적 시민사회 활동가들이라고 본 때문이었다(노동부 2003; 복지부 2005). 진보적 시민운동 진영은 이런 정부 사업에 참여하는 과정을 단순히 일자리 창출과 복지 서비스 제공 등 국가의 기능을 보조하는 수준이 아니라 효율성과 성장의 논리를 넘어서 공동체적 가치를 확산하고 시민 참여를 통한 사회 개혁을 이끌어낼 수 있는 사회운동의 하나로 인식했다(윤정향 2007; 엄형식 2008). 시민운동 진영을 파트너로 참여시키려는 정부의 이해관계와 시민 없는 시민운동이라는 문제를 극복해 시민들의 삶에 더욱 밀착하려는 시민운동 진영의 이해관계가 맞아떨어짐으로써 양쪽은 긴장 속에서 협조적 동맹 관계에 들어가게 된다. 이런 상황은 '창조적 긴장 관계'라는 말로 표현되기도 했는데(이문국 2009, 36), 1997년 외환 위기 이후 자활 사업을 추진하는 법적 근거가 된 국민 기초생활 보장 제도는 의제 형성부터 입법 과정에 이르기까지 진보적 시민운동 단체들과 노동계가 주도했다(신동면 2003).

그 뒤 자활 사업, 사회적 일자리 사업, 사회적 기업 육성 사업이 제도화되는 과정에서 상대적으로 국가 주도권이 강화되지만, 진보적 시민운동 진영은 일정한 긴장 관계 아래 파트너로서 일련의 국가 정책에 참여한다. 특히 사회적 기업 육성 사업이 본격 시작하면서 진보적 사회운동 단체나 활동가들이 스스로 사회적 기업을 만들어 사회적 기업가가 되거나 사회적 기업을 지원하는 여러 형태의 조직을 세우는 등 진보적 시민운동 진영은 사회적 기업을 육성하는 과정에서 큰 구실을 하게 된다.[6] 가끔 시장 행위자들이 사회적 기업을 '운동권의 활동'으로 보고 거래를 거부하는 사례도 없지 않다는 평가는 이런 상황을 잘 보여준다(농촌경제연구원 2010, 114).[7]

3. 위탁에서 육성으로 — 사회적 기업 정책의 변화와 전환

공공 근로 위탁 사업과 자활 근로 사업

건국 이후 최대의 환란으로 불린 1997년 외환 위기 직후 기업들의 연쇄

부도와 과격한 구조 조정으로 대규모 실업이 야기됐고, 이른바 '노동 유연화'라는 기치 아래 추진된 노동 시장 재구조화는 임시직과 비정규직을 양산해 노동 안정성을 크게 훼손했다. 1997년에 국내 총생산GDP 대비 공공복지 지출 비중을 보면 경제개발협력기구OECD 평균이 19.2퍼센트인데 견줘 한국은 고작 3.7퍼센트였다(OECD National Accounts Database). 오랜 선 성장 후 복지 기조의 경제 개발 정책에 따라 제도적 복지 체계가 마련되지 않은 상황에서 벌어진 갑작스러운 사태 때문에 많은 실업자와 취약 계층이 빈곤과 사회적 배제의 위험에 내몰리게 됐다. 긴급 구호 대책으로 정부는 공공 부문의 단기 일자리를 마련해 소득을 일부 보전할 수 있게 하기 위해 공공 근로 사업을 긴급 시행했다.

1997년 외환 위기 직후 정부가 세운 대책하고 별도로 시민사회 단체들과 종교계도 대량 실업과 빈곤 문제를 해결하기 위한 이런저런 실천을 펼쳤고, 이 과정에서 여러 형태의 실업 운동 관련 시민 조직이 만들어졌다. 이 두 흐름은 정부와 시민사회가 파트너십을 형성해 펼친 범국민 실업 극복 운동으로 이어졌고, 정부, 시민사회, 종교계 등이 참여하는 '실업극복국민운동위원회'의 결성으로 구체화됐다. 정부는 공공 근로 사업을 공공 근로 민간 위탁 사업으로 전환해 시민운동 단체들을 참여시킨다. 그런데 공공 근로 또는 공공 근로 민간 위탁 사업은 임시적인 긴급 구호 사업 성격을 띤 대책으로서 단기 일자리를 긴급하게 만들어내는 데 치중한 탓에 안정된 일자리를 창출할 전망이 부족했다. 공공 근로 사업과 공공 근로 민간 위탁 사업은 실업 문제를 해결할 근본 대책이 될 수 없었다.

이런 문제 제기는 임시 긴급 대책을 넘어 체계적으로 노동과 복지를 연계시켜 좀더 안정된 일자리를 창출하려는 고민을 자극했다. 이런 '근로 연계 복지workfare' 정책은 이른바 '생산적 복지'라는 이름으로 불리면서 2000년 국민 기초생활 보장법을 통해 본격화된다. 국민 기초생활 보장법은 근로 능력이 있는 취약 계층이 자활 근로에 참여하는 조건으로 복지 혜택을 받을 수 있게 했다. 이 법에 따라 복지부는 2000년부터 자활 근로 사업을 추진한다. 청소, 간병, 음식물 재활용, 자원 재활용, 집수리 사업 등 5대 사업 영역에서 취약 계층 일자리를 발굴해 노동에 참여시켜 직업 훈련과 자활의 기회를 제공하려 했다. 또한 자활 근로 사업은 취약 계층이 스스로 사업을 수행하는 자활 공동체 형성을 지원해 취약 계층의 자활을 도모하려 했다. 특히 자활 근로 사업이 사업 단위로 육성하려 한 자활 공동체는 취약 계층을 위한 일자리 마련이라는 사회 공익적 목적과 시장 원리를 결합하려 한 점에서 앞으로 발전하게 될 사회적 기업의 초기 형태라고 할 수 있다(김성기 2011, 37).

그렇지만 자활 근로 사업은 복지 급여를 지급하는 조건으로 사업 참여를 강제한다는 점에서 형식적인데다가 안정된 일자리를 만들 대책으로는 한계가 있었다. 또한 취약 계층의 노동 동기를 자극할 유인이 약했고, 시장에서 경쟁력이 낮을 수밖에 없는 저학력과 저숙련 취약 계층이 자활 공동체 형태를 통해 자립할 수 있는 전망도 밝지 않았다. 더구나 청소, 간병, 음식물 재활용 등 그렇지 않아도 영세한 자영업 부문의 경쟁을 부추기는 부작용이 있다는 비판도 제기됐다(엄형식 2008, 231).

사회적 일자리 사업

2003년부터는 노동부를 중심으로 정부 각 부처들이 참여하는 사회적 일자리 사업이 추진됐다. 노동부의 사회적 일자리 사업은 공공 근로 민간 위탁 사업이나 근로 자활 사업 등 취약 계층과 빈곤층 일자리 대책의 발전 방향에 관련된 논의 속에서 제기돼 사회적 기업이 등장하는 데 결정적인 구실을 했다. 사회적 일자리 사업은 처음부터 일자리 창출의 핵심 형태로 사회적 기업을 염두에 두고 추진됐다. 사회적 일자리 사업은 어떤 뚜렷한 사업 내용을 가진다기보다는 노동부와 각 정부 부처들이 나름의 방식으로 다양한 일자리 창출 사업을 실험하는 대안을 모색한 시도라는 성격이 강했다. 그렇지만 사회적 일자리를 창출하려는 이런 시도들은 두 가지 목표를 지향한 점에서 공통적이다. 첫째, 취약 계층을 위한 안정적인 일자리 창출, 둘째, 사회 서비스 시장의 육성이다. 이런 목표를 달성하기 위해 시민운동 단체들을 상대로 한 협력이 중요한 전략적 방안으로 선택됐다. 사회적 기업 육성 정책의 일반적 방향을 결정하게 된 점에서 사회적 일자리 사업은 사회적 기업의 밑그림을 그리는 과정이었다.

정부의 정책 연구 보고서들과 회의 자료에서 사회적 일자리가 정의되고 있는 상황을 보면 사회적 일자리 사업의 취지와 목표가 잘 드러난다. 2003년에 노동부가 낸 〈사회적 일자리 창출방안연구〉는 사회적 일자리를 '민간기업이 현재 제공하고 있지 못하는 사회적 서비스가 사회적 기업에 의해 제공되거나, 사회적 서비스가 아니더라도 생산자나 소비자의 참여에 기초해서 운영되는 사회적 기업의 일자리'라고 정의하면서, 국민의 정부 시절 실질적으로 '취약 계층을 대상으로 해서 공공 부문이 재원을 부담하는 일자리'를 뜻하던 사회적 일자리 개념하고 차별화했다(노동부 2003, 104). 2004년 일자리만들기위원회에 2004년에 노동부가 낸 〈사회적 일자리 창출사업 확충방안〉은 사회적 일자리를 '사회적으로 유용하지만 정부의 서비스가 충분히 제공되지 못하고, 민간기업도 수익성 문제로 참여하기 어려운 사회적 서비스 분야를 중심으로 비영리단체에 의해 창출되는 일자리'라고 정의했다(노동부 2004b). 기획예산처는 '사회적으로 유용하지만 수익성이 낮아 충분히 공급되기 어려운 일자리로 정부의 재정지원과 민간의 인적자원을 활용하여 사회적 서비스를 제공하는 형태의 일자리'라고 사회적 일자리를 정의했다(기획예산처 2004).

사회적 일자리에 관한 이런 정의들은 공통적으로 취약 계층 일자리 창출과 사회 서비스 제공을 사회적 일자리의 핵심 내용으로 삼고 있다. 이때 먼저 주목할 점 중 하나는 '사회 서비스'라는 새로운 개념이다. 사회적 일자리에 관한 여러 정의에서 사회 서비스는 '사회적으로 유용하지만 낮은 수익성 등의 이유 때문에 국가나 민간에 의해 제공되지 못하고 있는 서비스'를 뜻하고 있다. 이 용어는 가족 안에서 여성들이 주로 수행하던 영역을 뜻한다는 점에서 가족 복지 영역을 시장 영역으로 재구축하려는 의도를 반영한다. 국가는 사회 서비스 분야라는 이름으로 가족 복지의 영역을 시장화할 때 예상되는 일자리 창출 효과, 수요와 공급 실태, 경제 성장의 효과, 국가의 복지 부담 상쇄 효과, 선진국의 관련 사례 등에 관해 면밀히 분석한다.[8] 그 결과 사회 서비스 분야는 크게 세 가지 측면에서 바라던 목적을 달성하는 데 적합한 분야로 채택된다.

첫째, 사회 서비스 분야가 대면 서비스를 특징으로 하기 때문에 고용 창출 효과가 크다. 둘째, 높은 전문성이 필요한 직종이 아니기 때문에 저학력과 저숙련 근로 취약 계층이 접근하기 쉽다. 셋째, 일자리를 만들어낼 전망이 밝고, 나아가 국가가 부담해야 할 복지 압박을 상쇄하는 동시에 경제 성장의 새로운 동력이 될 수 있다. 점증하는 빈곤 문제, 고령화, 여성의 경제 활동 참여 확대 등에 따라 사회 서비스의 수요는 증가할 텐데, 유럽의 선진국들에 견줘 사회 서비스 분야 고용률이 3분의 1~2분의 1 수준밖에 안 되기 때문이다. 또한 사회적 일자리 개념에 관한 여러 정의에서 주목할 부분은 그런 일자리를 국가나 기업이 아니라 비영리 단체 등이 창출한다고 명시돼 있다는 점이다. 이런 요소는 앞으로 제도화될 사회적 기업의 형태를 예시하고 있다. 특히 정책 결정 과정에서 시민운동 단체들을 국가 정책의 파트너로 끌어들이는 방식이 논란이 됐다. 먼저 시민운동 단체는 시장에서 수익을 창출하려는 관심보다는 정부의 책임을 강조해 무한정으로 지원을 요구할 가능성이 크고, 사업 감각과 경험이 부족하며, 민주화 과정에서 정부를 상대로 투쟁하는 분위기 속에 성장한 탓에 정부하고 협력한 경험이 적다는 문제가 지적됐다(복지부 2005, 210; 노동부 2005, 15; 법제처 2011, 32). 그렇지만 시민단체들은 소외 계층과 지역에 밀착된 활동을 하는 과정에서 국가나 민간 기업보다 더욱 밀접한 네트워크와 신뢰를 확보하고 있기 때문에 오히려 시장에서 비교 우위를 지닐 수 있다는 점이 고려됐다. 따라서 정부는 시민운동 단체들을 파트너로 삼아 사회적 일자리 사업을 추진하게 된다(노동부 2003, 118; 노동부 2009, 113; 미래창조과학부 2012, 39; 복지부 2005, 210~223).

사회적 일자리 사업은 일시적 긴급 구호 성격의 공공 근로 민간 위탁 사업이나 복지 수혜의 조건으로 노동을 강제하려 한 자활 근로 사업 같은 취약 계층 일자리 대책들에 견줘 안정된 일자리를 창출할 물적 토대를 확보하려는 고민이 깊어지는 계기가 된 점에서 분명히 진전된 정책이었다. 그렇지만 실질적 내용에서 사회적 일자리 사업은 취약 계층 일자리 정책하고 커다란 차이를 드러내지 못했다. 정부 재원에 전적으로 의존했고, 안정된 일자리보다는 실적을 위해 일자리 개수를 늘리는 데 치중하는 경향을 보였다. 더불어 사업에 참여한 민간 주체들이 사회단체 성격이 강해 영리 경영에 관심을 큰 관심을 두지 않은 점도 문제로 지적된다(노동부 2004a; 2005; 2008; 기획재정부 2006a; 법제처 2011). 또한 제도적 지원 체계가 마련되지 않아 참여 시민단체들은 체계적 지원을 받지 못한 채 자구 노력을 바탕으로 사업 활동을 수행할 수밖에 없었다(김정원 2009).

사회적 기업의 제도화와 담론의 선동

사회적 일자리 사업을 거쳐 마련된 사회적 기업에 관한 밑그림은 2007년에 사회적기업육성법이 제정되면서 사회적 기업이 제도화되고, 2010년 말에 사회적 기업 육성에 관한 전반적인 업무를 수행할 조직으로 한국사회적기업진흥원이 설립되면서 구체화된다.[9] 취약 계층 일자리 창출, 사회 서비스 산업 육성, 시민사회 단체의 참여 같은 사회적 일자리 사업 과정에서 심화된 기본 전략은 사회적 기업 육성의 실질적 내용을 구성하게 된다. 이 과정에서 복지부의 자활 근로 사업은 사회적 기업으로 나아가는 전환을 꾀하게 되고, 지식경제부의 사회적 일자리 사업으로 고안된 커뮤니티비즈니스 사업은 사회적 기업 육성 사업으로 흡수된다. 사회적 기업의 등장과 작동에서 드러나는 정치적 동학에 관한 체계적 분석은 이어지는 장들에서 자세히 다룰 테지만, 본격적 논의에 앞서 주목할 점이 있다. 그전의 관련 정부 대책들하고 다르게 사회적 기업 육성 정책은 취약 계층의 일자리를 창출하는 주체로 '기업'이라는 조직 형태를 명확히 제시하며, 사회적 기업들의 주된 활동이 진행될 수 있는 물적 토대로서 '사회 서비스 시장'의 육성을 제시한다. 이런 특징은 사회적 기업이 취약 계층 문제를 국가의 복지 장치가 아니라 시장의 원리로 풀려는 의도를 지니고 있다는 점을 명확히 하는 동시에, 국가의 개입 없이도 시장에서 스스로 작동할 수 있는 취약 계층 일자리와 빈곤 해결 장치를 마련하는 것이 사회적 기업의 목표라는 점을 시사한다.

사회적 기업 육성 과정은 관련 담론의 생산과 유포를 수반한다. 텔레비전과 신문 같은 미디어 장치, 학술지와 대학 커리큘럼 등을 포함하는 학계라는 지식 담론 장치, 한국사회적기업진흥원 같은 국가 장치 등 다양한 물적 토대를 가진 장치들이 사회적 기업 관련 담론을 생산하고 유포한다(김정원, 2009, 95~101). 《경향신문》은 2007년 '사회적기업이 희망이다'는 기획 시리즈를 연재했고, 《조선일보》는 2010년부터 '더 나은 미래' 시리즈에서 사회적 경제와 사회적 기업을 소개했다. 특히 《한겨레》는 2003년 '성장과 분배의 두 날개로 난다', 2004년 '상생의 기업경영', 2004년부터 2005년까지 '기업-사회 상생 '지속 가능'의 길', 2005년에는 '양극화를 넘어 동반성장의 길' 같은 기획 시리즈를 통해, 그리고 2010년부터 시작한 'HERI의 눈'이라는 코너에서 다양한 사회적 경제를 소개해 관련 담론을 형성하는 데 큰 기여를 했다. 학계도 지식과 담론을 생산하고 유포함으로써 사회적 기업 육성 정책의 합리화 원리들을 제시하고, 사회적 기업 정책을 정당화하는 담론을 보급한다.

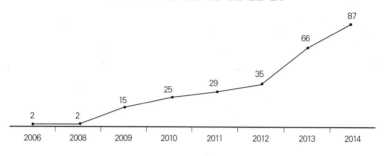

그림 4. 사회적 기업 관련 학술 논문 출간 편수

※ 한국연구재단 등재지와 등재 후보지 수록 논문 중 제목에 '사회적 기업'이라는 용어를 포함한 논문에 한정함.

그림 4를 보면 한국연구재단에 등재지와 등재 후보지로 올라 있는 학술지에 실린 논문 중 제목에 '사회적 기업', '사회적 기업가 정신', '사회적 기업가'를 포함한 사례가 사회적 기업 육성 정책이 추진되면서 급증하는 모습을 확인할 수 있다.

또한 국가 기구들 중 한국사회적기업진흥원은 사회적 기업 담론의 생산과 유포에 가장 중요한 구실을 하고 있다. 한국사회적기업진흥원은 '지속 가능한 사회적 기업 육성을 통한 사회 통합과 삶의 질 향상'이라는 전망을 실현하기 위한 '사회적 기업 가치 확산'을 조직의 중요한 전략 목표로 삼고 있다(한국사회적기업진흥원 웹페이지, '비전과 핵심가치' 항목, 2015년 12월 현재). 그런 목표를 달성하기 위해 한국사회적기업진흥원은 사회적 기업 매거진인 《사회적기업》, 《36.5》, 사회적 기업 상품 정보 매거진인 《Store 36.5》를 비롯해 책자형 웹툰 시리즈를 발간하는 등 다양한 형태의 사회적 기업 홍보 사업을 펼친다. 특히 사회적 기업 공식 심벌마크를 제작하고 공식 로고 송을 만들어 아이돌 출신 유명 가수의 목소리에 담아 보급하고 있다.

4. 동원에서 통치로 — 통치 합리화의 원리와 헤게모니

사회적 기업이라는 제도적 메커니즘은 산업 고도화에 따른 고용 없는 성장 구조, 급속한 고령화, 여성의 노동 시장 진출 확대, 신자유주의적 사회 구조 재편 같은 요인에 따라 심화되고 있는 구조화된 실업과 빈곤 근로층 양산에 맞선 대책으로 등장했다. 사회적 기업의 등장과 확산은 정부의 정책 개입뿐 아니라 진보적 시민운동 진영이 적극 참여하면서 진행됐다. 문제는 이런 과정을 관통하는 통치 합리화의 원리들은 무엇이며, 국가와 시민사회가 동맹 관계를 맺게 되는 메커니즘은 무엇인지다.

사회적 기업은 사회 공익적 가치의 실현이라는 목적과 그 목적을 달성할 수단으로서 시장의 영리 추구 전략이라는 이질적 요소를 결합한 장치다. 그리고 이 장치 안에서 실업자와 근로 빈곤층 같은 취약 계층들이 노동자나 사회 서비스 소비자로 배치된다. 또한 진보적 시민운동 조직과 활동가들은 사회적 기업 육성 조직 또는 사회적 기업가로 변환돼 이 장치 안에 배치되며, 국가와 일반 영리 기업들은 사회적 기업을 간접 지원하는 구실을 맡아 후방에 배치된다. 그런 점에서 사회적 기업은 다양한 자원들을 질서정연하게 짜맞춰 구성된 하나의 통치 장치다. 푸코는 '적절한 목적을 달성하기 위한 사물들의 올바른 배치'라는 통치에 관한 라 파리에르La Perrière의 정의가 통치의 본질을 가장 잘 보여준다고 본다(Foucault 2007, 96). 이런 관점에서 노동부가 주최한 '사회적기업과 함께하는 공생발전'이라는 포럼에서 발표된, 사회적 기업 육성을 적극 지지하는 한 경제학자의 주장은 사회적 기업을 추동하는 통치 합리성의 이념을 적나라하게 보여준다.

사회적 기업들은 …… 한 사회의 가용한 자원을 최대한 끌어올려 서로 연결시켜 나감으로서 '내발적 성장'의 중요한 정책적 수단이 되기에 중요한 것이다. 국제경쟁의 격화 속에서 거대기업들은 시장 속에서 자신의 영역을 더욱 확대시켜 가고 있는 상황에서 이 경쟁 속에 편입될 수 없는 계층, 지역의 피폐상황이 더욱 커지고 있다. 여기서 탈출하기 위해서는 기존의 '시장'과 '정부'의 자원동원에서 '배제' 되어 있거나, 비효율적으로 운영되고 있던 자원을 모두 효과적으로 재결합시키는 것이다. 다른 말로 말하면, 여성, 고령자, 장애인까지 포함한 한국인들 '모두' 가 참여하는 '전인경제全人經濟'를 실현시켜 가는 것이며, 이런 전인경제의 실현에 있어서 사회적 기업은 중요한 정책적 수단으로 자리잡게 된다. (김종걸 2011. 7~8)

이 발표문에서 사회적 기업은 '전인경제'라는 목적을 위해 '한 사회의 가용한 자원을 최대한 끌어올려 서로 연결시키'는 정책 수단이다. 이때 문제는 시장 '경쟁 속에 편입될 수 없는 계층'들, 이른바 '여성, 고령자, 장애인' 같은 취약 계층이나 시민운동 단체 같은 '자원들'을 '시장과 정부'가 '동원'하지 못하고 있거나 '비효율적으로 운영'하고 있다는 점이다. 따라서 사회적 기업이라는 장치는 이런 취약 계층뿐 아니라 모든 국민, 시민운동 단체 같은 가용한 '자원을 모두 효과적으로 재결합'시키는 수단으로 여겨진다. '전인경제'라는 표현에 깔린 전체주의적 함의는 제쳐두더라도, '여성, 고령자, 장애인'을 비롯해 모든 국민이, 그리고 다른 모든 가용한 것들이 '자원'으로 환원되며, 그런 자원은 '동원'돼 '효과적'으로 '결합'돼야 할 요소들로 표현된다. 또한 '배제'라는 말은 사회 정의의 관점에서 취약 계층이 다양한 사회적 자원에 접근할 권리에서 체계적으로 소외되는 과정을 뜻하는 대신 효율적인 자원 활용이라는 관점에서 기업과 정부가 자원으로 동원하지 않아 비효율적으로 취급되는 무익한 상황을 일컫는 데 쓰인다.

흔히 사회적 기업은 '착한 기업'으로 불리고, 나아가 공동체, 연대, 정감, 공감, 배려, 공익, 윤리적, 인간적, 인간의 얼굴을 한 자본주의, 따뜻한 자본주의 같은 휴머니즘의 언어들을 통해 표상되지만, 이 발표문에는 그런 용어들이 모두 증발하고 그 배후에 흐르는 '특정 목적을 위해 사물들을 효율적으로 배치'하려 하는 통치 합리성의 적나라한 모습만 남겨져 있다. 사회적 기업을 둘러싸고 주목해야 할 대상은 휴머니즘으로 꾸며진 미사여구들이 아니라, 그런 미사여구들이 감추고 있는, 사회적 기업이라는 장치를 추동하는 통치의 냉정한 이념, 그리고 그런 통치의 이념을 달성하기 위해 작동하는 구체적인 통치 합리성의 원리와 전략이다.

물론 국가는 대규모 실업자와 근로 빈곤층의 양산이라는 사태에 직면해 어려운 처지에 놓인 사람들을 연민과 공감 같은 휴머니즘의 가치, 또는 따뜻한 공동체적 가치라는 측면에서 바라보지 않았다. 통치 기구로서 국가에 이런 사람들은 자살, 범죄, 사회 갈등 등을 일으켜 안정적 통치를 유지하고 재생산하지 못하게 할 수 있는 위험 요소였다. 많은 사회적 기업 관련 정부 보고서들은 실업과 빈곤이 범죄나 사회 갈등을 야기하고 있다고 지적하며 국가의 적극적 조치가 필요하다고 주장한다.

실업률이 증가하면 경기 전체에 부정적 영향을 미칠 뿐 아니라, 계층 간 빈곤 격차가 심해지(고) …… 범죄, 자살 등과 같은 사회적 병리 현상도 늘어나기 때문에, 실업 문제는 국가가 가장 우선적으로 해결해야 할 당면 과제다. (노동부 2005, 1)

한국 자본주의 사회는 그동안 급속한 경제 성장에 따른 양극화 확대에 따른 심각한 사회 갈등의 증폭에 직면하고 …… 거래비용을 증폭시켜 …… 다양한 사회 갈등을 자아내고 있다. …… 사회적 기업의 효과적이고 적극적인 사회적 가치 창출은 한국 사회 공동체 구축에 절대적인 역할은 물론, 한국자본주의 존립과 발전에 크게 이바지 할 것이다. (노동부 2010b, 4)

또한 노동부가 만든 《(제1차) 사회적기업 육성 기본계획》은 사회적 기업의 비전을 '제3섹터형 혁신 기업을 육성하여 활기찬 시장경제와 사회통합에 기여'하기로 제시하고 있고, 사회적기업육성법은 '사회 서비스를 확충하고 새로운 일자리를 창출함으로써 사회 통합과 국민의 삶의 질 향상에 이바지함을 목적으로 한다'고 적시하고 있다(노동부 2008, 18). 한국 사회의 장기적 발전 전략의 관점에서 사회적 기업 제도화를 촉발하는 데 결정적 구실을 한 참여정부의 〈비전 2030〉(2006)은 사회 갈등에 따른 사회적 비용이 증가하게 된다면서 사회적 기업의 육성을 예방 차원의 선제 투자라는 맥락에 위치시키는데, 이런 논리는 국가가 통치 리스크 관리라는 측면에서 사회적 기업을, 그리고 실업과 빈곤 문제를 바라보고 있다는 점을 보여준다.

남는 문제는 실업자와 빈곤층이 양산되면서 커지는 통치 리스크를 관리하는 방식이다. 이런 관리는 많은 통치 합리화의 원리와 전략들로 구성된 복합적 메커니즘을 거쳐 진행된다. 그중에서도 핵심은 국가는 비효율적이고 무능한 존재며 시장은 효율적이고 유능한 존재라고 보는 관념, 그리고 그런 관점에서 모든 비시장 영역들을 시장으로 간주한 뒤 그 영역들을 시장으로 재편해야 한다고 보는 관념이다.

국가는 공공 근로 민간 위탁 사업이나 자활 근로 단계 때부터 정부 주도의 복지 체제를 시혜적 복지로 규정하면서 수혜자들의 근로 동기를 자극하지 못해 이른바 복지병이라는 도덕적 해이를 야기하는 시스템이라며 비난했다. 대안으로 국가는 노동과 복지를 결합해 노동하는 자들에게만 복지 혜택이 돌아가게 하는 근로 연계 복지 시스템을 도입한다. 생산적 복지로 불린 이 시스템은 국가 주도 복지 체계를 '낭비적'이라고 비판하는 담론이다. 공공 근로 민간 위탁 사업이나 자활 근로 사업이 비판받고 사회적 기업 육성으로 정책 방향이 전환되는 과정에는, 사실상 국가 재정이 투입되는 만큼 국가 주도 복지 체제를 완전히 벗어나지 못한데다 재원 낭비와 비효율의 온상이라는 비판이 큰 구실을 했다. 취약 계층에게 일자리를 줘 복리를 제공하려 한 점에서 보면 사회적 기업도 근로 연계 복지의 연장이다. 노동과 복지를 연계하려는 발상에는 빈곤과 실업의 원인은 노동하지 않는 당사자, 곧 개개인의 게으름 등 노동 윤리의 부재에 있으며, 반대로 근면한 노동은 부를 가져온다는 신념이 깔려 있다.[10] 많은 가난한 사람이 게으름뱅이가 아니라 오히려 더 많은 시간을 노동하고, 상류층의 부가 근로 소득보다는 자본 소득에서 나오며, 빈곤을 야기하는 사회 구조적 측면을 보지 못하게 한다는 점에서 이런 신념은 하나의 신화일 뿐이다. 취약 계층 문제를 일자리 창출로 풀려 시도하는 사회적 기업이라는 장치에는 기본적으로 국가 주도 복지를 시혜적이고 낭비적인 요소로 간주하며, 빈곤을 폭넓은 사회 구조적 측면에서 바라보지 않고 개인의 노동 능력이나 노동 윤리의 문제로 바라보는 노동의 신화가 작동하고 있다.

한 가지 흥미로운 점은 국가 주도 복지를 노동 윤리의 부재를 가져오고 나태를 조장하는 시혜적인데다가 낭비적인 시스템으로 간주하는 시각이 한국 사회의 상황에 관한 반성이 아니라 영국과 미국이라는 선진국 사례를 참고해 외삽되는 방식으로 사회적 기업이 등장하는 과정에 스며든 사실이다. 한국은 유럽의 복지국가들하고 다르게 오랫동안 선 성장 후 복지에 바탕한 경제 발전 전략을 추구한 결과 국가 주도 복지라고 할 만한 체계를 못 갖추고 있었다. 더구나 급속한 경제 성장 과정에서 국민들은 강한 노동 규율을 체화하고 있었고, 교육에 열정적으로 투자하면서 지식 습득과 기술 훈련에 치중했다. 몇몇 빈곤층이 계층 이동의 희망을 잃고 스스로 빈곤 문화를 만들어 자기들의 빈곤 상황을 재생산한 선진국하고 다르게, 한국은 자기는 못 배워서 가난해도 자식만큼은 무슨 일이 있어도 교육시켜 가난을 탈출하게 하겠다는 신념이 보편화된 탓에 빈곤 계층의 빈곤 문화를 말하기 어려웠다. 그래서 한국에서 국가 주도 복지를 시혜적이고 낭비적인 복지로 비판하면서 생산적 복지로 불리는 근로 연계 복지가 대안으로 제기된 점은 역설적이다. 선진국, 특히 미국 사례를 우리가 따라야 할 이상적 사회 모델로 간주하고 추종하는 비주체적이고 종속적인 태도가 반영된 결과일 뿐이다.

사회적 기업이 등장하고 육성되는 과정에 개입하는 합리화 원리 중 또 다른 하나는 국가의 비효율성과 시장의 효율성을 강조하면서 시장 밖의 영역들까지 시장으로 재편하려는 원리다. 전통적으로 국민들의 복리 증진은 국가의 주요 임무였다. 국가의 인위적 수요 창출이 결국 경제 성장을 이끈다는 원리를 따르는 케인스주의 통치성이라면 국가 주도의 일자리 창출을 통한 완전 고용 유지, 보편적 복지 확대, 건강과 교육 등 핵심 사회 서비스의 무상 공급 같은 정책 수단을 통해 이런 소임을 다하려 했을 듯하다(Fulcher and Scott 2011, 570). 그렇지만 한국의 신자유주의 국가는 복지 지출을 최소화하면서 취약 계층을 위한 일자리와 복지 서비스를 사회적 기업이라는 시장 조직이 대신 제공하게 하는 전략을 취했다. 그리고 전통적으로 가족 안에서 주로 여성이 담당하던 교육, 보육, 노인 부양과 환자 간병 등 비시장 가족 복지 영역을 사회 서비스라는 새로운 시장 영역으로 재편함으로써 사회적 기업 운영의 물적 토대를 갖추려 했다. 이런 전략적 선택의 기저에는 작은 국가와 시장의 효율성을 통해 심지어 취약 계층의 복리라는 사회 공익적 목적도 더 훌륭히 실현된다는 믿음, 가족을 비롯해 공동체적 가치의 영역이라고 여겨지던 시민사회 영역을 모두 시장으로 간주하는 원칙이 깔려 있었다.

이런 일련의 전략들이 채택된 바탕에는 국가의 비효율성과 무능성을 시장의 효율성과 유능성에 대비시키면서 작은 국가와 큰 시장을 추구하는 원리, 모든 비시장 영역을 시장으로 간주하는 원리, 빈곤과 복지는 개인의 노동을 통해 해결돼야 한다는 근로 연계 복지의 원리, 국가보다 시장의 민간 조직이 사회 문제를 더욱 효과적으로 해결할 수 있다는 믿음(심지어 복지 서비스도 국가보다 기업이 더 효과적으로 제공할 수 있다는 믿음)들이 놓여 있다. 이런 요소들이 신자유주의 통치의 합리화 원리들을 구성한다.

사회적 기업이 등장하는 과정에는 통치 리스크 관리라는 국가의 이해와 신자유주의와 시장 경제를 넘어서 공동체를 회복하려는 진보적 시민운동 진영의 이해가 헤게모니적으로 접합된 점이 주효했다. 앞서 살펴본 대로 국가의 중요한 관심사는 실업자와 빈곤층이 양산되면서 발생할 통치 리스크를 선제적 투자로 관리하는 일이었다. 그리고 이런 일에는 실업자와 빈곤층에 밀착해 사회운동을 벌여온 진보적 시민운동 진영의 협조가 필수적이었다.

진보적 시민운동 진영은 사회적 기업을 1990년대 이후 깊어진 '시민 없는 시민운동'이라는 딜레마를 극복할 전략으로 사고했다. 사회적 약자들의 가장 민감한 의제일 수밖에 없는 일자리와 빈곤, 사회적 배제 문제를 해결하는 데 직접 참여함으로써 시민운동은 시민들의 삶 속에 더 깊이 밀착할 수 있으리라고 생각했다. 동시에 사회적 기업 육성 과정에 참여해 신자유주의 시장 논리 때문에 훼손된 공동체적 연대의 가치를 복원하면 시장 경제를 사회적 경제로 대체하는 반신자유주의 운동을 펼칠 수 있으리라고 봤다.

국가와 진보적 시민운동 진영은 사회적 기업 육성을 둘러싸고 동맹 관계에 들어간다. 국가는 진보적 시민운동 진영을 자기의 정책 내부로 접합하기 위해 공동체적이고 사회적인 대의를 추구한다는 시민운동의 지향을 수용하고, 그런 지향이 시장이라는 신자유주의 핵심 메커니즘 안에서 작동하도록 배치했다. 진보적 시민운동 진영은 사회적 기업에 내포된 시장 메커니즘을 수용한다. 이것은 자기들이 지닌 이해관계를 어느 정도 양보해서 다른 편의 동의를 이끌어내 궁극적으로는 각자의 이해를 관철하기 위한 헤게모니 투쟁이 국가와 진보적 시민운동 단체들 사이에 벌여졌다는 사실을 뜻한다.

권위주의적인 하향식의 일방적 지배하고 다르게 헤게모니는 지배 세력이 때로는 자기 이익을 어느 정도 포기하면서 다른 세력들의 요구를 수용하는 타협을 통해 다른 세력을 자기들의 이해관계 안으로 접합해낼 수 있어야 한다. 이런 과정을 거쳐 각 세력은 자기들의 이해관계가 단순히 '특수 이해'가 아니라 상대 세력의 이해관계와 대중의 이해관계까지 반영할 수 있는 '보편 이해'라는 점을 증명한다. 헤게모니는 이런 과정에 바탕한 지적이고 도덕적인 우위를 통해 상대 세력과 대중들의 동의를 확보해서 지배를 유지하는 통치 기술이다. 복지부가 낸 보고서에서 이런 헤게모니가 작동하는 방식을 살펴볼 수 있다.

> 사회적 일자리 창출 정책이 기대했던 성과를 거두기 위해서는 각 공급 주체 또는 이해관계 당사자가 기대하는 다양한 목표를 충족시키는 것이 매우 중요함. …… 사회적 일자리 창출의 목표가 (시민운동 세력이 주장하듯 — 인용자) 사회경제 영역의 구축이라는 주장 또한 전향적으로 이해해야 함. 이는 우리 사회가 사회경제영역의 구축을 통해 해체되어가는 일상을 복원한다는 문명사적 선택을 해야 하는 상황이기 때문임. 더욱이 사회적 일자리 창출이 비영리 민간 부문의 협력 없이는 불가능하다는 점을 감안할 때, 이를 위한 배려가 불가피할 것임. 따라서 수익성이 아닌 사회적 유용성을 지향하는 사업 운영 방식과 사회적 기업의 육성을 위한 지원이 정책 전반에 반영되어야 할 것임. (복지부 2005, 218~219)

이 보고서는 사회적 일자리 정책이 성과를 내려면 사회적 경제 영역을 구축해 공동체적 연대를 실현하려는 시민운동 세력의 요구를 전향적으로 수용해야 한다고 지적한다. 구체적 방향으로 사회적 유용성을 지향하는 사업, 그리고 사회적 기업의 육성을 제시한다. 이런 분석은 사회적 기업을 사회적 일자리 창출의 구체적 방안으로 제시한 쪽이 시민운동 세력이라는 현실을 반영하는데, 사회적 기업 자체와 사회적 기업이 지닌 사회적 공익 지향성을 매개로 시민운동 세력을 국가 정책 안에 접합하려는 전략을 잘 보여준다.

오늘날 정책의 여러 영역에서 국가가 파트너십 관계를 매개로 시민사회나 자원봉사자들을 통치에 끌어들이는 모습에 주목한 마그누스 달스테트는 이런 현상을 '파트너링 사회partnering society'라고 불렀다(Dahlstedt 2009). 파트너링 사회에서 국민 복지에 관련된 국가의 전통적 구실은 '파트너들'에게 이전된다. 달스테트는 이런 '파트너십을 통한 통치government through partnerships'를 지금 등장하고 있는 통치의 새로운 작동 방식으로 봤다. 그럼 사회적 기업이라는 통치 장치 안으로 가용한 자원들을 효율적으로 배치하는 과정에서 어떤 일들이 벌어졌을까? 사회적 기업을 둘러싸고 어떤 담론과 지식, 무슨 테크놀로지와 전략이 어떤 통치 합리화의 원리를 통해 생산되고 유포됐을까? 그런 요소들은 어떤 메커니즘을 거쳐 사회적 기업을 육성하는 과정에 개입했을까? 사회적 기업을 둘러싸고 벌어진 헤게모니 투쟁에 관련해 이런 문제들을 경험적으로 분석해보자.

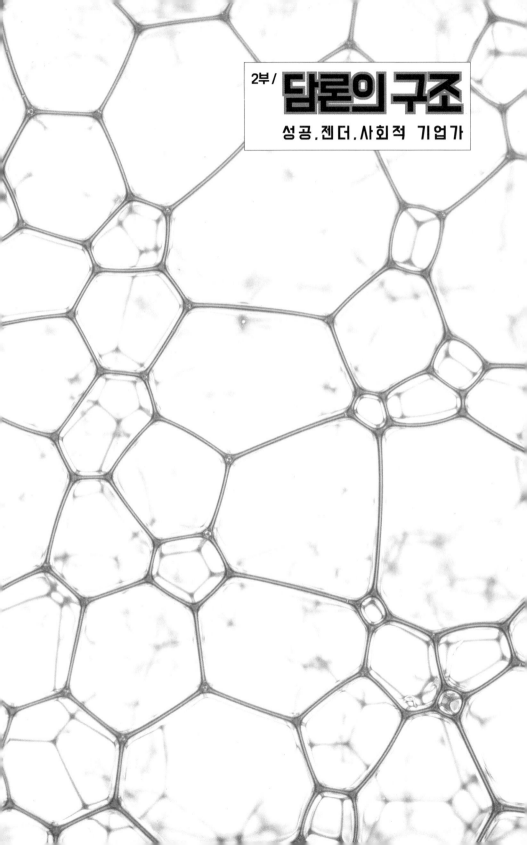

2부 /

담론의 구조

성공·젠더·사회적 기업가

4장

/성공
'사회적' 기업과 사회적 '기업' 사이

1. 사회 가치, 공익 가치, 시장 가치

한국에서 사회적 기업은 보수와 진보, 좌와 우를 막론하고 대대적인 합의와 환영 속에서 국가 정책으로 추진되고 있다. 사회적 기업은 시장의 전략으로 사회 공익적 목적을 추구하는 기업이라는 점에서 일반 영리 기업뿐 아니라 사회운동 조직하고도 구분된다. 사회적 기업이라는 용어는 서로 배타적일 뿐 아니라 대립한다고 여겨지던 사회 공익적 차원과 시장 원리라는 이질적 요소들을 하나로 결합하고 있다는 점에서 독특하며, 심지어는 '네모난 삼각형'이나 '평화를 위한 전쟁'이라는 표현처럼 형용 모순으로 보이기도 한다.

사회적 기업의 이런 독특성과 형용 모순적 특성은 또한 역설적으로 사회적 기업의 메커니즘 안으로 보수와 진보 등 사안마다 대립하던 세력들을 결합시키는 마술을 일으키는 요인이기도 하다. 사회적 기업이라는 메커니즘의 이런 마술이 작동하는 방식을 이해하려면 두 가지 질문에 답해야 한다. 첫째, 사회적 기업이라는 메커니즘을 통해 사회 공익적 가치와 시장 원리가 어떻게 결합되고 있는가? 둘째, 사회적 기업을 둘러싸고 보수와 진보 세력들을 하나로 결합시키는 헤게모니 작동 메커니즘은 무엇인가?

이런 질문에 답하기 위해 나는 사회적 기업 성공 담론의 정치학을 분석한다. 사회적 기업을 둘러싼 여러 담론 중에서 사회적 기업 육성의 실질적 지향점과 작동 방식 등 사회적 기업의 핵심 작동 메커니즘을 드러낼 수 있는 중요한 요소의 하나가 '사회적 기업 성공 담론'이라고 보기 때문이다. 구체적으로 다음 세 측면에 주목할 생각이다. 첫째, 전통적으로 진보의 의제라고 할 수 있는 사회의 공적 가치와 관심사들이 보수의 의제라고 할 수 있는 시장의 가치와 관심사들하고 사회적 기업 성공 담론 안에서 접합되는 방식이다. 둘째, 어떤 담론 전략들을 통해 사회적 기업의 성공이 지니는 의미가 구성되는지다. 셋째, 이런 사회적 기업 성공 담론의 구조와 담론 투쟁의 전략에 관련해 진보와 보수 사이에 차이가 있는지, 차이가 있다면 어떻게 다른지다. 모두 헤게모니를 둘러싼 담론 영역에서 벌어지는 헤게모니 투쟁의 양상을 살피기 위한 질문들이다.

분석 자료는 사회적 기업의 성공 사례를 다룬 신문 기사를 활용했다. 보수 성향으로 분류되는 《조선일보》와 《중앙일보》, 진보 성향으로 분류되는 《경향신문》과 《한겨레》를 대상으로 2014년 1월까지 실린 기사 중 '사회적 기업', '사회적 기업가', '사회적 기업가 정신'이라는 단어가 들어간 2673건(《조선일보》 732건, 《중앙일보》 612건, 《경향신문》 476건, 《한겨레》 853건)을 수집했다. 다음으로 사회적 기업의 성공을 직접 다룬 기사를 추출하기 위해서 수집된 전체 기사 중 한 문장 안에 '사회적 기업' 또는 '사회적 기업가'와 '성공', '실패', '성패'라는 단어가 동시에 들어 있는 기사를 추출했다. 그리고 해당 문장이 포함된 '문단'을 단위 텍스트로 삼아 사회적 기업 성공 담론을 분석하는 자료로 삼았다. 이렇게 추출된 문단 중 전체 기사의 제목이어서 단 한 문장으로 구성되거나 가독성을 높이려고 지나치게 짧은 한두 문장으로 구성된 사례가 있었다. 전자는 분석 자료에서 제외했고, 후자는 해당 문단이 사회적 기업의 성공에 관해 충분한 정보가 담길 수 있게 하기 위해 형식적 문단 구성을 무시하고 앞뒤 문단까지 확장해 한 문단이 적어도 네 개의 문장으로 구성될 수 있도록 재구성했다. 이렇게 해서 최종적으로 126건의 기사에서 144개의 문단(《조선일보》 36개 기사에서 40문단, 《중앙일보》 20개 기사에서 24문단, 《경향신문》 34개 기사에서 39문단, 《한겨레》 36개 기사에서 41문단)을 추출해 분석 대상으로 삼았다. 분석은 앞서 2장에서 소개한 방법론적 원리와 절차에 따라 진행했고, 구체적인 연구 절차는 **부록 1**과 **부록 2**에 정리해 첨부했다.

사회적 기업 ― 사회 가치 더하기 공익 가치 더하기 시장 원리

먼저 엔비보 10 프로그램을 이용해 사회 가치와 공익 가치 어휘들과 시장 가치 어휘들이 1차로 수집된 사회적 기업을 다룬 전체 자료와 2차로 수집된 사회적 기업의 성공을 다룬 자료에서 출현하는 빈도를 분석했다. **표 1**과 **그림 5**가 이 분석 결과를 보여준다. 이때 해당 어휘의 출현 빈도는 단어 목록에 포함된 어휘 수나 다른 조건에 영향받기 때문에, 개별 신문 또는 정치 집단 안에서 두 어휘군이 얼마나 많이 출현하는지를 비교하는 일은 큰 의미가 없다. 비교 대상으로 주목할 부분은 사회 가치와 공익 가치 어휘와 시장 가치 어휘의 상대적 출현 '비율'이다. **표 1**에서 '비율'은 시장 가치 어휘 출현 빈도를 사회 가치와 공익 가치 어휘의 출현 빈도로 나눈 값으로, 각 신문사, 신문사의 정치적 지향, 전체 평균을 기준으로 정리했다. **그림 5**는 이 비율을 시각화한 결과다. **표 1**과 **그림 5**에 정리된 분석 결과는 두 가지 흥미로운 점을 보여준다.

첫째, 사회적 기업 일반에 관한 문제를 다룬 전체 자료를 대상으로 할 때보다 사회적 기업의 성공을 다룬 자료에서 사회 가치와 공익 가치 어휘들에 대한 시장 가치 어휘들의 상대적 출현 빈도가 평균 1.26배 정도 많았다. 그리고 어느 정도 차이는 있지만 이런 증가 경향은 예외 없이 모든 신문의 텍

표 1. 사회 가치와 공익 가치 어휘들과 시장 가치 어휘들의 출현 빈도와 비율 변화

(코딩 단위: 단어)

	전체 자료			사회적 기업 성공 담론 자료		
	사회 가치와 공익 가치 어휘	시장 가치 어휘	비율*	사회 가치와 공익 가치 어휘	시장 가치 어휘	비율*
조선일보	7555(691)**	7298(666)	0.97	58(31)	74(32)	1.28
중앙일보	4765(568)	5428(529)	1.14	28(15)	44(19)	1.57
경향신문	5974(456)	7603(457)	1.27	48(25)	78(28)	1.62
한겨레	7543(807)	9832(770)	1.30	73(33)	108(37)	1.48
보수***	12320(1259)	12726(1195)	1.03	86(46)	118(51)	1.37
진보***	13517(1263)	17435(1227)	1.29	121(57)	186(64)	1.54
전체	25837(2522)	30161(2422)	1.17	207(100)	304(115)	1.47

※ 비율= $\dfrac{\text{시장 가치 어휘 출현 빈도}}{\text{공적 가치 어휘 출현 빈도}}$

※ 괄호 안의 값은 텍스트의 수.

※ 보수: 《조선일보》, 《중앙일보》. 진보: 《경향신문》, 《한겨레》.

그림 5. 전체 자료와 성공 담론의 출현 빈도

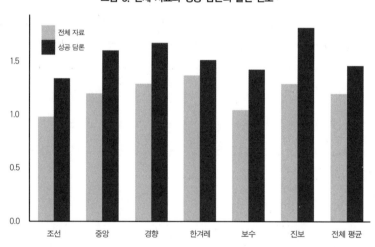

※ 비율= $\dfrac{\text{시장 가치 어휘 출현 빈도}}{\text{공적 가치 어휘 출현 빈도}}$

※ 보수: 《조선일보》, 《중앙일보》. 진보: 《경향신문》, 《한겨레》.

스트에서 발견됐다. 이런 결과는 사회적 기업 성공 담론에서 시장 가치 어휘들이 수행하는 중심적 구실이 사회 가치와 공익 가치 어휘들이 하는 구실에 견줘 더 강화될 수 있고, 사회적 기업의 성공이 공적 가치의 실현보다는 시장에서 거두는 성공을 중심으로 규정되는 담론 구조 형태를 보일 수 있다는 점을 시사한다.

둘째, 특이하게도 사회적 기업 일반에 관한 전체 자료와 사회적 기업의 성공을 다루고 있는 자료에서 모두 진보 성향 신문사들이 보수 성향 신문사들보다 시장 가치 어휘를 상대적으로 더 많이 사용하고 있었다. 이런 사실은 통념하고 다르게 보수보다는 진보 세력이 사회적 기업과 사회적 기업의 성공을 시장의 언어로 담론화하는 데 더 적극적이라는 점을 시사한다.

얼마나 그리고 어떻게
— 사회 가치, 공익 가치, 시장 가치의 출현 빈도와 연결망

사회 가치, 공익 가치, 시장 가치 어휘들의 출현 빈도 비교 분석은 언어 텍스트 차원에서 해당 어휘들이 얼마나 자주 등장하는지만 보여줄 뿐, 담론적 실천 차원에서 어휘들이 접합되는 '관계'나 '구조'에 관해서는 아무 정보도 주지 못한다. 그렇지만 담론 분석에서는 바로 이 접합 '관계'와 '구조'에 관한 분석에 초점을 둬야 한다. 왜냐하면 한 담론의 의미는 어떤 담론에 내재된 본질이 아니라 그 담론이 다른 담론 또는 다른 담론적 요소들하고 결합되는 '관계'나 관계의 '구조'에 따라 생산되기 때문이다(Foucault 2002: Laclau and Mouffe 2001: Žižek 1989).[1] 따라서 나는 사회적 기업 성공 담론의 내적 관계 구조를 해명하는 데 초점을 둘 생각이다. 먼저 사회적 성공 담론의 내적 관계 구조의 전반적 특징을 살피기 위해, 동일한 텍스트에서 사회 가치와 공익 가치 어휘들과 시장 가치 어휘들의 공출현 빈도를 분석하고, 이 결과를 바탕으로 넷드로우 프로그램을 이용해 연결망 분석과 인자 분석을 수행해 시각화했다. 이때 '사회적 기업'과 '사회적 기업가'를 '사회적 기업'이라는 코드로 통합하고, '성공', '실패', '성패'를 '성공'이라는 코드로 통합해 분석에 투입했다. **그림 6**, **그림 7**, **그림 8**, **그림 9**는 그 결과를 보여준다.

그림 6은 1차로 추출한 '사회적 기업'을 다룬 전체 자료를 대상으로 한 분석 결과고, **그림 7**은 2차로 추출한 '사회적 기업의 성공'을 다룬 자료를 대상으로 한 분석 결과다. **그림 6**을 보면 대부분의 사회 가치와 공익 가치 어휘들과 시장 가치 어휘들이 빼곡히 모여 하나의 군집을 형성하고 있다는 점을 발견할 수 있다. 이런 특징은 사회적 기업 담론 일반이 공적 가치와 시장 가치가 결합된 담론 구조를 갖고 있다는 점을 시사한다.

그림 6하고 다르게 **그림 7**에서는 크게 세 종류의 어휘 군집화 유형을 발견할 수 있다. 첫째, 사회 가치와 공익 가치 어휘들과 시장 가치 어휘들이 뒤섞여 형성된 어휘 군집이다. 둘째, 거의 대부분 시장 가치 어휘로 형성된 어휘 군집이다. 셋째, '성공' 어휘와 '사회적 기업', '기업'으로 형성된 연결망 안에서 가장 큰 중심성을 지니는 어휘 군집이다. 첫째 유형의 군집에 관련해, **그림 7**의 가운데부터 왼쪽 위 아래로 대부분의 두 어휘군이 뒤섞여 넓게 포진해 있는 모습을 볼 수 있다. 따라서 많은 텍스트들에서 사회적 기업 성공 담론이 사회 가치와 공익 가치, 시장 가치를 특정한 방식으로 결합한 구조를 지니고 있으리라는 추정을 해볼 수 있다.

둘째 유형의 군집은 **그림 7**의 가운데 아래쪽에 4시 방향으로 꼬리처럼 길게 늘어선 또 다른 어휘 군집에 해당한다. 이 어휘 군집은 '시민', '사회 공헌', '선한'이라는 어휘를 제외하고는, 모두 '경영', '투자', '서비스', '수익' 등의 시장 가치 어휘로 구성돼 있으며, 첫째 군집의 어휘들에 견줘 연결 강도가 강한 편이었다. 흥미로운 점은 이 유형하고 반대로, 대부분 사회 가치와 공익 가치 어휘들로 구성된 어휘 군집은 발견하기 힘들다는 점이다. 대체로 사회적 기업 성공 담론이 사회 가치와 공익 가치 어휘들과 시장 가치 어휘들을

그림 6. 사회적 기업 담론의 어휘 연결망

(● 사회 가치, 공익 가치 ▲ 시장 가치)

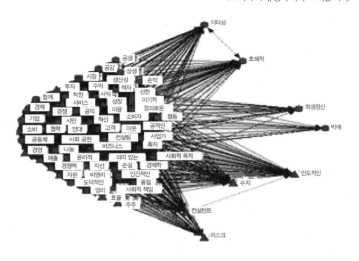

그림 7. 사회적 기업 성공 담론의 어휘 연결망(전체)

(● 사회 가치, 공익 가치 ▲ 시장 가치)

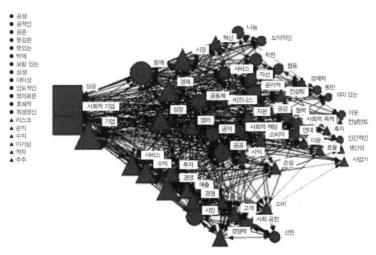

특정한 방식으로 결합하는 담론 구조를 갖고 있지만, 다른 한편으로 꽤 많은 텍스트들이 사회적 기업의 성공을 말할 때 배타적으로 시장 가치에 더 큰 비중을 두고 있다는 추정이 가능하다. 따라서 사회적 기업 담론이 전반적으로 시장 가치를 중심으로 조직화되는 경향이 크다고 가정할 수 있다.

특히 셋째 유형의 어휘 군집에 주목해야 한다. **그림 7**에서 어휘 네트워크를 지배하는 중심 어휘 군집으로서 다른 어휘 군집보다 더 강한 연결 강도를 보이는 어휘 집단이 발견된다. 오른쪽 가운데에 포진한, '사회적 기업', '성공', '기업'으로 구성된 어휘 군집이다. 대부분의 어휘가 이 어휘 군집에 강하게 연결된 사실을 확인할 수 있는데, 이 세 어휘가 사회적 기업 성공 담론의 중심 어휘라는 의미다. 그리고 '사회적 기업', '성공', '기업'이 강하게 결합돼 하나의 군집을 형성하고 있다는 점은 '사회적 기업'의 '성공'이 사회적 기업의 '사회적' 성격보다는 '기업'이라는 특성을 통해 담론화되고 있으리라는 점을 강하게 시사한다. 사회적 기업 성공 담론에서 발견되는 세 유형의 군집화 양상은, 결국 사회 가치와 공익 가치 어휘보다 시장 가치 어휘가 사회적 기업 성공 담론의 구조 속에서 좀더 주도적인 기능을 하리라는 점, 곧 사회적 기업 성공 담론에서 사회적 기업이 '사회적' 기업보다는 사회적 '기업'으로 담론화돼 사회적 기업의 성공이 '기업이 거둔 성공'으로 표상되리라는 점을 추정할 수 있게 한다.

그림 8과 **그림 9**는 각각 보수 진영(《조선일보》, 《중앙일보》)과 진보 진영(《경향신문》, 《한겨레》)으로 나눠 사회적 기업 성공 담론의 어휘 연결망을 분석한 결과다. 어휘 군집 형성의 규칙성이라는 측면에서 두 그림 모두 **그림 7**하고 상당히 비슷한 양상을 보여준다. 두 그림 모두 **그림 7**에서 발견된 세 종류의 어휘 군집화 양상을 통해 어휘들이 조직된 점을 확인할 수 있다. 보수의 어휘 연결망을 보여주는 **그림 8**에서는 오른쪽 위에 대부분의 두 어휘군이 넓게 포진해 있다. 진보의 어휘 연결망을 보여주는 **그림 9**에서는 오른

그림 8. 보수 진영의 사회적 기업 성공 담론의 어휘 연결망(《조선일보》, 《중앙일보》)

(● 사회 가치, 공익 가치 ▲ 시장 가치)

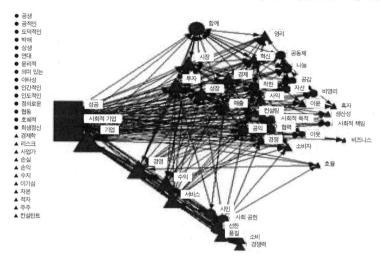

그림 9. 진보 진영의 사회적 기업 성공 담론의 어휘 연결망(《경향신문》, 《한겨레》)

(● 사회 가치, 공익 가치 ▲ 시장 가치)

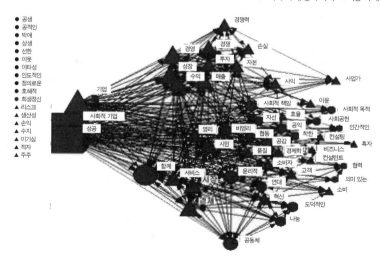

쪽 가운데 근처에 대부분의 두 어휘군이 밀집해 하나의 군집을 형성하고 있다. **그림 8**의 가운데 바로 아래쪽에 주로 '경영', '수익', '서비스' 같은 시장 가치 어휘로 구성된 군집이 발견되는데, 이 어휘들은 다른 어휘들에 견줘 더 큰 연결강도를 지니고 있다. **그림 9**는 가운데 위쪽에 '경영', '성장', '투자' 등 주로 시장 가치 어휘로 구성된 군집과 왼쪽 바로 아래 하단부에 주로 '경제', '시장', '서비스' 같은 시장 가치 어휘로 구성된 어휘 군집을 두 개 발견할 수 있다. 진보와 보수의 어휘 연결망에서 모두 주로 사회 가치와 공익 가치 어휘만으로 구성된 어휘 군집은 발견되지 않지만 시장 가치 어휘들만으로 강하게 연결된 어휘 군집이 발견됐고, 그 어휘들의 연결 강도가 사회 가치와 공익 가치 어휘들과 시장 가치 어휘들로 구성된 첫째 유형의 어휘 군집들이 지닌 연결 강도보다 더 컸다. 또한 진보와 보수의 어휘 연결망에서 모두 왼쪽 가운데에 '성공', '사회적 기업', '기업'이라는 어휘들이 강하게 결합돼 하나의 군집을 형성하고 있다. 그리고 군집의 어휘들이 나머지 어휘들하고 두루 강하게 연결돼 있어서 이 어휘 군집이 연결망들 안에서 가장 핵심적인 어휘 군집이라는 사실을 보여준다.

그림 7, **그림 8**, **그림 9**를 비교하면 세 어휘 연결망이 모두 거의 똑같은 어휘 군집화 양상을 보이는 점을 확인할 수 있다. 따라서 진보와 보수를 막론하고 사회적 기업 성공 담론은 사회 가치와 공익 가치, 시장 가치를 특정한 방식으로 결합하고 있지만, 전반적으로 전자보다는 후자가 결합 관계에서 좀더 지배적 구실을 하며, 나아가 전자는 후자에 종속되는 담론 구조를 취하리라고 추정할 수 있다. 곧 진보와 보수에 관계없이 사회적 기업 성공 담론은 사회적 기업의 '사회적'이고 '공적인' 성격보다는 '기업'의 특성을 강조하면서 '사회적 기업'의 '성공'을 '시장에서 기업이 거둔 성공'으로 담론화할 테고, 사회 가치와 공익 가치는 이 담론 구조 안의 위계 속에서 부수적이고 종속적인 역할을 하는데 머무르리라고 예상할 수 있다. 이런 예상은 정치적

으로 대립하는 진영의 담론 구조를 좀더 깊이 분석하려 할 때 갖게 되는 통념, 곧 똑같은 사안을 둘러싸고 보수 진영과 진보 진영이 서로 다른 담론 전략을 활용해 담론적 헤게모니 투쟁을 벌이게 되리라는 기대를 거스른다. 통념하고 다르게 두 진영은 담론적 헤게모니 투쟁보다는 비슷한 담론화 전략을 취한다는 결과가 도출될 수도 있기 때문이다.

2. 사회적 기업 성공 담론 — 기준, 전략, 문제화

사회 가치와 공익 가치 어휘들과 시장 가치 어휘들 사이의 어휘 연결망 분석은 사회적 기업 성공 담론의 내적 구조에 관한 큰 그림을 보여줄 뿐 그것 자체로 심층적 분석이 되지는 못한다. 이제 분석 결과를 주제 색출적 도구 heuristic tools로 삼아 사회적 기업 성공 담론을 좀더 깊이 살펴보자. 크게 세 가지를 중심으로 할 생각이다. 첫째, 사회적 기업 성공 담론에서 사회적 기업의 '성공'이 어떤 기준과 담론 전략을 통해 정의되고 있는가. 둘째, 사회적 기업 성공 담론에서 사회적 기업의 '성공 전략'은 어떤 기준과 담론 전략을 통해 정의되고 있는가. 셋째, 더 근본적인 차원에서 사회적 기업은 어떤 원인, 문제 상황, 해법으로 구성된 문제 설정 담론 구조 속에서 제기되고 있는가. 이 세 가지 담론적 실천 차원의 주제들에 관한 분석 결과는 진보와 보수 사이의 헤게모니 투쟁, 신자유주의적 사회 재구조화 같은 좀더 넓은 사회적 실천의 차원에 결부시켜 해석된다.

기준 — 공익과 이윤 사이, 사회와 시장 사이

사회적 기업의 성공 기준에 관련해 관련 텍스트들은 다양한 방식으로 사회적 기업의 성공을 정의하지만, 크게 사회적이고 공익적인 성과를 중심으로 한 성공과 시장에서 거두는 성공이라는 두 범주로 나눌 수 있었다. 전자는 성공의 기준으로 '사회적 성과', '지역 사회 재투자', '사회적 기업의 서비스 혜택을 받은 인원', '고용 인원(취약 계층)' 등이 제시됐다. 후자는 '경제적 자립', '수익 상황', '지속 가능성', '지점과 자회사 수', '경쟁력 확보', '기업으로서 거두는 성공' 등이 기준으로 제시됐다. 성공 기준에 관한 언급이 모호한 경우를 빼면 144개 텍스트 중에서 70개 텍스트가 사회적 기업의 성공 기준을 비교적 명확하게 제시하고 있었고, 중복을 허용하게 되면 79개 텍스트가 해당됐다. 그중 사회적이고 공익적인 측면에서 사회적 기업의 성공을 정의하는 경우는 23개 텍스트로, 보수 성향 신문은 12개고 진보 성향 신문은 11개였다. 시장에서 거두는 성공을 사회적 기업의 성공하고 동일시하는 경우는 52개 텍스트로, 그중 보수 성향 신문이 22개고 진보 성향 신문이 30개였다. 그밖의 의견으로 4개 텍스트(보수 2, 진보 2)가 있었다. 보수와 진보 모두 사회적이고 공익적인 측면에서 사회적 기업의 성공을 정의하기보다는 시장에서 거두는 성공을 사회적 기업의 성공하고 동일시하고 있었다. 그렇지만 정도에서는 차이가 있었다. 보수 성향 신문은 사회적 기업의 성공을 사회적이고 공익적인 차원으로 정의하는 사례보다 시장에서 거두는 성공으로 정의하는 사례가 2배 정도 많은 반면, 진보 성향 신문은 3배 정도 많았다.

　사회적 기업은 비영리 조직이나 영리 기업하고 모두 공통점과 차이점을 지닌다. 그런데도 많은 사회적 기업 성공 담론이 '사회적 기업도 돈을 벌어야 한다는 면에서는 일반 기업과 다르지 않다'는 점을 지적하거나(《중앙일보》 2009년 3월 11일), '사회적 기업에 대한 가장 큰 오해로 비정부 기구나 기부 단체 등과 혼동하는 것을 꼽'으면서(《조선일보》 2011년 2월 14일), 사회적 기업과 비영리 조직 사이의 공통점보다 차이를 강조하거나 사회적 기업과 영리 기업의 차이보다 공통점을 부각시키고 있었다.

이런 담론화 방식을 통해 사회적 기업은 사회 공익적 성격보다는 영리 기업적 성격을 중심으로 규정되고 있었다.

빈곤층, 노인, 장애인 등 사회적 취약 계층에게 일자리를 제공하고, 이윤 창출도 함께 추구하는 사회적 기업의 성공은 '자립'에 달려 있다. 취약 계층 일자리 제공에만 치우쳐 이익을 내지 못하는 기업은 엄밀한 의미에서 사회적 기업이라고 하기 어렵다. 《조선일보》 2010년 11월 30일)

이 인용문을 보면 첫째 문장에서 사회적 기업을 '취약 계층에게 일자리를 제공'하는 등 사회 공익적 성격과 '이윤 창출'이라는 영리 기업적 성격을 동시에 가진 조직으로 정의한다. 그런데 흥미롭게도 바로 뒤이어 '취약 계층 일자리 제공'이라는 사회적 기업의 사회 공익적 목적을 '이익'이라는 영리 기업의 목적을 가로막는 요인으로 제시함으로써, 실질적으로 첫째 문장의 내용을 부정해버린다. 물론 이런 이율배반은 사회적 기업의 성공이 '자립'에 달려 있다는 논리를 통해 봉합된다. 이렇게 해서 결국 시장에서 '기업으로서 거두는 성공'이 곧 '사회적 기업의 성공'이라는 논리가 만들어진다.

그럼 진보 진영이 사회적 기업에 관심을 두는 이유가 사회적 기업을 통한 이윤 창출이 아니라 사회 공익적 목적을 달성하는 데 있고, 또한 사회적 기업에서 시장 자본주의 체제의 대안을 발견한 때문이라면, 진보 성향으로 분류되는《경향신문》과《한겨레》의 텍스트들에서는 반대로 '이윤 창출에만 치우치면 사회 공익적 목적을 이룰 수 없다'는 담론 전략을 활용하는 경우가 발견될 수 있지 않을까? 그렇지만 분석 대상이 된《경향신문》과《한겨레》의 사회적 기업 성공 관련 텍스트들 중 이런 논리를 펴는 사례는 없었다. 다만 똑같지는 않더라도 약간 비슷한 내용을 담고 있는 텍스트가 하나 있었다.

실제로 현재 사회적 기업으로서 성공하고 있는 기업의 대표들에게 이런 태도(이윤추구를 우선하는 태도 — 인용자)를 확인하는 건 어렵지 않다. 이런 접근은 때로는 사회적 목적 추구라는 목표가 퇴색하는 한편, 자본주의 경제 논리에 쉽게 빠질 수 있는 위험성도 있어 보인다. 하지만 살아남은 것 자체만으로도 아직은 충분히 가치 있는 일이라는 게 이들의 생각이다. (《한겨레》 2004년 1월 21일)

이 인용문에서 '이윤 추구를 우선하는 태도'는 사회적 기업의 '사회적 목적 추구라는 목표'를 '퇴색'시키고 '자본주의 경제 논리에 쉽게 빠'지게 할 수 있다고 지적하고 있다. 그렇지만 바로 뒤에 이어지는 문장은 이 견해를 계속 밀고 나가는 대신 '살아남는 것 자체', 곧 시장에서 생존하는 것 자체만으로도 '충분히 가치 있는 일'이라는 사회적 기업가들의 생각을 '중립적' 논조로 전달한다. 사회적 기업가들의 그런 견해도 숙고할 필요가 있는 정당한 주장인 양 표현하고 있는 셈이다. 결국 이렇게 해서 첫째 문장에서 지적한 '이윤 추구를 우선하는 태도'의 '위험성'은 그 의미가 무화된다. 헤게모니 전략이 자기의 지적이고 도덕적인 우위를 통해 다른 집단들을 설득해 동의를 이끌어내는 작업이라는 점에서 볼 때, 이 인용문은 왜 시상의 이윤 추구 논리보다 사회 공익적 목적 추구가 우선시돼야 하는지를 설득하기보다는 스스로 이윤 추구 논리가 우선시돼야 한다는 상대 세력의 담론에 설득당해 상대의 논리에 동의하는 양상을 띠고 있다.

결국 보수 성향 신문뿐 아니라 진보 성향 신문도 사회적 기업은 우선 기업으로서 성공해야 한다는 점을 설파하면서 사회 공익적 목표들과 시장과 기업의 전략 사이의 우선순위와 위계 관계를 전도시킨다. 그리고 보수와 진보를 가리지 않고 이런 전도를 뒷받침하는 논거로 흔하게 등장하는 논리가 '기업으로서 우선 성공하고, 경제적 자립이나 재정적 지속 가능성을 확보하지 않고서는 사회 공익적 목적을 달성할 수 없다'는 것이다. 이런 논리들은 오로지 기업과 시장의 원리와 방법을 통해서만 사회 공익적 목적이 달성될 수 있고, 그렇기 때문에 사회적 기업의 활동에서 사회 공익적 목적보다 기업과 시장의 원리가 우선해야 한다는 담론을 설득력 있고 의심의 여지가 없는 탈쟁론화된 견해처럼 만드는 기능을 한다. 이런 담론 전략을 통해 보수 세력은 '지적' 리더십을 확보하고 헤게모니를 관철한다. 그런 점에서 '기업으로서 우선 성공하고, 경제적 자립이나 재정적 지속 가능성을 확보해야 사회 공익적 목적을 달성할 수 있다'는 유형의 담론들은, 서로 분리된 채 우리의 의미 체계 안에서 떠다니던 사회 공익적 목표와 가치라는 진보의 관심사와 기업과 시장의 방법과 원리라는 보수의 관심사를 후자를 중심으로 접합해 보수의 담론적 헤게모니를 관철할 수 있게 해주는 담론 전략을 보여준다.

진보 성향 신문들이 사회 공익적 가치와 목적 아래 시장과 기업의 방법과 원리들을 그 하위 요소로 접합해 보수의 담론 전략을 전도시키는 담론적 설득 논리를 만들어내지 못하는데다, 오히려 보수보다 더 적극적으로 사회적 기업의 성공을 시장에서 기업이 거두는 성공하고 동일시하는 담론을 활용하는 점은 진보 진영이 보수 진영의 담론적 헤게모니에 포획된 현실을 보여준다. 진보 진영이 사회적 기업 담론에 관련해 시장과 기업의 방법과 원리를 적극적으로 끌어들이는 일 자체가 보수를 설득함으로써 동의를 이끌어내려는 헤게모니 전략의 하나라고 주장할 수도 있다.

그렇지만 분석을 통해 도출된 결과들은 이런 주장이 전혀 설득력 없다는 점을 보여준다. 어떤 전략이 진보의 헤게모니 전략이라고 할 수 있으려면, 진보 진영은 사회적 기업을 담론화할 때 시장과 기업의 방법과 원리를 사회 공익적 가치와 목적의 달성이라는 궁극적 지향을 달성하기 위한 하위 수단으로 접합시키는 담론 전략을 구사해야 한다. 그런데 앞서 살핀 대로 진보 진영은 사회적 기업을 '사회적' 기업보다는 사회적 '기업'으로 정의하는 보수의 담론 전략을 그대로 쓰고 있으며, 그 결과 보수 진영보다 더 적극적으로 사회적 기업의 성공을 기업으로서 시장에서 거두는 성공하고 동일시하는 담론을 구사하고 있다.

전략 — 헤게모니와 대항 헤게모니 사이

앞에서는 사회적 기업 성공 담론의 내적 접합 구조라는 '담론적 실천'의 차원을 정치 세력들 사이의 담론적 헤게모니 투쟁이라는 '사회적 실천'의 관점에 연결시켜 분석했다. 여기에서는 사회적 기업 성공 담론에서 성공 전략으로 제시되는 전략들을 중심으로 사회적 성공 담론의 내적 접합 구조를 분석하되, 정치 세력들 사이의 담론적 헤게모니 투쟁을 포함해 국가, 시민사회, 시장의 관계에 관한 신자유주의적 재구조화 전략이라는 좀더 넓은 사회적 실천들의 차원하고 결합시켜 다룰 생각이다. 먼저 사회적 기업 성공 담론을 다룬 텍스트들 안에서 무슨 전략이 제시되는지 분석한 뒤 이 결과를 범주화해 **표 2**에 정리했다. 144개의 텍스트 중 91개가 나름의 성공 전략을 제시하고 있었고, 텍스트 중복을 허용하면 157개의 텍스트가 성공 전략을 담고 있었다. 그중 보수 신문이 72개고 진보 신문이 85개였다.

진보와 보수를 막론하고 사회적 기업의 성공 전략으로 가장 자주 제시된 항목은 일반 영리 기업의 경영 전략인 '경영 전문성', '마케팅 능력', '매출 확대', 품질과 가격 '경쟁력 강화' 등이었다. 그렇지만 이 결과를 토대로 사회적 기업 성공 담론이 사회 공익적 가치와 목적보다 기업과 시장의 방법과 원리에 따라 조직되고 있으며, 진보와 보수 사이에 아무 차이가 없다는 결론으로 나아가는 비약은 옳지 못하다. 왜냐하면 사회적 기업이 기업과 시장의 방법과 원리를 통해 사회 공익적 가치와 목적을 추구하는 조직으로 정의된다는 점에서, 일반 영리 기업의 경영 방법이 성공 전략으로 제시되는 상황은 충분히 납득될 수 있기 때문이다. 오히려 이 결과에서 주목해야 할 점은 크게 두 가지다. 첫째, 사회 공익적 가치와 경제 논리 사이의 우선순위에 초점을 두고 제시되는 성공 전략들이다. 둘째, 사회적 기업 성공 전략으로서 국가, 시민사회나 개인, 시장의 구실이 어떻게 설정되고 있는지다.

첫째 문제에 관련해 사회적 기업 성공 담론들은 사회 공익 가치와 경제 논리를 어느 하나에 치우치지 않고 동시에 추구해야 한다는 의견과 그 둘 중 어느 하나를 우선해서 추구해야 한다는 의견을 제시하고 있다. 그 둘을 병행 추구해야 한다는 의견은 2건이었고 모두 진보 진영에서 제기됐다. 경제 논리보다는 사회 공익 가치를 추구해야 한다는 전략은 2개 텍스트에서 제기됐는데, 진보와 보수에서 각 1건씩이었다. 마지막으로 사회 공익 가치보다는 경제 논리를 우선해야 한다는 전략은 8건이었는데, 보수가 6건이고 진보가 2건이었다. 여기서 두드러지는 특징은 앞의 두 전략보다 경제 논리를 우선해야 한다는 마지막 전략이 훨씬 자주 제기되고 있다는 점이다. 다만 여기서는 진보와 보수 사이에 뚜렷한 차이가 드러났다. 보수가 사회 공익 가치보다 경제 논리를 우선하는 전략을 제시하는 데 집중하는 반면, 진보는 두 측면을 동시에 추구해야 한다는 의견, 전자를 우선해야 한다는 의견, 후자를 우선해야 한다는 의견이 골고루 제시되고 있었다. 특히 사회 공익 가치보다 경제 논리를 우선해야 한다는 논리가 어떤 '교묘한' 담론적 전략을 거쳐 설파되는지 《조선일보》의 텍스트를 통해 살펴보자.

그는 사회적 기업에 대한 가장 큰 오해로 비정부 기구NGO나 기부 단체 등과 혼동하는 것을 꼽았다. "사회적 기업은 엄연한 기업이에요. NGO는 지원금, 기부금 등으로 운영되지만 사회적 기업은 상품과 서비스를 판매하고 이익을 얻는 등 경제 활동을 통해 이를 풀어나갑니다. 상품의 포장이 조금 덜 예뻐도, 서비스의 질이 조금 부족해도 우리는 좋은 일을 하니까 남들이 이해해줄 것이라는 생각이 사회적 기업이 성공하는 데 가장 큰 적이라고 생각합니다." 동정심에 호소하는 것이 아니라 철저하게 상품의 질과 실력으로 경쟁한다는 각오가 있어야 기업으

로서 성공할 수 있다는 말입니다. 《조선일보》 2011년 2월 14일)

이 인용문에는 '철저하게 상품의 질과 실력으로 경쟁한다는 각오'가 사회적 기업의 중요한 성공 요건으로 제시되고 있다. 그리고 '논리적'으로만 따지면 그런 '각오'가 사회 공익적 가치를 지향하는 태도보다 우선한다는 의미는 아니다. 그렇지만 여기서 주목해야 할 요소는 어휘와 언표들의 배열 형태다. 처음 두 문장은 사회적 기업은 어디까지나 '기업'이지 '비정부 기구나 기부 단체'하고 혼동하면 안 된다는 주장을 통해 기업을 비정부 기구와 기부 단체하고 대립시켰다. 그리고 후반부에 '철저하게 상품의 질과 실력으로 경쟁'한다는 '기업적' 태도는 '상품의 포장이 조금 덜 예뻐도, 서비스의 질이 조금 부족해도 우리는 좋은 일을 하니까 남들이 이해해줄 것'이라거나 '동정심에 호소하는' 안일한 태도에 대립되고 있다. 결국 대조의 전략을 활용한 이런 어휘와 언표들의 배열을 통해 '비정부 기구'와 '기부 단체'처럼 사회 공익 지향적 태도를 갖고 사회적 기업 활동을 하는 방식은 '안일한' 생각과 태도에 동일시되는 효과를 낳는다. 이렇게 해서 사회 공익 추구적 태도를 갖고 사회적 기업을 운영하는 방식은 '사회적 기업이 성공하는 데 가장 큰 적'으로 표상된다.

다음으로 살펴볼 문제는 사회적 기업 성장 담론에서 국가, 시민사회, 개인, 시장의 구실이 표상되는 방식이다. 사회적 기업은 국가, 시민사회, 시장의 관계 설정 방식을 재조직하려는 신자유주의적 기획에서 분리해 생각할 수 없기 때문이다. 먼저 정부 지원을 사회적 기업의 성공 전략으로 제시하는 텍스트는 8개인데, 그중 보수가 3건이고 진보가 5건이었다. 그런데 정부 지원을 주문하는 텍스트 중 3건(보수 2건, 진보 1건)은 어디까지나 '점차적으로 정부 지원을 줄일 필요도 있다'《한겨레》 2009년 7월 15일)거나 '제도적 인프라를 정비하는 초창기 환경 조성'《조선일보》 2009년 9월 21일)에 '한정'돼야 한다는 맥락에서

표 2. 사회적 기업 성공 전략의 유형별 출현 빈도

(단위: 문단)

대기업의 지원 (대기업 연계, 파트너십)	보수	9	사회 공익적 가치보다 경제 논리	보수	6
	진보	11		진보	2
	합계	20		합계	8
정부의 지원	보수	3	일반 기업 경영의 방법 (경영 전문성, 마케팅 능력, 매출 확대, 경쟁력 강화, 효율적 경영, 판로 개척 등)	보수	14
	보수	5		진보	13
	합계	8		합계	27
지자체의 지원	보수	2	시민들의 지원과 관심	보수	2
	진보	8		진보	1
	합계	10		합계	3
외부 지원 없이도 자립할 수 있는 자체 역량 강화	보수	7	사회적 기업가 양성	보수	3
	진보	8		진보	2
	합계	14		합계	5
민간과 시장의 자발성	보수	4	청년들이 도전할 수 있는 문화	보수	3
	진보	5		진보	2
	합계	9		합계	5
사회적 기업가의 태도와 역량 (창의성, 진취성, 열정, 사회봉사 정신, 실용주의 정신, 경영 능력, 헌신 등)	보수	8	다양한 네트워크 구축	보수	3
	진보	7		진보	6
	합계	15		합계	9
사회 공익적 가치와 경제 논리의 결합	보수	0	투자 확대	보수	2
	진보	2		진보	1
	합계	2		합계	3
경제 논리보다 사회 공익적 가치	보수	1	기타 (신뢰, 제도 개혁, 어린이 봉사 교육 등)	보수	6
	진보	1		진보	10
	합계	2		합계	16

※ 보수: 《조선일보》, 《중앙일보》. 진보: 《경향신문》, 《한겨레》.

등장하고 있었다. 따라서 정부의 '적극적' 지원을 주문하는 경우는 5개 텍스트로, 그중 보수는 1건이고 진보는 4건이었다. 여기에 지방 정부의 지원이나 적극적 구실을 주문하는 사례까지 더하면 보수는 3건이고 진보는 12건이었다. 일반적으로 보수가 모든 문제를 시장을 통해 풀어야 한다는 믿음 아래 국가 개입의 최소화를 주장하는 반면 진보는 국가가 적극 개입하는 제도적 해법을 중시해온 점에서 이런 결과는 충분히 납득할 수 있다. 그런데 정부 이외의 영역들이 하는 구실이 어떻게 설정되고 담론 구조는 어떤지를 보면 사정이 달라진다. 보수는 국가의 적극적 구실을 축소하는 동시에 국가 기능을 시장이나 민간 또는 개인에게 이전하는 방식을 정당화하는 담론 전략을 쓸 테고 진보는 정확히 그 '반대' 전략을 쓰리라는 통상적 기대는 성급한 판단이라는 사실이 드러난다.

먼저 대기업의 사회적 기업 지원 또는 대기업과 사회적 기업의 연계와 파트너십을 중요한 성공 전략으로 제시하는 경우를 보자. 20개의 텍스트가 대기업의 지원을 사회적 기업의 성공 전략으로 제시했는데, 그중 보수는 9건이고 진보는 11건이었다. 정부나 대기업의 지원이 없어도 사회적 기업 스스로 자립할 수 있는 능력을 키우는 방식을 중요한 성공 전략으로 제시한 경우는 14건이었는데, 그중 보수가 7건이고 진보가 8건이었다. 민간과 시장의 자발성을 발휘할 수 있게 하는 방식을 성공 전략으로 제시한 경우는 9건인데, 그중 보수가 4건이고 진보가 5건이었다. 사회적 기업의 성공이 사회적 기업가의 개인 능력에 달려 있다고 주장하는 경우는 15건인데, 그중 보수가 8건이고 진보가 7건이었다. 이런 성공 전략들에 관련해 진보와 보수의 담론은 양적으로 거의 비슷했다. 여기서 주목할 부분은 정부의 적극적 구실 대신 시장, 민간, 개인의 적극적 구실을 강조하고 전자를 후자로 대체하려 하는 담론들이 앞서 살펴본 정부의 적극적 구실을 요구하는 담론들보다 진보와 보수를 막론하고 훨씬 더 많았다는 점이다.

이런 담론들 중 많은 수가 정부의 개입이나 정부 주도형 정책들을 "큰 정부'의 실패와 한계'(《한겨레》 2010년 11월 9일), '지나친 개입(으로 인한) 본래 목적 왜곡 가능성'(《중앙일보》 2008년 11월 19일), '사회적 기업으로 인증받는 것은 독'(《조선일보》 2010년 11월 23일) 같은 언표들에 연결하는 반면, 민간, 시장, 사회적 기업가 같은 개인들은 '자발적인 아이디어와 열정'(《경향신문》 2011년 3월 26일), '자율적'(《경향신문》 2011년 12월 19일), '정부나 지방자치단체 등이 해결하지 못하는 사회경제적 문제들(의) … 해결'(《한겨레》 2010년 6월 4일) 같은 언표들에 연결해 서로 대비시키고 있다. 《조선일보》에서 뽑은 다음 인용문은 국가의 구실과 시장, 민간, 개인의 구실이 사회적 기업 성공 담론에서 표상되는 가장 전형적인 방식을 보여준다.

MB정부가 추진하려는 '정부 주도형 서민은행'은 문제점이 적지 않다. 기업과 시장의 창의적 아이디어를 통해 사회적 약자들을 혁신적으로 돕는 사회적 기업의 핵심인 마이크로크레디트가 성공적으로 정착하기 위해서는 정부가 발상의 대전환을 해야 한다는 것이다. …… 데이비드 번스타인은 성공적인 사회적 기업의 핵심 요인은, 평생을 바쳐 그 일에 헌신할 수 있는 순수한 사회적 기업가의 존재라고 하였다. 마이크로크레디트 성공을 위해서라도 정부의 역할은 제한적이어야 한다. 정부의 역할은 세제 지원이나 유관 단체의 네트워크 구축 등 제도적 인프라를 정비하는 초창기 환경 조성으로 끝나야 한다는 것이다. 나머지는 사회적 기업가들과 시장에 맡겨야 한다. 그래야 마이크로크레디트가 정권에 관계없이 지속 가능한 생명력을 가질 수 있다. (《조선일보》 2009년 9월 21일)

이 인용문에서 '정부 주도형' 정책은 '사회적 기업가들과 시장' 또는 '기업과 시장의 창의적인 아이디어'와 '혁신적' 방법에 대조되고 있다. 이런 담론 구조 속에서 '사회적 약자들을 혁신적으로 돕는' 사회 공익적 목적은 '정부의 역할'이 아니라 '사회적 기업가들과 시장에 맡겨'져야 할 사안이 된다.

그리고 이 인용문의 제목처럼 '정부는 뒤로 빠져'서 '제한적'인 구실만 해야 한다.

이렇게 시장, 민간, 개인의 자발성을 사회적 기업의 성공 전략으로 제시하는 많은 담론들이 적극적으로 국가의 부정적 측면과 시장, 민간, 개인의 긍정적 측면을 대비시키고 있지만, 훨씬 더 많은 담론들은 국가와 정부의 구실에 관한 논의 자체를 생략한 채로 시장, 민간, 개인의 자발성을 사회적 기업의 성공 전략으로 제시하고 있다. 문제는 첫째 유형의 담론 전략은 국가와 시장, 민간, 개인을 대조함으로써 본디 의도하고 반대로 논쟁의 전선을 더 명확히 하고, 그 결과 '정부는 빠져'야 하고 '나머지는 사회적 기업가들과 시장에 맡겨야 한다'는 주장을 탈쟁논화하기는커녕 오히려 쟁론의 대상으로 부각시키는 역효과를 낼 수도 있다는 점이다. 이 경우는 담론적 헤게모니 투쟁이라는 측면에서 특정 담론 전략들이 상대 진영을 설득해 동의를 이끌어내는 데 실패할 수 있는 사례라고 할 수 있는데, 앞선 인용문은 이런 특징을 잘 보여준다. 인용문을 보면 정권 교체에 따라 정책 연속성이 확보되지 못할 가능성을 근거로 '정부 주도형' 사회적 기업 정책의 문제점을 지적하고 있지만, 권위 있는 저자의 주장에 호소하는 방법 말고는 시장, 민간, 개인이 정부보다 문제를 더 잘 해결할 수 있는 이유, 정부 대신 시장, 민간, 개인이 주도할 때 사회적 기업이 '지속 가능한 생명력'을 가질 수 있는 이유에 관해 어떤 논거도 제시하지 않는다. 다만 정부는 뒤로 빠지고, 그 '역할은 제한적'이어야 하며, '나머지는 사회적 기업가들과 시장에 맡겨야 한다'는 주장을 동어 반복으로 선언할 뿐이다. 따라서 독자들(특히 진보 성향 독자들)은 인용문에서 제기된 주장을 극단적 시장주의자(또는 신자유주의 옹호자)의 억견으로 읽을 듯하다. 결국 이 주장은 사람들의 동의를 끌어내기보다는 국가 대 시장, 진보 대 보수, 좌파 대 우파 사이의 전선을 두드러지게 할 가능성이 크다.

따라서 둘째 유형의 담론 전략(첫째 유형하고 다르게 국가와 정부의 구실에 관한 논의 자체를 생략한 채, 시장, 민간, 개인의 자발성을 사회적 기업의 성공 전략으로 제시하는 담론 전략)이 역설적이게도 정부의 구실 축소와 시장, 민간, 개인의 구실 확대를 정당화하는 데 더욱 효과적일 수도 있다. 충분한 설득력을 확보하지 못한 채 단순히 정부와 시장, 민간, 개인을 대립시킬 때는 쟁론화의 가능성이 열릴 수 있는 반면, 처음부터 정부의 구실에 관한 논의 자체를 비가시화한 채 시장, 민간, 개인이 각각 이런저런 노력을 기울일 때 사회적 기업이 성공할 수 있다고 주장할 경우 실질적인 정부의 구실 축소와 시장, 민간, 개인의 구실 확대라는 논리가 탈쟁론화된 상태로 자연스럽게 받아들여질 수 있기 때문이다. 다음 인용문은 그런 담론 전략의 대표적 사례다.

오콜로가 발상의 전환에 도달하자, 즉 '디자인 싱킹'을 동원하자 전혀 새로운 지평이 열리게 된다. 정보기술IT 기술자들의 도움을 받아 '인터넷 매핑 솔루션'을 도입했다. 한마디로 케냐의 폭력 지도를 그리기로 한 것이었고, 대대적인 성공을 거둔다. 어디가 폭력이 심한지 한눈에 파악할 수 있게 됐다. 성공의 전제는 시민들의 자발적 참여였다. 《경향신문》 2011년 6월 4일)

이 인용문은 오리 오콜로가 운영하는 한 사회적 기업이 살인과 강간 등 케냐에서 벌어지는 폭력 문제를 해결하는 데 성공한 과정을 서술하고 있다. 기자는 성공 요인으로 크게 세 가지를 들고 있다. 첫째, 오콜로의 창의적이고 혁신적인 '발상의 전환', 둘째, 관련 전문가들의 도움, 셋째, '시민들의 자발적 참여'다. 이 담론 안에서는 유사 자연 상태라고 할 수 있을 만한 케냐의 폭력 문제를 해결할 책임을 지고 있는 국가 공권력에 관한 논의는 전혀 등장하지 않는다.[2] 그렇지만 국가가 맡아오던 사회 공익 관련 사안들을 기업과 시장에서 쓰는 방법으로 해결하려는 목표를 세운 사회적 기업의 담론들 안에 삽입돼 배치될 때, 이 담론은 실질적으로 한 사회의 폭력 문제를 해결하는 과정에서 경찰력 같은 국가 공권력보다는 개인의 창의적 혁신의 노력, 전문가들의 기여, 시민들의 자발적 참여가 더 효과적이라는 의미로 전환될 수밖에 없다. 이런 유형의 담론 전략은 역설적으로 국가를 비가시화함으로써, 곧 담론 안의 언표들이 국가와 국가의 구실이라는 언표하고 '관계를 맺지 않는 방식으로 관계를 맺음으로써' 국가의 구실은 제한돼야 하고 사회의 공적인 문제들은 시장, 민간, 개인의 힘으로 해결돼야 한다는 논리를 자연스럽게 설득할 수 있는 효과를 발휘한다.

분석된 대부분의 텍스트들에서 사회적 기업의 성공 담론들은 국가를 시장, 민간, 개인에 대조시키는 첫째 전략보다는 국가를 비가시화하는 둘째 유형의 전략을 활용하고 있었고, 이런 현상은 진보와 보수를 막론하고 공통됐다. 따라서 보수의 사회적 기업 성공 담론이 국가의 적극적 구실을 제한하는 동시에 시장, 민간, 개인에게 그런 구실을 이전하는 방식을 정당화하는 담론 전략을 쓰는 반면 진보는 그런 전략의 '반대' 전략을 쓰리라는 기대하고 다르게, 대체로 진보도 보수하고 비슷한 담론 전략을 활용한다는 결론을 내릴 수 있다. 진보의 사회적 기업 성공 담론은 작은 정부를 지향하고 국가가 주로 책임지던 사회 공익적 과제들을 시장, 민간, 개인에 이전하는 방식으로 국가, 시장, 개인의 관계를 새롭게 재구조화하려 하는 신자유주의 헤게모니에 저항하는 대항 헤게모니 담론의 형태를 취하기는커녕, 오히려 바로 그런 신자유주의 사회 재구조화 논리에 포획돼 의도하지 않게 신자유주의 헤게모니를 강화하고 있다.

문제화 — 문제 상황, 원인, 해법

앞서 살핀 대로 한국의 진보적 시민운동 진영은 대체로 사회적 기업을 시장 경제와 신자유주의적 자본주의 체제의 대안으로 생각했다. 따라서 사회적 기업 관련 담론을 생산하고 유포하는 데 적극적이었고, 사회적 기업을 제도화하고 육성하는 과정에 주요 행위자로 적극 참여하고 있는 중이다. 그렇지만 지금까지 진행한 분석 결과를 보면 진보 진영은 사회적 기업에 관한 논의를 둘러싸고 독자적인 대항 헤게모니 담론 전략을 수립하지 못한 채 보수 진영의 신자유주의 헤게모니 담론 전략에 철저히 포획돼 있다. 또한 사회적 기업에 관련된 진보 진영의 담론적 실천들은 '의도하지 않게' 신자유주의 헤게모니 강화로 귀결되고 있다. 처음에 품은 의도가 정반대 결과로 나아가는 이런 역설은 어떻게 해서 생겨난 걸까? 진보 진영이 내세운 사회적 기업 성공 담론의 내적 구조를 분석해 이 질문에 관한 '하나의' 대답을 구해보자.

하나의 의미 체계로서 담론은 담론 내적 형성 규칙뿐 아니라 더 근본적으로는 담론 외적인 다양한 사회적 실천하고 맺는 관계 속에서 형성된다. 특히 사회적 기업이 국가의 인증제와 재정 지원을 매개로 해 국가 주도로 육성되는 한국 상황에서는 진보 진영이 국가에 맞서 일정한 자율성을 갖고 독자적인 대항 헤게모니 담론을 창출할 수 있는 여지가 제한될 수밖에 없다. 따라서 사회적 기업의 성공이라는 주제에 관련해서 진보 진영이 대항 헤게모니 담론을 창출하지 못하고 의도하지 않게 신자유주의를 강화하는 담론으로 귀결된 이유를 이해하려면 다양한 비담론적인 사회적 실천들, 특히 국가 정책의 영향이라는 측면들에 관한 고려를 놓쳐서는 안 된다. 그런 점에서 진보 진영의 사회적 기업 성공 담론이 지닌 구조를 분석하는 작업은 진보의 사회적 기업 성공 담론을 형성한 제일 원인 또는 가장 중요한 원인을 제시하려는 시도가 아니라, 다양한 복합적 측면들 중 담론 차원에 한정해 그 '한' 측면을 밝히는 동시에 진보의 사회적 기업 성공 담론의 내적 구조를 좀 더 면밀히 분석하려는 시도다.

사회적 기업을 둘러싸고 펼쳐지고 있는 진보 진영의 실천이 신자유주의에 포섭된 채 신자유주의를 강화하는 역설로 귀결되고 있다고 지적하면서, 서영표는 그런 역설이 생겨난 중요 원인을 진보 진영과 시민운동 세력이 자본주의의 강력한 적응력과 거기에 연관된 자본주의 작동 방식의 변화에 관련된 구조적 조건에 관한 분석을 결여하고 있는 상태에서 찾는다. '자율과 자치, 공동체와 사회적 유대' 같은 사회적 기업 담론을 구성하는 핵심 요소들을 '자본주의적 모순의 파국적 효과를 흡수하는 완충 지대'로 만들어내고, 나아가 이런 요소들을 자본주의를 강화하는 힘으로 전화하는 오늘날의 자본주의 작동 방식에 관한 근본적인 구조적 분석이 결여돼 있다는 지적이다(서영표 2013, 72).

똑같은 문제의식 아래에서 그런 상황을 낳은 담론 내적 구조 차원의 원인을 알아내기 위해, 나는 진보 진영의 사회적 기업 성공 담론 속에서 사회적 기업이 어떤 '문제 상황들'에 관련돼 '해법'으로 제시되는지를, 그리고 하나의 해법으로서 사회적 기업이 그런 문제 상황들을 만들어낸 사회 구조에 관한 철저하고 근본적인 '원인' 분석 속에서 제시되고 있는지를 분석할 생각이다. 이런 맥락에서 먼저 진보 진영의 텍스트에서 사회적 기업이 해법으로 제기되는 사회직 문제 상황의 맥락이 무엇인지를 분석했다. 그 결과 모두 11건, 중복을 허락할 경우 12건의 텍스트에서 비교적 명확한 방식으로 그런 문제 상황을 언급하고 있었고, 6개의 사안이 문제 상황으로 제기됐다. 제기된 문제 상황을 보면 5건이 빈곤, 양극화, 복지(사회 안전망) 취약 등 취약 계층의 복지가 악화되는 상황을 언급하고 있었다. '국가 실패'가 2건으로 뒤를 이었고, '시장 실패', '세계화의 그늘', '기업의 사회적 역할이 중요하게 등장한 상황', '사회경제 문제', '고용난'이 1건씩이었다.

흥미로운 점은 대부분의 텍스트가 여러 문제 상황을 언급하고 사회적 기업을 해법으로 제시하면서도, 그런 문제 상황이 야기된 원인에 관한 언급은 거의 없었다는 점이다. 문제 상황을 야기하는 원인을 언급한 경우는 2건뿐이었다. 곧 진보의 사회적 기업 성공 담론들은 문제의 원인에 관한 철저하고 근본적인 분석을 결여한 채 곧장 해법에 관련된 논의로 비약하는 문제 설정의 담론 구조를 특징으로 하고 있었다.

전세계적으로 획일화한 경제와 소비문화는 빈곤을 창출합니다. 이러한 행복의 위기를 해결할 수 있는 한 가지 방법은 지역화, 지역 문화를 살리는 방법밖에 없습니다. …… 유기체적으로 발전하고 있는 홍성군 내 29개 생산 공동체를 방문하며 이러한 지역화의 모법을 발견할 수 있었다. 또한 개별 사회적 기업의 성공만으로는 풀기 어려운 연대적이고 윤리적인 경제 토착화와 시민 참여를 통한 지역 사회의 실질적 변화가 가능하다는 확신도 재발견했다. 《경향신문》 2009년 12월 14일)

이 인용문에서 사회적 기업은 '전세계적으로 획일화한 경제와 소비문화(에 따른) 빈곤', 그리고 그 결과인 '행복의 위기'를 풀 해법으로 등장하고 있다. 논의는 곧장 '지역화, 지역 문화를 살리는 방법'을 통한 문제 해결로 나아가고 있고, '생산 공동체' 같은 사회적 기업들이 대표적인 문제 해결책으로 제시되고 있다. 그렇지만 이런 논리 흐름은 '전세계적으로 획일화한 경제와 소비문화'를 만들어내는 구조적 요인이 무엇인지를 분석하지 않은 채 이어지고 있다. 단지 '지역화, 지역 문화를 살린다'는 해법은 '세계적으로 획일화한' 경제와 소비문화라는 문제 상황의 현상적 측면들에서 곧장 도출된다. 이렇게 해서 이 텍스트 속에서 '세계적으로 획일화한 경제와 소비문화'를 만들어내는 전지구적 자본주의 구조, 시장 논리, 또는 이런 것들을 적극적으로 정책으로 구체화하려는 국가 권력을 향한 비판은 증발한다. 따라서 주로 '시장'의 경제 논리에 따라 발생하며, 전통적으로 '국가'가 책임져야 한다고 여겨진 '빈곤' 문제는 '국가' 대신 '시장' 조직인 사회적 기업과 '시민 참여'로 해결해야 할 과제로 담론화된다.

사회적 기업 개념은 1970년대 말 서유럽의 복지국가 위기론이 대두되면서 공공 서비스의 민영화와 함께 적극적 노동 정책으로의 전환 과정에서 등장했다. …… 일부 사회적 기업은 이미 자립 기반을 확보하고 수익을 사회에 환원하고 있다. 사회적 기업은 영리 기업과 자선 단체의 속성을 동시에 갖고 있는 조직이기 때문에 …… 사회적 기업이 성공하기 위해서는 사회 마인드와 경영 마인드를 동시에 겸비한 유능한 지도자가 경영을 잘해야 한다. 그러나 더 중요한 것은 지역 사회의 적극적인 참여와 지원 없이는 사회적 기업의 지속 가능성은 불투명해진다. 《경향신문》 2009년 7월 4일)

이 인용문은 '복지국가의 위기', 곧 '국가 실패'가 '원인'이 돼 복지 서비스 전달 체계에 일정한 '문제'가 발생했고, 이 문제를 풀 '해법'의 하나로 사회적 기업이 등장했다고 지적하고 있다. 이 텍스트는 예외적으로 문제 상황이 발생한 사회 구조적 원인을 제시한다. 그런데 여기서 원인으로 들고 있는 '국가 실패(복지국가의 위기)'가 시장주의자들의 담론 속에 상투적으로 등장하는 신자유주의 정당화 논리라는 데 주목해야 한다. 더구나 국가 실패 담론, 이를테면 국가가 주도적으로 복지 문제를 해결하려는 시도는 문제가 있다는 논리를 의심의 여지가 없는 기정사실로 전제하고 있다. 그 결과 복지는 국가가 아니라 '사회 마인드와 경영 마인드를 동시에 겸비한 유능한 지도자'의 '경영' 능력과 '지역 사회의 참여와 지원'으로 해결해야 할 과제라는 논리가 자연스럽게 도출된다. 이 인용문은 진보 신문의 텍스트인데도 사회적 기업 의제에 관련해 진보가 독자적인 문제 설정 담론 전략을 지니지 못하며, 오히려 보수 진영과 시장주의자들의 담론적 헤게모니에 포획돼 있다는 사실을 방증한다.

이렇듯 진보의 사회적 기업 성공 담론은 문제의 원인에 관한 사회 구조적 분석을 결여한 채 곧장 해법을 둘러싼 논의로 비약하는 문제 설정 구조를 갖고 있었다. 사회 구조적 원인에 관한 논의를 포함한 경우에도 진보의 독자적 문제 설정 담론 구조를 만들어내기보다는 신자유주의의 헤게모니 담론에 포획돼 있었다. 존 피어스가 지적하듯이 이런 모습은 사회적 기업의 담론이 비판적인 사회 구조에 관한 원인 분석의 언어, 여기에 바탕한 집합적 정치 참여의 언어가 아니라 문제 해결의 언어라는 점을 보여준다(Pearce 2003).

　문제 상황에 관한 원인 분석을 결여한 채 곧장 사회적 기업을 해법으로 제기하는 사회적 기업 담론들은 크게 두 가지 방식으로 특정한 정치적 담론 효과를 야기하고 있었다. 첫째, 여러 사회 문제를 야기한 국가와 시장 차원의 구조적 측면을 비가시화함으로써 국가와 시장을 비판에서 면제시켜주는 동시에 사회 문제를 해결해야 할 국가의 책임을 면제시키는 효과를 낳는다. 둘째, 사회 구조적 원인들에 관한 인식 대신 그런 사회 문제들에 관한 현상적 인식에서 출발하게 해 자연스럽게 비판적 논의 대신 문제 해결에 관한 논의로 이어지게 만든다. 문제 해결의 문제 설정 구조는 '문제 상황'을 만들어낸 사회 구조적 '원인'에 관한 규범적 비판과 저항적 실천의 문제의식 대신에 '문제 해결'을 위한 협조와 타협적 태도, 목적과 수단의 합리성이라는 견지에서 문제 상황을 보게 만들 수밖에 없다. 이렇게 해서 국가, 시장, 시민사회, 개인 등 각 주체들은 문제 해결이라는 똑같은 목적을 위해 힘을 합쳐야 할 운명 공동체의 구성원으로 표상되며, 기업과 시장의 방법과 원리는 그 목적을 달성하기 위한 효율적 수단들로 긍정된다. 결국 문제 해결의 문제 설정 속에서 시민운동 세력이나 진보 세력의 비판적이고 저항적인 에너지는 사회 문제 해결의 에너지로 전환된다. 요컨대 진보의 사회적 기업 성공 담론은 사회 구조적 원인 분석에 기반한 비판, 저항, 정치적 참여, 적대의 문제 설정이 아니라 문제 해결의 문제 설정에 기반하고 있다. 이런 문제 설정 담론 구조는 진보의 사회적 기업 성공 담론에서 대항 헤게모니 담론 전략을 통한 체제 비판과 저항의 언어들이 증발될 수밖에 없게 만드는 원인 중 하나다.

3. '사회적' 기업인가 사회적 '기업'인가

지금까지 진행한 분석 결과는 사회적 기업 성공 담론이 사회 가치와 공익 가치들과 시장 원리들을 특정한 방식으로 접합하는 구조를 갖고 있으며, 이때 사회 가치와 공익 가치 어휘들보다는 시장 가치 어휘들이 그런 접합 구조에서 좀더 결정적인 기능을 하고 있다는 점을 보여준다. 먼저 사회적 기업의 성공 기준에 관한 분석 결과 사회적 기업의 성공이 사회적이고 공적인 특성이 아니라 기업으로서 지니는 특성에 따라 규정돼 '시장에서 기업으로 거두는 성공'에 동일시되는 강한 경향이 있다는 사실을 확인했다. 심지어 사회적 가치와 목적들은 이런 성공의 장애물로 표상되기도 했다. 그리고 이런 특징에서 진보의 담론과 보수의 담론 사이에는 의미 있는 차이가 없었다.[3] 둘째, 사회적 기업의 성공 전략에 관한 분석 결과는, 대체로 국가의 개입은 사회적 기업의 성공을 가로막는 요인으로 표상되면서 국가 대신 시장, 민간, 개인의 자발성이 사회적 기업의 성공을 위한 더 중요한 전략으로 제시되고 있었다. 이때 진보의 담론은 보수의 담론보다 훨씬 더 국가의 적극적 구실이 필요하다는 점을 명시적으로 강조하고 있었다. 그렇지만 동시에 진보와 보수 모두 압도적으로 더욱 자주 시장, 민간, 개인들의 자발성을 더 중요한 사회적 기업의 성공 전략으로 제시하고 있었다. 이때 시장, 민간, 개인의 자발성을 강조하는 담론들이 대부분 역설적으로 국가를 담론 내부에서 비가시화함으로써 국가가 하는 구실의 축소를 탈쟁론화하는 효과를 낳는 담론 전략을 쓰고 있었다. 그런 점에서 보수의 담론은 물론 진보의 담론도 국가 기능의 축소와 시장, 민간, 개인의 구실 확대를 정당화하는 신자유주의 사회 재구조화 담론 전략의 일반적 틀을 그대로 따르고 있었다.

이런 결과는 사회적 기업에 관한 많은 논의들이 사회적 기업을 기업과 시장의 방법을 통해 사회 공익적 목적을 추구하는 새로운 기업 형태이자 시장 체제와 신자유주의를 넘어설 수 있는 대안 경제와 대안 사회의 모델로 제시하지만, 실제 사회적 기업 성공 담론 속에서 사회 공익적 가치와 관심사들은 시장의 논리에 종속돼 주변화되고 있다는 점을 보여준다.[4] 그런 점에서 사회적 기업은 '사회적'기업이라기보다는 사회적'기업'이다. 흔히 사회적 기업이 지향하는 자본주의를 '인간의 얼굴을 한 자본주의'라고 말하는데, 분석 결과에 따르면 '인간의 탈을 쓴 자본주의'라는 표현이 오히려 더 정확할지도 모른다. 특히 중요한 문제는 진보의 사회적 기업 성공 담론의 구조와 보수의 담론 구조 사이에서 어떤 의미 있는 차이를 발견하기 힘들다는 점이다. 그런 점에서 진보의 사회적 기업 성공 담론은 국가가 주로 책임지던 사회 공익적 과제들을 시장, 민간, 개인에 이전함으로써 사회 영역들 사이의 관계를 새롭게 설정하려는 신자유주의 사회 재구조화 기획에 맞선 대항 헤게모니 담론이라고 할 수 없다. 역설적으로 진보의 사회적 기업 성공 담론은 의도하지 않게 보수의 신자유주의 헤게모니에 포획된 채 신자유주의 헤게모니를 강화하는 효과를 야기하고 있었다.

이렇듯 진보 진영은 사회적 기업을 신자유주의가 작동하는 방식을 선명하게 보여주는 장치로 보는 대신 오히려 신자유주의를 넘어설 수 있는 대안으로 사고하는 오류에 빠졌다. 그리고 그 결과 독자적인 대항 헤게모니 담론 전략을 만들어내지 못한 채 의도하지 않게 신자유주의 헤게모니를 강화하게 됐다. 이렇게 된 '원인들 중 하나는' 진보 진영의 사회적 기업 성공 담론이 원인 분석의 문제 설정이 아니라 문제 해결의 문제 설정 구조를 통해 조직된 점에서 찾을 수 있다. 진보의 사회적 기업 성공 담론이 문제 해결의 문제 설정 구조로 짜인 이상 문제 상황을 야기한 구조적 요인에 관한 규범적 비판의 문제의식과 저항적 실천의 계기는 문제 해결을 위한 타협의 태도, 그리고 목적과 수단의 합리성 논리로 대체될 수밖에 없다. 이렇게 해서 국가나 시장 등은 비판과 저항의 대상으로 표상되는 대신 공동체의 문제를 힘을 합쳐 같이 해결해가야 할 운명 공동체의 일원으로 표상된다. 또한 기업과 시장의 방법과 원리들은 그런 문제를 해결하기 위한 효율적 수단으로 긍정된다.

5장

젠더
여성적인 것과 사회적인 것

1. 회귀 — 유리 천장 깨고 돌아온 언니들?

일반 영리 기업의 영역, 시장 경제의 경제 활동 패러다임이 가부장적 남성 모델과 담론에 따라 조직돼 있다는 점은 흔히 지적됐다(Reed 1996: Mulholland 1996: Ahl 2004: 2006: 2007). 전통적인 일터와 가정의 구분 속에서, 가정 밖에서 하는 경제 활동은 전형적인 남성적 활동으로 여겨졌을 뿐 아니라, 자유, 경쟁, 효율성, 감정이 배제된 합리적 계산, 개인주의, 금욕적 근면 노동, 개척 정신, 위험 감수, 성장 등 시장 경제에서 미덕으로 여겨지는 특성은 전통적으로 남성의 특성이라고 여겨지던 일들이기도 했다. 반면 기업가 정신과 성취동기를 자극하는 데 별 도움이 되지 않거나 효율적이고 전략적인 경영 수완을 발휘하는 데 방해가 되는 심리적 특성들은 여성적 특성들하고 동일시돼왔다(Fagenson 1993: Buttner and Moore 1997: Masters and Meier 1988: Chaganti 1986). 시장의 언어는 곧 남성의 언어기도 했고, 전통적으로 여성적 특성들로 여겨지던 특성은 그 반대였다.

시장 경제가 남성적인 것의 우월성과 여성적인 것의 열등성이라는 젠더 위계에 따라 조직돼 있다는 점에 비춰 볼 때, 요즘 한창 등장하고 확산되고 있는 사회적 기업 경제는 흥미롭다. 여성 사회적 기업가와 여성 노동자의 비율이 일반 영리 기업에 견줄 때 크게 높아 여성의 사회적 기업 참여가 두드러질 뿐 아니라,[1] 사회적 기업의 담론 속에서는 그동안 억압돼오던 여성적인 것의 언어들이 회귀하고 있기 때문이다. 사회적 기업 담론 속에서 시장 경제는 많은 사회 문제를 불러온 근원으로 탄핵되며, 동시에 남성적인 것도 비판 대상이 된다. 반면 공감 능력, 이웃의 고통에 공감하는 감수성 같은 관계 지향적이고 공동체 지향적인 특성, 생명을 낳아 돌보고 키우는 능력, 가족을 위한 대가 없는 헌신과 희생처럼 전통적으로 여성적 특성으로 여겨지던 가치들이 대안으로 제시되고 있다. 사회적 기업을 다루는 텍스트들에서 여성적인 것들의 언어는 넘쳐나고 있으며, 언뜻 보면 그 담론 속에서 남성적인 것과 여성적인 것 사이의 위계가 해체되거나 심지어 전도되는 듯하다. 이런 점들은 진보 진영과 많은 여성주의자들이 사회적 기업을 시장 경제를 넘어설 수 있는 여성주의적 대안 경제의 모델로 주목하거나, 여성의 사회적 지위 향상, 여성의 주체성 고취, 여성 노동의 가치 제고 등을 꾀할 수 있는, 좀더 여성 친화적인 경제 활동 형태로 여기는 이유기도 하다(김효순 2014: 오정진 2007: 홍태희 2011: 2014: 김유미 2011).

이런 상황에서 하나의 제도적 메커니즘으로서 사회직 기업의 징치학을 젠더라는 측면에서 좀더 면밀히 고찰할 필요가 있다. 좀더 구체적으로는 많은 활동가나 연구자들과 미디어들이 기대하고, 주장하며, 재현하듯이 과연 사회적 기업 또는 사회적 기업 경제가 가부장적 남성 모델에 기반해 있는 시장 경제 메커니즘을 대체하거나 시장 경제의 폐해를 극복할 수 있는 여성주의적 대안 경제의 모델로 기능할 수 있는지, 그리고 사회적 기업이라는 제도적 메커니즘 속에서 젠더의 정치 동학이 어떻게 전개되는지 등을 좀더 면밀하게 검토할 필요가 있다. 여기에서는 관련 담론 속에서 젠더의 축과 사회적 기업의 축이 결합되는 담론적 구조에 관련된 진보의 담론적 실천과 보수의 담론적 실천의 양상을 비교함으로써 젠더 측면에서 사회적 기업 담론의 구조를 비판적으로 분석할 생각이다.

분석 자료는 2014년 5월까지 보수 신문으로 분류되는 《조선일보》와 《중앙일보》와 진보 신문으로 분류되는 《한겨레》와 《경향신문》에 실린 기사들 중 '사회적 기업(사회적 기업가, 사회적 기업가 정신 포함)'이라는 단어와 '여성'(어머니, 엄마, 주부 포함)이라는 단어가 동시에 각각 3회 이상 들어간 기사를 대상으로 했다.[2] 분석에 활용된 자료는 진보 신문에 실린 기사 41개(《경향신문》 30개, 《한겨레》 11개), 보수 신문에 실린 기사 30개(《조선일보》 22개, 《중앙일보》 8개) 등 모두 71개였다. 신자유주의 시대에 사회적 기업과 젠더라는 쟁점을 둘러싸고 벌어지는 정치 세력들 사이의 담론 투쟁의 양상을 살피기 위해 분석 대상을 보수 신문과 진보 신문으로 구분했다.[3] '여성'이라는 단어가 3회 이상 들어간 기사들로 분석 대상을 한정한 이유는 사회적 기업을 둘러싼 젠더 담론의 동학이 여성 관련 이슈들을 둘러싸고 가장 잘 드러날 수 있으리라고 봤기 때문이다. 분석은 2장에서 서술된 비판적 담론 분석의 방법론적 원리와 절차에 따라 수행됐다. 구체적 분석 절차는 **부록 3**과 **부록 4**에 정리했다.

2. 말의 그물 — 남성성과 여성성, 진보와 보수

분석 대상이 되는 텍스트들에 관한 심층 분석에 들어가기에 앞서, **부록 4**에서 언급된 남성성 범주 19개와 여성성 범주 19개가 같은 텍스트에서 공출현하는 빈도를 조사한 뒤 어휘 연결망 주성분 분석을 수행했다.

그림 10, **그림 11**, **그림 12**는 그 결과를 보여준다. **그림 10**은 신문사의 정치적 지향을 구분하지 않은 상태에서 전체 텍스트들을 대상으로 할 때의 어휘 연결망을 보여준다. **그림 10**은 몇 가지 뚜렷한 어휘 결합의 양상을 보여

준다. 첫째, 젠더에 관련해 사회적 기업 담론 구조에서 핵심 구실을 하는 어휘는 남성성 어휘가 아니라 여성성 어휘라는 점이다. **그림 10**의 오른쪽 가운데에 일련의 어휘군이 '사회적 기업'을 중심으로 빼곡하게 밀집해 있는데, 이 어휘군은 '인정이 많은', '어질다', '따뜻한', '꼼꼼한', '독립적인', '지도력 있는' 같은 어휘로 구성돼 있다. 그중 앞의 4개가 여성성 어휘였고, 남성성 어휘는 '독립적인'과 '지도력 있는' 등 2개였다.

둘째, 이 핵심 어휘군을 중심으로 비교적 뚜렷한 어휘군 두 개가 종속적으로 배치돼 있다. 핵심 어휘군을 중심으로 10시 방향으로 뻗은 어휘군과 7시 방향으로 뻗은 어휘군이 보인다. 전자는 '유순한', '깔끔한', '민감한', '섬세한', '상냥한', '친절한', '싹싹한' 같은 여성성 어휘로 구성돼 있고, 후자는 '강한', '모험적인', '의욕적인', '자신감 있는', '자신의 신념을 주장하는' 같은 남성성 어휘로 구성돼 있다. 젠더에 관련해 사회적 기업 담론은 어휘의 결합 형태 측면에서 크게 두 유형으로 구성된다는 점을 시사하는 결과다. 첫째 유형은 주로 여성성 어휘들이 결합된 담론 형태고, 다른 하나는 남성성 어휘들과 여성성 어휘들이 결합된 담론 형태라고 할 수 있다. 특히 핵심 어휘군을 중심으로 10시 방향으로 늘어서 있는, 주로 여성성 어휘로 구성된 어휘군들은 마찬가지로 여성성 어휘들로 구성된 핵심 어휘군허고만 배타적으로 결합된 탓에 전체 어휘 연결망 속에서 상대적으로 고립되는 경향을 보였다. 이런 결과는 사회적 기업 담론 안에 배타적으로 여성성 어휘들만으로 구성된 어떤 하위 담론이 존재는 하지만 상대적으로 주변화되고 있으리라는 점을 시사한다. 반면 7시 방향으로 늘어선, 주로 남성성 어휘들로 구성된 둘째 하위 어휘군은 주로 여성성 어휘들로 구성된 핵심 어휘군들뿐 아니라 다른 어휘들하고도 두루 결합되고 있었다. 이런 결과는 사회적 기업 담론 안에서 남성성 어휘들과 여성성 어휘들의 결합으로 구성된 어떤 하위 담론이 존재하며, 그런 하위 담론은 배타적으로 여성성 어휘들만으로 구성된 담론들에

그림 10. 남성성–여성성 어휘 연결망(전체)

(▲ 남성성 어휘 ● 여성성 어휘 ■ 사회적 기업)

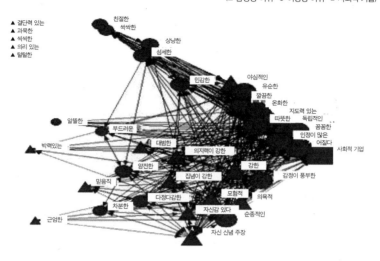

그림 11. 남성성–여성성 어휘 연결망(진보)

(▲ 남성성 어휘 ● 여성성 어휘 ■ 사회적 기업)

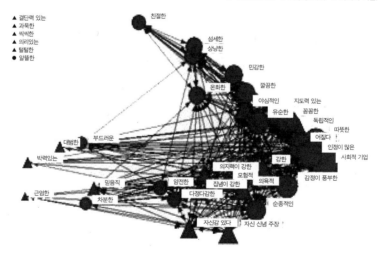

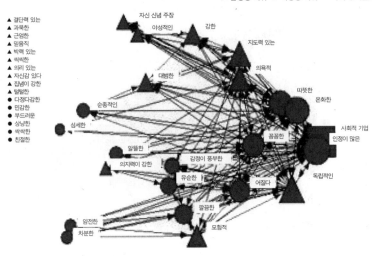

그림 12. 남성성-여성성 어휘 연결망(보수)

(▲ 남성성 어휘 ● 여성성 어휘 ■ 사회적 기업)

▲ 결단력 있는
▲ 과묵한
▲ 근엄한
▲ 믿음직
▲ 박력 있는
▲ 씩씩한
▲ 의리 있는
▲ 자신감 있다
▲ 집념이 강한
● 털털한
● 다정다감한
● 민감한
● 부드러운
● 상냥한
● 싹싹한
● 친절한

견줘 더 보편적인 형태일 수 있다는 점을 시사한다.

　진보의 사회적 기업 담론에서도 비슷한 양상이 관찰된다. **그림 11**을 보면, 진보 신문들의 어휘 연결망은 앞서 살핀 '전체' 수준의 어휘 연결망하고 매우 비슷한 구조를 띤다. 그렇지만 '전체'와 '진보 신문' 수준의 담론 구조에 비교하면 **그림 12**로 정리된 보수 신문들의 어휘 연결망은 많은 유사성 속에서도 약간 차이를 보인다. 먼저 앞의 두 경우처럼 '사회적 기업'을 둘러싸고 있는 핵심 어휘군은 '인정이 많은', '따뜻한', '온화한', '꼼꼼한', '독립적인' 등으로 주로 여성성 어휘들이다. 그 핵심 어휘군을 중심으로 각각 10시 방향과 8시 방향으로 뻗어 있는 두 어휘군이 이 핵심 어휘군에 결합돼 있는데, 그중 하나는 '의욕적인', '지도력 있는', '강한', '야심적인', '자기의 신념을 주장' 같은 남성적 어휘들로, 다른 하나는 '어질다', '감정이 풍부한', '유순한', '깔끔한' 같은 여성성 어휘들로 구성돼 있다는 점도 앞의 두 경우하고 비슷하다. 그렇지만 여기서는 두 하위 어휘군 중 여성성 어휘들로 구성된 어휘군이 아니라 남성성 어휘들로 구성된 어휘군이 상대적으로 핵심 어휘군하고만 배타적으로 결합돼 전체 어휘 연결망 속에서 고립된 양상을 보인다. 반면 주로 여성성 어휘들로 구성된 하위 어휘군은 핵심 어휘군들뿐 아니라 다른 어휘들하고도 두루 결합되고 있다.

　이런 점을 볼 때 보수의 사회적 기업 담론 속에서는 주로 여성 어휘들로 구성된 하위 담론이 더 보편적이고 여성성 어휘들과 남성성 어휘들로 구성된 하위 담론은 상대적으로 주변적이라고 예상할 수 있다. 그럼 어휘 연결망 분석 결과를 주제 색출적 도구로 삼아, 이제 좀더 구체적으로 젠더에 관련해 사회적 기업 담론이 어떤 구조로 조직돼 있는지를 심층적으로 분석해보자.

3. 가정 아니면 일터 — 젠더 이분법의 전복과 재생산

어휘 연결망을 분석한 결과, 진보 신문과 보수 신문에 상관없이 사회적 기업 담론에서는 '인정이 많은', '어질다', '따뜻한', '꼼꼼한' 같은 여성성 어휘들이 두드러진다는 점을 확인할 수 있었다.

전복 — 성별 분업을 넘어 시장 안으로 들어온 여성 노동

　텍스트에 관한 심층 분석 결과 이런 여성성 어휘들은 주로 정의 수준에서 사회적 기업의 사명과 활동을 설명하는 맥락에서 집중해 등장했다. 전형적으로 사회적 기업은 취약 계층의 고통에 '공감'하면서 일자리를 만들어 '사랑'으로 '껴안으려' 하는 '착한' 기업이자 '따뜻한' 공동체의 형성을 추구하는 조직으로 설명되고 있었다. 여기서 사회적 기업은 연약한 아이들을 헌신과 사랑으로 돌보는 어머니처럼 사회적 약자들을 돌보는 조직으로 재현되고 있었다. 여성은 사회적 기업이 일자리 제공과 사회 서비스 제공을 통해 돌봐야 하는 사회적 약자, 취약 계층의 대표 사례로 표상되고 있었다.[4] 이렇듯 사회적 기업은 가정에 머물고 있던 가난한 여성과 취약 계층을 일터로 이동시키는 변화를 지향한다. 그런 점에서 사회적 기업 담론은 가정과 일터의 전통적인 분리에 기반한 위계적 성역할 구분의 패러다임에 일정한 변형을 일으킬 수밖에 없다.

자본주의의 등장은 가정과 일터의 분리를 촉진했고, 성별 분업 이데올로기는 여성이 있어야 할 바람직한 자리는 가정이고 남성이 있어야 할 바람직한 자리는 일터라는 인식을 강화했다. 남성이 가족의 생계 부양자고 여성은 가계를 책임지는 주부라는 성차별적 가정에 기초한 가족 임금 개념은 여성 노동을 일시적 요소로 평가 절하하면서 임금 차별을 정당화했다(Barrett and McIntosh 1980). 시장의 일터만이 공식적 노동의 공간으로 간주됨으로써 남성의 노동하고 다르게 여성의 가사 노동은 공식 노동으로 인정받지 못했다. 여성의 '정상적인' 구실은 일터에서 하는 노동이 아니라 일터에서 돌아온 남편에게 가정이라는 안식처를 제공하고 자녀들을 양육하는 아내이자 어머니로, 이른바 현모양처이자 '집 안의 천사angel in the house'로 표상됐다. 일터에서 노동하더라도 가정에서는 자기가 '본디' 해야 할 '집 안의 천사' 구실에 충실하라고 강요받으면서 일터와 가정에서 이중의 노동 부담을 져야 했다. 신자유주의 시대에 점차 경제 활동에 참여하는 여성이 늘고 있지만 가정과 일터의 분리에 기초한 위계적 성별 역할 분리는 형태를 달리하며 반복되고 있다. 이를테면 몇 년 동안 글로벌 경쟁력 강화라는 이름으로 일시적 가족 해체까지 감수하면서 해외 유학 등 자녀 교육에 모든 것을 거는 엄마들의 등장을 '글로벌 극성 모성'이라는 말로 표현하면서 이런 현상을 신자유주의와 유교적 가부장제가 결합되는 지점으로 보기도 한다(조은 2010). 또한 신자유주의 시대에 주부 주체화 담론을 분석한 한 연구에 따르면 신자유주의는 주부를 재

테크 등을 통해 가계를 경영하고 자녀들의 인적자본을 관리하는 전문 경영인, 곧 '주부 시이오'로 표상하는 등 여전히 여성의 마땅한 자리를 가정으로 보는 인식을 강화하고 있다(박혜경 2010).

자본주의와 시장 경제의 여러 폐단을 극복하거나 보완하려는 문제의식에서 등장한 사회적 기업 담론들 속에서, 가정과 일터의 분리에 기초한 뿌리 깊은 위계적 성역할 분리라는 문제는 어떻게 표상되고 있을까? 《조선일보》에 실린 한 텍스트는 남성과 여성의 위계, 여성의 바람직한 자리를 가정이라고 여기는 관념을 어느 정도 뒤집는다.

> 우리가 발견한 놀라운 사실은 바로 여성에게 대출을 해줄 때 가계의 복지가 훨씬 더 빨리 증진된다는 것이었습니다. 여성들은 아이들의 교육에 남성보다 훨씬 많은 돈을 투자했고, 가정을 가꾸는 데에도 돈을 더 많이 썼습니다. 여성들에겐 아주 특별한 재능이 있어요. 가족들의 수요를 파악해 가장 효율적으로 '예산'을 배분하는 능력이죠. '남편에게 혼이 날까봐' 방글라데시 여성들은 자금을 한 푼도 헛되이 쓰지 않도록 경제적으로 철저히 단련이 돼 있는 사람들이었어요. 남성들은 항상 '자기 자신을 위해' 돈을 쓰는 데 익숙합니다. 친구들과 어울려 놀고, 술이나 도박에 돈을 금방 탕진하게 되는 경우가 비일비재하죠. 남성은 항상 자신의 즐거움을 중시하지만 여성은 자신보다 먼저 가족 구성원들을 생각하죠. 《조선일보》 2007년 9월 14일)

이 인용문에서 여성은 가계 운영 과정에서 훈련된, 한정된 자원을 '헛되이' 낭비하지 않고 '가장 효율적'으로 '배분하는 능력'을 갖고 있기 때문에, 대출금을 들고 시장에 나가서 남성보다 더 효과적으로 수익을 내고 사업을 확장할 수 있는 '경제적으로 단련된' 존재다. 여기서 여성적 특성들은 시장 경제하고 충돌하기는커녕 좀더 시장 친화적인 요소로 묘사된다. 반면 남성은

'술'과 '도박'으로 돈을 '탕진'하기 때문에 경제인으로서 덜 단련된 존재로 그려지고, 남성의 여러 특성은 시장에서 요구하는 능력들하고 충돌한다. 이 텍스트는 남성과 여성 사이의 위계, 그리고 본디 여성이 있어야 할 자리는 가정이며 남성의 자리는 시장이나 일터라는 가정을 어느 정도 무너뜨린다. 또한 가부장적 남성 모델에 기초해서 이해되던 시장에 관한 관념에 도전한다.

다음으로 분석 대상이 되는 71개의 텍스트에서 전업주부인 여성의 삶을 직접 미화하는 경우는 전혀 없었다. 사회적 기업 담론이 주로 사회적 기업이라는 일터 영역을 주요 대상으로 하기 때문에 가정 자체에 초점을 두지 않은 탓이기도 하다. 그렇지만 좀더 근본적인 이유는 사회적 기업이 경영자나 노동자로 동원하려는 대상이 주로 여성 전업주부기 때문이다. 사회적 기업 담론은 '가정에 머물던 취약 계층 여성들 일터로 끌어내기'를 목표로 하기 때문에 무기력하고 성찰 없이 사는 전업주부의 폐쇄적이고 의미 없는 삶과 사회적 기업에서 일을 시작한 뒤 자존감을 회복하고, 주체적이며, 노동의 보람을 찾게 된 삶을 대조한다.

전업주부로 살다가 역사 교육 관련 사회적 기업에서 강사로 일하게 된 어느 여성이 한 말은 이런 담론의 전형적인 사례다.

> 강사라는 직업은 끊임없이 공부해야 하는 일자리다. 집안일에 치여 '사는 대로 생각하는' 삶에서 벗어나 공부를 통해 지적 충족감을 얻고 새로운 자아를 발견하는 경험은 강사 스스로에게 중요한 성장의 계기가 된다. 《경향신문》 2009년 10월 12일

이 인용문에서 전업주부의 삶은 집안일에 치여 '사는 대로 생각하는' 지적으로 나태한 삶인 반면, 사회적 기업 강사 노동자의 삶은 '지적 충족감'을 주고 '새로운 자아를 발견'해 자기를 '성장'시킬 수 있는 삶으로 그려진다. 따라서 여성이 있어야 할 곳은 가정이 아니라 일터로 묘사된다. 전통적 성역할

구분을 해체하는 이런 담론은 인간의 본질을 노동으로 규정하면서 노동을 통해 인간이 물질적 풍요는 물론 자아를 실현할 수 있고, 나아가 역사와 문명을 만들어나갈 수 있다고 보는 근대 자본주의의 노동 이데올로기를 통해 전개되고 있었다.

사회적 기업 관련 텍스트들은 여성에게 사회적 기업을 통한 노동은 크게 세 측면에서 이점이 있다고 강조했다. 첫째, 여성의 자아 존중감을 고취한다는 점, 둘째, 여성의 사회적 지위와 경제적 지위를 향상시킨다는 점, 셋째, 사회적 기업은 여성 노동 사회화의 일환이라서 여성 노동의 가치를 제고할 수 있다는 점이다. 앞의 인용문에서도 한 여성이 사회적 기업에서 하는 노동을 통해 '지적 충족감'을 얻고 '새로운 자아'를 '발견'함으로써 자기에게 중요한 '성장'의 기회를 얻을 수 있다고 말하듯이, 여성의 '자아 존중감 고취'와 '주체성 회복'은 사회적 기업 담론에서 매우 자주 등장하는 주제다. 많은 텍스트들에서 여성을 포함해 빈곤 취약 계층에게 경제적 빈곤의 극복보다 더 중요한 문제는 절망에 빠져 자기를 포기하지 않기, 곧 자존감 회복이라는 점이 강조되고 있다.

또한 여성의 사회적 지위와 경제적 지위 향상이라는 효과에 관련해, 사회적 기업에서 하는 노동은 남성의 수입에 의존하던 상태에서 여성들이 벗어날 수 있게 하는 동시에 공식 노동 분야에서 일함으로써 좀더 높은 사회적 지위를 얻을 수 있게 한다고 지적한다. 주로 방글라데시의 여성을 상대로 마이크로크레디트(무담보 소액 대출) 사업을 벌인 사회적 기업 그라민 은행를 소개하는 《조선일보》의 한 텍스트는 이렇게 말하고 있다.

여성권익 향상은 이 운동의 큰 효과 중 하나다. 마이크로 크레디트 사업이 시작된 1976년만 해도 여성들은 무슬림 전통 때문에 남편과 시부모의 허락이 없으면 집밖에도 자유롭게 나가지 못했다. 그러나 마이크로 크레디트에 참가하면서 일주일에 한 번 센터미팅과 5명으로 이루어진 그룹 활동으로 자유롭게 다닐 수 있게 됐고, 사업가로 당당히 활동하게 됐다. 《조선일보》 2007년 9월 14일)

이 인용문은 여성들이 그라민 뱅크의 마이크로 크레디트 사업 덕에 '남편과 시부모'의 통제에서 벗어나 '집밖에도 자유롭게 나'갈 수 있게 됐고, 단지 주부가 아니라 '사업가로 당당히 활동'함으로써 여성의 사회적 지위와 경제적 지위가 향상됐다고 말한다.

또한 전통적으로 여성이 맡았지만 비공식 노동으로 간주돼 평가 절하돼 온 여성 노동을 사회화함으로써 여성 노동의 가치를 제고할 수 있다는 측면에서 사회적 기업에 접근하는 담론도 자주 등장한다. 이런 담론은 사회적 기업의 주요 사업 분야가 사회 서비스 영역으로서, 주로 가정 안에서 대개 여성이 가족의 필요를 위해 하던 일들을 사회적 필요를 충족하기 위한 공식 노동 영역으로 재편한 영역이라는 점에 밀접히 관련된다. 여성이 주로 하던 일들은 비공식 노동으로서 부불 노동이자 단지 가족 구성원의 필요를 충족하기 위한 노동으로 여겨졌지만, 비슷한 노동이 사회적 기업을 통해 행해지면서 임금이라는 형태로 공식적 가치를 인정받는 노동이자 가족이라는 좁은 단위가 아니라 사회 전체를 위한 일로 위상이 올라간다.

산후 관리 사업을 하는 사회적 기업을 다룬 한 텍스트는 '여성의 건강이 곧 건강한 사회의 기초'로서 '여성의 몸'은 '저출산으로 (생긴) 국가의 성장 동력 감소'라는 '사회적으로 큰 문제'에 직결돼 있다고 전제한다《경향신문》 2009년 7월 6일). 그런 전제 아래 그 사회적 기업의 산모 돌봄 사업은 사회의 기초를 튼튼히 하고 성장 동력 감소라는 사회 문제에 대처하는 가치 있는 일로 표상된다. 또한 사회적이고 경제적으로 중요한 일을 한다는 점에서 노동자들은 '단순 가사도우미'가 아니라 '객관적 전문성'을 지닌 전문 '산후관리사'로 그려진다.

이렇게 사회적 기업 담론은 여성은 본디 가정에 머물고 남성은 일터에 나가야 한다고 간주한 뒤 전자를 비공식 영역으로 보고 후자를 공식 영역으로 여겨 위계화된 성별 분업을 조장하는 관념을 무너뜨리고 있었다. 여기에는 가정에서 주부로 지내는 시간을 무가치하고 자아와 자존감을 찾을 수 없는 정체된 삶으로 표상하는 반면, 일터에서 하는 노동은 삶의 가치와 보람을 찾고 자존감을 누릴 수 있는 활동으로 표상해 가정에 있는 여성 취약계층의 노동력을 노동 시장으로 유인하려 하는 근대 자본주의의 노동 담론이 개입하고 있었다. 또한 사회적 기업에서 하는 노동은 여성의 자존감과 주체성의 고취, 여성의 사회적 지위와 경제적 위상의 향상, 전통적인 여성 노동의 가치 제고를 가능하게 하는 긍정적 효과가 있다고 강조하는 여성주의 담론도 개입하고 있었다. 요컨대 사회적 기업 담론 속에서 근대 자본주의의 노동 담론과 여성주의 담론이 결합되고 있었다. 자본주의가 전통적으로 남성 가부장제에 결합돼온 점을 고려할 때(Hartmann 1979), 사회적 기업 담론 속에서 자본주의 노동 담론과 여성주의가 만나는 점은 특이하다고 할 수 있다.[5]

두 담론의 결합은 담론적 헤게모니 접합이라는 관점에서 이해할 필요가 있다. 헤게모니는 자기 계급의 이해관계를 어느 정도 양보하는 상황을 무릅쓴 채 상대 계급의 이해관계를 받아들인 뒤 그것을 자기 계급의 전체적 이해관계에 종속시킴으로써 자기들의 이해관계가 자기들만의 특수 이해가 아니라 상대의 이해관계까지 충족할 수 있는 보편적 이해라는 점을 설득해 동의를 끌어내는 통치술이다(Gramsci 1971). 이렇게 볼 때 자본주의 노동 담론은 여성을 일터에 끌어들여 사회 서비스 시장을 위한 노동력으로 활용하는 한편 여성이 가정에서 일터로 이동하면서 가부장적 권위가 어느 정도 약화되는 상황을 용인한다. 반대로 여성주의 담론은 가정과 가사노동의 가치 제고라는 요구를 어느 정도 희생하는 한편 여성의 노동 참여를 통해 여성들의 사회적 지위와 경제적 지위, 권익, 자존감, 여성 노동 가치의 향상이라는 여성주의의 전통적 이해를 실현하려는 전략을 취한다. 문제는 둘 사이의 접합이 어느 쪽을 중심으로 해서 누구의 헤게모니를 관철하는 쪽으로 귀결되는지다. 그럼 여기에 관련된 헤게모니 담론의 구조를 분석해보자.

재생산 — 강화되는 위계적 성별 분업

사회적 기업 담론은 빈곤 여성들을 가정에서 끌어내 사회적 기업이라는 공식적 일터에서 일하게 하기 위해 먼저 여성의 '정상적인' 자리는 집 안이라는 가정을 무너뜨렸다. 그렇지만 이런 가정을 재생산하고 강화하는 일련의 담론 전략들이 곧이어 뒤따르는데, 크게 두 가지 형태를 취하고 있었다. 첫째, 여성이 사회적 기업에서 노동에 참여하는 과정을 '정상적' 가정에 닥친 갑작스러운 시련 같은 특별한 경험들이 계기가 된 '비정상적'이고 예외적인 경로로 재현한다. 둘째, 사회적 기업을 여성이 재능을 발휘할 수 있는, 여성에 적합한 경제 조직으로 재현한다.

먼저 많은 텍스트들에서 여성들이 전업주부에서 사회적 기업가나 사회적 기업의 노동자가 돼서 삶의 보람을 느끼고 새로운 인생을 살게 됐다고 기술한다. 그렇지만 이 여성들이 전업주부에서 사회적 기업가나 사회적 기업의 노동자가 되는 과정은 가정 내부의 매우 예외적이고 '비정상적인' 시련이라는 계기 때문이라는 점을 강조한다.

이들은 간병 사업체 약손엄마의 회원들. 회원들인 동시에 회사를 스스로 꾸려가는 주인들이다. 김은경 씨(52)도 그중 한명이었다. 대기업 임원으로 있다가 퇴직한 남편, 세 번의 사업이 차례로 부도나며 15년 동안 모은 재산을 순식간에 다 날렸지만, 당장 날아온 아이들의 수업료 고지서 앞에 남편을 원망을 겨를도 없었다. …… 조영숙 씨(54)도 자활 후견 기관을 찾았던 1999년 가을을 잊을 수 없다. 사회생활이라곤 일주일에 몇 번의 교회 봉사를 낙으로 알았던 전업주부. 몇

십 억 단위의 남편 부도에 빚쟁이를 피하기 위해 위장이혼까지 했고 남편은 외국으로 도피했다. …… 자신만 바라보는 고3, 중3 남매의 토끼 같은 눈망울이 아니었다면 벌써 이 세상 사람이 아니었을 거라고 했다. …… 삶의 거센 파도에 휩쓸린 사람들. …… 이들이 지푸라기라도 잡아보자는 심정으로 찾은 곳이 간병인 일자리(약손엄마)였다. 《경향신문》 2006년 3월 7일)

이 인용문은 간병인 자활 공동체 형태의 한 사회적 기업에서 노동자이자 회사의 주인으로 일하는 여성 두 명이 이 사회적 기업에 참여한 계기가 가정에서 겪은 시련이라고 묘사하고 있다. 중산층 주부로 살던 이 여성들은 남편이 하던 사업이 실패하면서 경제적 어려움을 비롯해 가정이 해체되는 시련을 겪었고, 급기야 자살까지 고민했다. '삶의 거센 파도에 휩쓸린' 이들이 어쩔 수 없이 찾은 곳이 바로 이 사회적 기업이었다. 이런 담론화 방식은 사회적 기업이 어려움에 놓인 여성들이 시련을 극복할 수 있게 돕는다는 점을 강조하려는 시도였다. 그렇지만 여성들의 사회적 기업 참여를 매우 특수하고 예외적인 비극적 계기 때문에 벌어진, 일반적이고 '정상적인' 과정은 아닌 사건으로 묘사함으로써, 가계가 파탄하고 가족이 해체되는 특수한 시련을 경험하지 않은 중산층과 일반 여성들의 '정상적인' 자리는 일터가 아니라 가정이라는 인식을 재생산하고 강화하는 효과를 낸다. 진보 신문과 보수 신문에 상관없이 여성의 빈곤과 사회적 기업 참여는 빈곤을 체계적으로 만들어내는 사회 구조의 맥락에서 묘사되지 않고, '남편의 사업 실패', '이혼', '사별', '여성 가장' 같은 언표들에 연관돼 등장한다. 이런 방식은 여성의 빈곤을 여성이 의존할 수 있을 만한 남편의 부재에 연결시킴으로써 여성은 남성에 의존하는 존재라는 편견을 재생산하는 효과를 낳는다.

위계적 성별 분업을 재생산하고 강화하는 또 다른 담론화 방식은 사회적 기업을 여성이 자기 재능을 발휘할 수 있는, 여성에 적합한 경제 조직으로 재현하는 방식이다. 실제로 사회적 기업의 경영자나 노동자 중 여성 비율은 일반 영리 기업에 견줄 때 크게 높다. 2011년 《포브스》가 선정한 세계에서 가장 영향력 있는 사회적 기업가 30명 중 9명이 여성이었다. 한국의 경우 노동부가 낸 보고서는 사회적 기업의 여성 대표 비율이 32.4퍼센트고, 같은 해 여성가족부가 한 조사는 37.9퍼센트라고 보고하고 있다(노동부 2013; 여성가족부 2013). 이런 수치는 2012년 10월 말 기준 국내 100대 기업의 여성 임원 비율이 1.5퍼센트인 데 견줘 유리 천장이라는 말이 무색할 정도로 매우 높은 수치다(노동부 2013). 또한 여성 노동자의 비율도 높은데, 노동부 보고서는 66퍼센트, 여성가족부 보고서는 64.3퍼센트로 보고 있다(노동부 2013; 여성가족부 2013). 이런 상황은 사회적 기업의 일자리를 암묵적으로 여성 일자리에 동일시하거나 사회적 기업을 여성 친화적 기업으로 간주하는 경향을 낳기도 한다(김유미 2011, 38). 전형적인 사례를 살펴보자.

소외 계층 일자리와 수익 창출을 동시에 목표로 하는 사회적 기업에서는 여성의 활동이 두드러진다. (2010년 — 인용자) 12월 현재 경기도에는 사회적 기업 72개, 노동부의 인증을 기다리는 예비 사회적 기업 81개가 있는데, 이 중 50여 개 업체의 대표가 여성이다. 소외 계층을 배려하는 사회적 기업의 특성상 사업 아이템이 가사보육, 간병, 도시락 제조·배달 등 여성이 능력을 발휘할 수 있는 영역이 많기 때문이다. 사회적 기업이 여성의 일자리 창출에 좋은 대안이 될 수 있다는 뜻으로도 해석된다. (《조선일보》 2010년 12월 13일)

진보 신문과 보수 신문에 상관없이 보편적으로 나타나는, 사회적 기업 영역을 특히 여성에 적합한 영역으로 바라보는 인식은 사회적 기업의 핵심 영역이 사회 서비스 분야라는 현실에 관련된다. 이런 분야는 전통적으로 공식 노동 영역에서 배제돼 가정에서 주로 여성이 비공식 노동으로 수행하던 보육, 간병, 음식, 청소, 복지 등을 시장화한 영역이고, 일반적으로 소외 계층을 돌보는 일에 관련이 크다. 곧 전통적으로 여성이 하던 일이고, 돌봄에 특화된 여성적 특성에도 어울리며, 특별한 숙련 기술이 없는 여성이 접근할 수 있는 일이라고 본다. 그렇지만 사회적 기업과 사회 서비스 분야가 여성의 능력이나 특성에 적합하다는 가정은 또 다른 두 가지 가정을 전제하고 있다. 첫째, 취약 계층을 돌보는 사회적 기업이나 사회 서비스 분야가 아닌 일반 영리기업과 비즈니스 영역은 여성의 특성이나 자질에 적합하지 않다는 가정, 둘째, 사회적 기업과 사회 서비스 영역은 남성에게 적합하지 않은 영역이라는 가정이다.[6]

이런 가정들에 관련해 여성적 특성이 사회적 기업에 적합하다거나 일반 영리 기업에 적합하지 않다는 사실을 증명할 수 있는 실증적 근거는 제시된 적이 없다(McAdam and Treanor 2012, 3: Roper and Cheney 2005). 오히려 많은 실증적 연구들은 가용한 자본이나 회사의 크기, 산업 분야 등을 통제할 때 시장에서 남성의 성과와 여성의 성과 사이에는 의미 있는 차이가 없다는 사실을 보여준다 (Boden and Nucci 2000: DuRietz and Henrekson 2000). 또한 영리 시장에서 여성 사업가는 남성 사업가에 견줘 동원할 수 있는 자원의 크기가 작기 때문에 사업 확장에 관해 남성에 견줘 가치를 덜 부여하는 경향이 있지만, 사업을 성장시켜야 한다는 태도와 인식에서는 의미 있는 차이가 없었다(Cliff 1998). 이런 경험적 연구 결과들은 여성이 사회적 기업에는 적합한 반면 영리 기업에는 적합하지 않다거나 여성은 본질적으로 기업가 정신이 모자라다는 가정들이 단지 편견일 뿐이라는 점을 시사한다. 그런데도 그런 믿음들은 사회적 기업 담론 속에서 굳건히 작동하고 있다.

결국 이런 근거 없는 편견들에 기초해 구성되는 사회적 기업 담론들은, 남성의 고유 영역은 시장 경쟁과 경제적 성과를 핵심으로 하는 일반 영리 기업의 영역에 설정하는 반면 여성의 고유 영역은 소외 계층을 돌보는 등 전통적 가사 영역을 사업화한 사회 서비스 영역에 설정하고 있었다. 또한 사회 서비스 분야의 일들을 특별한 기술 없이도 여성이 쉽게 접근할 수 있는 분야로 재현함으로써 여성 노동을 평가 절하했다. 그런 점에서 사회적 기업 담론은 일터와 가정의 분리에 기반한 직종 간 성별 분업의 구조를 그대로 반복하면서 강화하고 있다.

앞에서 살핀 대로 사회적 기업 담론은 가정과 일터의 분리에 기초한 위계적 성별 분업을 전복했지만, 뒤이어 또 다른 형태로 그런 분업을 재생산하는 담론 전략이 개입함으로써 결국 위계적 성별 분업을 강화하는 담론 구조를 특징으로 했다. 많은 사회적 기업 텍스트들이 사회적 기업을 시장 경제 패러다임을 넘어서고 대체할 수 있는 대안으로 담론화한다는 점에서 이런 상황은 역설적이다. 또한 앞에서 살핀 대로 사회적 기업 담론 속에서 벌어지는 근대 자본주의 노동 담론과 여성주의 담론의 결합은 전자가 후자를 종속적으로 접합함으로써 전자의 헤게모니를 강화하는 흐름으로 귀결되고 있다는 점을 시사하기도 한다.

4. 어려운 이웃 돌보는 또 하나의 가족 — 사회적 기업과 공동체

시장 경제는 전형적으로 개인주의적 남성 영웅들의 경쟁과 성취, 그리고 가슴보다는 머리로 사고하는 합리적 경영 전략이라는 측면에서 담론화됐다 (Reed 1996; Mulholland 1996; Ahl 2004; 2006; 2007). 반면 사회적 기업 담론들은 그런 남성 영웅들의 합리적 경영 전략이 야기한 폐해를 지적하면서 협동과 연대, 타인의 고통에 관한 공감과 이해 같은 공동체적 가치들의 복원을 강조한다. 따라서 사회적 기업 담론 속에서 공동체와 관련된 언표들은 편재돼 있고, 공동체는 합리적인 개인주의적 영웅들 사이의 경쟁이라는 모델을 대체하는 이상적 모델로 그려진다(Amin et al. 2002; Cho 2006; Parkinson and Howorth 2008). 공동체적 가치를 강조하는 모습은 이 연구의 분석 대상이 되는 텍스트들에서도 예외는 아니었다. 앞선 어휘 연결망 분석에서 여성성 어휘들이 사회적 기업을 둘러싸고 강한 결합 형태를 보이고 있었는데, 이 여성성 어휘들은 또한 공동체의 가치들을 표상하는 어휘들이기도 하다. 이런 사실은 사회적 기업이 공동체 담론에 밀접히 연관된 상황 속에서 담론적으로 구성되고 있다는 점을 뜻한다.[7] 따라서 여기에서는 공동체에 관련해 사회적 기업의 젠더 담론이 어떤 담론 구조를 갖는지 분석한다. 이런 분석은 사회적 기업가와 사회적 기업의 노동자가 어떤 관계로 표상되는지, 사회적 기업과 소비자가 어떤 관계로 표상되는지, 그리고 사회적 기업으로 표상되는 공동체가 다른 공동체하고 어떤 변별적 차이를 지니는 대상으로 표상되는지를 중심으로 수행된다.

어머니와 아이들 — 가족 공동체 같은 사회적 기업

한때 한국을 대표한다는 한 기업은 사용자와 노동자의 관계를 가족으로 재현하는 캠페인을 열심히 벌였고, 종종 다른 기업들도 회사가 어려울 때마다 사용자와 노동자의 관계를 가족으로 표상하는 수사를 썼다. 그렇지만 일반 영리 기업 안에서 사용자와 노동자는 기본적으로 임노동 계약이라는 이해관계로 맺어져 있다. 따라서 둘 사이에는 상대의 이해를 증대하기 위한 일련의 전략들에 따른 긴장 관계가 존재한다. 이런 긴장은 흔히 사용자의 노동 착취 최대화 전략과 임금 인상과 노동 조건 개선을 위한 노동자의 전략들 사이의 적대적 충돌로 나타났다. 그런 점에서 일반 영리 기업에서 나타나는 사용자와 노동자의 관계는 공동의 가치 아래 정서적 유대, 연대와 협동 같은 정신들에 기초해 구성되는 전통적 공동체에 대조된다. 그렇지만 사회적 기업의 사명이 이윤 추구가 아니라 사회적 가치와 목적을 실현하는 데 있기 때문에 사회적 기업가와 노동자의 관계는 일반 영리 기업의 경우하고 다를 수밖에 없다. 사회적 기업을 설명하기 위해 자주 등장하는 '빵을 팔기 위해서가 아니라 일자리를 만들어내기 위해 빵을 파는 기업'이라는 수사적 비유는 사회적 기업가에게 중요한 문제는 주주의 이익이 아니라 빈곤 취약 계층의 일자리라는 점을 시사한다. 따라서 사회적 기업도 기업인 만큼 사회적 기업가와 노동자는 기본적으로 계약 관계로 결합돼 있지만 이해관계보다는 정서적 공감이 기반이 된 공동체적 관계가 두드러진다.

특히 진보와 보수를 막론하고 사회적 기업 담론 속에서 사회적 기업은 전형적으로 가족 공동체로 그려진다. 동료와 회사를 '가족' 같다고 하거나 회사 분위기를 '가족적'이라고 표현하는 진술이 매우 자주 등장한다. 사회적 기업가는 빈곤 취약 계층 노동자들을 헌신적으로 돌보는 어머니의 모습으로, 노동자는 돌봄을 받는 연약한 자녀로 표상된다.

> 빵을 만들고 그것을 이웃과 나누자는 의미로 지어진 빵두레. 이곳에는 일명 '빵 공장장'으로 불리는 김영희 씨 외에도 9명의 직원들이 근무한다. 여성가장도 있고 장기 실업의 아픔을 겪은 직원도 있다. 각자의 시련을 극복하고 한 가족이 된 직원들은 이제 가슴에 부푼 꿈 하나씩을 갖게 됐단다. 《중앙일보》 2009년 7월 30일)

> "가난한 사람들은 돌봐야 할 분재 식물과 같습니다." …… 유누스 박사는 가난한 사람을 분재 식물에 비유하면서 "가난한 사람들에게 잘못은 없다. 이들을 분재처럼 귀하게 키우고 가꾸면 이들도 충분히 잘 살 수 있다"고 설명했다. 《경향신문》 2011년 8월 17일)

첫째 인용문에서 사회적 기업은 '가족'으로 그려진다. '빵 공장장'이라는 표현은 단지 기능적 의미의 별칭일 뿐이며, 그 빵 공장장도 기업 내부의 위계상 관리자 지위로 이해되지 않고 같은 가족의 일원으로 묘사된다. 둘째 인용문에서 세계적으로 저명한 사회적 기업가인 유누스는 가난한 사람을 '분재 식물'에 비유하면서 사회적 기업가의 임무를 그 사람들을 '귀하게 키우고 가꾸(기)'로 설명하고 있다. 누군가가 키워야 하는 수동적 존재라는 점에서 '분재 식물'은 아이들에 관한 은유로 쓰일 수도 있다. 여기서 빈곤 취약계층은 마치 어머니의 보살핌을 받아 '귀하게 키우고 가꿔져' 자립해야 할 연약하고 수동적인 아이들처럼, 사회적 기업가는 그런 아이들을 돌보는 어머니처럼 묘사된다.[8]

이렇게 사회적 기업이 훈훈하고 온정적인 이상적 가족 공동체로 담론화되면서 노동자들이 느끼는 만족감, 보람, 안락함 등은 지나치다 싶을 정도로 미화되고 있었다. 또한 당연할 수밖에 없는 저임금, 열악한 노동 환경, 장시간 노동에 따른 불만의 목소리는 침묵되거나, 언급되더라도 뒤이어 나오는 '가족 같은 사회적 기업'에서 노동을 통해 얻는 보람이나 만족감 등에 쏟아지는 찬사에 밀려 무화되고 있었다. 이상적인 공동체적 운영 방식을 택하는 사회적 기업도 있었지만 자립을 강조하면서 일반 기업하고 별다르지 않게 운영되는 사회적 기업도 있었다(김유미 2011). 특히 그런 사회적 기업은 일하는 노동자들이 높은 노동 강도와 저임금, 나쁜 노동 환경 등에 불만이 많았고, 강제적인 교육과 훈련 과정, 개개인의 처지를 이해하려 하지 않고 희생만 강조하는 기업 문화도 문제로 지적됐다.

또한 노동자들 사이의 소통이 원활하지 못해 일반 기업처럼 파편화되는 현상도 나타났다. 이런 모습은 이상적인 가족 공동체라는 상에서 매우 동떨어진 결과였다. 사회적 기업 담론에서 모든 사회적 기업을 오로지 이상화된 온정적 가족 공동체로 과장하는 현실은 문제가 있을 뿐 아니라 현실을 특정한 방식으로 구성하려는 노골적인 정치적 실천이라는 점을 시사한다. 결국 사회적 기업을 온정적 가족 공동체로 묘사하는 사회적 기업 담론은 저임금 노동, 나쁜 노동 환경, 비민주적 조직 운영 등에 관련한 불만의 목소리를 억압하고, 노동자의 희생을 정당화하는 또 다른 형태의 이데올로기로 작용하고 있다.

이웃 소비자 ─ 희생과 봉사에 가려진 노동

일반 영리 시장에서 기업과 소비자는 상품 거래라는 계약 관계를 통해 맺어진다. 기업은 이윤 극대화를 위해 상품을 팔고, 소비자는 가격 대비 효용 극대화를 위해 상품을 산다. 따라서 이 관계도 차가운 합리적 계산에 기초한 나름의 전략적 행위를 거쳐 유지된다. 그렇다면 사회적 기업과 소비자의 관계는 어떻게 담론화될까? 사회적기업육성법에서 사회적 기업의 중요한 구실 중 하나로 취약 계층에게 사회 서비스를 제공해 삶의 질을 높이는 등 사회적 목적을 추구하는 사업을 제시하고 있듯이, 돌봄이 필요한 노인, 빈곤 여성, 다문화 가정, 장애인 같은 취약 계층은 사회적 기업이 제공하는 사회 서비스 상품의 중요한 소비자 집단이다. 따라서 사회적 기업의 상품과 서비스 판매는 이윤 극대화 동기보다는 공동체적 연대의 관점에서 돌봄이라는 공동체적 가치를 실현하기 위한 방편으로 사고된다. 따라서 일반 기업의 경우하고 다르게 사회적 기업과 소비자의 관계는 시장 거래 관계보다는 공동체적 관계로 표상되고 있었다.

첫 환자가 옆구리에 인공 항문이 있는 암환자였어요. 그땐 너무 끔찍해 번번이 고개를 돌렸죠. 이젠 변이나 가래가 묻어도 더럽다는 생각보다는 상태를 봐 가며 환자를 걱정하는 마음이 앞서요. 그냥 내 가족 같아요. 《경향신문》 2006년 3월 7일

빵을 함께 만들고 그것을 이웃과 나누자는 의미로 지어진 빵두레. …… 빵두레의 매출 일부는 지역의 결식 아동과 다문화 가정, 노인들에게 후원으로 이어진다. …… 저소득층 방과후교실 공부방에 매주 두 번씩 간식을 후원하기도 하고

지역아동센터 '꿈터'와 여성긴급전화 '천안 1366'에는 매월 '케이크 먹는 날'을 지정해 후원한다. 《중앙일보》 2009년 7월 30일》

첫째 인용문에서 한 간병 사회적 기업의 노동자는 처음에는 자기 가족도 아닌 다른 사람의 배설물을 치우고 간병하는 일이 끔찍했다고 토로한다. 자기가 제공하는 사회 서비스 상품의 소비자가 철저한 타자로 인식된 사실을 뜻한다. 그렇지만 일에 익숙해지면서 환자는 이제 '내 가족'처럼 느껴지고 '환자를 걱정하는 마음이 앞선다'고 말한다. 이제 환자는 단지 이질감이 느껴지는 타자가 아니라 '가족'으로 느껴지고, 고통은 공감의 대상이 된다. 다른 텍스트에서 취약 계층 노동자를 고용해 취약 계층에게 도시락을 제공하는 사업을 하는 한 사회적 기업가는 '엄마 혹은 며느리의 심정으로 음식을 만든다'고 말하기도 한다《경향신문》 2009년 7월 20일》. 이렇듯 사회적 기업가나 노동자와 서비스 수혜자 또는 소비자의 관계를 가족의 은유를 통해 표현하는 텍스트가 적지 않았다.

둘째 인용문은 한 사회적 기업의 활동이 '이웃과 나누자'는 취지에서 진행되고 있다고 말한다. 이 두 인용문에서는 결식 저소득 아동, 다문화 가정, 노인, 빈곤 여성 등 '빈곤 취약 계층'이 '가족'이나 '이웃'으로 표상되고 있는 점이 흥미롭다. 기본적으로 수직적인 사회적 또는 경제적 계층 개념이던 '빈곤 취약 계층'이라는 표현은, 여기서 '가족'이나 '이웃'이라는 공간적 가까움이나 혈연적 유대에 기초해 구성되는 수평적 공동체의 용어로 바뀐다. 특히 사회적 기업의 텍스트들 속에서 '이웃'이라는 말은 '취약 계층'이라는 말하고 상호 대체될 수 있는 용어로 매우 자주 등장한다. 사회적 기업과 사회적 기업의 서비스를 제공받는 취약 계층 소비자나 그밖의 수혜자들이 공동체적 관계로 표상되고 있는 현실을 보여주는 상황들이다.

이런 현실은 사회적 기업의 노동자들이 하는 일에 단지 자기와 회사의 이익을 증대시키기 위한 노동이 아니라 어려운 이웃을 가족처럼 돕고 함께 공존하는 공동체적 가치를 실현하는 실천이라는 규범적 의미를 부여한다. 따라서 사회적 기업 담론은 노동자들이 일을 통해 얻는 보람과 노동자들의 노동이 공동체에 기여하는 정도를 과장한다. 동시에 고된 노동과 저임금 등은 비가시화한다. 개발 독재 시대 노동자들을 산업 역군이나 산업 전사 등으로 부르며 '조국 근대화'라는 명분 아래 희생을 정당화됐듯이, 사회적 기업 담론 속에서는 노동자들의 희생이 공동체와 이웃을 위한다는 명분으로 정당화된다.

> 여성 가장 이명심(47) 씨는 "내 손으로 만든 도시락이 어려운 이웃의 밥상에 올려진다고 생각하면 힘든 줄 모르겠다"고 활짝 웃었다. …… 이곳 종사자들의 만족도는 무척 높다. 단순히 돈을 벌기 위해 일을 하는 것이 아니라 이웃을 위해 봉사한다는 의미가 있기 때문이다. 《한겨레》 2009년 4월 3일)

이 인용문에서 '나쁜 노동 조건과 저임금'에 시달리는 노동자는 '어려운 이웃의 밥상'이나 '돈'이 아니라 '이웃을 위해 봉사한다' 같은 언표에 둘러싸여 정작 제 목소리를 내지 못하고 있다. 이런 담론 배치 속에서 불만의 목소리를 내는 짓은 '어려운 이웃'을 위해 '봉사'한다는 더 큰 의미에 비춰 사사로운 불평이나 토로하는 부끄러운 행위로 표상될 수밖에 없다. 결국 노동자 개인의 고통은 더 큰 '공동체적 대의'를 위해 침묵당하며, 그 침묵의 자리는 '활짝 웃'는 웃음으로 은폐된다.

공동체의 시장화

지금까지 사회적 기업가, 근로자, 소비자의 상호 관계가 공동체적 관계로 표상된다는 점을 확인했다. 그렇지만 사회적 기업을 둘러싸고 두드러지게 동원되고 있는 공동체라는 표상은 전통적 의미의 공동체하고 똑같지 않다. 막스 베버는 시장에서 맺는 계약처럼 공동의 목표에 관한 합리적 동의에 기반하는 결사체적associative 관계하고 다르게 공동체적communal 관계는 주관적 정서에 기반한 소속감의 공유를 특징으로 한다고 지적했다(Weber 1978. 40~41). 이렇게 볼 때 비용 최소화와 이윤 최대화의 원리에 따라 작동하는 시장 관계는 이런 공동체적 관계에 예리하게 대립한다.

그런데 흥미로운 점은 사회적 기업 담론 속에서 표상되는 공동체는 모순되게도 시장의 원리와 공동체의 원리를 결합한 새로운 유형의 공동체라는 사실이다.

자선이나 기부 행위가 자기의 이해관계를 실현하려 하는 이기적 행위가 아니라, 타인의 고통에 관한 공감에 기초한 대표적인 공동체적 연대의 행위라는 사실을 부정할 수는 없다. 그렇지만 돌봄, 봉사, 이웃, 연대, 공감, 나눔 같은 공동체적 가치들의 중요성을 강조하면서도, 사회적 기업 담론들은 공동체적 가치 실현 행위의 전형적인 모습으로 여겨지던 자선과 기부를 사회적 기업에 대립시키고 사회적 기업이 표상하는 공동체의 개념 범주에서 배제해버린다.

마이크로 크레디트는 담보도, 보증도 없이 아주 작은 액수의 돈을 가난한 사람에게 빌려 주는 것이다. 절대 그냥 주는 것이 아니다. '자선 사업'은 마이크로 크레디트 정신에 어긋난다. 아무리 가난해도 대출 받은 돈을 밑천으로 장사를 하든, 농사를 짓든, 가축을 키우든 일을 해서 돈을 갚아야 한다. 걸인에게도 예외는 없다. …… 자선 형식으로 누군가를 돕는 돈은 줄 때마다 없어집니다. 하지만 돈의 선善순환 구조를 만들면, 대출금이 얼마든지 상환될 수 있겠죠. '사업을 기반으로 한 가난에 대한 해결책business-based solutions to poverty'이 강력한 수단이 될 수 있다고 보는 이유입니다. …… 만약 빌 게이츠가 거액의 기부금을 조성하기 전에

나를 찾아왔다면, 나는 분명 그에게 다른 방식을 제안했을 겁니다. …… 예를 들어 거지에게 자선 형태로만 돈을 주는 게 아니라 '그 돈으로 사탕을 사서 한번 다른 사람들에게 이윤을 남기고 팔아봐' 하는 식이죠. 돈의 생리를 알게 된 사람들은 결국 돈을 계속 손에 쥐게 됩니다. 《조선일보》 2007년 9월 14일)

가난한 사람을 돕는 공동체 정신을 지향하면서도 유누스는 '자선 사업'과 '기부'를 비판한다. 심지어 '걸인'에게 대가 없는 자선을 베푸는 행동도 비판 대상이 된다. 자선과 기부는 가난한 자들에게 일시적 도움만 줄 뿐 결국 돈을 낭비하는 행위라고 본다. 흥미롭게도 자선과 기부가 배제된 공동체라는 관념의 빈자리는, 베버가 말한 이익 사회적 관계에 더 친화적인 '사업(비즈니스)', '이윤', '돈의 생리', '장사', '일', '(대출금) 상환' 같은 언표들이 채운다. 여기서 사회적 약자를 돕는다는 공동체적 연대의 관념은 그런 시장의 언어들에 기초해 재구조화된다. 가난한 자들을 '돕는다'는 말은 '자기를 도울 수 있는self-help 능력을 키워주기'라는 의미로 축소되고 변형된다. 동시에 자선이나 기부처럼 그저 불쌍해하는 마음에 이끌려 가난한 자들을 돕는 행위는 '자기를 도울 수 있는 능력'을 키워주지 못하며, 심지어는 의존성이나 '거지 근성'만 키울 수 있다는 점에서 진정한 의미의 공동체적 연대가 아니게 된다. 오히려 그런 행위는 가난한 사람들을 망치는 행위로 의미 변환을 겪게 된다.

자선이나 기부를 지속 가능성이 없는 일회성 도움으로 치부하면서 사회적 기업이 지향하는 공동체의 연대라는 지향하고 대립시키는 수사는 보수 신문과 진보 신문에 상관없이 보편적으로 발견된다. 사회적 기업 담론에서 공동체적 연대는 오로지 시장 또는 시장 원리를 경유해야만 가능한 일로 의미의 표상과 실천 방식이 바뀐다. 여기서 국가/사회/가족/개인 같은 비시장 영역마저 모두 시장으로 간주하며 각 단위의 활동이 시장을 모델로 해서 새롭게 조직되도록 변형하는 신자유주의 통치 합리화의 원리를 읽어내기는 어렵지 않다.

5. 후퇴와 회귀 ― 남성성 담론에 갇힌 여성적인 것

남성성 어휘들과 여성성 어휘들의 연결망 분석에 따르면 사회적 기업 담론에서는 주로 여성성 어휘들이 사회적 기업이라는 어휘를 둘러싸고 강하게 결합돼 있었다. 그리고 이 핵심 여성성 어휘군들은 또 다른 일단의 여성성 어휘들에 연결되는 흐름과 남성성 어휘들에 연결되는 흐름, 두 가지의 두드러진 하위 연결망 구조를 지니고 있었다. 그리고 이 두 개의 하위 연결망 중에서, 신문의 정치 성향을 무시한 전체 텍스트 수준에서, 주로 여성성 어휘들로 구성된 핵심 어휘군과 남성성 어휘들이 결합되는 연결망 구조가 여성성 핵심 어휘군과 또 다른 여성성 어휘군들이 결합되는 연결망 구조보다 지배적이었다. 따라서 여성성 어휘들만으로 구성된 담론 구조보다는 여성성 어휘들과 남성성 어휘들이 결합된 담론 구조가 사회적 기업 담론 전반을 지배하고 있으리라고 추정했다. 이런 추정은 진보 신문의 텍스트에도 똑같이 적용할 수 있었다. 다만 보수 신문의 경우는 반대로 배타적으로 여성성 어휘들만으로 구성된 어휘 연결망이 상대적으로 좀더 보편적이며 담론 전체를 지배하고 있으리라고 추정할 수 있었다. 그럼 이런 어휘 연결망 구조가 구체적으로 어떤 담론 전략들의 존재를 보여주는지 구체적으로 분석해보자.

　먼저 앞서 밝힌 대로 사회적 기업 담론 속에서 여성성 어휘들과 남성성 어휘들이 결합되는 어휘 연결망 구조가 두드러졌는데, 두 범주의 어휘들이 결합되는 담론 구조의 중요한 양상과 그런 양상의 정치적 함의를 이해하려면 근대 진보의 서사 속에서 남성적인 것과 여성적인 것의 담론적 배치에 관한 논의를 거치는 일이 유용할 듯하다. 리타 펠스키는 남성 근대의 진보 서사가 역설적으로 이른바 '향수 패러다임'에 기초하고 있다고 주장한다(Felski 1995, 35~60). 펠스키에 따르면 이 서사 속에서 여성적인 것은 진보의 역사 '바깥에' 남겨졌다. 여성적인 것은 근대 진보의 역사가 시작되기 이전의 고대적인 것이나 전통적인 것 또는 비서구 동양적인 것하고 동일시되거나, 근대 문명의 진보가 종국에는 다다를 역사의 종착지 같은 이상화된 이미지로 표상됐다. 이때 이 진보의 서사에서 남성적인 것과 여성적인 것이 복잡한 양가적 감정과 평가 속에 서술돼온 점을 놓쳐서는 안 된다. 남성적 근대는 물질적 풍요와 진보의 역사이기도 했지만, 또한 도덕적 타락과 원초적 공동체의 유기적 총체성이 붕괴되는 사태로 경험되는 상실의 시대로 이해되기도 했다. 또한 여성적인 것은 진보의 대립 항으로서 미발전되고 전근대적이며 원시적인 자연 상태로 표현되기도 했지만, 동시에 인류가 진보의 여정을 거치며 상실한 유기적이고 인륜적인 총체성의 에덴 동산이자 어머니의 품 같은 상태로, 인류 진보가 최종 도달해야 할 미래의 이상적 상태로 표상되기도 했다.[9]

근대의 인식론적 배치에 관한 푸코의 분석은 이런 남성성과 여성성의 우월 관계에 관한 양가성의 변증법이 어떻게 남성 헤게모니를 지지하는 요소로 기능하는지를 이해하는 데 많은 통찰을 제공한다(Foucault 1989). 푸코는 근대의 인식론적 배치의 세 가지 테마 중 하나가, 주체의 축에서는 선험적인 것과 경험적인 것의 이중체, 대상의 축에서는 인식 가능한 것과 인식 불가능한 것의 이중체하고 더불어, 시간의 축에서는 '기원의 후퇴와 회귀'라는 논법이라고 분석했다(Foucault 1989, 358~365). 먼저 근대의 인식론적 배치 속에서 역사의 진보는 원초적 '기원' 상태에서 멀어지는 과정으로, 곧 '기원'이 진보의 과정에서 '후퇴'하는 과정으로 설명된다. 그렇지만 진보는 또한 근대가 떠나온 원초적 '기원'의 이상적인 총체적 상태를 되찾기 위해서 역설적으로 진보의 역사를 가속화하는 방식, 곧 '미래'로 가속함으로써 자기가 떠나온 '과거'의

'기원적 상태'에 도달하려는 논법을 취한다. 이른바 '미래로 돌아가라back to the future'라는 역설적 논법이 나타난다. 이렇게 해서 역사의 진보에 관한 인식론적 배치 속에서 '기원'은 다시 '회귀'한다.[10] 여성적인 것이 진보의 역사 '바깥', 곧 역사가 떠나온 기원적 상태거나 역사의 진보가 최종적으로 마무리되는 미래의 이상적인 종착지로 표상된 점에서 볼 때, 푸코의 '기원의 후퇴와 회귀'라는 표현은 '여성적인 것의 후퇴와 회귀'라는 말로 고쳐 쓸 수 있다.

문제는 '여성적인 것의 후퇴와 회귀'라는 서사 구조 속에서 여성적인 것은 지나간 과거로 표상되든(여성적인 것의 후퇴), 또는 성취돼야 할 이상적 미래로 표상되든(여성적인 것의 회귀), 남성적 진보의 역사 과정 '바깥에' 놓인다는 점이다. 남성적 문명의 진보는 미래를 향해 진보를 가속화하는 방식으로 여성적 기원의 이상적 상태에 도달하려 하지만, 역설적으로 미래로 전진하기 위해서라도 여성성으로 표상되는 과거의 원초적 기원 상태는 폐기돼야 한다. 비유하자면 '평화를 위한 전쟁'이라는 모순 어법은 미래의 '평화'를 위해서라도 '전쟁'이 수행돼야 하며, 그러려면 '평화' 요구는 잠시 폐기돼야 한다고 주장한다. 여기서 미래의 평화에 관한 요구는 역설적으로 즉각적인 평화 요구의 폐기, 그리고 평화의 표면적 대립물인 전쟁의 필요성을 정당화한다. 마찬가지로 남성적 근대의 진보 서사는 여성성(미래)을 성취하기 위해서라도 여성성(과거)은 폐기돼야 하며, 여성성의 대립물인 남성적 문명의 진보는 지속돼야 한다고 정당화한다. 결국 여성성의 후퇴와 회귀라는 테마는 모순된 논리가 아니라 남성적 근대의 진보 서사 자체를 구성하고 정당화하는 담론 전략이다.

사회적 기업 담론에서도 여성성의 후퇴와 회귀라는 테마가 비슷하게 나타난다. 사회적 기업 담론 속에서 공동체 지향, 연대, 공감, 연민, 약자를 돌보는 마음 같은 여성성 언표들은 가부장적 자본주의 시장 경제의 폐단들하고 맺는 연관 속에서 제기된다. 오로지 합리적 계산, 성장, 개인적 성취, 성취를 위한 대담한 도전 같은 남성적 특성들이 지배하는 시장 경제는 결과적으로 빈곤 취약 계층을 양산해 물질적 풍요의 약속을 저버렸을 뿐 아니라 사회 통합의 위기를 야기했으며, 공동체적 연대와 돌봄의 의무에 무책임하게 대응했다는 비판이었다. 따라서 여성적 특성들을 특징으로 하는 사회적 기업이 대안으로 제시된다. 여성적인 것은 남성적인 시장 경제에 관한 이상화된 대안 모델로 사고된다. 여기서 남성적인 것은 인류의 타락과 총체성을 파괴한 주범으로 간주되며, 여성적인 것은 그런 상태에서 인류를 구원할 수 있는 우월한 가치로 표상된다. 그 결과 그동안 남성의 언어들이 지배하던 자본주의 시장 경제의 성장과 진보 과정에서 억압되고 후퇴한 여성적인 것은 사회적 기업이 등장하면서 다시 회귀했다.

그렇지만 사회적 기업은 그 명칭 자체가 시사하듯이 전시장 경제적인 전통적 의미의 공동체, 여성적인 것이 표상하는 '더 나은 과거' 상태로 돌아가려 시도하지 않고, 시장의 전략을 동원해 이상화된 미래의 여성적 상태, 곧 취약 계층을 도와 공동체적 연대가 회복된 '더 나은 미래'의 상태를 달성하려 한다.[11] 사회적 기업의 담론들은 여성의 언어들로 표상되는 미래의 이상적 상태를 달성하기 위해서라도 여성적인 것은 보류돼야 하며, 그 대신 시장의 전략과 원리로 사회적 기업을 운영해야 한다는 논법을 구사한다. 이런 논법은 남성적 근대의 진보 서사 속에서 역사 '바깥의' 이상화된 여성적인 미래 상태를 추구하기 위해 여성적인 것이 역사 '바깥으로' 폐기된 역설적 논법을 통해 남성적 진보를 추진하는 방식을 정당화하던 논리하고 비슷하다.

회귀한 여성적인 것이 폐기되고 남성적 시장 논리가 다시 득세하는 과정은 사회적 기업의 지속성과 생존을 강조하는 흐름 속에서 진행된다.

사회적 기업이 뜻 깊은 일을 지속적으로 하려면 수익성이 좋아야 한다. 《경향신문》 2009년 6월 11일)

취약 계층을 고용하고 이윤을 사회에 환원하는 목적을 달성하려면 살아남아 성
장해야 하고, 성장하려면 기업 경영하듯 해야 한다. 《중앙일보》 2012년 6월 14일)

진보 신문과 보수 신문에서 각 하나씩 뽑은 이 인용문들은 사회적 기업의
본디 사명인 취약 계층 보호나 공동체적 연대의 실현 같은 사회적 목적을
달성하기 위해서라도 시장에서 '살아남아 성장'해야 하고, 그러려면 일반 영
리 '기업(을) 경영하듯' 사회적 기업을 경영해 '수익성'을 높여야 한다고 강조
한다. 여기서 주목할 점은 사회적 기업의 존재 이유인 사회적 목적의 실현이
표상하는 이상화된 여성성의 상태는 '시장에서 생존하기', '기업 경영', '수익
성' 같은 남성적인 시장의 언어들에 대립되지 않으며, 오히려 그런 언어들을
끌어들이고 사회적 기업 담론 안에 남성적인 것들이 파고드는 상황을 정당
화하는 기능을 한다는 사실이다. 남성성 어휘들과 여성성 어휘들의 접합을
특징으로 해 펼쳐지는 사회적 기업 담론은 표면적으로는 여성적인 것의 우
월성과 남성적인 것의 열등성이라는 프레임을 갖고 있지만, 역설적으로 그
런 프레임은 남성적인 시장 원리가 사회적 기업을 이끄는 핵심 동력으로 작
용하게 만들고 있다. 따라서 사회적 기업 담론 속에서 남성적인 것과 여성적
인 것의 접합은 남성적인 것의 헤게모니 속에서 진행된다.

앞서 수행한 남성성 어휘와 여성성 어휘의 연결망 분석을 보면 전체 텍스
트와 진보 신문의 텍스트 차원에서는 여성성 어휘들이 사회적 기업이라는
어휘에 가장 강하게 결합돼 있었고, 하위 담론 차원에서는 오로지 여성성 어
휘들만으로 구성된 담론적 배치보다는 그 둘의 결합으로 구성된 담론적 배
치가 더욱 보편적인 형태로 파악됐다. 분석 대상이 된 텍스트들의 전형적인
구성 양상에서 원인을 찾아볼 수 있었다. 텍스트들은 전형적인 서사 구조를
띠고 있었다. 첫째, 사회적 기업의 개념을 설명하고, 둘째, 사회적 기업가나
노동자들의 인터뷰 또는 사회적 기업이 하는 '착한' 일들을 소개하고, 셋째,

해당 사회적 기업의 현재 수익 구조가 지닌 문제점을 진단하고 수익 구조를 개선하기 위한 경영 전략을 추천했다. 특히 진보 신문의 텍스트들이 이런 서사 구조에 더 충실했다. 남성 시장 어휘들은 텍스트의 후반부에서 셋째 서사 구조가 전개될 때 집중해서 출현하고 있었다. 이 통로를 통해 여성적인 것의 표상들은 후퇴하고 남성적인 표상들이 회귀했다. 이런 상황은 앞선 어휘 연결망 분석에서 '전체' 텍스트와 '진보 신문' 텍스트들에서 오로지 여성성 어휘들만으로 구성된 담론보다 여성성 어휘와 남성성 어휘들이 결합된 담론이 더 보편적으로 나타나면서 담론 전체를 지배할 것으로 파악되는 결과가 나온 이유를 설명해준다.

보수 신문의 경우는 남성적 시장 원리를 강조하고는 있었지만, 상대적으로 사회적 기업에 관련된 정부 정책을 홍보하거나 사회적 기업의 취지와 긍정적 효과를 다루는 데 더 집중하는 경향이 있었다. 진보 신문의 텍스트에서는 여성 사회적 기업가 인터뷰 등이 꽤 많이 등장하고 있었으며, 이 여성들이 경영자로서 지닌 정체성을 부각시키면서 여성 사회적 기업가들의 기업 경영 관련 쟁점들이 중요한 초점이 되고 있었다. 반면 보수 신문의 경우에는 여성은 여성 사회적 기업가보다는 여성 취약 계층으로 표상되고 있었다. 그래서 이 여성들의 고통에 공감하고 이웃처럼 여기며 도와야 한다는 측면이 강조되고 있었다. 이런 차이는 어휘 연결망 분석 결과가 왜 보수 신문 텍스트들에서는 진보 신문하고 다르게 오로지 여성성 어휘들만으로 결합된 담론이 더 보편적이며 지배적일 것으로 조사된 이유를 설명해준다. 담론 구조에서 조그만 차이는 있지만, 궁극적으로 진보 신문이나 보수 신문의 사회적 기업 담론들은 남성 가부장적 헤게모니 담론 프레임 안에서 작동한다는 점에서 비슷했다.

6. 사회적 기업과 젠더 — 신자유주의 통치와 가부장 남성 헤게모니

지금까지 살핀 대로 젠더 문제에 관련해 영리 시장 경제의 패러다임하고 다르게 사회적 기업 담론에서는 여성성 표상들의 구실이 두드러졌다. 먼저 사회적 기업은 합리적인 영웅적 남성 개인의 경제적 성취를 강조하지 않고 연약한 아이들을 돌보듯 사회적 약자들을 따뜻한 공감과 연대의 정신으로 돌보는 여성적 모델을 통해 설명되고 있었다. 이런 연대의 실천은 사회적 기업이라는 일터에서 취약 계층에게 일자리를 제공하고 사회 서비스를 제공하는 모습으로 구체화된다. 이때 여성은 또한 취약 계층의 대명사로 표상됐다. 따라서 사회적 기업 담론은 여성 취약 계층을 가정에서 일터로 이동시키는 담론 전략을 취하고 있었고, 이를 위해 가정과 일터의 분리에 입각한 위계적 성별 분업의 프레임을 무너뜨리고 있었다. 그렇지만 뒤이어 다시 새로운 방식으로 위계적 성별 분업을 재생산하고 강화하는 담론 전략이 이어짐으로써 가부장적 헤게모니의 강화로 귀결됐다.

또한 사회적 기업 담론은 여성적인 것들의 표상을 동원해 사회적 기업가, 노동자, 소비자, 서비스 수혜자들을 가족이나 다른 공동체로 표상함으로써 시장 경제 모델에 대조됐다. 그렇지만 동시에 사회적 기업을 둘러싼 이해관계자들의 관계들을 공동체적 관계로 표상함으로써 사회적 기업 내부의 저임금, 높은 노동 강도, 나쁜 노동 조건 등은 비가시화되는 동시에 노동자들이 내는 불만의 목소리를 침묵시키고 희생을 강요하는 또 다른 이데올로기적 억압이 행사되고 있었다.

나아가 사회적 기업 담론들은 여성적인 것을 이상화하는 동시에 폐기하고, 그 빈자리에 남성적인 시장 원리를 다시 끌어들이는 논법을 취하고 있었다. 이때 여성적인 것은 역설적으로 남성적인 것에 대립되지 않고 남성 모델에 기반한 시장 원리를 통해 사회적 기업이 작동하는 일을 정당화하는 기능을 함으로써 남성적인 것이 사회적 기업 메커니즘 안으로 스며드는 과정을 뒷받침하고 있었다. 분석 결과에 관련해 진보 신문과 보수 신문의 담론 전략은 큰 차이를 보이지 않았다.

이런 결론은 여성적인 가치들하고 맺은 깊은 친화성 아래 사회적 기업이 합리주의적 개인주의 남성 영웅 모델에 기초한 시장 경제 패러다임의 대안으로 여겨지던 사회적 기업 담론이 실제로는 가부장적 남성 패러다임을 강화할 뿐 아니라 사회적 기업 담론 안의 여성적인 것이 사회적 약자들의 정당한 요구를 억압하는 이데올로기로 작용하고 있다는 사실을 보여준다. 또한 심지어 신자유주의를 비판하고 상대적으로 여성주의의 목소리를 대변하던 진보 신문마저도 이런 역설적 결과를 낳는 담론을 생산하고 유포하는 데 큰 구실을 한 사실도 알 수 있었다. 이런 역설적 사태를 이해하려면 사회적 기업이라는 메커니즘을 통해 작동하는 신자유주의 헤게모니의 동학에 주목해야 한다.

자기 스스로 만들어낸 대규모 빈곤 취약 계층 문제에 대응해, 신자유주의 통치는 취약 계층의 빈곤과 사회적 배제가 신자유주의 통치의 위기로 발전할 수 있는 위험을 예방할 필요가 있었다. 그리고 이 작업은 국가 주도 복지를 피하면서도 복지 영역을 시장 영역으로 재편하는 과정을 거쳐 진행돼야 했다. 이런 맥락에서 채택된 통치 장치가 사회적 기업이라는 제도적 메커니즘이었다(김주환 2012: 2014). 그렇지만 사회적 기업이 작동하려면 값싼 여성 노동력을 동원해야 했다. 특히 신자유주의에 여성 노동력이 각별했던 것은 약자를 돌보는 일, 곧 사회적 기업의 주된 영업 영역인 사회 서비스 분야가 여성 친화적이라고 본 때문이었다. 한편 여성주의는 그동안 여성의 자존감과 주체성 고취, 여성의 사회적 지위와 경제적 지위의 향상, 전통적인 여성 노동의 가치 제고를 요구했다. 신자유주의 통치는 사회적 기업 메커니즘을 통해 여성주의의 전통적 요구들을 충족시킬 수 있다는 점을 보여주는 담론을 생산하고 유포함으로써 사회적 기업이 단지 신자유주의의 특수 이해만이 아니라 여성주의의 요구도 충족시킬 수 있는 보편 이해를 실현할 수단이라고 설득해 동의를 이끌어내는 데 성공한다. 결국 사회적 기업 메커니즘 안에서 여성주의가 신자유주의에 접합된 결과 여성주의는 여성의 자존감과 주체성 회복, 사회적 지위와 경제적 지위의 일정한 상승이라는 부분적 성과를 얻어내지만, 그런 성과들은 역설적으로 가부장적 남성 헤게모니를 강화하는 대가를 치러야 했다.

이렇듯 사회적 기업 담론 메커니즘 속에서 여성주의와 가부장적 남성 헤게모니는 대립하기는커녕 서로 강화하고 지지한다. 물론 이런 특이한 정치 동학을 만들어낸 주역은 그 둘 사이를 가로질러 작동하는 신자유주의 통치다. 신자유주의 통치는 하향식 명령을 통한 일방적 지배를 행사하지 않는다. 오히려 여성 같은 통치 대상들의 능력과 지위를 키워주고, 능동적 주체성과 자유 의지가 최대한 발휘될 수 있게 촉진하되, 그런 요소들을 통치 목적에 따라 적재적소에 배치하는 긍정적 방식으로 행사된다. 신자유주의 통치는 또한 최소 저항으로 최대 권력 효과를 산출하기 위해 심지어 대립물이나 저항까지 자기의 통치 메커니즘 안으로 배치해 포획하는 방식으로 작동한다. 문제는 신자유주의의 비판자들이 종종 신자유주의 통치의 이런 유연성과 복합성을 보지 못한 채 신자유주의를 어떤 단일한 메커니즘으로 작동하는 완결적 총체로 파악하는 오류에 빠진다는 점이다.

한국의 반신자유주의 진보 세력이 사회적 기업을 신자유주의를 극복할 대안으로 사고하면서도 의도하지 않게 사회적 기업이라는 제도적 메커니즘 속에서 신자유주의하고 동맹 관계를 맺게 된 중요한 이유 중 하나는, 신자유주의를 남성 시장 패러다임의 일방적 단일 명령 체제로 파악한 뒤 공동체적 가치와 여성적인 것들이 지닌 가치를 '억압'하는 지배 체제로 본 때문이다. 반신자유주의 진보 세력은 탈시장적이고 탈남성 가부장적인 성격에 주목해 사회적 기업을 신자유주의를 넘어설 수 있는 대안으로 사고하지만, 신자유주의 통치가 공동체적인 것이나 여성적인 것 등 남성 시장 패러다임에 이질적인 요소들을 활용하고 결합하면서 작동하는 복합적 통치술의 집합이라는 사실을 놓쳤다. 신자유주의 비판은 신자유주의 통치 메커니즘의 복합적 성격에 주목해야 한다.

6장

사회적 기업가

호모 에코노미쿠스와 사회화된 호모 에코노미쿠스 사이

1. 텅 빈 기표 — 사회적 기업가라는 새로운 주체성

"무엇보다 국민 모두가 기업가 정신을 먼저 가져야 한다. 우리나라 수정 헌법 제 1조 1항은 '대한민국 모든 국민은 소기업 사장이 될 수 있다'로 바뀌었으면 한다"(《시민사회신문》 2009년 3월 30일). 누가 한 말일까? 언뜻 보면 어느 시장주의 맹신론자의 주장 같다. 그렇지만 이 말은 한국 진보적 시민운동을 대표하는 인물이자 대표적 사회적 기업가며, 2016년 현재 서울시 시장으로 일하는 박원순의 말이다. 물론 이 말은 시장주의를 찬양하고 퍼뜨리기보다는 사회적 경제나 사회적 기업가 정신을 고취하려는 맥락에서 제기됐다. 따라서 '소기업 사장'이란 일반적 의미의 기업가가 아니라 '사회적 기업가'를 뜻한다.

사회적 기업 같은 사회적 경제를 통해 자본주의 체제와 신자유주의를 넘어서는 대안 경제와 대안 사회를 구축하려 하는 이런 주장은, '기업가 정신', '소기업 사장', '모든 국민', '헌법 제 1조 1항' 같은 표현을 통해 제기되고 있다는 점에서, 지금 한국에서 진행되는 사회적 기업의 정치학의 핵심을 고스란히 응축하고 있다. 여기서 '국민 모두'는 '기업가 정신'으로 무장한 '소기업 사장'으로 표상된다. 또한 권리와 의무의 주체로서 '시민'이라는 정치적 주체를 대신해 '소기업 사장'이라는 경제적 주체가 '헌법'에 규정된 '국민'이라는 주권자의 자격과 내용을 정의하게 된다. 결국 '기업가 정신'을 지니지 못해 '소기업 사장이 될 수' 없는 사람들은 '국민'의 범주에서 배제된다. 사회적 기업 주창자나 옹호자들이 품은 '선의'하고 무관하게 사회적 기업의 실천이 어떤 사회적이고 정치적인 결과로 귀결될지 보여주는 장면이다.

앞에서 사회적 기업이라는 장치를 둘러싼 담론들의 일반적 구조를 분석했다면, 여기에서는 한국의 사회적 기업 담론 속에서 사회적 기업가라는 새로운 주체가 어떻게 담론화되고 있고 그 정치적 함의는 무엇인지를 분석하려 한다. 개인들은 어느 하나의 성격이나 양태로 환원될 수 없는 다양성의 복합체다. 그렇지만 그 다양한 성격과 양태들이 어느 하나의 성격이나 양태들을 중심으로 배치되고 통합됨으로써 개인들은 하나의 정체성, 곧 동일성 identity을 지닌 특정한 주체가 된다(Laclau and Mouffe 2001; Zizek 1989). 문제는 이 다양한 성격과 존재 양태들이 무엇을 중심으로 배치되는지다. 왜냐하면 이 과정은 곧 특정한 정치 세력들이 나름의 목적을 위해 개인들을 특정한 주체로 구성하려는 담론적 전략과 실천들이 개입하는 지점이기도 하기 때문이다. 그런 점에서 주체의 담론적 구성이라는 문제는 담론적 차원을 넘어서는 좀더 큰 정치적 실천과 사회적 실천하고 맺는 관계라는 맥락에서 이해돼야 한다.

특히 사회적 기업가 주체는 요즘 새롭게 등장한 주체인 동시에 정의상 시장의 전략과 사회적 목표와 공익적 목표의 추구라는 일반적으로 통약 불가능하다고 여겨지던 두 측면을 결합하고 있다는 점에서 쉽사리 하나의 정체성으로 정의되기 힘든 불확정적인 주체다. 기호학적으로 말해 '사회적 기업가'라는 기표는 아직 상응하는 특정한 기의하고 공고하게 연결되지 못한 채 기호의 상징 질서 속에서 유동하는 '텅 빈 기표'이자 '기의 없는 기표'로 존재한다. 그렇지만 '텅 빈 기표'로 존재한다는 사실이 '사회적 기업가'라는 용어가 아무 의미도 없는 공허한 표상에 불과하다는 것을 뜻하지는 않는다. 오히려 기의 없는 텅 빈 기표로서 그 용어가 헤게모니 투쟁에서 야기하는 정치적 효과는 실재적일 뿐 아니라 결정적이다.[1] 라클라우와 무페(Laclau 2000: Laclau and Mouffe 2001)가 지적하듯이 담론 영역에서 헤게모니는 결국 각 정치 세력들이 이 텅 빈 기표의 위치를 점유해 자기들의 특수 이해를 보편 이해로 제시함으로써, 다른 세력들과 다수 대중들을 하나로 접합시킬 수 있는 능력에 달려 있다.[2] 따라서 텅 빈 기표로서 '사회적 기업가'에 특정한 정체성과 내용을 부여하려는 시도는, 다양한 세력들이 자기의 이해관계를 중심으로 다른 세력의 이해관계를 접합해 종속시키려 하는, 담론적 헤게모니를 둘러싼 일련의 담론적 전략과 실천들이 다투는 투쟁 과정이라고 할 수 있다. 결국 텅 빈 기표로서 '사회적 기업가'는 담론적 헤게모니 투쟁이 수렴되는 장소다.

이런 맥락에서 여기에서는 사회적 기업가의 담론적 구성 과정에서 작동하는 담론 전략들, 그리고 이 과정에 개입하는 주요 정치 세력들 사이에 벌어지는 담론적 투쟁의 양상을 분석하고, 사회적 기업가라는 새로운 주체의 담론적 생산 과정이 지니는 정치적 함의를 해석할 생각이다. 진보 성향으로 분류되는 《경향신문》과 《한겨레》, 보수 성향으로 분류되는 《조선일보》와 《중앙일보》가 생산한 사회적 기업가 관련 기사들을 분석 자료로 삼아 비판적 담론 분석을 수행했다. 구체적으로 사회적 기업가라는 주체를 중심 주제로 다루는 기사들을 추출하기 위해 '사회적 기업가'나 '사회적 기업가 정신'이라는 표현이 4회 이상 사용된 기사들을 분석 대상으로 했다. 담론 생산 매체를 진보 성향 신문과 보수 성향 신문으로 나눠 각 정치 세력들 사이에 벌어지는 담론적 헤게모니 투쟁의 양상을 포착했다. 이렇게 해서 82건의 기사를 수집했고, 《경향신문》이 31건, 《조선일보》가 20건, 《중앙일보》가 10건, 《한겨레》가 21건이었다. 구체적인 담론 분석 절차는 **부록 5**로 정리해 첨부했다.

2. 담론화 — 사회적 기업가의 네 가지 주체 형태

사회적 기업가 담론을 구성하는 주요 어휘 100개(사회적 기업, 사회적 기업가, 사회적 기업가 정신 제외)를 추출한 뒤 장기 지속적으로 패턴화된 언어 사용 관례에 비춰 의미의 유사성이나 친화성을 기준으로 이 어휘들을 범주로 나누면, 크게 '변화 지향', '사회 문제 해결 지향', '공동체 가치 지향', '시장 지향', '기타'라는 다섯 범주가 가장 두드러졌다(**부록 6** 참조). 어휘 목록의 범주화는 **표 3**처럼 했다. 그중 '기타' 범주를 빼고 어휘들 사이에 비교적 뚜렷한 의미의 응집성을 보이는 나머지 네 개 범주의 어휘들('사회적 기업가' 어휘 포함 72개 어휘)를 대상으로 어휘 연결망 주성분 분석을 수행했다. **그림 13**, **그림 14**, **그림 15**는 각각 전체, 진보, 보수 차원에서 주요 어휘들을 대상으로 연결망 분석을 한 결과를 보여준다.

그림 13, **그림 14**, **그림 15**에 나타난 어휘 연결망 상태는 몇 가지 특징을 보인다. 첫째, 세 그림에서 모두 거의 대부분의 '변화 지향', '사회 문제 해결 지향', '공동체 가치 지향', '시장 지향' 어휘들이 '사회적 기업가' 어휘를 중심으로 빼곡하게 밀집해 있다. 이런 특징은 대체로 사회적 기업가의 정체성이 어느 특정한 의미로 배타적으로 표상되기보다는, 위 네 개의 어휘 범주들이 혼합된 채 다양한 의미들이 등장해 복합적으로 표현된다는 점을 시사한다. 이를테면 사회적 기업가는 '사회 변화'와 '사회 문제 해결'을 지향하는 동시에 '공동체의 윤리적 가치와 도덕적 가치의 추구'에 충실한 '전문 경영인'이라는 복합적인 정체성을 지닌 불확정적 존재로 표상되리라는 의미다. 둘째, **그림 14**를 보면 진보 진영의 어휘 연결망에서 오른쪽 아래에 핵심 어휘 군집에게서 상대적으로 수변화된, '나눔', '헌신', '사회 환원', '사회 통합', '상생'이라는 공동체 가치 지향 어휘들만으로 구성된 어휘 군집이 발견된다. 이런 특징은 진보의 사회적 기업가 담론에서 사회적 기업가의 공동체 가치 지향성

표 3. 주요 어휘 범주화

범주	주요 어휘	빈도(비율)
변화 지향	개선, 대안, 더 나은, 도전, 바꾸다, 변혁, 변화, 사회운동가, 새로운, 사회운동들, 실험, 혁명, 혁신	565(0.15)
사회 문제 해결 지향	복지, 사회 문제들, 일자리, 자립, 자활, 취약 계층, 해결	535(0.14)
공동체 가치 지향	공감, 공공, 공동체, 공생, 공유, 공익, 공정, 기부, 나눔, 도움, 봉사, 비영리, 사회 공헌, 사회사업, 사회 통합, 사회 환원, 상생, 신뢰, 연대, 윤리, 인간적인, 자선, 지역, 착한, 파트너, 헌신, 협력	638(0.17)
시장 지향	개척, 경영, 경영자, 경쟁, 경쟁력, 경제, 금융, 기업, 서비스, 성장, 소비, 소비자, 소액 대출, 수익, 시장, 실용적, 자본, 자본주의, 지속 가능(경영), 창업, 컨설팅, 투자, 품질, 효율	1369(0.36)
기타	교육, 국가, 꿈, 대학생, 리더, 미래, 민간, 사회적 경제, 사회적 목적, 시민, 시민단체, 열정, 예산, 육성, 의미 있는, 자유, 자발성, 전문가, 전문성, 좋은, 지원, 지자체, 참여, 창의성, 책임, 청년, 청소년, 행복, 희망	1269(0.33)

※ 비율= 해당 범주 내 어휘들의 출현 빈도 / 100개 어휘의 출현 빈도의 합

그림 13. 주요 어휘 연결망(전체)

(▼ 변화 지향 ■ 사회 문제 해결 지향 ● 공동체 가치 지향 ▲ 시장 지향)

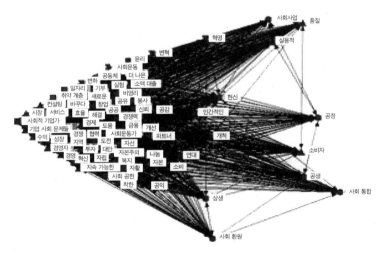

그림 14. 주요 어휘 연결망(진보)

(▼ 변화 지향　■ 사회 문제 해결 지향　● 공동체 가치 지향　▲ 시장 지향)

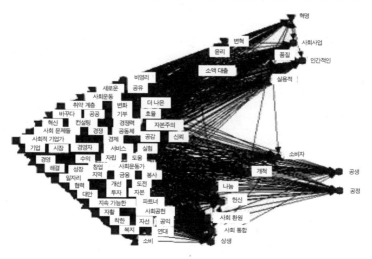

그림 15. 주요 어휘 연결망(보수)

(▼ 변화 지향　■ 사회 문제 해결 지향　● 공동체 가치 지향　▲ 시장 지향)

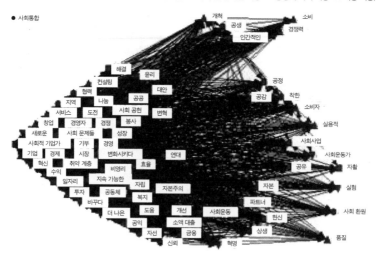

을 배타적으로 강조하는 텍스트 또는 하위 담론이 존재하기는 하지만 지배적인 형태는 아니라는 점을 시사한다. 그럼 이런 어휘 연결망 분석이 시사하는 사회적 기업가 담론 구조의 큰 그림을 참조해서 좀더 구체적이고 심층적으로 사회적 기업가 담론의 양상을 분석해보자.

사회 변혁가

앞서 수행된 주요 어휘 출현 빈도 분석이 보여주듯이, 사회적 기업가를 둘러싸고 가장 자주 출현하는 어휘 중 하나가 '변화 지향' 어휘다. 이런 결과는 사회적 기업가가 사회 변혁가로 담론화되고 있다는 점을 시사한다. 심층 분석 결과 대부분의 텍스트에서 사회적 기업가들이 '변화 창조자', '체인지 메이커', '사회 혁신가', '사회를 바꾸는 사람' 등의 언표들을 통해 사회 변혁가로 표현되고 있다는 사실을 확인할 수 있었다. 사회 변혁가로서 사회적 기업가 담론은 크게 세 가지 특징을 통해 구성되고 있었다.

첫째, 새롭고, 더 낫고, 더 좋은 것과 구태의연하고, 문제 많고, 나쁜 것을 나누는 이분법이다. 이런 대비는 사회적 기업가들이 실현하려 하는 미래의 세상이나 사회를 현재의 상태하고 대조하거나, 사회 변혁가로서 사회적 기업가를 전통적 사회 변혁가들, 곧 '운동권', '사회운동가', '시민운동가' 등하고 대조하는 방식을 통해 드러나고 있었다. 이때 전통적으로 진보의 관심사인 사회 변화라는 의제는 기성의 사회 변혁가들을 평가 절하하는 담론에 결합되고 있었다.

먼저 사회적 기업가 담론들은 예외 없이 지금의 상황을 실업 문제, 양극화 문제, 환경 문제, 장애인 차별 문제 등 다양한 사회 문제로 가득찬 세상으로 규정하면서 이런 현실을 변화시킬 필요성을 말한다. 이런 특징은 진보 진영뿐 아니라 일반적으로 변화보다는 현상태의 유지와 질서의 확립을 더 강조하는 보수 진영 담론들에서도 똑같이 나타난다. 이를테면 사회적 기업 관련 기사들을 다룬 《조선일보》의 공익 특집 시리즈는 '더 나은 미래'라는 제목을 달고 있다.

중요한 문제는 이런 사회 변화라는 의제가 어떤 담론적 배치를 거쳐 다른 언표와 담론들에 접합되는지다. 보수 신문에 실린 한 텍스트는 사회적 기업가들을 전통적 사회운동가들하고 대조하면서, 전자를 '불평 대신 실용적 해답을 찾는 사람'으로 정의하는 반면 후자를 '불평'이나 일삼는 존재로 묘사하고 있었다《조선일보》 2010년 5월 18일). 이런 담론화 방식은 진보 신문도 예외는 아니었다. 진보 신문의 텍스트들은 사회운동가와 사회적 기업가를 '핏발 선 운동가와 말이 통하는 사회 혁신가'로 대조하거나《경향신문》 2007년 8월 21일), 후자에 견줘 전자를 '매너리즘에 빠진' 사람들로 표현하고 있었다《경향신문》 2007년 10월 9일). 다음 인용문은 이런 담론화 방식을 잘 보여준다.

> 결국 사회적 기업가는 '시장 안에서' 해답을 찾는 매우 온건한 실용주의자로 보인다. 살벌해지는 이 세상에서 그러한 온건한 실용주의가 갖는 힘은 어쩌면 그어떤 급진적인 주의, 주장보다 더 빨리 그리고 효과적으로 세계화의 그늘을 걷어주는 데 기여하지 않을까 하는 생각이 든다. 《경향신문》 2008년 1월 5일)

여기에서는 사회적 기업가의 '온건한 실용주의'와 사회운동가들의 '급진적인 주의, 주장'이 대조되고 있는데, 전자는 사회 문제를 해결하는 데 좀더 '효과적'인 반면 후자는 무능하다는 점이 강조되고 있다. 사회적 기업가들이 사회운동가보다 유능하다는 증거는 '시장 안에서' 해답을 찾는 특징에서 도출되고 있다. 이렇듯 사회 변혁가로서 사회적 기업가 담론들은 진보와 보수에 상관없이 '더 나은 세상'을 위한 사회 변혁이라는 진보의 의제를 끌어들이되 시장 담론에 접합하는 반면, 사회운동가라는 또 다른 진보의 표상은 낡은 것으로 치부해 사회적 기업가에 대조시키고 있었다.

둘째, 사회적 기업가가 사회 변혁가로 묘사되고 있고 '바꾸다', '변화시키다', '혁신하다' 같은 사회 변혁의 언어들이 숱하게 등장하지만, 변혁과 투쟁의 대상이 불분명한데다, 변혁의 과정은 평화로운 유토피아적 광경으로 담론화된다. 사회적 기업가를 사회 변혁가로 담론화하는데도 사회적 기업가 담론 속에는 '투쟁', '갈등', '타도' 등 대결의 용어들은 거의 등장하지 않는다. 이런 특징은 사회적 기업가 담론 속에 사회 변혁을 가로막는 외부의 반동적 힘이나 세력들이 무엇인지가 거의 드러나지 않는다는 점하고 관계가 있다. 전통적으로 사회 변혁 담론들은 국가 권력이나 자본 같은 투쟁 대상을 분명히 해왔다. 그렇지만 사회 변혁가로서 사회적 기업가 담론 속에는 '세상'이나 '사회' 같은 막연하고 일반적인 대상 말고는 무엇을 변혁하자는 말인지, 그런 변혁을 가로막는 힘, 곧 투쟁 대상은 무엇인지에 관한 명확한 설명이 거의 없다. 사회적 기업가 담론 속에서 사회 변혁은 실체적 내용이 매우 빈약한 채 막연한 수사로 제기될 뿐이다. 그 결과 사회 변혁의 과정은 지배 세력에 맞선 투쟁과 갈등이 증발된 채 자연스럽고 평화로운 유토피아적 광경으로 제시된다. 이 점은 사회적 기업가 담론에서 사회 변혁이라는 일종의 사회적 일탈을 나타내는 언표와 행위들이 거부감 없이 받아들여지고 오히려 환영받을 수 있는 이유기도 하다.

셋째, 사회 변혁이 슘페터식 '창조적 파괴creative destruction'의 프레임 안으로 흡수돼 의미가 변형된다. 사회적 기업가 담론들 속에서 사회 변혁은 어떤 급진적 이론과 주의로 무장한 혁명가나 사회운동가들이 수행해온 전통적 의미의 지배 권력에 대항하는 저항적 실천으로 설명되지 않고, 창조성과 혁신성을 핵심 내용으로 하는 기업가 정신을 지닌 기업가들의 과제로 설명된다. 그런 점에서 사회적 기업가 담론들 속에 사회 변혁의 언표들이 많이 등장하지만, 사회 변혁의 실질적 내용은 차라리 슘페터류의 사회적 혁신에 더 가깝다. 따라서 이런 담론들 속에서 사회 변혁의 실천들은 현 체제를 위태롭게 할 수 있는 위험 요인이자 일탈 행위가 아니라, 자본주의 체제를 창의적으로 혁신해 갱신시킬 수 있는 원동력으로 긍정된다.

…… '사회적 기업가'야말로 세상을 바꾸는 사람이라는 것이다. …… 단순히 사회적 약자에게 기부를 하는 윤리적 의미의 '자선 사업가'가 아니다. …… 시장과 정부가 실패한 영역을 기업가의 창조적 발상으로 돌파하는 이들을 말한다. …… 사회봉사 단체 등 전통적 NGO들도 사회적 기업가 마인드로 무장할 때 '봉사의 효율'을 높일 수 있다. …… 더 나은 세상을 향한 문은 이상과 헌신만으로는 열리지 않는다. 가난·불평등이나 환경 위기 같은 사회적 문제를 풀어나가기 위해서는 가치 창조라는 본연의 '기업가 정신'이 필요하다. 《중앙일보》 2008년 10월 18일)

여기서 사회적 기업가는 '더 나은 세상'을 위해 '세상을 바꾸는 사람'으로 정의되고 있다. 그렇지만 세상을 바꾸는 실천의 실질적 내용은 전통적 비정부 기구 활동가들의 실천하고 다르게 '창조적 발상', '기업가 마인드', '기업가 정신'으로 무장된 기업가들의 '가치 창조' 활동이라는 측면에서 서술되고 있다. 이렇게 변형된 사회 변혁의 의미 구조 속에서 사회운동가들이 수행하는 사회 변혁의 실천은 시대에 뒤떨어진 비효율적인 행위로 표상되며, 기업가 정신에 충실한 기업가들의 혁신 활동이 급진적 사회 변혁이나 혁명 사상으로 무장한 사회운동가들의 실천을 대체한다.

이렇듯 사회 변혁의 언표들은 구체성을 결여한 채 막연한 추상적 수사 수준에 머물고 있으며, 사회 변혁의 과정은 유토피아적인 평화로운 과정으로 그려진다. 사회적 기업가들을 사회 변혁가로 표상하는 담론들은 내용적으로는 매우 공허하고 낭만화돼 있다. 그렇지만 그렇다고 해서 이런 담론들이 아무런 수행적 효과도 낳지 못하지는 않는다. 사회 변혁가로서 사회적 기업가 담론은 진보적 사회운동가들과 그 운동가들이 수행하는 사회 변혁 실천들의 스타일을 낡고, 실용적이지 못하며, 비정상적인 것으로 낙인찍는다. 그리고 특히 이런 담론들은 사회 변혁이라는 진보적 시민운동 진영의 언어를 혁신적 기업가의 '창조적 파괴'라는 시장의 언어에 접합하고, 전자를 후자의 프레임으로 재개념화한다. 이렇게 해서 사회 변혁의 담론들은 진보의 외양을 취하면서도 실제 내용에서는 자본주의 체제의 유지를 도모하는 기능을 수행한다. 또한 이런 담론 전략들을 통해 사회적 변혁가로서 사회적 기업가 담론들은 진보 진영을 신자유주의 헤게모니 블록 안으로 접합해내며, 그 결과 역설적으로 사회적 기업가들을 자본주의 체제의 혁신을 위한 동력으로 동원할 수 있게 된다.

구원자

사회적 기업가 담론에서 자주 등장하는 또 다른 주요 어휘군 중 하나는 '사회 문제', '해결', '취약 계층' 등 사회 문제들의 해결에 관련돼 있다. 사회적 기업가가 사회 문제의 '해결사'라는 주체로 담론화되고 있다는 뜻이다. 그렇지만 사회적 기업가들과 취약 계층 사이의 관계가 담론화되는 방식을 살펴보면, 사회적 기업가들은 단순히 사회 문제의 해결사라기보다는 취약 계층의 구원자에 가깝다. 구원자로서 사회적 기업가 담론은 크게 세 가지 주요 특징을 통해 구성되고 있다. 첫째, 취약 계층의 삶을 슬럼화되고 병리적인 상태로 표상해 치료받고 구원받아야 할 대상으로 담론화한다. 둘째, 취약 계층을 만들어낸 사회 구조적 측면보다는 취약 계층이 존재한다는 사실 자체가 초점이 되며, 그 결과 취약 계층들을 둘러싼 문제적 상황은 사회 구조가 아니라 개인들의 삶의 태도나 방식에서 기인한 산물로 담론화된다. 셋째, 사회적 기업가와 취약 계층의 관계는 연대와 소통에 기반한 쌍방향 관계가 아니라 일방적인 구원자와 피구원자 관계로 담론화된다.

먼저 사회적 기업 담론 속에는 '사회 문제'와 '해결'이라는 어휘가 꽤 자주 등장한다. 이런 특징은 사회적 기업 활동이 빈곤, 실업, 차별, 장애인 문제, 청소년 문제, 환경 문제 등 여러 사회 문제의 해결이라는 임무에 초점을 두고 있다는 점을 시사한다. 취약 계층이 직면한 삶의 문제들을 해결한다는 사회적 기업가의 주요 활동이 정당화되려면 취약 계층의 삶을 문제화할 수 있어야 한다. 사회적 기업가 담론은 취약 계층의 삶을 범죄, 폭력, 슬럼화, 비위생, 치안 불안 등 온갖 부정적 표상들로 덧씌운다.[3] 전형적인 사례 중 하나를 보자.

> 7년 전 그가 처음 방문했을 당시 고토부키 지역은 거리 곳곳에 널브러진 노숙자, 지린내로 진동하는 거리, 술에 취한 노숙자들이 저지르는 범죄 등으로 인해 경찰도 치안을 포기한 우범 지대였다. 하지만 오카베 씨는 "예전에는 밤에 퇴근하는 여성들이 이 거리가 무서워 아예 지나질 않고 멀리 돌아가곤 했는데, 지금은 여성들이 많이 다닌다"며 "마을 전체가 깨끗해졌다"고 했다. 《조선일보》 2012년 5월 22일

인용문에서 고토부키 지역은 '술에 취한 노숙자', '지린내 진동하는 거리' 같은 병리와 위생의 언표들, 그리고 '범죄', '경찰도 포기한 치안', '우범 지대', '무서(움)' 같은 치안의 언표들을 통해 병리적이고 슬럼화된 곳으로 묘사된다. 그리고 오카베라는 사회적 기업가의 노력을 통해 이 지역이 '깨끗해졌다'며 위생의 은유를 통해 사회적 기업가의 활동이 가져온 긍정적 결과를 묘사한다. 곧 취약 계층의 삶이란 '오염'되고 '병리적인' 삶이며, 또한 '술', '지린내', '범죄' 등으로 대표되는 노동 윤리의 부재, 무책임, 무질서를 특징으로하는 구원되고 해결돼야 할 삶이다. 사회적 기업가는 이런 병리적이고 슬럼화된 오염된 상황을 '깨끗'하게 소독하고 치료하는 일종의 의사로 표상됨으로써, 사회 문제의 해결을 지향하는 사회적 기업가의 활동에 정당성이 부여된다.

둘째, 사회적 기업가 담론은 빈곤층, 실업자, 비행 청소년 등 취약 계층을 만들어낸 사회 구조적 측면을 문제삼기보다는, 취약 계층 개개인의 능력이나 삶의 태도를 이런 사회 문제를 야기한 원인으로 담론화한다. 따라서 사회적 기업가 담론에서 사회 문제의 해결은 사회 구조를 비판하고 바꾸는 활동을 통해 성취되지 않고, 취약 계층의 삶의 태도와 방식을 고치고 능력을 배양시켜 그 사람들을 '정상적' 인간으로 개조하는 활동을 통해 가능한 일로 서술된다. 이때 개조돼야 할 취약 계층의 삶의 태도나 방식으로 흔히 거론되는 요소가 노동 윤리 부재, 자존감 부족, 의존성, 책임감 결여 등이다.

그 활동을 하면서 "나는 문제를 근본적으로 해결하고 있나"라는 의문이 들었다고 한다. '국제 청소년 금융Child and Youth Finance International'이라는 (교육 — 인용자) 기관을 세웠다. "아이들이 길바닥으로 내몰리는 것은 저축에 대한 개념이 부족하기 때문"이라는 판단에서다. …… 이것이 바로 아쇼카가 말하는 사회적 기업가 정신이다. (《조선일보》 2013년 3월 12일)

프랑스 빈곤층 사람들에게 새로운 꿈을 꾸게 하는 안데스 …… 그가 안데스를 처음 구상한 것은 1995년. 기존의 식품 또는 식권을 제공하는 식품 나눔 방식에 문제점을 발견하고 빈곤층 대상의 식료품점을 니에브르 지방에서 직접 열었다. "식품이나 식권을 나누어주는 방식은 받는 사람들이 식품을 선택할 수 있는 자유를 보장해주지 못합니다. 주는 대로 먹으라고 하니, 인간으로서의 존엄성이 상처를 받게 되죠. 자존감·독립심은 점점 사라지고 급기야는 원조와 공짜에 익숙해지고 길들여지게 됩니다." (《조선일보》 2010년 7월 13일)

첫째 인용문은 '아이들이 길바닥으로 내몰리는 것'을 문제화하면서 이 문제를 '근본적으로 해결하'는 방법으로 청소년 금융 교육을 제시한다. 물론

이 해법은 노숙 아동 문제의 근본 원인을 사회 구조적 측면이 아니라 노숙 아동이 '저축에 대한 개념이 부족'한 점에서 찾는 논리의 뒷받침을 받아 제기된다. 결국 이 인용문은 노숙 아동 문제는 사회 구조의 개조가 아니라, '저축에 대한 개념'을 체화시켜 노동 아동이 자기 삶을 남에게 기대지 않고 스스로 책임질 수 있는 독립적 존재로 개조되는 데 달려 있다는 담론을 만들어낸다.

둘째 인용문은 사회적 기업가 담론이 겨냥하는 인간 개조의 방향을 잘 보여준다. '식품 나눔 방식'은 빈곤층의 '존엄성'을 해치고, '자존감·독립심'을 키워주지 못해 '급기야는 원조와 공짜에 익숙'한 의존적 인간을 만들어내며, 결국 빈곤 상태에서 빠져나올 수 없게 만드는 방식이라고 비판받는다. 여기서 주목할 부분은 이런 논리가 '선택', '자유', '자존감', '독립심' 등 시장 모델에 기반한 자유주의의 인간 표상들을 통해 조직되고 있다는 점이다. 곧 사회적 기업가 담론의 목표는 사회 구조의 개조라기보다는, 가난한 사람들을 시장 모델에 따라 '인간으로서 존엄성', '자존감·독립심'을 품고 '자유'롭게 '선택'한 자기 삶의 결과를 스스로 책임질 수 있는 호모 에코노미쿠스homo economicus로 개조하는 일이고, 이것이 바로 '빈곤층 사람들'이 자활이라는 '새로운 꿈'을 꿀 수 있게 할 수 있는 방법이라는 논리다. 보수 신문의 텍스트들만 인용했지만, 이런 담론화 방식은 보수와 진보의 차이가 없었다. 진보와 보수를 막론하고 등장하는 '물고기를 잡아주는 것이 아니라 물고기를 잡는 방법을 가르쳐주는 사람'[4]이라는 사회적 기업가에 관한 상투적인 수사는, 사회적 기업가 담론에서 사회 문제의 원인을 사회 구조보다는 개인의 능력이나 생활 태도에서 찾는 현실을 압축적으로 보여준다. 그리고 진보와 보수 텍스트들 모두 한결같이 취약 계층이 정부에 의존하지 않고도 독립적으로 자립할 수 있는 능력을 키워주는 일을 사회적 기업가의 사명으로 제시하고 있었다.

구원자로서 사회적 기업가 담론의 셋째 특징은 사회적 기업가와 취약 계층을 대립시키고 그 둘의 관계를 수평적 연대가 아니라 수직적 위계의 틀에 위치시켜 담론화한다는 점이다. 근대를 대표하는 사회 변혁 운동들에 참여한 활동가들은 자기 자신과 대중들 사이의 계급 차이나 신분 차이를 극복하고 스스로 대중의 일부가 돼 공동으로 사회 변혁의 주체가 되는 관계를 추구했다. 가장 명확한 사례는 마르크스주의 변혁 운동이다. 한국에서도 1980년대 변혁 운동에 참여한 대학생 출신 엘리트들이 스스로 노동자가 돼 노동자 계급 의식으로 무장해서 노동자를 사회 변혁의 주체로 세우려 노력했다. 프롤레타리아트는 변혁의 주체였고, 엘리트 출신 활동가와 학생들은 스스로 프롤레타리아트화하거나 '노학 연대'라는 이름으로 변혁 운동의 연대를 추구했다. 앞서 살핀 대로 사회적 기업가 담론에서도 사회 변혁을 표상하는 용어는 많이 등장한다. 그런데 특이하게도 사회적 기업가 담론에서 사회 변혁의 주체는 사회 구조 속에서 가장 취약한 상황에 몰려 있는 다수 대중들이 아니라 사회적 기업가들로 담론화된다.

사회적 기업가들과 그 사람들이 도우려고 하는 취약 계층은 하나의 변혁 주체로 통일돼야 할 존재들이 아니라, 전자는 후자를 구원해야 하는 존재로 표상되고 후자는 전자에 이끌려 구원돼야 할 수동적 존재로 표상된다. 이때 사회적 기업가들이 취약 계층을 구원하고 사회 변혁을 할 수 있게 하는 힘은 프롤레타리아라는 '집합적 주체의 계급 의식' 같은 무엇이 아니라 '개별 사회적 기업가들의 기업가 정신'으로 제시된다.

혁신가의 정신은 여러 목적으로 사용될 수 있는데, 이를 사회 문제 해결에 적용하는 것이 사회적 기업가 정신입니다. …… 제대로 된 기업가는 돈만 생각하지 않습니다. 전혀 사업이 성공할 수 없을 것 같은 곳에서도 비전을 갖고 혁신을 만들어 냅니다. 그게 기업가 정신입니다. 사실 사회 부문의 혁신과 영리 기업의 혁신은 방법상 크게 다르지 않았지요. 다만 목적이 달랐을 뿐입니다. 영리 기업가의 목적이 시장의 기회를 취하는 것이라면, 사회적 기업가의 목적은 세상을 바꾸는 것입니다. 《한겨레》 2009년 11월 13일)

이 인용문에서 취약 계층들을 둘러싼 여러 사회 문제를 '해결'하고, '사회 부문의 혁신'을 이끌며, '세상을 바꾸는' 주체는 '기업가 정신'을 지닌 사회적 기업가로 표현된다. 그리고 앞서 살핀 대로 여러 사회 문제가 근본적으로 의존적이고 노동 윤리를 체화하지 못한 삶의 태도에서 기인한 사안으로 담론화된 만큼, 취약 계층은 기업가 정신을 지니지 못한 점에서 자기들을 둘러싼 사회 문제를 해결할 수 있는 주체 범주에서 배제된다. 결국 많은 종교적 서사에서 인간의 구원이 초월적 능력을 지닌 신적 존재를 통해서만 가능하듯이, 사회적 기업가 담론 속에서 취약 계층의 구원은 오로지 기업가 정신으로 무장한 사회적 기업가들을 통해서만 가능한 일로 담론화된다. 그런 점에서 사회적 기업가들과 그 사람들이 도우려 하는 취약 계층 사이의 관계는 일방향이다. 사회적 기업가 담론 속에서 '연대', '소통', '공동체', '공감' 등 사회적 기업가와 취약 계층 사이의 협력적 상호 작용을 표현하는 용어가 많이 등장한다. 그렇지만 이 용어들은 공동의 문제를 해결하기 위한 양자 사이의 협력적 연대를 묘사하기보다는, 전자가 후자를 구원함으로써 결과적으로 생겨나는 미래의 이상화되고 낭만적인 상태를 가리키는 공허한 수사에 불과하다는 점을 보여줄 뿐이다.

윤리적이고 도덕적인 존재

지금까지 살펴본 변혁가로서 사회적 기업가, 취약 계층의 구원자로서 사회적 기업가라는 담론화 방식들은 사회적 기업가들의 핵심 구실과 지향점에 초점을 뒀다. 이제 좀더 깊은 차원에서 그런 구실이나 활동을 가능하게 하는 사회적 기업가의 능력과 자질이 담론화되는 방식에 초점을 둬 살펴보자. 사회적 기업가가 갖춰야 할 능력과 자질들로 가장 자주 언급되는 요소는 타인을 생각하는 공감과 공생의 자세 같은 공동체적인 윤리적이고 도덕적인 자질, 그리고 경영인으로서 갖춰야 할 기업가 정신과 전문 경영 능력이다.

앞서 살핀 대로 가장 자주 출현하고 있는 주요 어휘 범주들 중 하나가 공동체 가치 지향 어휘들이었다. 이런 특징은 사회적 기업가의 정체성이 공동체 가치 지향이라는 측면하고 밀접히 관련된 속에서 담론화되고 있다는 점을 시사한다. 사회적 기업가 담론들은 사회적 기업가가 갖춰야 할 자질로 공동체를 지향하는 가치들, 이를테면 타인하고 공감할 줄 아는 능력, 윤리적이고 도덕적인 자질들을 제시한다.

사회적 기업가의 핵심 자질은 무엇이라고 생각하나. 사회적 기업이 직원들을 채용할 때는 공감, 유연성, 윤리적 가치에 초점을 둔다. 교육과 자격증은 중요한 자질이 아니다. 성공한 사회적 기업들은 전문가들을 쓰지 않기 때문에 더욱 성장할 수 있었다. 빈민층에게 소액 대출을 해주는 방글라데시의 그라민 은행은 채용 시 은행 근무 경험이 없는 사람들을 선호한다. 그라민 은행의 창립자이며 노벨 평화상 수상자인 내 친구 유누스는 MBA 학위 소지자는 채용하지 않는다. 전문성보다는 인간적인 자질이 더 중요하다는 뜻이다. 《경향신문》 2010년 10월 18일)

인용문은 '공감, 유연성, 윤리적 가치' 같은 '인간적인 자질'이 '교육과 자격증' 또는 경영 '전문성'보다 사회적 기업가에게 더 중요한 자질이라고 말하고 있다. 그런데 인간적 자질이 단순히 어려운 처지에 놓인 사람을 불쌍히 여기는 소극적 감정이나 태도를 의미하지는 않는다. 윤리적이고 도덕적인 자질들은 사회적 기업을 운영하고 사회를 바꿔갈 수 있게 하는 적극적 힘으로 기술된다.

사회적 기업가는 훌륭한 조직가여야 한다. 사람들을 움직이는 힘의 원천은 무엇인가.
사회적 기업가가 발휘하는 힘의 원천은 매우 높은 수준의 윤리적 자질이다. 사회적 기업가는 사람들에게 얼핏 비합리적인 일을 하자고 요구한다. 그럼에도 주변에서는 사회적 기업가의 요청에 부응한다. 사회적 기업가가 신뢰받기 때문이다.

《경향신문》 2010년 6월 4일)

인용문을 보면 사회적 기업가가 지닌 '높은 수준의 윤리적 자질'을 통해 확보된 '신뢰'는 주변 사람들을 움직여 경제적 합리성의 관점에서 '비합리적인 일'처럼 보일 수도 있는 사회적 기업가의 과업을 가능하게 할 수 있는 '힘의 원천'이 된다. 그런 점에서 사회적 기업가 담론들은 사회적 기업가는 자기 과업을 수행하기 위해 먼저 윤리적이고 도덕적인 존재가 돼야 한다고 강조한다. 앞서 수행된 어휘 연결망 분석에서 확인한 대로 특히 진보의 어휘 연결망에서 공동체 가치 지향 범주에 속하는 몇몇 어휘가 상대적으로 독립된 어휘 군집을 형성하고 있었다. 이런 특징은 특히 진보의 사회적 기업가 담론에서 공동체 가치 지향과 관련한 하위 담론, 이를테면 사회적 기업가를 윤리적이고 도덕적인 존재로 재현하는 목소리가 좀더 뚜렷하게 존재하리라는 점을 시사한다. 실제 심층 분석에서도 보수의 사회적 기업가 담론보다는 진보의 사회적 기업가 담론들에서 사회적 기업가의 공동체 가치 지향, 곧 윤리적이고 도덕적인 자질이 상대적으로 더 강조되는 경향이 있었다. 그렇지만 상대적 차이일 뿐 진보의 담론과 보수의 담론을 가르는 결정적인 기준은 되지 못했다. 진보나 보수 할 것 없이 사회적 기업가 담론들 속에서 공동체 지향의 가치들이 사회적 기업가의 정체성을 규정하는 주요 요소로 언급되고 있었고, 그 결과 사회적 기업가들은 윤리적이고 도덕적인 존재로 표상되고 있었다.

전문 경영인

앞서 수행된 주요 어휘 출현 빈도 분석 결과에서 알 수 있듯이 시장과 경영 관련 어휘들은 사회적 기업가 담론을 구성하는 가장 두드러진 어휘였다. 특히 경영인다운 전문 경영 능력과 기업가 정신은 사회적 기업가의 자질로 가장 자주 언급되는 어휘였다. 사회적 기업가 담론은 사회적 기업가로서 사회적이고 공익적인 목적을 추구하더라도 먼저 기업가로서 지녀야 할 태도와 능력이 없으면 목적을 달성할 수 없다는 논리를 제시한다. 다음 인용문은 사회적 기업가를 기업가 정체성에 확고하게 위치시키고 있는 한 사례다.

사회적 기업가란 무엇인가. 단순히 사회적 약자에게 기부를 하는 윤리적 의미의 '자선 사업가'가 아니다. 시장과 정부가 실패한 영역을 기업가의 창조적 발상으로 돌파하는 이들을 말한다. …… 사회봉사 단체 등 전통적 NGO들도 사회적 기업가 마인드로 무장할 때 '봉사의 효율'을 높일 수 있다. …… 이베이의 공동 설립자이자 자선 사업가인 피에르 오미디아르는 "이 세상에 영향을 주려면 사업성의 측면을 간과해서는 안 된다"고 말한 바 있다. 스위스의 백만장자 기업가인 슈테판 슈미트하이니는 '기부' 대신 '투자'라는 용어를 쓴다. …… 기부 역시 투자의 일종으로서 보상이 필요하다. 더 나은 세상을 향한 문은 이상과 헌신만으로는 열리지 않는다. 가난·불평등이나 환경 위기 같은 사회적 문제를 풀어나가기 위해서는 가치 창조라는 본연의 '기업가 정신'이 필요하다. 《중앙일보》 2008년 10월 18일)

인용문은 사회적 기업가를 '윤리적 의미의 자선 사업가'하고 구별한 뒤 '기업가의 창조적 발상'이라는 말을 통해 정의하고 있다. 심지어 '전통적 NGO들도 사회적 기업가 마인드로 무장'해야 한다고 요구한다. 사회적 기업을 비롯해 사회봉사 단체와 비정부 기구 등이 추구하는 사회적 활동과 공익적 활동은 '사업성', '투자', '가치 창조', '기업가 정신' 같은 시장의 용어들을 통해 재정의된다. 결국 사회적 기업은 사회적 '기업'이고, 사회적 기업가는 사회적 '기업가'인 셈이다. 따라서 사회적 기업가를 양성하는 교육 프로그램들도 사회적 기업가에게 전문 경영 지식을 전수하는 데 초점을 둔다. 성공회대 사회적기업연구센터, 한겨레경제연구소, 시민단체 등 전반적으로 진보 성향인 조직들이 공동으로 만든 풀뿌리사회적기업가학교의 교육 과정을 살펴보자.

지난해에 시작한 '사회적기업가학교'는 …… 소외된 이웃들의 아픈 현실을 어루만지는 기업가를 양성하기 위해 벌인 일이다. …… 사회적기업가학교는 전문성과 현장성을 두루 배울 수 있도록 다양한 커리큘럼을 구성하고 있다. 그래서 교육 과정을 사회적 기업의 이론적 탐구에서부터 창업과 경영의 기초 및 전문 과정에 이르기까지 촘촘히 짜고 있다. 2009학년도에는 기초 과정, 조직디자인 과정, 의료생활협동조합 설립 과정, 사회적기업가 엠비에이MBA, 청년사회혁신가 과정, 비영리 마케팅 등 6개 강좌가 개설되었고, 200여 명이 수료하는 성과를 올리기도 하였다. 《한겨레》 2010년 4월 14일》

인용문에서 보듯이 사회적 기업가 양성 기관의 교육 과정과 일반 전문 경영인 양성을 위한 경영대학원의 교육 과정 사이에 차별성을 찾기 힘들다. 이런 담론들 속에서 사회적 기업가는 전문 경영인이라는 주체로 표상된다.

3. 정체성 — 다양한 주체 형태들 사이의 위계적 접합

지금까지는 사회적 기업가 담론에서 사회적 기업가가 어떤 형태의 주체들로 담론화되는지 살펴봤다. 그리고 분석적으로 사회적 기업가가 변혁가, 구원자, 윤리적이고 도덕적인 존재, 전문 경영인이라는 주체 형태들을 통해 다양하게 표상되고 있다는 사실을 확인했다. 그렇지만 사회적 기업가 담론 안에서 사회적 기업가는 이 네 개의 주체 형태로 서로 분리된 채 표상되지 않고, 때로는 이질적이고 모순적이기도 한 이런 주체 형태들의 접합적 총체로 표상된다. 문제는 이 네 개의 주체 형태 중 어느 것이 이 총체의 지배적 중심이 돼 나머지를 위계적으로 접합하는지다.

사회 변혁가 주체와 구원자 주체는 사회적 기업가의 활동이 지향하는 목적이라는 측면에서 사회적 기업가가 담론화되는 주체 형태다. 사회적 기업가 담론은 한결같이 이런 목적을 달성하기 위해, 달리 말해 사회 변혁가이자 구원자로서 사회적 기업가가 되기 위해, 사회적 기업가는 먼저 윤리적이고 도덕적인 존재이자 전문 경영인의 자질과 능력을 갖춰야 한다는 점을 강조한다. 따라서 사회적 기업가 담론에서 다양한 주체 형태들을 위계적으로 접합하는 핵심 구실은 윤리적이고 도덕적인 존재라는 표상이나 전문 경영인이라는 표상이 맡을 수밖에 없다. 두 주체 형태 중 어느 것이 더 중심 구실을 하는지 알아보기 위해 텍스트들에서 윤리적이고 도덕적인 주체로서 지녀야 할 자질과 능력, 전문 경영인이라는 주체로서 지녀야 할 자질과 능력 중 무엇이 더 중요한 요소로 담론화되는지 살펴봤다.

먼저 두 단계의 분석을 진행했다. 첫째 단계는 개별 텍스트들을 단위로 해 몇 개의 텍스트들에서 각각의 자질이나 능력이 사회적 기업가에게 필요한 요소로 언급되는지를 진보 신문과 보수 신문으로 나눠 파악했다. 둘째 단계에서는 두 유형의 자질과 능력들 모두 다 필요하다고 언급하는 텍스트들을 대상으로, 전체 맥락 속에서 둘 중 어느 것을 더 중요한 자질이나 능력으로 제시하는지 구분해 결과에 반영했다. 마찬가지로 정치 세력 사이의 비교를 위해 진보 신문과 보수 신문으로 나눠 파악했다. 이때 단지 사회적 기업가가 어떤 사람인지를 정의하는 수준의 소극적 진술은 분석 대상에서 배제했고, 비교적 명확한 형태로 사회적 기업가에게 필요한 자질이나 능력이 무엇인지를 언급하는 진술들을 포함한 기사들에 한정했다.[5] 이 기준에 따라 두 유형의 자질이나 능력들 중 하나 이상을 언급하는 텍스트를 33건(진보 신문 20건, 보수 신문 13건) 추출해 분석 대상으로 삼았다. 또한 '혁신 정신' 같은 표현이 사회적 기업가에게 필요한 자질로 꽤 많이 언급되고 있었다. 조지프 슘페터가 혁신 정신을 기업가 정신의 핵심으로 규정하기는 했지만(Schumpeter 2008), 전통적 의미에서 기업가의 전형적인 자질이나 능력으로 보기에는 외연이 너무 넓고 모호하다고 판단해 '경영 혁신 능력'이나 '기술 혁신 정신' 등으로 명확히 표현한 경우 말고는 전문 경영인에게 필요한 능력이나 자질의 범주에서 배제했다. 결과는 **그림 16**과 **그림 17**로 정리했다.

그림 16은 윤리적이고 도덕적인 자질과 능력, 전문 경영인의 자질과 능력이 사회적 기업가들의 필수 요건으로 언급된 기사 수를 진보 신문과 보수 신문으로 나눠 비교한 결과다. 많은 텍스트들에서 두 유형의 자질과 능력들이 모두 제시되고 있었지만, 전반적으로 윤리적이고 도덕적인 자질과 능력보다는 전문 경영인의 자질과 능력이 더욱 강조되고 있다는 사실을 알 수 있다. 이런 양상은 진보 신문과 보수 신문 사이에서 차이가 거의 없었다.

그림 17은 두 유형의 자질과 능력들이 모두 필요하다고 제시하고 있는 텍스트들 안에서 강조점이 그 둘 중 어디에 있는지를 반영한 표다. 이 결과를 보면 사회적 기업가 담론이 그 두 유형의 자질들 중 무엇을 더 많이 강조하고 있는지가 훨씬 뚜렷하게 드러난다. 전문 경영인의 자질과 능력을 강조하는 텍스트가 윤리적이고 도덕적인 자질과 능력을 강조하는 텍스트들보다 3배 정도 많으며, 여기에서도 진보 신문과 보수 신문 사이에는 큰 차이가 없었다.

이 결과는 사회적 기업가 담론 속에서 윤리적이고 도덕적인 존재로서 사회적 기업가라는 주체 형태보다는 전문 경영인으로서 사회적 기업가라는

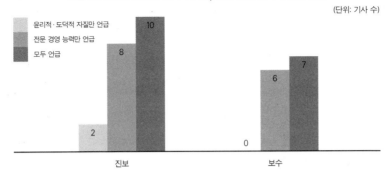

그림 16. 윤리적 자질과 도덕적 자질, 전문 경영 능력의 언급 빈도

(단위: 기사 수)

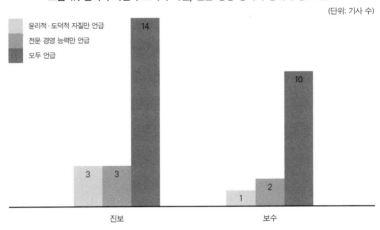

그림 17. 윤리적 자질과 도덕적 자질, 전문 경영 능력의 상대적 강조 빈도

(단위: 기사 수)

주체 형태가 나머지 주체 형태들을 위계적으로 접합하는 핵심 주체 형태라는 점을 보여준다. 곧 사회적 기업가 담론이 사회적 기업가를 담론화하는 가장 지배적인 형태는 '사회적 기업가는 먼저 기업가 정신으로 무장한 전문 경영인으로서 사회적 목적과 공익적 목적을 추구할 때(윤리적이고 도덕적인 존재) 좀더 효과적으로 세상을 바꾸고(변혁가) 취약 계층을 둘러싼 문제를 해결할(구원자) 수 있다'는 논리 구조라는 말이다. 다음 인용문은 다양한

주체 형태들이 결국 전문 경영인으로서 사회적 기업가라는 주체 형태로 흡수되고 통합되는 대표적인 담론적 방식을 보여준다.

사회사업social business과 사회적 기업가 정신social entrepreneurship은 구분해야 합니다. 사회적 사업이란 돈을 벌면서 사회적 성과를 내는 것을 말합니다. 그러나 사회적 기업가 정신은 이런 정의를 넘어서는 것입니다. 사회적 기업가 정신은 사회 문제를 해결하는 혁신적 정신을 뜻하는 것입니다. …… 사회 전체를 바꾸어 문제를 해결하는 것에 관심을 갖는 것입니다. 바로 혁신가의 정신이라고 할 수 있지요. …… 이들은 창조적 파괴자이며, 새로운 모델의 소개자이며, 역할 모델이기도 하지요. …… 혁신가의 정신은 여러 목적으로 사용될 수 있는데, 이를 사회 문제 해결에 적용하는 것이 사회적 기업가 정신입니다. …… 제대로 된 기업가는 …… 혁신을 만들어 냅니다. 그게 기업가 정신입니다. 사실 사회 부문의 혁신과 영리 기업의 혁신은 방법상 크게 다르지 않았지요. 다만 목적이 달랐을 뿐입니다. …… 지금 가장 많은 기업가 정신이 필요한 곳이 바로 정부(미국 ─ 인용자)입니다. …… 이제 정부 섹터도 변할 때가 되었습니다. 비효율적이고 비창조적이라는 지금 정부에 대한 비판을 30년 전 사회 부문도 받았습니다. 사회적 기업가 정신을 갖춘 혁신이 이런 비판을 없애 주었지요. 정부도 그렇게 할 수 있습니다. 《한겨레》 2009년 11월 13일)

인용문에서 사회적 기업가는 '사회 전체를 바꾸어 문제를 해결하는 것에 관심을 갖는' 사람들로 정의된다. 사회적 기업가는 사회 문제를 해결해 사회적 약자들을 고통에서 구원하려 하는 존재, 그리고 전체 사회를 바꾸려 하는 사회 변혁기로 표상되고 있다. 사회직 기업가는 기성 질서와 체세에 저항하면서 다수의 사회적 약자들을 위해 사회를 변혁하려 하는 사회 변혁가의 이미지로 그려진다. 그렇지만 이런 사회적 기업가의 태도가 지닌 핵심이

'혁신적(가)의 정신'이라는 말로 규정되고 있는 점, 그런 점에서 사회적 기업가들이 '창조적 파괴자'로 규정되고 있는 점에 좀더 주목해야 한다.

'혁신'이나 '창조적 파괴' 같은 말들이 시사하듯, 이 인용문에서 사회적 기업가는 오스트리아 출신의 미국 경제학자 조지프 슘페터가 제기한 '기업가 정신'의 프레임 안에서 의미가 구성되고 있다. 슘페터는 경제 발전과 사회 발전의 원동력을 시장과 경제의 내적 메커니즘에서 찾고, 특히 개별 기업가의 자발성, 창의성, 혁신 정신, 리더십 같은 기업가 정신을 핵심으로 봤다 (Schumpeter 2008). 따라서 정부의 존재나 경제에 관한 정부의 규제는 경제의 역동성과 기업가들의 혁신 정신을 가로막는 주요 장애물로 파악됐다. 이런 슘페터주의의 기업가 정신 프레임 속에서 사회적 기업가를 담론화하고 있기 때문에, 이 인용문은 '기업가 정신'과 '사회적 기업가 정신' 사이에 본질적 차이가 없다는 점을 강조한다. 또한 가장 '비효율적이고 비창조적'인 요소인 '정부'는 기업가 정신으로 상징되는 시장 패러다임을 통해 재조직돼야 할 대표 분야로 비판받는다.

그런 점에서 사회적 기업가란 기업가 정신을 사회 부문에 적용하는 또 다른 형태의 기업가인 셈이다. 사회적 기업가 담론에서 사회적 기업가의 주체성을 규정하는 본질적 요소는 사회 변혁가 모델보다는 혁신적 기업가 모델 또는 전문 경영인 모델이다. 관련 담론 속에서 사회적 기업가의 주체성을 지배하는 모델은 레닌 모델(혁명적 사회 변혁가), 예수 모델 (구원자), 마더 테레사 모델(타인의 고통에 공감할 수 있는 윤리적이고 도덕적인 존재)이 아니라 스티브 잡스 모델(혁신적 기업가)인 셈이다. 요컨대 지배적인 사회적 기업가 담론은 근본적으로 시장 패러다임 위에 조직돼 있다.

결국 사회적 기업가를 규정하는 핵심 정체성은 전문 경영인이다. 많은 사회적 기업가 담론들이 사회적 기업가나 사회적 기업의 '새로움'을 강조하며, 기성의 주체나 조직들을 상대로 연속성을 부정하는 수사를 자주 사용한다

(Dey and Steyaert 2010). 그렇지만 분석 결과는 정확히 말하면 사회적 기업가나 사회적 기업은 '새로운' 무엇이 아니라 단지 '다른' 형태의 전문 경영인이자 기업일 뿐이라는 점을 시사한다. '새로움'이라는 수사는 사회적 기업가 담론이 보수의 신자유주의 논리에 기반하고 있는 현실을 은폐하는 동시에 진보를 비롯한 다수 대중들에게서 동의를 통한 헤게모니를 획득하기 위한 담론 프레임이라고 할 수 있다. 또한 진보 담론들이 보수의 담론들하고 큰 차별성 없이 사회적 기업가를 슘페터주의의 기업가 정신 프레임 안에 위치시켜 전문 경영인으로 표상하는 등 근본적으로 시장 패러다임 위에서 조직되고 있다는 점에서, 진보 세력의 사회적 기업가 담론은 보수의 시장 담론 또는 신자유주의 담론의 헤게모니에 포획돼 있다.

4. 모든 사람을 사회적 기업가로 — 사회화된 호모 에코노미쿠스 만들기

사회적 기업가라는 담론적 주체 형태는 단지 사회적 기업을 운영하는 특수한 사람들만을 대상으로 하지 않는다. 겨냥하는 대상은 모든 국민이고, 모든 인간이다. 한국 진보적 시민운동을 상징하는 인물이자 대표적인 사회적 기업가인 박원순의 말을 다시 살펴보자. "무엇보다 국민 모두가 기업가 정신을 먼저 가져야 한다. 우리나라 수정 헌법 제1조 1항은 '대한민국 모든 국민은 소기업 사장이 될 수 있다'로 바뀌었으면 한다."[6]

이 말은 한 개인의 돌출성 발언이 아니다. 세계에서 가장 크고 영향력 있는 사회적 기업가 지원 단체인 아쇼카 재단Ashoka과 스콜 센터Skoll Center를 이끄는 지도자들도 비슷한 말을 한다. 사회적 기업가라는 용어를 창안해 전세계 사회적 기업가들의 구루로 통하며 아쇼카 재단을 이끌고 있는 빌 드레이튼Bill Drayton은 아쇼카의 목표가 '(뛰어난 사회적 기업가인 유누스처럼 — 인용

자) 혁신가의 비전을 모든 사람이 갖는 사회를 만드는 것'이라고 말한다《한겨레》 2009년 11월 13일). 스콜 센터의 창립 멤버이자 옥스퍼드 대학교 최초의 사회적 기업가 정신 분야 종신 교수로서 기업가 정신 분야의 최고 권위자로 알려진 알렉스 니콜스Alex Nicholls는 '처음부터 모든 사람은 이미 사회적 기업가'라고 말한다《조선일보》 2012년 7월 10일). 유명 사회적 기업 운동가들이 한 이런 말들은 사회적 기업가 담론이 특수한 부류의 사람뿐 아니라 모든 사람을 대상으로 하는 보편적 주체 생산의 구도 속에서 구성되고 있다는 점을 시사한다. 곧 사회적 기업가 담론은 사회 혁신이나 사회 문제의 해결을 위해 모든 사람이 기업가 정신으로 무장하는 상태를 목표로 한다.

인간 일반을 포괄하는 보편적 주체화 담론으로서 사회적 기업가 담론은, 국가에 연관돼 권리와 의무의 담지자로 정의되는 '시민'이라는 보편적 '정치 주체'를 기업가 정신을 본질로 하는 '기업가'라는 '경제 주체'로 대체하는 담론 기획이라는 관점에서 바라봐야 한다. 그럼 사회적 기업가 담론은 왜 시민이라는 보편 주체를 기업가라는 주체로 대체하려는 걸까? 이 물음에 답하려면 사회적 기업가 담론 속에서 국가와 민간이 어떻게 담론화되는지 주목해야 한다. 진보와 보수를 막론하고 사회적 기업가 담론들은 국가나 정부를 무능하고, 비효율적이며, 개인의 자발성을 억압하는 부정적 존재로 묘사한다. 반면 개인과 민간은 유능하고, 효율적이며, 자발성과 창의성이 넘쳐나는 존재로 서술한다. 전통적으로 사회적 약자를 보호하기 위한 국가의 적극적 구실을 강조하는 진보 진영의 텍스트를 살펴보자.

경제 권력이 시민사회로 이동하고 있다. …… 마이시4의 공동 창업자 마스 카에르Mads Kjaer는 이 놀라운 성공의 비결로 "세상을 바꾸기 위한 파트너로 정부나 자본 대신 '개인'을 선택한 덕분"이라고 말했다. 개인의 자발성을 이끌어내는 데 권력이나 자본의 힘은 한계에 이르렀다는 분석도 덧붙였다. 이렇게 되면 시민을 통제하려는 정부 대신 시민을 대변하는 엔지오가, 시민에게서 이윤을 얻으려는 다국적 기업 대신 시민에게 성과를 돌려주려는 사회적 기업이 경제의 주도권을 쥐게 된다는 것이다. 《한겨레》 2009년 3월 30일)

인용문에서 '정부'는 '개인의 자발성'을 억압하는 부정적인 힘으로 묘사되는 반면, '개인'은 '세상을 바꾸기 위한 파트너'로서 '자발성'을 특징으로 하는 존재로 긍정된다. 그밖에도 사회적 기업가 담론 안에서 '정부가 해결하지 못한 일을 (사회적) 기업이 할 수 있다'며 정부를 '무능'이라는 표상에 연결시키거나, '국가 실패'를 당연시하는 진술들은 흔하게 발견된다. 사회적 기업가 담론이 국가를 최소화하면서 시장과 민간의 주도성을 통해 사회를 재조직화하려는 신자유주의 통치 효과 안에서 작동하고 있다는 사실을 보여주는 증거들이다.

신자유주의 통치가 최소 국가를 지향하는 한, 국가를 상대로 한 관계 속에서 권리와 의무의 주체로 정의되던 시민이라는 보편적 정치 주체 범주는 다른 범주로 대체될 필요가 생긴다. 신자유주의 통치 속에서 그동안 시장으로 간주되지 않던 일체의 영역들이 시장으로 간주된다(Foucault 2008). 따라서 이제 국가보다는 시장을 상대로 한 관계 속에서 개인들의 주체성이 새롭게 규정돼야 한다. 다시 말해 개인들은 권리와 의무가 아니라, 경영 능력, 기업가 정신, 그리고 국가를 대신해 기꺼이 스스로 사회 문제를 해결하려 하는 사회적 책임 윤리의 관점에서 정의되는 사회적 기업가라는 새로운 주체로 변형돼야 한다.

푸코 자신을 비롯해 많은 푸코주의 통치성 분석들은 신자유주의 통치가 개인을 기업가 정신과 개인적 책임의 윤리를 내면화해 자기 삶을 스스로 책임지는 자조self-help의 호모 에코노미쿠스라는 주체로 변형한다고 지적했다(Foucault 2008: Rimke 2000: Dean 2006: 2010: Rose 1999a: 2007: Rose and Miller 1992: Cruikshak 1996). 그렇지만 사회적 기업가라는 주체는 단순히 개인적 책임과 자조의 태도를 특징으로 하는 호모 에코노미쿠스로 환원될 수 없다. 레세니히가 쓴 용어를 빌리면, 사회적 기업가라는 주체는 자기 삶에 관한 개인적 책임을 넘어 타인의 삶도 기꺼이 책임지려고 하는 '사회화된 호모 에코노미쿠스'다(Lessenich 2011). 푸코는 근대의 통치가 개별화하는 동시에 총체화하는 상반된 권력 테크놀로지들을 통해서 작동한다고 여러 곳에서 지적한다(Foucault 2000a, 325; Foucault 1982, 213). 특히 개별화된 개인들이 하나로 통합되는 과정을 둘러싼 통치 테크놀로지를 분석해야 할 필요성을 제기했으며, 이런 총체화의 권력 테크놀로지를 '개인들에 대한 테크놀로지'라고 불렀다(Foucault 2000b). 개인들에 대한 테크놀로지는 '개인들이 자기를 한 사회의 구성원으로 인식하게 되는 방식'을 가리키는 용어로, 그런 테크놀로지들에 관한 탐구는 사회 통합, 곧 '사회는 어떻게 가능한가'라는 사회학의 근본 질문에 답하려는 푸코 나름의 노력이라고 할 수 있다.

근대 국가의 각종 사회 보장 제도들은 이런 개인들에 대한 테크놀로지의 가장 대표적 형태라고 할 수 있다.[7] 그렇지만 최소 국가를 지향하는 신자유주의 통치성 아래에서는 사회적 책임의 윤리를 체화한 주체가 되라는 요구를 받는 개인들이 국가가 해야 할 사회 통합 기능을 대신 수행한다(김주환 2012). 사회적 기업가 담론은 국가의 비효율과 무능력을 지적하면서 국가 기능의 최소화를 정당화하는 동시에 개인들을 주변의 사회적 약자들의 삶을 보살피는 존재로 구성한다. 그런 점에서 사회적 기업가 담론은 전통적으로 국가의 기능이던 사회 통합의 과제를 개인이 대신하게 만들려는 신자유주의 통치의 연장선에서 이해해야 한다.

5. 또 다른 전문 경영인 — 사회적 기업가와 신자유주의 통치

지금까지 사회적 기업가 담론에서 사회적 기업가는 네 가지 유형의 주체 형태로 담론화되고 있다는 사실을 확인할 수 있었다. 바로 사회 변혁가, 취약 계층의 구원자, 윤리적이고 도덕적인 존재, 전문 경영인이다. 사회 변혁가로서 사회적 기업가 담론은 현재의 상황과 기성의 사회운동가들을 문제화하고 새로운 미래와 새로운 사회적 기업가를 이상화하면서 그 둘을 대립시키는 형태를 취하고 있었다. 그리고 사회 변혁의 과정은 변혁을 가로막는 반동적 힘에 맞선 투쟁 없이 평화롭고 자연스럽게 성취될 수 있는 이상화되고 낭만적인 과정으로 묘사되고 있었다. 또한 사회 변혁이라는 말은 무엇이 변혁돼야 하는지에 관한 구체성이 결여된 추상적 수사로 존재할 뿐이었다.

구원자로서 사회적 기업가 담론은 취약 계층의 삶을 슬럼화되고 병리적인 삶으로 표상했다. 또한 취약 계층의 삶을 둘러싸고 벌어지는 다양한 사회 문제들을 야기한 원인은 사회 구조적 차원이 아니라 취약 계층 개개인들의 삶의 태도나 방식에 있다고 담론화됐다. 취약 계층은 자기를 둘러싼 여러 사회 문제에서 자기 자신을 해방시킬 수 있는 잠재력을 지닌 주체가 아니라 사회적 기업가에 이끌려 구원돼야 할 수동적 대상으로 표상된 반면, 사회적 기업가는 그런 취약 계층을 구원할 수 있는 능력을 지닌 능동적 주체로 표상됐다. 한편 사회 변혁가이자 취약 계층의 구원자가 될 수 있으려면 사회적 기업가가 먼저 윤리적이고 도덕적인 자질과 능력에 더해 전문적 경영 지식과 노하우를 지닌 존재가 돼야 한다고 서술되고 있었다. 요컨대 사회적 기업가는 일단 윤리적이고 도덕적인 존재이자 전문 경영인이라는 주체로 표상되고 있었다.

사회적 기업가 담론 속에서 사회적 기업가는 이 네 개의 주체 형태들로 분리돼 존재하지 않고 그런 다양한 주체 형태들의 총체로 서술되고 있었다.

그렇지만 그 넷 중 나머지 셋을 지배하며 사회적 기업가라는 주체의 정체성을 규정하는 핵심 주체 형태는 전문 경영인이라는 주체 형태였다. 사회적 기업가 담론은 전문 경영인이라는 핵심 주체 형태를 중심으로 나머지 형태의 주체 형태들이 접합하는 구조를 갖고 있었다. 결국 사회적 기업가를 규정하는 가장 지배적인 담론 형태는 '사회적 기업가는 먼저 기업가 정신으로 무장한 전문 경영인으로서 사회적 목적과 공익적 목적을 추구할 때(윤리적이고 도덕적인 존재) 좀더 효과적으로 세상을 바꾸고(변혁가) 취약 계층을 둘러싼 문제를 해결할(구원자) 수 있다'는 논리 구조였다. 따라서 사회적 기업가는 '새로운' 존재라기보다는 '다른' 형태의 전문 경영인이라고 할 수 있다.

사회적 기업가 담론은 단지 사회적 기업을 운영하는 몇몇 특수한 사람들만을 겨냥하고 있지 않았다. 그런 담론은 모든 사람을 사회적 기업가로 만들려고 하는 보편 주체화 기획으로 작동한다. 보편 주체화 기획으로서 사회적 기업가 담론은 국가에 연관돼 권리와 의무의 관점에서 정의되는 시민이라는 보편 주체를 타인에 관한 책임과 기업가 정신을 통해 정의되는 사회적 기업가라는 보편 주체로 대체하는 형식을 취한다.

흥미로운 점은 이런 사회적 기업가 담론이 국가를 시장과 개인에 대조시켜, 전자를 비효율적이며 무능한 조직으로 표상하고 후자를 효율적이며 자발성과 창의성으로 넘쳐나는 존재로 표상하는 담론에 결합돼 있다는 사실이다. 이런 특징은 사회적 기업가 담론이 시장 바깥의 영역으로 간주되던 모든 영역을 시장으로 간주한 뒤 그 영역들을 시장의 원리에 따라 재조직하려 하는 신자유주의 통치의 자장 안에서 조직되고 있는 담론 형태라는 점을 시사한다. 따라서 사회적 기업가 담론은 신자유주의를 극복하려 하는 대항 신자유주의 담론이라기보다는 신자유주의를 강화하는 전형적인 신자유주의 담론이라고 할 수 있다.

주목할 부분은 앞서 설명한 사회적 기업가 담론의 특징들에서 진보의 사회적 기업가 담론과 보수의 사회적 기업가 담론 사이에 의미 있는 차이가 없었다는 점이다. 따라서 사회적 기업가 담론 속에서 진보는 보수하고 구별될 만한 독자적인 대항 헤게모니 담론을 만들어내는 데 실패한데다가 보수가 행사하는 신자유주의의 담론적 헤게모니에 포획돼 있다. 결국 진보의 사회적 기업가 담론은 의도하지 않게 보수의 사회적 기업가 담론하고 맺은 동맹 관계 속에서 신자유주의 통치의 강화라는 결과로 나아간다.

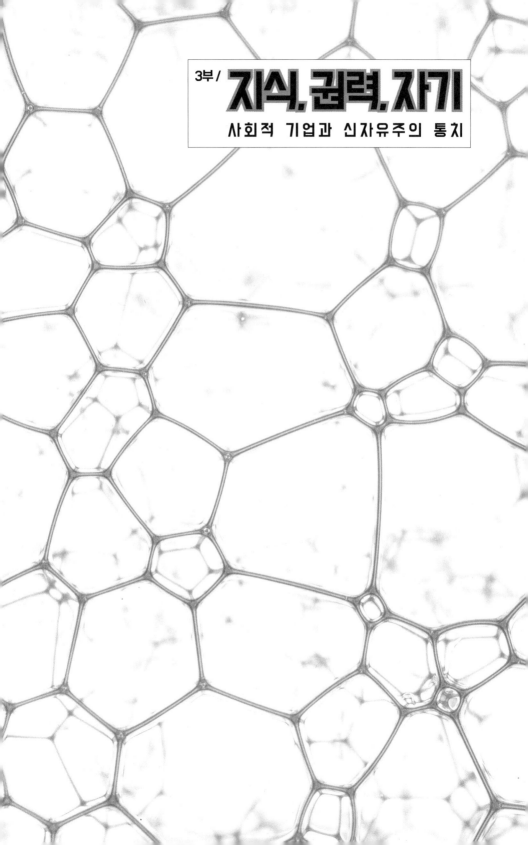

3부

지식, 권력, 자기

사회적 기업과 신자유주의 통치

7장

/위험 관리
사회적인 것과 신자유주의적 통치

1. 빈곤과 실업 — 통치 재생산의 위협 요소들

앞서 살핀 대로 사회 구조적 차원에서 사회적 기업의 등장은 한국 사회의 신자유주의적 재구조화, '고용 없는 성장'으로 표현되는 산업 구조의 고도화, 급속한 고령화, 여성 경제 활동의 확대 같은 복합적 요인들 때문에 야기되거나 야기될 대규모 실업과 빈곤 취약 계층의 양산, 사회 서비스 요구의 증대에 맞선 대응이었다. 사회적 기업이 국가의 주도 아래 법적 근거를 지닌 제도적 장치로 제도화된 사실은, 대규모 실업과 빈곤 취약 계층의 양산이라는 사회 현상이 통치의 위기를 불러올 수 있는 문제들로 인식돼 국가가 개입해야 할 지점으로 이해된 것을 의미했다. 푸코는 '문제화'를 '어떤 주어진 상황을 문제 제기의 형태로 발전시키기', 다시 말해 '해법이 제기될 수 있도록 일단의 난관과 난점들을 문제들로 변형하기'라고 정의한다(Foucault 1997b, 118). 푸코의 용어를 빌려 말하자면, 사회적 기업의 제도화 과정은 실업과 빈곤의 문제를 특정한 방식으로 접근해 진단하고 해법을 모색하는 일련의 인식론적 틀과 사회적 실천들의 집합으로 구성된 문제화의 실천들 속에서 추진됐다.

통치 리스크

먼저 통치의 관점에서 실업과 빈곤의 문제를 둘러싸고 크게 두 가지 질문이 제기된다. 첫째, 점증하는 실업과 빈곤이 통치의 재생산에서 왜 문제가 되는가? 둘째, 문제가 된다면 실업과 빈곤을 어떻게 관리할 것인가? 첫째 질문에 관련해, 통치의 관점에서 점증하는 실업과 빈곤은 단순히 휴머니즘 차원의 측은지심, 자비, 사랑 같은 온정주의의 문제일 수 없다. 통치의 관점에서 무엇보다도 그런 문제는 사회 갈등과 사회 통합의 위기를 야기하고, 나아가 통치의 유지와 재생산을 위협할 수 있는 잠재적이거나 현실적인 위험이었다. 다음 두 인용문처럼 많은 정부 보고서는 실업과 빈곤의 문제를 사회 갈등이나 사회 통합의 위기에 결부되는 문제로 바라보면서 적극적으로 대응해야 한다고 강조하고 있다.

실업 문제 해결에 있어서 가장 큰 책임과 역할은 국가에 있다. 왜냐하면, 실업률이 증가하게 되면 경기 전체에 부정적 영향을 미칠 뿐 아니라, 계층 간 빈곤 격차가 심해지기 때문이다. 또한 범죄, 자살 등과 같은 사회적 병리 현상도 늘어나기 때문에, 실업 문제는 국가가 가장 우선적으로 해결해야 할 당면 과제인 것이다. (노동부 2005, 1)

한국 자본주의 사회는 그동안 급속한 경제 성장에 따른 양극화 확대에 따른 심각한 사회 갈등의 증폭에 직면하고 있음. 즉, 오늘날 우리 사회는 일자리를 비롯한 고용, 교육, 의료, 주택, 교통 서비스 등 사회적 인프라와 사회적 가치 창출의 부족으로 인하여 거래비용을 증폭시켜 노사 갈등을 비롯한 다양한 사회 갈등을 자아내고 있음. 이에 사회적 기업의 효과적이고 적극적인 사회적 가치 창출은 한국 사회 공동체 구축에 절대적인 역할은 물론, 한국 자본주의 존립과 발전에 크게 이바지 할 것으로 여겨지고 있음. (노동부 2010b, 4)

이 두 인용문에서 알 수 있듯이 '실업률 증가'나 '양극화 확대' 같은 빈곤 문제는 단순히 실업자나 빈곤층의 가난하고 비참한 삶의 문제로 개념화되지 않는다. 빈곤은 다양한 '사회적 병리 현상'과 '사회 갈등'을 야기해 '공동체'를 해체시키고 '경기 전체에 부정적 영향'을 미칠 뿐 아니라 '한국 자본주의 존립과 발전'을 위협하는 요인이다.

이렇게 실업과 빈곤 문제가 통치 재생산의 위협 요인으로 파악된 만큼 둘째 질문이 제기된다. 통치 재생산에 문제가 되는 실업과 빈곤을 관리할 방법에 관한 질문이다. 앞의 두 인용문에서 알 수 있듯이 실업과 빈곤, 그리고 여기서 파생되는 다양한 사회 문제들은 '병리 현상'으로 표상되며, 국가는 '의사'로서 적극 개입해 치료해야 할 임무를 부여받게 된다. 물론 의사로서 국가가 내리는 처방은 사회적 기업의 제도화와 다양한 제도적 지원 장치들로 구성된 국가 권력의 테크놀로지들이다.

유럽과 미국의 사례라는 진리 체제

그런 처방에 도달하는 과정에는 좀더 복합적인 또 다른 문제화 방식들이 개입한다. 여기서는 크게 두 측면에 주목할 생각이다. 첫째, 유럽과 미국의 해법이 한국의 문제를 푸는 모범적인 모델로 가정된다는 점이고, 둘째, 실업과 빈곤이라는 문제가 영미 자유주의의 빈곤 프레임과 유럽의 사회적 연대주의에 입각한 사회적 배제의 프레임이 뒤섞인 상태로 개념화되고 있다는 점이다.

먼저 첫째 문제화 방식에 관련해 보면 꽤 많은 관련 학술 논문이 사회적 기업의 개념과 사례를 소개하는 데 집중하고 있고, 관련 정부 보고서도 대부분 전반부에 사회적 기업의 개념과 사례를 다룬 뒤 본격적인 논의를 시작하는 양상을 드러낸다. 사회적 기업이 새로운 조직 형태인 만큼 개념과 사례를 소개하는 일 자체가 커다란 논점이 되기 때문이다. 그런데 그런 텍스트들은 한결같이 유럽과 미국 같은 서구 선진국의 사회적 기업과 관련 정책을 모범으로 소개하고 있다. 이런 상황은 한국 사회에서 서구 선진국 모델이 진리 체제로 작용하고 있다는 점을 시사한다.

사회적 기업이 먼저 제도화되고 일정한 성과를 낸 점에서 볼 때, 서구 선진국의 사회적 기업을 참조하는 시도 자체가 큰 잘못은 아닐 수 있다. 그렇지만 문제는 유럽과 미국에서 사회적 기업 논의가 촉발되고 제도화되는 맥락이 한국 상황하고 다를 수밖에 없는데도 그런 차이는 제거된 채 서구 모델이 진리로서 한국에 그대로 이식되고 있다는 점이다. 유럽과 미국의 경우 사회적 기업 논의가 확산하고 제도화되는 과정은 이른바 국가 주도 복지 체제의 실패에 맞선 대응으로서 신자유주의에 밀접히 연관돼 진행됐다(Cook et al. 2003; Trexler 2008; Latham 2001). 그렇지만 한국은 국가 주도 복지라고 할 만한 복지 체제를 가져본 경험이 없다. 오히려 신자유주의적 사회 재편 뒤 실업률이 높아지고 빈곤층이 크게 늘어나 복지 수요가 증가해 국가 주도 복지 체제를 강화해야 할 시점에 서구 선진국 모델이 도입되면서 사회적 기업에 관련된 논의가 제기됐다. 그 결과 진보와 보수에 상관없이 가져보지도 못한 국가 주도 복지 체제의 실패를 기정사실로 가정하면서 사회적 기업에 관한 논의가 제기되는 흐름이 생겨났다. 이런 상황은 신자유주의가 실패한 지점에서 오히려 신자유주의를 더욱 강화하는 방식으로 사회적 기업이 추진되는 역설로 귀결되고 있다.

영미식 자유주의와 유럽식 사회적 연대주의

다음으로 주목해야 할 사실은 한국에서 사회적 기업의 제도화 과정에는 빈곤 문제에 관한 영미식 자유주의적 문제 틀과 사회적 연대에 기반한 유럽식 사회적 배제의 문제 틀이 혼종돼 있다는 점이다. 빈곤 문제에 접근하는 문제 틀의 차이는 빈곤 문제를 바라보는 관점이나 그 문제를 프레이밍하는 인지적 방식, 나아가 문제를 해결하기 위해 통치가 개입하는 방식에 이르기까지 전 과정이 새롭게 구조화된다는 뜻이다. 따라서 빈곤이 문제화되는 양상은 빈곤을 둘러싸고 지식과 통치의 테크놀로지들이 작동하는 핵심적 양상을 특징짓는다. 빈곤을 어떤 문제 틀로 바라보느냐에 따라 빈곤에 관한 진단뿐 아니라 처방도 달라질 수밖에 없다. 이를테면 마르크스주의가 불평등을 문제화하는 방식에서 빈곤은 개인의 문제가 아니라 무엇보다 자본주의 체제 안에서 계급과 착취의 문제다. 따라서 계급 투쟁이 빈곤을 야기하는 경제적 구조와 계급 지배 구조를 극복할 수 있는 처방으로 제시될 수밖에 없다.

영미식 자유주의의 문제 틀에서 빈곤은 사회나 국가가 개입할 사안이 아니라 근본적으로 개인의 문제로 간주돼, 의존성, 나태함, 성공 지향과 노동의욕 결핍, 무기력, 역량 강화 의지 부족 등 개개인의 정신 상태나 태도에서 기인한 결과로 파악된다. 또한 빈곤이라는 용어가 경제적 소득이나 재화가 결핍된 상태를 일컫기 때문에 빈곤 상태의 반대는 풍요(부)의 획득 상태가 된다. 따라서 영미식 자유주의의 문제화 방식은 국가 주도 복지를 개인의 의존성을 조장해 역량 강화를 방해하는 원인으로 비판하면서 개개인의 노력이나 개개인들의 노동 의욕 고취를 통한 소득이나 부의 획득에서 처방을 구한다(Pearson 2001).

반면 사회적 연대의 관점에서 빈곤을 사회적 배제의 문제로 접근하는 유럽식 문제 틀에서 보면 빈곤은 단순히 소득과 재산이 없어 야기되는 개인들의 고통스러운 삶의 문제가 아니라, 다양한 정치적, 경제적, 사회적, 문화적 삶의 영역에서 개인들이 배제되는 과정으로 파악된다. 따라서 단순히 개인들의 특정한 성격이나 태도의 차원이 아니라 가난한 이들을 사회적으로 배제하는 다양한 사회 구조적 메커니즘이 중요하다. 결국 빈곤 문제는 사회적 배제, 곧 약화된 사회적 연대의 문제다. 따라서 이런 문제 틀에서 볼 때 빈곤의 해법은 단순히 소득과 부의 획득이나 계급 투쟁이 아니라 배제된 자들을 사회 안에 참여시키고 통합하는 일이 된다(Levitas 2006).

한국의 정부와 보수 세력은 국가 주도 복지 체제를 시혜적 복지로 규정했다. 또한 개인이 책임져야 할 빈곤 문제를 국가가 예산을 들여 복지의 형태로 개인의 삶을 책임지려는 정책은 좀더 생산적인 영역에 투입될 수 있는 국가 자원을 낭비하는 일이라고 비난했다. 따라서 정부는 국가의 책임과 개입을 최소화하면서 빈곤층이 스스로 노력해 빈곤 상황을 해결할 수 있는 방안을 찾아야 했다. 대안으로 제시된 근로 연계 복지는 '생산적 복지'라는 이름으로 불리기도 했는데, 국가 주도 복지 체계를 '낭비적'이라고 비판했다. 이런 담론에 따르면 사회적 기업도 근로 연계 복지의 연장이었다. 이렇게 노동과 복지를 연계하려는 발상은 빈곤과 실업의 원인을 노동 윤리의 부재에서 찾았다. 여기에는 근면한 노동이 부를 가져온다는 영미식 자유주의 신념이 깔려 있었다.[1]

사회적 배제에 연관된 사회적 연대의 문제 틀도 한국에서 시민운동 진영이 사회적 기업을 처음 제기한 뒤부터 줄곧 사회적 기업 육성 정책과 관련 논의들을 관통하고 있다. 사회적 배제라는 용어는 1980년대 프랑스에서 제기된 개념이다. 실업, 게토화, 가족 등 사회 취약 계층의 삶에 밀접히 연관된 다양한 사회 문제들을 영미식 시장에 기반한 개인주의적 해법이나 전통적인 국가 주도 복지 체제를 피해 사회적 연대의 관점에서 풀자는 맥락에서 나왔다(De Haan 2000). 그리고 1990년대부터 유럽연합이 반빈곤 정책들을 펼치는 과정에서 프랑스를 넘어 전세계적에서 대중적 용어로 자리잡았다. 유럽연합은 사회적 배제를 '개인이나 집단이 전적으로 또는 부분적으로 자기가 살고 있는 해당 사회에 전적으로 참여하는 일에서 배제되는 과정'으로 정의한다(European Foundation 1995, 4). 여기서 알 수 있듯이 '사회적 배제'라는 개념은 단순히 소득과 경제적 재화의 결핍 '상태'를 뜻하는 '빈곤' 개념을 넘어서, 사회 구조 때문에 몇몇 취약 계층이 한 사회의 경제, 정치, 문화 등 다양한 영역에서 체계적으로 배제되는 복합적 '과정'을 포착하기 위해 고안된 용어다. 한국에서도 사회적 기업은 사회적으로 배제된 자들을 사회로 통합하는 해법으로 제시된다. 이런 맥락에서 《(제1차) 사회적기업 육성 기본계획》에서는 사회적 기업의 전망을 '제3섹터형 혁신 기업을 육성하여 활기찬 시장 경제와 사회 통합에 기여'하기로(노동부 2008. 18), 〈제2차 사회적기업 육성기본계획〉(관계부처합동 2012. 12)과 〈2012 사회적기업 활성화 추진계획〉(노동부 2013b. 22)에서는 각각 '따뜻한 공동체 구현'과 '따뜻한 공생 문화 확산'으로 제시하고 있다.

한국의 사회적 기업 운동은 빈곤에 대응한 영미식 자유주의의 문제 틀과 사회적 배제에 대응한 유럽식 사회적 연대의 문제 틀의 혼종이라는 관점에서 이해될 수 있다. 사회적 기업의 제도적 메커니즘에서 사회 통합을 강조하는 유럽식 사회적 배제의 문제 틀은 빈곤층에게 일자리를 제공해 사회로 재통합하려는 문제의식으로 나타났다. 빈곤 문제를 해결하는 과정에서 국가의 개입과 책임을 최소화하는 한편 가난한 개인들이 노동에 참여해 빈곤에서 탈출하는 노력을 강조하는 영미식 자유주의의 요구는 전통적 공공 복지나 가족 복지의 영역을 시장화하고 일자리를 창출해 사회적 기업의 주요 영업 분야로 재편하는 결과로 나타났다. 그 결과 한국의 사회적 기업은 국가대신 사회 서비스를 제공해 복지 영역을 떠맡으면서 사회 서비스를 비롯한 여러 분야에서 취약 계층 일자리를 창출하는 기능을 부여받게 됐다. 사회적 기업육성법이 사회적 기업을 통해 '사회 서비스와 새로운 일자리를 창출함으로써 사회 통합과 국민의 삶의 질 향상에 이바지함을 목적으로 한다'고 적시하고 있는 점은 빈곤에 관한 두 가지 문제 틀에 내재된 혼종성의 일단을 보여준다.

2. 사회적 자본이라는 진리 체제

사회적 기업을 통한 통치의 관점에서는 개인들이 다양한 사회적 관계에서 배제되는 상황이 문제로 간주되고, 배제된 자들의 재통합이 해법이 된다. 그래서 개인들, 집단들 사이의 사회적 관계, 공동체, 사회적 규범 같은 사회적 관계와 사회적 연대의 영역이 통치가 개입해야 할 새로운 지점으로 설정된다. 이 과정은 사회적인 것의 영역들을 새로운 통치 대상이자 수단으로 구성하는 것을 뜻한다. 그리고 여기에는 이런 영역들을 측정과 계산이 가능한 인식 대상이자 조작 가능한 대상으로 구성해내기 위한 다양한 지식 체계의 마련, 그리고 이런 지식 체계에 바탕해 진행되는 세밀한 조사를 거친 지식의 축적이 수반된다. 사회적 기업이라는 통치 장치가 등장하고 전개되는 과정에서 핵심 구실을 하는 요소 중 하나가 사회적 자본이라는 지식 체계다. 사회적 자본은 통치가 사회적인 것의 영역을 통치 대상이자 수단으로 영토화할 수 있는 통로 구실을 한다(Coole 2009; Rose 1996a; Fitzsimons 2000). 그런 점에서 사회적 자본이라는 지식 체계는 단순히 하나의 순수하고 중립적인 학문 분야가 아니라 '일련의 사고와 행위, 실천, 기술들, 계산하는 방식, 일상과 절차들의 방식들'을 포괄하는 개념으로 이해돼야 한다(Rose 1996d, 104).

사회적 자본은 공동체적인 사회적 관계의 특성들을 측정 가능한 자본의 관점에서 파악한 개념으로, 신뢰, 규범, 네트워크가 핵심 구성 요소다(Putnam 1993a). '자본'이라는 성격을 좀더 명확히 해 '시장에서 거둘 이익을 기대하고 실행하는 사회적 관계에 하는 투자'로 정의하기도 한다(Lin 2001, 19). 사회적 자본은 프랑스의 진보적 사회학자인 피에르 부르디외가 계급 불평등과 권력이 재생산되는 과정을 설명하는 맥락에서 제기한 개념이었다(Bourdieu 1986). 그렇지만 1980년대 말부터 이 용어는 애초의 비판적 맥락이 제거된 채 콜먼 (Colmen 1988), 퍼트남(Putnam 1993a; 1993b; 2000), 후쿠야마(Fukuyama 2002), 린(Lin 2001) 등 이데올로기적으로 부르디외의 정반대에 선 학자들이 장악했고, 급기야는 시장 경제와 자본주의의 첨병 노릇을 하는 세계은행이 개발도상국의 경제적 발전을 설명하고 촉진하기 위한 맥락에서 보급하면서 전세계에 대중적인 지적 개념이 됐다(Fine and Lapavitsas 2004, 19). 한국에서 사회적 자본이라는 용어가 학술 영역을 넘어서 정치와 정책 영역에서도 대중적으로 쓰이는 인기 용어가 된 배경에는 참여정부가 주창한 사회투자국가론이 있다. 기든스가 제창한 '제3의 길'의 영향을 받은 사회투자국가론은 '국가 차원에서 이루어지는 인적 자본과 사회 서비스에 대한 지출'을 통해 취약 계층에 복지를 제공할 뿐 아니라 경제의 성장 잠재력을 확보하려는 국가 전략이다(양재진 외 2008). 국가가 실행하는 사회 투자를 통해 사회적 자본이 확충된다고 본 참여정부는 사회적 기업 육성을 그런 전략의 하나로 제시했다.

사회적 자본 이론은 신뢰, 호혜성 규범, 네트워크 같은 사회적인 것들이 시장에서 얻는 이익이나 경제적 성장 또는 체제의 질서와 안정에 긍정적 영향을 끼친다고 보면서, 그런 사회적인 것들의 영역을 계산 가능한 측정과 평가의 대상으로 구성한다. 이를테면 사회 구성원들의 '사회적 참여'라는 측면은 투표에 얼마나 참여하는지, 지역 행사에 얼마나 참여하는지, 정당에 가입하거나 후원하는지, 자원봉사 활동에 얼마나 참여하는지 같은 지표들을 통해 수량화된다. 호혜성 측면은 외국인을 수용하는 정도, 불우이웃을 수용하는 정도, 자기 지역에 들어오려는 혐오 시설을 수용하는 정도, 이견과 문화적 차이를 수용하는 정도 같은 지표를 기준으로 측정돼 수량적으로 파악된다. 이렇게 수치화돼 사회 자본으로 파악된 사회적인 것들과 경제 발전 또는 범죄율이나 사회 갈등의 상관관계가 통계적으로 측정돼 그 효과성이 평가된다.

물론 이 과정에서 공동체와 사회적인 것들에 내포돼 있던 저항적 실천과 규범적 사회 비판의 문제의식은 약화되고, 공동체 같은 사회적인 것들이 경제 성장과 체제 재생산의 책임을 부여받는다(김주환 2012). 이를테면 사회적 기업이나 사회적 경제를 다루는 텍스트들에서 사회 자본의 중요성, 곧 사회적인 것들의 경제적 효과를 증명하기 위해 흔히 동원되는 수단이 '죄수의 딜레마', '협조/비협조 게임', '공유지의 비극', '최후 통첩 게임' 같은 게임 이론이다. 사회적 자본 이론을 뒷받침하는 이런 게임 이론 모델 담론들은 개인주의나 이기심 대신 상호 이익을 추구하는 호혜성, 협력, 공동체의 참여와 소통 등은 사회적 신뢰를 높여 불필요한 사회적 거래 비용을 줄임으로써 경제 효율화를 실행할 수 있다고 주장한다. 곧 게임 이론들은 경제적인 것 바깥의 주제라고 여겨지던 윤리적인 것 또는 사회적인 것들을 경제 이론 안으로 흡수하고 경제적 효과라는 프레임 안에서 재구조화해 경제학의 언어로 변형한다.

이런 맥락에서 보면 사회 자본 이론에서 실업이나 빈곤, 양극화 등 때문에 취약 계층들이 사회적으로 배제된다는 말은, 이 계층들 사이에 공동체가 자기들을 배제하고 있다는 불만이 높아져 공동체와 국가를 향한 불신이 증가하는 상황을 뜻한다. 따라서 사회적으로 배제된 자들이 증가한다는 말은 사회적 신뢰의 저하(불신의 상승)와 사회적 비용의 증가를 뜻한다. 이런 상황은 결국 통치의 안정성을 위협하는 요소로 파악된다. 따라서 사회적 신뢰를 강화하기 위해서 통치는 공동체를 비롯한 사회적인 것들의 영역을 활성화하고 사회적으로 배제된 자들을 사회로 통합하는 일에 개입하게 된다. 그런 점에서 사회적인 것 또는 공동체는 권력과 억압에 대항하는 피억압자들의 저항적 연대를 조직화하는 매개가 아니라 잠재적 사회 불안 요소를 관리하는 통치 수단으로 활용된다(Rose 1996a; 1999a; Herbert-Cheshire 2000; Fitzsimons 2000; Hay 2003; Coffey 2003; Lipschutz 2005; Dey 2010; 김주환 2012).

이런 맥락에서 사회적 기업은 공동체를 통해 배제된 자들을 사회적으로 통합함으로써 통치 안정성을 높이기 위해 동원하는 통치 전략의 일환이다.

이를테면 한국 사회의 장기 발전 전략으로 동반 성장을 채택하면서 사회적 기업의 제도화에 결정적 구실을 한 〈비전2030(최종보고서)〉를 보면, '구성원의 신뢰와 협력 증진, 제도·규범의 합리성 제고, 갈등의 원만한 해결 등을 통(한) 생산성 제고', '소속감·정체성 제고, 사회적 안정 확대 등을 통(한) 복지 향상' 등의 효과를 가져올 수 있기 때문에 결론적으로 사회적 자본은 '물적·인적 자원의 효율성을 제고함으로써 성장에 기여하고 사회 통합을 통해 복지 수준 향상(을) 촉진'할 수 있다고 제시된다(참여정부 2006, 34). 이런 주장은 사회적 기업의 제도화가 사회 통합을 통한 사회적 자본의 확충과 한국 자본주의 체제의 유지와 재생산이라는 관점에서 사고되고 있는 사실을 보여준다. 특히 실업에 따른 사회적 배제는 실업자와 빈곤 계층의 사회적 자본, 나아가 사회 전체 차원의 사회적 자본을 잠식하는 중요한 요인으로 문제화된다. 따라서 사회적 자본 확충을 위한 사회 통합의 핵심 전략은 사회적으로 배제된 자들을 노동 시장에 재편입시키기(노동 통합)로 설정되고, 이런 목표를 달성할 가장 효과적인 방편이 사회적 기업으로 사고된다. 안전행정부의 정책 보고서는 이 점을 잘 드러낸다.

일자리로부터의 배제는 다양한 부작용을 낳음. 사회적으로 배제된다는 것은 공동체로의 참여를 보장받지 못함을 뜻함. …… 노동은 사회적인 것이고 사람들은 노동과 관련된 사회관계를 통해 자기 정체성을 다른 이들로부터 확인받는다는 점에서 일자리로부터의 배제는 심각한 개인적이고도 사회적인 문제인 것임. …… 경제 위기 이후 실업률의 상승, 소득과 소비의 양극화, 비정규직 노동자층의 증가 등(은) …… 한국 사회의 안정성을 위협하고 있음. …… 사회적 기업은 사회적 배제에 도움을 줌. 사회적 기업은 배제된 사람들이 사회적 관계망을 가질 수 있도록 좁게는 취약 계층을 넓게는 커뮤니티에 도움이 되는 방향으로 기업 활동을 함. 사회적으로 배제된 사람들을 기업 활동에 고용하고 참여시킴으로써 사회적 관계망으로 끌어들이는 효과를 가짐. 사회적 관계망은 신뢰, 호혜, 시민 참여에 의해서 생겨난 사회적 자본이 지속적으로 투자될 때 안정적으로 구축되는데, 사회적 기업은 이러한 '사회적 목적'을 잘 수행할 수 있는 특징을 가지고 있음. (안전행정부 2009, 31~32)

이 인용문에서 실업, 곧 '일자리로부터의 배제'는 '사회적으로 배제된다는 것'하고 거의 동의어처럼 쓰이고 있으며, '개인적'인 문제일 뿐 아니라 '한국 사회의 안정성을 위협'하는 '사회적인 문제'로 파악된다. 그런 점에서 해법으로 제시되는 사회적 기업을 통한 일자리 제공은 단순히 취약 계층을 빈곤에서 탈출할 수 있게 하는 문제가 아니라 '사회적 배제'를 극복해 '사회적 관계망' 안으로 통합함으로써 개인적 수준과 사회적 차원에서 '사회적 자본'을 확보하고, 궁극적으로는 '한국 사회의 안정성'을 제고하는 문제로 사고된다. 특히 '사회적 자본'을 낳는 '신뢰, 호혜, 시민 참여'의 구체화된 형태로서, 사회적 기업의 활동과 그런 활동을 뒷받침하는 지원은 '사회적 자본'의 투자와 사회적 자본 투자를 통한 '한국 사회의 안정성' 확보라는 관점에서 정의되고 있다.

통치는 사회적인 것에 효과적으로 개입하기 위해 사회적 기업이 산출하는 사회적 자본의 크기, 사회적 기업이 가져오는 사회적 효과와 경제적 효과, 또는 사회적 자본이 사회적 기업의 발전에 미치는 영향 등에 관해 면밀히 연구하고 지식을 축적해왔다.[2] 그리고 이런 맥락에서 사회적 기업의 효용을 면밀히 계산하고, 사회적 기업이 정착하는 과정을 도울 정책 수단을 마련하며, 그런 수단들의 타당성을 평가한 뒤,[3] 이 결과에 바탕해 사회적 기업이라는 통치 테크놀로지의 제도화와 육성이 통치 전략으로 추진될 수 있게 됐다.

3. 파트너십 ― 위계적 통치의 테크놀로지

사회적 기업을 통한 통치 메커니즘의 중요한 특징 중 하나는 정부 정책으로 주도되고 있지만 구체적 실행은 정부와 민간의 파트너십을 매개로 진행된다는 점이다. 파트너십을 통해 국가는 권력을 민간에 분산하되 위계적으로 구조화하는 형태를 취하지만, 그런 모습은 국가 권력의 약화가 아니라 통치 방식의 변화를 의미한다(Carmel and Harlock 2008; Dahlstedt 2009; Dey 2014). 앞에서도 강조했지만 국가는 특히 진보적 시민운동 세력을 상대로 파트너십을 맺어 사회적 기업을 제도화했다. 따라서 사회적 기업을 둘러싼 다양한 제도적 장치와 정책에는 정부와 시민운동 진영 사이의 파트너십이 관통하고 있다. 파트너십을 통해 시민단체들은 사회적 기업을 운영하는 업무를 직접 맡아왔다. 여기에서는 대표 사례로 사회적 기업가 육성 사업에 초점을 두고 파트너십이라는 통치 테크놀로지가 작동하는 메커니즘을 분석한다.

사회적 기업가 육성 사업을 사례로 들 때 파트너십이라는 통치의 테크놀로지는 크게 두 가지 특징을 지닌다.

첫째, 한국사회적기업진흥원이라는 국가 기관이 미래의 사회적 기업가들을 직접 인큐베이팅하지 않고, 운영 대상 모집부터 창업 공간 제공, 창업과 경영 멘토링, 자금 집행 등 실질적인 인큐베이팅 업무를 민간에 위탁한다. 위탁 운영 기관의 자격은 공공 기관, 대학이나 대학 부설 기관, 인증 뒤 2년이 지난 사회적 기업, 국가의 인허가를 받은 비영리 법인으로 한정하고 있고, 20여 개(2008년 18개, 2015년 19개) 조직이 위탁 기관으로 선정돼 활동하고 있다(한국사회적기업진흥원 2012a, 6). 사회적 기업가 육성 사업과 '소셜벤처 경연대회' 위탁 기관의 대부분, 그리고 많은 사회적 기업가 아카데미 사업의 위탁 기관들이 시민운동에 뿌리를 둔 시민사회 조직이다. 통치는 업무 '계약'이라는 형태로 국가와 민간 영역, 특히 시민운동 진영하고 파트너십을 형성함으로써 민간의 자발성과 역량을 활용하려 한다.

둘째, 한국사회적기업진흥원과 위탁 기관, 창업 팀들 사이에 관리 감독 구조를 만들어 관계를 위계화한다. 창업 팀은 민간 위탁 기관을 상대로 계약을 체결하고 지원받은 사업비 집행 내역을 달마다 위탁 기관에 보고해야 하며, 지원 기간 3년이 끝난 뒤에는 창업 여부, 사회적 기업 인증 여부, 매출 규모, 고용 현황 등 관련 사업 성과를 위탁 기관이나 한국사회적기업진흥원에 보고해야 한다. 위탁 운영 기관은 분기별로 창업 팀을 만나 토론회를 열어야 하며, 매달 창업 팀의 사업 진행 상황을 점검해 사업 성과를 관리한 내용을 양적 통계 수치 형태로 한국사회적기업진흥원에 보고할 책임을 진다. 이 위계의 꼭대기에는 한국사회적기업진흥원이 위치해 전체 사회적 기업가 육성 과정을 총괄 감독한다. 한국사회적기업진흥원은 창업 팀과 위탁 기관의 역량에 관한 세세한 정보를 바탕으로 자격을 심사하고 평가하며, 위탁 기관과 창업 팀을 대상으로 지도와 감독을 수행한다.[4]

이렇게 국가와 민간, 개별 창업 팀이 파트너십을 맺되 각 단위마다 다른 감독 권한을 분배함으로써 통치는 이 세 단위를 수직적 위계 구조로 배치한다. 또한 이 과정에서 민간 위탁 기관은 성과 평가 등을 통해 창업 팀들 사이의 경쟁을 유도한다. 이번에는 다시 한국사회적기업진흥원이 우수 사례로 발굴된 창업 팀을 대상으로 지속적인 성장 지원을 제공하거나 평가와 감독을 매개로 민간 위탁 기관들 사이의 경쟁을 유도함으로써 창업 팀과 시민사회에 경쟁 체제를 이식한다. 이런 방식으로 통치는 국가 권력의 개입을 최소화하면서도 권력의 효과는 최대화해 권력의 효율성을 극대화하려 한다. 그런 점에서 파트너십을 통한 통치는 국가와 시민사회가 권력을 분점하는 상태를 뜻하지 않고 통치 전략의 변화를 함의한다.[5]

4. 재규정 ― 사회적인 것을 제도화하기

사회적 기업의 제도적 메커니즘은 사회적인 것을 신자유주의의 통치 영토로 재편하는 과정이었다. 이런 과정은 사회적인 것을 시장의 언어로 재정의함으로써 사회적인 것들을 신자유주의의 통치 프레임 안에 확고하게 배치하는 작업을 통해 진행된다. 기업의 성격과 시민운동 단체의 성격을 동시에 지닌 사회적 기업의 활동도 비판적 저항을 중시하는 사회운동이 아니라 시장의 프레임 안에서 진행돼 신자유주의 통치의 강화로 귀결될 수 있게 재구조화된다.

이런 재구조화는 사회적 기업이 추구하는 사회적 목적, 사회 공익적 가치들을 시장의 가치로 환원해 평가하는 과정을 수반한다. 특히 국가가 집행하는 사회적 기업 성과 평가는 사회적 기업 장치 안으로 시장의 언어와 프레임이 파고들어 사회적인 것을 재구조화하는 중요한 통로가 된다. 또한 국가가 주도하는 사회적 기업 인증제도 사회적 기업의 의미는 물론 사회적 기업의 활동 방향을 통치의 목적에 맞게 바꾸는 데 큰 구실을 한다. 따라서 여기서는 사회적 기업의 성과 평가와 인증제에 초점을 두고서 지식과 권력의 테크놀로지들이 사회적인 것을 통치 가능한 대상으로 변형하는 과정을 분석한다.

성과 평가

2011년 한국사회적기업진흥원이 만들어진 뒤 해마다 사회적 기업의 성과 평가가 진행됐다(한국사회적기업진흥원 2010a; 2011a; 2012b; 2013a; 2014a). 주기적 성과 평가는 정부가 사회적 기업의 활동에 관한 정보와 지식을 모아 상황을 파악하고 진단해 관련 제도를 마련하거나 향후 계획을 수립하는 등 사회적 기업 육성 사업을 정교화하는 과정에서 정책적 판단을 내리는 근거가 된다. 또한 사회적 기업들을 감시해 도덕적 해이를 방지하는 데 활용하는 통제 테크놀로지기도 하다. 개별 사회적 기업 처지에서도 자기들의 상황을 진단하고 성찰하게 유도하는 구실을 한다.

사회적기업육성법에 따르면 모든 인증 사회적 기업은 해마다 사회적 성과, 경제적 성과, 기업 운영에 관련한 기타 정보를 '사업 성과 보고서' 형태로 제출해야 한다. 그리고 신뢰할 만한 정보를 확보하기 위해 허위 보고서를 제출할 경우 국가는 해당 사회적 기업에 일정한 법적 책임을 물을 수 있다. 더불어 사업 성과 보고서에 연계해서 다양한 지원책을 제시해 개별 사회적 기업이 경영 공시를 하도록 유도하고 있다. 사업 성과 보고서 제출 의무화, 법적 책임 명시, 경영 공시 유도 등은 신뢰할 만한 지식과 정보를 취합하고 개별 사회적 기업의 책임성과 재정적 자립 의지를 강화하기 위해 활용하는 권력의 테크놀로지다. 먼저 정부의 사회적 기업 성과 평가 테크놀로지 속에서 어떤 지식 정보들이 취합되고 활용되는지 주목해야 한다. 성과 평가는 크게 사회적 기업의 사회적 성과와 경제적 성과라는 두 측면으로 나뉘는데, 나는 사회적 성과 평가에 초점을 둔다. 왜냐하면 본질적으로 계량화될 수 없는 '사회적' 성과를 계량화해 평가 대상으로 변환하는 과정 속에 통치가 사회적인 것을 통치 대상화하는 핵심 메커니즘이 압축돼 있기 때문이다.

학자마다, 국가마다, 관련 기관마다 사회적 기업을 정의하는 방식은 다를 수 있지만, 사회적 기업은 사회적 목적의 실현을 사명으로 한다는 점에는 이견이 없다. '사회적 목적'이라는 표현 자체가 매우 포괄적인 탓에 정의하는 사람에 따라 의미와 내용은 달라질 수 있다. 단순히 취약 계층을 대상으로 하는 일자리 제공일 수도 있고, 더 나은 사회를 위해 권력과 자본에 맞서 비판적 저항을 펼치는 실천적 사회운동일 수도 있다. 한국에서 사회적 기업의 제도화 과정에 적극 참여해 큰 구실을 한 진보적 시민운동 진영은 애초에 사회적 기업을 비판적 저항을 펼치는 실천적 사회운동의 하나로 이해했다. 그렇지만 사회적기업육성법에서 사회적 기업을 '취약 계층에게 사회 서비스 또는 일자리를 제공하거나 지역 사회에 공헌함으로써 지역 주민의 삶의 질을 높이는 등의 사회적 목적을 추구하면서 재화 및 서비스의 생산·판매 등 영업 활동을 하는 기업'으로 정의함으로써, 국가는 사회적 기업의 사명인 '사회적 목적'의 의미를 규정하는 주체가 되고 있다. 이런 정의를 따를 때 '사회적 목적'의 의미는 실질적으로 '취약 계층에게 사회 서비스를 제공하는 것', '취약 계층에게 일자리를 제공하는 것', '지역 사회에 공헌하는 것'으로 제한되고, 비판적 저항을 펼치는 실천적 사회운동 차원을 비롯해 의미의 다차원적 포괄성이 배제돼 평면화된다.

그 결과 정부가 수행하는 사회적 기업 성과 평가에서 사회적 성과에 관한 평가도 포괄적 의미를 상실한 채, 얼마나 많은 사회 서비스를 몇 명의 취약 계층에게 제공하고 몇 명의 취약 계층을 고용했는지 등에 초점이 맞춰진다. 이런 사회적 성과들은 다시 경제적 가치로 환원돼 수량화된다. 이때 사회적 투자 수익률social return on investment · SROI이나 균형 성과표balanced scorecard · BSC 같은 사회적 가치 성과 측정 도구들이 활용된다. 이를테면 한국사회적기업진흥원은 이 사회적 투자 수익률 기법을 이용해 취약 계층 여성들에게 일자리를 제공하고 맞벌이 가정에 보육 서비스를 제공하는 사회적 기업 '에듀천사'가 거둔 사회적 성과를 계량화해 평가했다. 모든 항목을 인용할 수는 없는 만큼, 이 사회적 기업이 지역 사회를 위해 산출한 사회적 가치, '건강한' 가정이 유지될 수 있게 도움을 준 사회적 가치, 청소년 일탈 예방의 사회적 가치 등 세 측면에 관해 평가한 내용만 살펴보자.

지역 사회에 대한 영향을 살펴보면, 맞벌이 가정, 한부모 가정 등 양육 취약 계층의 나홀로 아동을 돌봄으로써 안전한 지역 사회가 형성되는 것은 재무적 대응치를 범죄 1건을 예방하기 위해 필요한 경찰 예산으로 하였다. 그에 따른 가치는 법무부 산하 한국법무보호복지공단에서 발표한 범죄의 사회적 비용 추정 연구 결과를 준용하여 범죄 1건당 385만원의 경찰 예산이 소요 비용의 절감 효과를 가져오는 것으로 측정하였다.

…… 그리고 가정에서는 육아 스트레스 해방으로 인한 부부 간의 친밀도 증가로 부부 갈등이 약화되면서 전체적으로 이혼율 하락, 건강한 가정이 유지될 수 있게 하였다. 이혼율 하락은 이혼 소송 시 인지대 및 송달료 10만 원(위자료 청구가 없는 경우의 최소 비용), 변호사 선임 비용 300만 원(평균적인 최소 비용. 성공 비용은 별도 추가)의 합으로 총 310만 원의 가치가 있는 것으로 나타났다.

파견 가정 아동의 경우, 방과 후 집에서 맞아 주는 사람이 있음으로 인해 아동의 심리적·정서적 안정을 찾으며, 청소년기 일탈을 예방하고, 청소년 범죄율 하락을 가져올 수 있다. 또한 방과 후 인스턴트 음식 외 유기농 재료로 조리한 간식, 저녁 준비로 아동의 신체적 건강 향상을 향상시킴으로 아토피 등의 질환 예방 및 아동들의 의료비 감소를 가져왔다. 이에 재무적 대용치는 청소년 상담 치료비용을 사용하였다. 상담 치료비용은 월 최소 20만 원(1회당 5~10만 원, 월 4회 이상 실시)이 소요되며 놀이, 미술 치료 등의 상담 치료비는 의료보험이 적용되지 않는다. ADHD의 경우 약물 치료에 사회성 치료를 병행하면 보통 월 50만 원 이상의 치료비용이 발생한다. 청소년 상담 치료비용의 가치는 연 120만 원의 가치를 나타난다. 그리고 방과 후 유기농 식사에 대한 재무적 대용치는 17세 이하 자녀 1인당 보건의료비이다. 통계청 자료에 의하면 2008년 17세 이하 자녀의 1인당 보건 의료비는 2.7만 원으로 연 32만 원으로 나타난다.

…… 결국 사회적 기업 에듀천사는 현재 7억 원 경제적 가치를 창출하고 있으며 직간접적인 사회적 가치를 환산하면 3억 정도 이른다. 경제적 가치와 사회적 가치를 합산한 총가치blended value는 9억 6천 만 원이며 일반관리비(인건비 및 제비용 포함) 9억 2천여만 원을 제하면 약 4천여 만 원의 수익이 남게 된다. 그러나 이 수익은 실제 재무제표 상에 나타나지 않는다. 또한 사회적 가치 또한 실제 현금

의 형태로 사회적 기업에 돌아오는 것은 아니나 전체적으로 이러한 가치가 창출되고 있다고 볼 수 있다. (한국사회적기업진흥원 2010a, 201~202)

인용문을 보면 사회적 가치들은 경제적 대용치를 활용해 매우 꼼꼼하게 경제적 가치로 환원돼 계산되고 있다. 이를테면 에듀천사가 제공한 보육 서비스를 기준으로 산출한 이혼율 하락이라는 사회적 가치는 '이혼 소송 시 인지대 및 송달료', '변호사 선임 비용'의 합하고 등가화된다. 에듀천사의 보육 서비스 덕에 가능해진 '아동의 심리적 안정', '청소년기 일탈 방지', '청소년 범죄율 하락', '신체적 건강 향상' 등에 따른 '질환 예방'과 '의료비 감소'는 '청소년 상담 치료비용', '17세 이하 자녀 1인당 보건 의료비'하고 등가화된다. 본질적으로 양화될 수 없는 질적 차원의 사회적 가치를 구태여 경제적 가치로 양화해 앎의 대상으로 전환하는 이 꼼꼼함은, 어떤 것을 인식하지 못해 자기 영역 바깥에 놓아두는 상황을 참지 못하는 통치의 강박증과 불안을 동시에 보여준다.

정부의 사회적 기업 성과 평가는 개별 사회적 기업이 제출한 사업 성과 보고서를 분석 자료로 삼는다. 그리고 사업 성과 보고서는 정부가 마련한 표준화 양식에 따라 작성해야 한다. 물론 필요에 따라 사업 성과 보고서에 기록돼야 할 항목이 바뀐 일도 있지만 큰 틀은 비슷하다. 2014년 노동부와 한국사회적기업진흥원이 제시한 〈사업보고서 작성매뉴얼(2014년 4월 말 제출용)〉을 기준으로 하면 사업 성과 보고서는 10개 범주에 해당하는 정보들을 담아야 한다. 범주별 주요 항목을 정리한 **표 4**를 보면 알 수 있듯이 사회적 목적의 실현과 관련된 항목은 되도록 금액이나 인원 등 수량화될 수 있는 내용으로 보고하게 하고 있다. 정부의 성과 평가 보고서마다 어떤 지표를 어떻게 활용하는지에 따라 작은 차이가 있기는 하지만, 사회적 성과를 평가하는 항목에는 큰 차이가 없다. 특히 유급 근로자 고용 현황, 사회 서비

표 4. 사업 성과 보고서 주요 내용

범주	세부 항목
1. 조직 현황	인증 유형, 조직 형태, 업종 형태, 주된 사업 내용, 유급 근로자 수, 기업 소유 구조
2. 민주적 의사 결정 구조	주요 의사 결정 기구(회의) 개최 회수, 이해관계자들의 참여 범위, 주요 안건
3. 사회적 목적 재투자	이익 재투자 내용(일자리 창출, 사회 서비스 제공, 구성원 성과급, 지역 사회 재투자, 기타) 및 금액
4. 지출	매출 원가, 판매비와 관리비, 영업 외 비용, 노무비
5. 지원 내역	정부, 기업, 기부 등 외부 지원 내용 및 금액
6. 재정 성과	매출액, 영업 이익/당기 순이익
7. 고용	유급 근로자 명부(나이, 성별, 취약 계층 유형, 임금, 근로 시간, 고용 형태, 직종 등) * 취약 계층 근로자와 일반인 근로자로 구분
8. 사회 서비스 제공	제공 유형, 서비스 내용, 대상, 제공 인원 * 취약 계층과 일반인으로 구분
9. 지역 사회 공헌	사업 지역, 공헌 내용
10. 연계현황	기업이나 지자체 상대 연계 내용, 재정 지원 금액, 상품 구매 금액, 경영 지원 금액

* 노동부·한국사회적기업진흥원, 〈사업보고서 작성매뉴얼(2014년 4월 말 제출용)〉, 2014에 바탕해 재구성.
※ 점선 테두리 친 부분은 사회적 목적 실현과 관련한 항목.

스 제공 현황, 이윤의 사회적 목적 재투자 현황은 사회적 성과 평가에서 활용되는 가장 중요한 지표다.

결국 사회적 기업들이 실현하려 하는 사회적 목적이나 가치들이 다양하고 양적 측정이 불가능한 경우가 많은데도, 경제적 가치로 수량화될 수 없는 사회적 목적과 가치들은 사회적 기업의 사회적 성과 대상에서 배제되거나 등한시된다. 따라서 정부의 성과 평가 보고서에서 '고성과 사회적 기업'은 '영업 이익을 실현한 사회적 기업과 외부 재정 없이 운영되는 자립형 사회적 기업'으로 정의돼(한국사회적기업진흥원 2011a, 403), 사회적 성과가 아니라 경제적 성과에 따라 사회적 기업의 성패가 평가되는 경향이 강하게 나타나고 있다. 실제로 정부의 사회적 기업 성과 평가 정책 보고서 생산을 위한 연구 용역은 주로 경영학을 전공한 관련 전문가들이 독점해 수행되며, 다양한 통계 기법을 비롯해 질적인 사회적 가치들을 양적인 경제적 가치로 환원하는 여러 회계학 지식과 기법을 활용한다. 사회적 기업 메커니즘을 둘러싸고 권력과 지식이 결합되는 구체적인 양상의 하나다.

물론 정부는 사회적 기업이 거두는 사회적 성과들이 양적으로 측정되기 어려운 요소가 많다고 보고 한국사회적기업진흥원을 중심으로 지속적으로 사회적 가치 성과 측정 지표를 정교화하기 위한 분석 도구를 개발하는 연구를 진행하고 있다.[6] 그렇지만 여기서 중요한 점은 정부가 수행하는 사회적 기업의 사회적 성과 평가 항목에 이런저런 사회적 성과가 반영되지 않기 때문에 성과 평가 방법이 방법론적으로 정교하지 않다거나 하는 기술적 쟁점이 아니다. 그런 지식과 권력의 테크놀로지들이 야기하는 정치적 효과가 더 중요하다.

통치 분석 차원에서는 정부 주도로 매해 수행하는 사회적 기업 성과 평가와 사회적 성과에 관한 좀더 정교한 측정 도구를 개발하려는 연구들이 사회적 기업의 '사회적 목적'이라는 의미를 특정한 방식으로 재정의한 뒤 측정 가능한 지식의 대상으로 변형해 평면화하는 점에 주목해야 한다. 그런 일들을 국가 권력이 주기적으로 수행한다는 점도 마찬가지로 주목 대상이 돼야 한다. 국가가 주도하는 성과 평가 속에서 사회적 기업의 사회적 목적은 실질적으로 '취약 계층 일자리 제공'과 '취약 계층 사회 서비스 제공'으로 한정되고, 새로 만든 일자리 수와 제공한 사회 서비스의 양이 성과를 평가하는 기준에 따라 평가된다. 물론 이런 계량화는 권력이 통치 대상에 관한 지식을 구축하는 방식이고, 그렇게 해서 '사회적인 것'의 영역을 통치 영토화하는 방식이다.

통치하려 겨냥하는 대상을 통치 가능하게 하고 통치의 효율성을 높이기 위해 통치의 관점에서 필요한 요소는 통치 대상에 관한 측정 가능하고 조작 가능하게 양화된 지식이다. 이런 지식에 바탕한 지속적 성찰을 통해 통치는 통치 방식의 효율화를 꾀한다. 그리고 국가는 사업 성과 평가에 기초해 해당 사회적 기업을 인증하고 지원하는 결정을 내릴 권한을 갖고 있기 때문에 사업 성과 평가는 개별 사회적 기업의 활동 방식에도 영향을 준다. 곧 이렇게 측정 가능한 대상으로 평면화되고, 취약 계층에게 일자리와 서비스를 제공하는 수준으로 축소된 사회적 목적의 수행이 기업의 사명이 됨으로써 사회적 기업의 활동 방식도 통치 목적에 알맞게 변형된다.

진보적 시민운동 세력은 사회적 기업이 제도화되는 과정에 적극 참여하고 개입해 현장에서 사회적 기업을 운영하는 주요 주체가 됐다. 그렇지만 역설적으로 애초에 하나의 사회운동으로서 그런 활동을 통해 담아내려 한 비판적이고 저항적인 실천의 의미는 제거되고, 결국 사회적 기업의 활동은 통치 의도에 충실하게 정향된 통치를 강화하는 쪽으로 수렴된다.

사회적 기업 인증제

'물리적 폭력의 합법적 사용의 독점체'(Weber 1946, 78)라는 베버의 유명한 정의를 변형해, 부르디외는 국가를 '물리적, 상징적 폭력의 합법적 독점체'(Bourdieu 1999, 56)로 재정의한다. 물리적 폭력의 독점에 주목한 베버하고 다르게 부르디외는 상징 폭력의 국가 집중에 주목한다. 부르디외에 따르면 근대 국가 형성 과정에서 국가는 다양한 기관이나 단체 또는 유력 권력자들이 분점하고 있던 여러 증명서, 자격증, 권위, 명예, 특권 등 상징 자본을 부여할 수 있는 권한을 점차 국가로 집중시켰다. 이런 과정을 거쳐 국가 구성원들은 오로지 국가를 통해서만 정체성과 자격을 부여받을 수 있게 돼 국가에 의존하고 종속될 수밖에 없는 메커니즘이 형성됐다. 그렇게 해서 중앙 집권적인 근대적 관료주의 국가 형태가 발전했다고 부르디외는 분석했다.

한국에서 사회적 기업이 제도화되는 과정에서도 국가의 상징 폭력 독점은 사회적인 것을 통치 영토화하는 데 중요한 구실을 한다. 사회적기업육성법에 따라 사회적 기업을 운영하려는 사람은 국가(고용노동부 장관)의 인증을 받아야 하고, 국가는 인증받은 사회적 기업을 대상으로 법에 근거해 다양한 지원을 제공한다.[7] 또한 사회적기업육성법은 인증받은 사회적 기업 말고는 사회적 기업이나 비슷한 명칭을 사용하지 못하게 해 국가만이 사회적 기업을 규정할 수 있는 유일한 주체라는 점을 명확히 하고 있다. 국가는 자격부터 명칭 사용 권한까지 사회적 기업에 관련된 상징 폭력을 독점하고 있다. 사회적 기업 인증제와 명칭 사용 제한은 국가가 행사하는 상징 폭력의 구체적 테크놀로지들이다.

국가가 사회적 기업의 자격과 명칭을 결정하는 상징 폭력의 독점체로 작용한다는 사실은 시장 경제와 국가 권력을 넘어서려 한 자율적 경제 공동체 조직들, 나아가 나름의 사회적 목적을 추구하는 활동을 펼치는 시민단체나 사회운동 단체들을 종속시키고 통제할 수 있는 힘을 갖는다는 말이 된다. 이런 단체와 조직들은 국가의 제도적 지원을 얻으려면 국가 인증을 받아야 하며, 그 대가로 기업이라는 조직 형태를 취하면서 취약 계층에게 일자리와 서비스를 제공해야 한다는 국가의 요구를 따라야 한다. 그리고 사회적 기업 인증을 받지 않은 단체나 조직의 활동은 국가가 공식 인정하는 사회적 목적 추구 활동의 범주에서 배제된다. 또한 국가 인증제는 시민사회 내부를 국가 인증을 받은 조직과 받지 못한 조직 또는 국가 지원을 받는 조직과 받지 못하는 조직으로 위계적으로 분할하고, 인증을 둘러싼 경쟁을 불러일으켜 시민사회를 길들이고 통제할 수 있는 국가의 힘을 증대시킨다.

물론 국가 내부에서도 사회적 기업의 법적 규정과 사회적 기업 인증제라는 통치 테크닉을 둘러싼 논란이 꾸준히 있었다. 이를테면 현행 사회적 기업의 법적 정의와 인증 요건이 취약 계층에게 일자리와 사회 서비스를 제공하는 데 지나치게 집중하는 바람에 그밖의 다양한 사회 문제를 혁신적이고 창의적으로 해결할 가능성을 제한하는 점, 사회적 기업의 다양성이나 시간과 사회적 조건의 변화에 따른 사회적 기업의 발전 가능성을 못 반영한다는 점 등을 지적하면서 관련 제도를 개정해야 한다는 주장이 그렇다(노동부 2012a, 64: 노동부 2013b, 3: 노동부 2014, 1: 한국직업능력개발원 2011). 그런데 국가 통치 장치 내부의 비판적 견해들은 사회적 기업이라는 통치 장치를 효율적으로 활용하는 방식을 문제삼을 뿐이지, 그런 통치 테크닉이 시민운동 조직의 형태와 활동 방식을 길들이고 통제하는 통치 전략이라고 지적하는 급진적 비판은 아니었다.

비판적 통치 분석은 그런 통치 테크놀로지들이 시민운동 영역과 사회적인 것의 영역을 통치 영토화하는 방식에 주목해야 한다. 정례화된 사회적 기업 사업 성과 평가, 사회적 기업 인증제, 사회적 기업 명칭 사용 제한이라는 상징 폭력의 테크놀로지는 시민운동 조직들이 펼치는 사회적 목적 추구 활동들을 국가의 통치 목적에 종속적으로 배치하는 통치 전략의 관점에서 분석돼야 한다.

5. '사회적' 기업에서 사회적 '기업'으로

앞서 살핀 대로 사회적 기업의 담론 구조를 관통하는 가장 중요한 특징 중하나는 시장의 논리가 사회적 가치의 논리를 압도하고 전체 담론을 지배한다는 점이었다. 이런 특징은 사회적 기업을 둘러싸고 사회적 기업의 재정적 지속 가능성, 곧 자립 경영 문제가 가장 중요한 화두로 제기되고 있다는 것을 의미한다.

통치의 관점에서 사회적 기업의 자립 경영 문제는 가장 중요한 쟁점일 수밖에 없다. 사회적 기업이 자립 경영에 실패하면 정부는 재정을 계속 지원해야 하고, 그렇게 되면 전적으로 정부 재정으로 추진한 사회적 일자리 사업하고 다를 게 없게 돼 사회적 기업 육성 정책이 실패로 결론지어지기 때문이다. 더구나 국가는 뒤로 빠지고 민간의 힘을 활용해 사회적 문제들을 해결하려 하는 신자유주의 통치의 기본 방향에서 벗어나는 결과가 된다. 따라서 제도화 과정부터 지금까지 사회적 기업의 자립 경영 가능성은 계속 염려의 대상이 됐다. 이런 염려는 사회적 기업이 대부분 시민운동 단체에서 출발한 탓에 비즈니스 마인드와 경영이나 수익 창출을 위한 전문성과 경험이 부족하다는 점, 주요 사업 영역인 사회 서비스 산업이 고부가 가치 산업이 아니라 민간 기업이 하기 힘든 저수익 노동 의존형 산업이라는 점, 고학력 숙련 노동자가 아니라 저학력 저숙련 노동자를 고용하는 점 등에 관련된다.

실제로 2011년 기준 전체 사회적 기업 중 영업 적자 기업이 86.4퍼센트에 이른다(노동부 2014, 1). 따라서 2008년에 〈제1차 사회적 기업 육성 기본계획〉이 수립될 때부터 사회적 기업의 자립 경영 역량을 강화하기 위한 다양한 테크놀로지들이 기안되고 추진됐다. '1사 1사회적 기업 파트너십'과 '프로보노' 캠페인 등이 대표적이다. 이런 테크놀로지들을 통해 사회적 기업 안으로 경영 전문성 논리와 관련 지식들이 파고들게 된다.

〈제1차 사회적기업육성 기본계획〉은 '기업의 일회·기부성 사회 공헌 활동을 사회적 기업에 대한 투자 및 경영 지원과 연계'하기 위한 방안으로 '1사 1 사회적 기업' 캠페인 전략을 수립하고 있다(노동부 2008, 21). 여기서는 기업의 사회 공헌 활동이 그동안 '일회적인 기부 활동'에 치중하던 현실을 비판하면서 지속 가능한 사회 공헌 활동의 하나로 기업이 사회적 기업을 상대로 파트너십을 맺는 일을 하나의 '투자'라며 독려하고 있다. 이 계획서는 구체적으로 '구매 연계, 프랜차이즈, 전문성 기부, 공동 판매 등을 활성화'함으로써 사회적 기업의 '시장 경쟁력(을) 제고'하는 방안을 제시하고 있다.

2012년 말에 수립된 〈제2차 사회적기업육성 기본계획〉에서도 '사업비, 컨설팅, 제품 구매, 교육 등' 다양한 방식으로 '대기업이 공생 발전 및 사회 공헌 차원에서 직간접 지원'을 통해 사회적 기업의 지속 가능성을 높이는 데 일조해야 한다고 촉구하고 있다(관계부처합동 2012, 6). 정부는 일정한 세금 감면 혜택을 제공하면서 대기업이 사회적 기업에 경영 지원을 하도록 유도하고 있다. '1사 1사회적 기업 파트너십'이 기업과 사회적 기업에 모두 이익이라고 파악하기 때문이다.

기업 쪽에는 기업의 지역 사회 공헌을 쉽게 할 수 있다는 점, 특정 비정부 기구나 사회적 기업의 명성과 인지도를 마케팅에 활용할 수 있다는 점, 기업의 지배 구조를 개선한다는 점을 장점으로 들고 있다. 사회적 기업에는 재원을 다양화해 정부 의존에 따른 통제에서 벗어나게 해줄 수 있다는 점, 사회적 기업의 경영에 관련한 다양한 기술과 노하우를 얻을 수 있다는 점, 회계 능력과 성과 지향적 태도 등을 학습할 수 있는 기회가 된다는 점을 장점으로 꼽는다(노동부 2007, 32~33).

'프로보노Pro Bono'란 '공익을 위해'라는 뜻을 지닌 라틴어 문구인 'Pro bono publico'에서 나온 말로, 전문가가 대가 없이 자기의 전문적 재능을 공익을 위해 기부하는 일을 뜻한다. 정부는 주로 대기업 임원을 거치거나 기업 경영에 관련한 지식과 노하우를 지닌 전문가들이 프로보노 활동을 통해 사회적 기업의 경영을 지원하고 있다. 전문가 개인에게는 사회 공헌 모델로서 의미 있는 지역 사회 참여의 실천이 된다는 점, 좋은 경력이 될 뿐 아니라 리더십을 배양함으로써 자기 계발의 기회가 된다는 점, 네트워크를 구축할 수 있다는 점에서 긍정적이라며 관련 전문가의 프로보노 활동을 장려하고 있다. 사회적 기업 쪽에는 경영 실무 역량을 강화할 수 있다는 점, 다양한 네트워크를 구축할 수 있다는 점, 전문가의 새로운 관점을 바탕으로 다채롭고 넓은 시각 아래 혁신과 발전을 모색할 수 있다는 점을 장점으로 든다(한국사회적기업진흥원 2014b, 7~8).

여기서 알 수 있듯이 1사 1사회적 기업 파트너십이나 프로보노 캠페인이 겨냥하는 목표는 사회적 기업의 경영 전문성을 강화해 재정 자립 능력을 배양하기다. 실제로 많은 대기업과 전문가들이 이런 캠페인에 참여해 사회적 기업을 직간접으로 지원하고 있는데, 이런 과정을 거쳐 대기업과 경영 관련 전문가들의 축적된 경영 노하우와 관련 지식이 사회적 기업 안으로 파고들게 된다.

장애인에게 일자리를 제공하는 카페를 운영하는 어느 사회적 기업가가 한 진술은 1사 1사회적 기업 파트너십이나 프로보노 같은 경영 역량 강화 테크놀로지들이 어떤 지식을 동원하면서 사회적 기업에 파고드는지를 잘 보여준다.

아이를 키우고 살림만 하던 터라 본격적으로 사회생활을 시작하는 데 어려움이 많았어요 …… '그만 포기할까' 고민도 수차례 해보기도 하고 …… 처음에는 제품을 만들어서 일단 파는 것이 우선이었죠. 고민 없이 무작정 덤볐다고 할까요? 그러다가 SK 장원석, 이시내 프로보노를 만났어요. 그리고 제가 무엇을 고민해야 하는지 알게 되었어요. 프로보노와 만나는 횟수가 거듭될수록 원가를 계산하고 이익을 창출하기 위한 전략을 고민하기도 했죠. 보다 체계적으로 다음 단계를 준비할 수 있는 계기가 될 수 있었어요. …… 의욕만으로 세움카페를 창업한 지 1년. 지난 2012년 한 해 동안 여러 사람들의 많은 노력으로 제과 제빵과 커피, 음료에 대한 기능적인 성장이 있었어요. …… 하지만 재정 자립도에 대한 더 많은 고민이 필요한 시점이기도 했죠. …… 원가 회계 및 재무 회계에 대한 기본적인 개념 교육이 절실했죠. …… 수출입은행에서 오신 두 프로보노님은 법인 운영에 대한 회계 지침과 관리 방법들을 하나하나 일러주셨습니다. 세움카페는 매출 규모 확대 및 분점 설치, 주식회사 전환 등 이미 기업의 규모가 커져가고 있었죠. 따라서 원가 개념에 따른 손익 관리, 체계적인 재무 회계 관리가 무척 필요한 상황이었고, 두 프로보노님의 조언은 정말 큰 도움이 되었습니다. 특히 수출입은행에서 지원하는 사회적 기업 지원 활동에 세움카페를 추천해주셔서 장애 청년 교육 및 제품 생산에 필요한 에스프레소 머신과 제빵 반죽기도 지원받을 수 있었습니다. 2012년 저희가 만난 큰 은인이셨지요.(한국사회적기업진흥원 2013b, 37~38)

이 사회적 기업가는 평범한 전업주부로 '아이를 키우고 살림만' 해온 탓에 기업 경영에 관한 경험이나 지식이 없어 어려움을 겪고 있었다. 그렇지만 프로보노 전문가들을 만나 '원가를 계산하고 이익을 창출하기 위한 전략을 고민'하기도 하는 등 '재정 자립'이라는 문제에 더 큰 관심을 갖게 된다. 전문가들에게서 법인 운영에 관련된 '회계 지침과 관리 방법들'을 학습하고 '원가 개념에 따른 손익 관리, 체계적인 재무 회계 관리'에서 도움을 얻을 수 있게 됐고, 나아가 사업 네트워크를 확장하고 매출을 크게 늘릴 수 있었다. 프로보노 전문가들은 이 사회적 기업가에게 '은인'으로 표상되고 있다. '의욕'만으로 '무작정' 사업을 시작한 어느 평범한 주부가 프로보노들의 도움을 받아 경영과 회계에 관련된 전문 용어를 구사하게 되고, 그런 지식을 사회적 기업 경영에 적용할 줄 아는 전문 경영인으로 거듭나고 있다는 데 주목해야 한다.

이렇게 1사 1사회적 기업 파트너십이나 프로보노 같은 경영 역량 강화 테크놀로지들을 통해 각종 경영 관련 지식 체계와 경영 기법들이 사회적 기업 속으로 파고들게 된다.

6. 사회적인 것의 통치, 사회적인 것을 통한 통치

통치란 '적절한 목적을 달성하기 위한 사물들의 올바른 배치'다(Foucault 2007, 96). 하나의 기계 장치가 적절히 작동하려면 각 부품들이 적절히 배치돼 결합돼야 하고, 다양한 공학 지식과 기술들이 효과적으로 적용돼야 한다. 마찬가지로 사회적 기업은 다양한 지식과 기술을 전략적으로 동원해 다양한 자원과 사람들을 통치의 목적을 달성하기 위해 적절히 배치하려는 통치 장치다. 사회적 기업을 둘러싼 통치 메커니즘은 통치 바깥에 있던 사회적인 것들의 영역을 통치 영토 내부로 재구조화하면서 작동한다. 그리고 이 각각의 과정에 다양한 형태의 지식, 권력의 전략과 기술들이 동원된다.

통치는 실업과 빈곤을 잠재적 통치 리스크라는 관점에서 문제화하고, 빈곤층과 실업자 같은 취약 계층을 노동을 통해 사회로 통합하되 국가 대신 시장과 민간이 그 구실을 떠맡는 방안을 모색했다. 특히 사회적 자본의 구축은 통치 리스크로서 실업과 빈곤 문제를 흡수할 수 있는 방안으로 사고됐다. 이런 문제 틀 속에서 구체적으로 사회적 기업은 최종 해결 방안으로 여겨져 제도화됐다. 이 일련의 과정에서 결합된 지식과 권력은 상호 의존하며 강화됐다.

통치는 국가 장치들을 동원해 통치가 원하는 지식이 생산될 수 있게 지원했고, 전문가들은 통치가 원하는 지식을 제공했다. 특히 사회적 자본, 사회적 기업이 거둔 성과의 계량화, 전문적 경영 지식 등에 관련된 지식 체계들이 권력의 지원을 받아 축적됐고, 그런 지식들을 통해 통치는 통치가 집중해야 할 지점이 어디인지, 어떤 보완책을 마련해야 하는지, 어떤 통치 테크놀로지를 활용해야 효과적인지를 판단해서 관련 전략을 수립하고 집행할 수 있었다. 사회적 기업 성과 평가의 정례화, 사회적 기업 인증에 관련한 국가의 상징 폭력의 독점, 1사 1사회적 기업 파트너십, 프로보노 활성화 같은 구체적 조치들은 그런 과정을 거쳐 전략적으로 채택된 권력의 테크놀로지들이라 할 수 있다. 이런 일련의 기술과 과정들을 통해 통치는 사회적인 것들의 영역을 측정 가능하고 조작 가능한 대상으로 재구조화해 거기에 개입하며, 통치의 영토로 새롭게 구축한다.

이렇게 사회적 기업을 둘러싸고 벌어지는 사회적인 것의 통치 영토화 과정에는 다양한 지식과 권력의 전략과 기술들이 동원된다. 그런 총체적 통치 메커니즘이 야기하는 실질적인 귀결은 통치 시스템을 위협할 수도 있을 만한 진보적이고 급진적인 사회운동의 예측 불가능한 야수성을 시장의 메커니즘 내부로 포획해 길들이는 상황이라고 할 수 있다. 물론 이 과정은 하향식 권위주의의 통치 형태하고는 구분된다. 사회적 기업을 둘러싼 신자유주의 통치는 자기의 외부에 있던 진보적 시민운동 진영에 일정한 자율성과 권한을 부여함으로써 신자유주의 통치 내부로 포섭하는 좀더 유연한 헤게모니적 통치를 특징으로 한다.

이런 형태의 통치가 기성의 권위주의적 통치 형태보다 강력한 이유는 통치 대상의 자유와 자율, 능동성과 자발성을 보장하면서도 그 대상들이 통치 목적에 부합하도록 유도하고 결합하는 형태를 취하기 때문이다. 따라서 사회적 기업은 종종 신자유주의 통치를 넘어설 수 있는 방안으로 받아들여지거나, 국가, 시민사회, 시장이 각 관할 영역을 분할 통치하는 협동의 모델로 오해되기도 한다.

흔히 한국에서 사회적 기업은 '착한 기업', '따뜻한 기업', '인간의 얼굴을 한 경제' 같은 수사들을 통해 미화되고 있다. 이런 수사들이 시사하듯 사회적 기업은 공동체적 연대의 관점에서 시민과 시민사회가 어려운 상황에 놓인 이웃의 상황을 공감하고 도우면서 함께 공존하려는 시도로 이해된다. 한국에서 사회적 기업은 '시장을 사회에 되묻는' 작업(Polanyi 2001), '시장과 국가의 체계 논리에서 벗어나는 생활 세계의 탈식민화'(Habermas 1987), '자본주의 사회의 인간 소외를 극복하기 위한 시도'(Marx 1988)로 이해되는 경향이 있다.

신자유주의의 시장 논리에 공동체, 휴머니즘, 참여 민주주의의 가치가 억압되고 축소되는 현실을 비판하면서 그런 가치들을 복원하는 전략으로서 사회적 기업을 옹호하는 시각은 한국 사회에서 신자유주의와 사회적 기업의 관계를 바라보는 가장 대중화된 관념이다. 그런 점에서 사회적 기업에 부착된 공동체의 가치, 휴머니즘의 가치, 시민 참여의 가치들은 신자유주의 시장 논리를 향한 비판과 대안으로서 사회적 기업을 옹호하는 규범적 정당성의 근거기도 하다.

문제는 이런 규범적 정당성을 뒷받침하는 근거의 정당성이 의심받지 않고 있다는 점이다. 그렇지만 사회적 기업을 둘러싸고 사회적인 것들이 통치 영토화되고 나아가 통치 수단화되는 메커니즘을 분석한 결과는 신자유주의 비판과 사회적 기업 옹호를 뒷받침하는 규범적 정당화의 근거가 이미 통치 메커니즘을 거쳐 매개되고 구성된 산물이라는 점을 보여준다. 따라서 그런 규범적 정당성의 근거들은 권력/지식 복합체에서 자유로운 어떤 중립적 판단 기준이 아니라 권력/지식 복합체의 산물인 셈이다.

신자유주의 통치는 그런 공동체적 가치, 휴머니즘의 가치, 시민 참여의 가치에 대립되지 않는다. 오히려 신자유주의 통치는 사회적인 것의 가치들을 통치 대상으로 변형한 뒤 활성화함으로써 더 효과적으로 작동한다. 지금까지 살핀 대로 사회적 기업을 통한 통치는 다양한 지식과 권력의 기술들을 동원해 시민단체와 민간과 개인들의 참여를 활성화하고, 사회적 가치와 목적들을 계량화된 지식으로 변형하는 동시에 그런 지식을 추구하도록 독려하는 방식으로 통치한다.[8] 그런 점에서 신자유주의 시장 논리와 사회적인 것의 관계를 일종의 제로섬 게임 형태로 봐 어느 한쪽의 확장과 다른 쪽의 축소라는 구도로 파악하는, 특히 한국의 진보적 시민운동 진영에 널리 공유되고 있는 인식은 이 둘의 결합을 통해 작동하는 새로운 신자유주의 통치 전략을 포착하지 못하고 있다.

이런 인식적 오류는 사회적 기업을 신자유주의에 맞서 시민사회를 확대하고 억압받던 공동체, 휴머니즘, 시민 참여 민주주의를 복원할 수 있는 방안으로 생각한 결과 사회적 기업을 육성하는 과정에 적극 참여해서 의도하지 않게 신자유주의 통치를 재생산하고 강화하는 정치적 오류로 귀결되고 있다. 따라서 사회적 기업에 관련해 한국 진보적 시민운동 진영이 좀더 관심을 기울여야 할 문제는 사회적 기업의 메커니즘 속에서 신자유주의와 공동체, 휴머니즘, 시민 참여의 가치들이 접합되고 결합돼 새로운 신자유주의 통치를 가능하게 만드는 다양한 전략과 테크놀로지들이 작동하는 양상이다.

8장

지식, 권력, 자기
사회적 기업가 주체성의 생산

사회적 기업이라는 통치 장치는 제도화가 되더라도 곧장 통치 장치로 작동할 수는 없다. 통치하려 하는 개인들을 특정한 방식으로 사고하고 행동하는 특정한 주체로 만들어내지 못하는 한 통치는 작동할 수 없기 때문이다(Burchell 1996). 사회적 기업이 지속 가능하게 성장하려면 무엇보다 인적 자원과 물적 자원을 확보할 '사회적 투자'가 필요한데, 그중 가장 우선순위를 차지해야 하는 항목은 사회적 기업의 주체로 준비되고 훈련된 '인적 자원'이라는 지적도 있다(보건사회연구원 2010, 160). 사회적 기업가라는 주체성이 특이한 이유는 사회운동가와 기업가의 주체성을 결합하고 있기 때문이다. 사회적 기업가는 일종의 기업가지만 이윤이 아니라 사회를 바꾸고 사회적 가치를 추구하는 활동을 제일 목표로 하는 일종의 사회운동가기도 하다.

달리 말하면 사회적 기업가는 일종의 사회운동가지만 전통적 사회운동가하고 다르게 기업가처럼 시장에서 영리 기업이 쓰는 전략을 통해 사회를 바꾸기 위한 사회적 가치를 추구하는 실천을 펼치는 존재들이다. 또한 푸코를 포함한 신자유주의 통치성 연구들[1]이 강조하는 자기를 기업으로 간주하면서 기업의 주체성을 갖고 자기의 건강, 취업, 복지, 노후 등 삶의 전 과정을 경영하는 원자화된 호모 에코노미쿠스로서 개인적 책임의 주체하고도 다르다. 또한 호모 에코노미쿠스지만 자기 자신의 삶에 책임지는 수준을 넘어서 취약 계층이나 사회적 약자 같은 타인의 삶과 어려움에 관해서도 사회적 책임을 다하려 하는 헌신적인 윤리적 주체이자 사회적 책임의 주체다(김주환 2012). 요컨대 '사회화된 호모 에코노미쿠스'다(Lessenich 2011). 여기에서는 이런 사회운동가이자 기업가고, 호모 에코노미쿠스지만 개인적 책임을 넘어 타인에게도 사회적 책임을 다하려 하는 사회적 기업가라는 독특한 형태의 주체성이 생산되는 메커니즘에 분석의 초점을 맞추려 한다.

개개인을 특정한 주체로 변형하는 과정에는 개인을 앎과 통치의 대상으로 삼아 진행되는 다양한 지식의 생산과 권력의 세세한 테크놀로지들의 동원이 수반된다. 그렇지만 사람들은 권력의 프로그래밍대로 움직이는 로봇이 아니기 때문에 이 과정은 지식과 권력의 복합체가 이끄는 하향식의 일방향적 지배 과정이 될 수 없다. 학교 교육이라는 통치 장치가 다양한 지식(이를테면 교육학, 심리학, 공중 보건, 체육 관련 지식 등)과 세세한 권력의 테크놀로지들(이를테면 공간 배치, 체벌과 일과표를 통한 훈육, 주기적 시험 등)을 동원해 학생들을 둘러싼 채 유순하고 정상적인 사람으로 만들어낼 때, 이 과정에는 또한 학생 스스로 자기를 모범생으로 구성하기 위한 여러 노력들(이를테면 선생님 말씀 잘 듣기, 성적 향상을 위해 하루 일과 시간표 짜기, 매일 일기를 써 하루 일과와 자기를 반성하기, 시키지 않아도 스스로 공부하기 등)이 작동하지 않으면 통치는 본래의 목적을 달성하기 어렵다. 곧 개개인을 대상으로 삼아 특정 주체로 변형하는 과정에는 지식과 권력의 테크놀로지들이 동원될 뿐 아니라 개개인이 스스로 자기를 대상으로 삼아 자기를 바람직한 주체로 변형하려 하는 일련의 실천과 기술들이 작동하는 집합적 작용이 수반된다.

푸코는 후자를 '자기의 테크놀로지'라고 부르는데, 자기의 테크놀로지란 '개인들이 자기를 하나의 주체로 구성하고 인식하게 되는 자기하고 맺는 관계의 형태와 양태들'이다(Foucault 1990, 6). '존재의 기예'라고 할 수도 있는 자기의 테크놀로지는 '사람들이 스스로 행위의 규칙들을 정할 뿐 아니라 자기들을 변형시키고 자기들의 존재의 특이성 속에서 자기를 변화시키고, 자기들의 삶을 어떤 미학적 가치를 지니고 있으며 어떤 스타일의 기준을 충족시키는 하나의 작품으로 만들려는 의도적이고 자발적인 조치들'을 뜻한다(Foucault 1990, 10~11). 주체의 생산 과정에 권력/지식과 자기의 테크놀로지가 결합된다는 점에서 푸코는 통치를 '자기와 타인들의 행실을 통솔하는 것'이라는 의미로 사용하는데, 이런 용법은 통치란 타인에 연관된 관계에서 정의되는 권력의 테크놀로지와 자기에 연관된 관계에서 정의되는 자기의 테크놀로지가 결합한 효과라는 의미를 지닌다(Foucault 1982, 220~221; Foucault 2007, 193~201). 따라서 여기에서는 한국의 사회적 기업 통치 메커니즘 속에서 다양한 지식, 권력의 테크놀로지, 자기의 테크놀로지들이 결합해 사회적 기업가를 만들어내는 과정에 주목한다.

정부의 정책 보고서나 정책 개발을 위한 연구 보고서, 사회적 기업가 육성에 관련된 연구 논문, 사회적 기업가의 구루라고 불릴 수 있는 사람들이 출간한 사회적 기업가용 지침서를 분석 자료로 삼았다. 정부의 정책 보고서나 정책 개발을 위한 연구 보고서는 권력과 지식이 상호 의존하면서 결합돼 서로 강화하는 양상을 응축하고 있기 때문에, 사회적 기업가 육성에 관련된 정부 정책이 등장하고 발전하는 과정에 개입하는 지식과 권력의 테크놀로지들이 드러내는 양상을 파악할 수 있는 가장 알맞은 텍스트다. 다만 국가 권력은 당장 눈앞에 드러나는 성과를 낼 수 있는 정책과 제도를 개발하는 데 더 큰 비중을 두는 경향이 있기 때문에, 개인을 사회적 기업가로 육성하기 위한 제도적 장치를 마련하는 문제는 치밀하게 연구한 반면에 정작 사회적 기업가들 자체에 관해서는 거의 연구하지 않았다. 따라서 사회적 기업가를 생산하는 과정에 개입하는 지식의 체계에 관한 분석은 한국연구재단 등재 학술지에 실린 관련 논문들을 활용했다. 자기의 테크놀로지들에 관한 분석은 사회적 기업가로서 '바람직하게 행동하기 위한 규칙, 의견, 충고를 제공하기 위한 목적에서 쓴 텍스트들'(Foucault 1990, 12), 곧 사회적 기업가의 구루라고 할 수 있는 사람들이 쓴 사회적 기업가용 지침서를 활용했다. 구체적인 분석 텍스트는 우인회가 쓴《성공하는 사회적기업의 9가지 조건》(황금고래, 2010), 야마모토 시게루가 쓴《사회적기업 창업 교과서》(생각비행, 2011), 마크 알비온이 쓴《미래 기업의 3C경영》(프라임, 2007) 등 단행본 세 권이다.

1. 사회적 기업가 정신과 리더십이라는 진리 체제들

"실제로 사회적 기업가는 사회적 기업의 성패를 좌우하는 가장 큰 변수라고 할 수 있다"(한국직업능력개발원 2011, 72). 통치 장치로서 사회적 기업이 적절히 작동하려면 사회적 기업가들은 사회적 기업을 운영하는 데 요구되는 능력과 자질을 지닌 주체가 돼야 한다. 따라서 사회적 기업가의 어떤 능력, 자질, 성향이 사회적 기업의 성과에 영향을 주는지에 관한 일련의 지식 체계가 구축돼왔다.

한국에서 사회적 기업의 성과의 영향 요인을 규명하는 연구들은 크게 세 부류로 구분할 수 있다. 첫째, 개인 단위를 연구 대상으로 삼아 흔히 사회적 기업가 정신이라고 부르는 기업가의 능력, 자질, 성향에 초점을 두는 연구다(고유상 외 2014; 김명희 2013; 반성식 외 2011; 장성희 2012; 2014; 장성희·마윤주 2011; 장성희·반성식 2010; 이용탁 2011; 정대용·김태현 2013; 이광우·권주형 2009). 둘째, 조직 단위를 연구 대상으로 삼아 기업의 조직 문화에 초점을 두는 연구다(김용태·박재환 2013; 이광우·권주형 2009; 조상미 외 2012; 박해긍·신원식 2014; 김행열·김형수 2013; 박미경 외 2012; 정대용·김태현 2013; 반성식 외 2011). 셋째, 개인이나 조직 외부의 국가 정책이나 제도, 자원 동원 환경 등 그밖의 사회 구조적 차원에 초점을 둔 연구다(이광우·권주형 2009: 조상미 외 2012: 선남이·박능후 2011: 반성식 외 2011: 장성희 2012). 그중 조직 문화에 초점을 둔 연구들은 사회적 기업가가 한 조직의 리더로서 사회적 기업의 조직을 관리하고 조직 문화를 형성하는 핵심 행위자라는 점에서 볼 때 흔히 리더십이라고 불리는 사회적 기업가의 능력, 자질, 성향에 연관된다. 따라서 개인으로서 사회적 기업가들을 앎의 대상으로 삼아 그 사람의 능력, 자질, 성향에 관련한 어떤 지식들이 동원되고 축적되는지 보려면 앞서 언급한 세 부류의 연구 중 첫째와 둘째, 곧 사회적 기업가 정신과 조직 문화에 관한 연구들에 주목해야 한다.

사회적 기업가 정신에 관한 연구는 주로 경영학의 하위 연구 주제인 기업가 정신 연구의 영향력 안에서 진행되고 있다. 따라서 이 연구 경향 속에서 사회적 기업가 정신은 기업가 정신의 한 형태로서 기업가 정신의 주요 구성 요소로 언급되던 혁신성, 진취성, 위험 감수성 같은 일반적 특징을 공유한다고 간주된다. 다만 기업가 정신하고 다르게 사회적 기업가 정신은 경제적 이익이 아니라 사회적 가치의 실현을 최우선 목표로 삼는 점에서 일반 기업가 정신하고 차이가 있다(Austin et al. 2006: Drayton 2002: Dacin et al. 2010: Latham et al. 2009: Zahra et al. 2008: 2009). 이런 맥락에서 사회적 기업가 정신을 '비영리, 영리 또는 정부 영역에서 모두 발현될 수 있는 혁신적인 사회적 가치 창출 활동'으로 정의하기도 하고(Austin et al. 2006, 2), '새로운 사업 영역을 창출하거나 기성 조직을 혁신적 방법으로 경영함으로써 사회적 부를 증대시키기 위한 기회들을 포착하고, 정의하며 활용하기 위한 활동과 과정'으로 정의하기도 한다(Zahra et al. 2009, 2). 요컨대 사회적 기업가 정신에 관한 연구 안에서 사회적 기업가 정신과 기업가 정신은 사실상 차이가 없다.

사회적 기업가 정신과 사회적 기업이 거둔 성과의 관계를 다룬 연구 중 여기서 분석 대상으로 삼은 논문은 모두 9편으로, 그중 8편을 쓴 연구자들이 경영학을 전공했다. 한국에서도 사회적 기업가 정신이라는 주제가 경영학의 기업가 정신 연구의 연장선상에서 진행되고 있다는 점을 보여주는 대목이다. 따라서 이 연구들은 전통적으로 언급되던 기업가 정신의 구성 요소인 혁신성, 진취성, 위험 감수성을 사회적 기업가 정신의 구성 요소로 그대로 등치시키거나(반성식 외 2011; 이용탁 2011; 장성희 외 2010), 여기에 기회 포착 능력(장성희 외 2012)이나 사회적 가치 지향성(장성희 2014)을 덧붙일 뿐이다.

사례마다 조금 차이는 있지만 큰 틀에서 볼 때 이런 연구들은 대체로 개별 사회적 기업가들이 지닌 혁신적, 진취적, 위험 감수적 태도나 능력이 사회적 기업의 사회적 또는 경제적 성과에 긍정적 영향을 준다는 점을 경험적으로 입증하고 있으며, 그런 결과에 근거해 사회적 기업가는 기업가 정신으로 무장해야 한다고 강조한다. 결국 사회적 기업가 정신을 다룬 연구들은 사회적 기업가는 혁신성, 진취성, 위험 감수성 같은 기업가 정신의 능력과 태도를 배양해야 직접 운영하는 사회적 기업의 재정적 지속 가능성뿐 아니라 목표로 삼은 사회적 가치를 실현하거나 사회를 바꾸는 과업을 달성할 수 있다는 진리를 만들어낸다.

그렇지만 그런 연구 결과가 곧 사회적 기업가를 일반 영리 기업가하고 동일시한다는 의미는 아니다. 사회적 기업가의 제일 임무는 영리 기업가하고 다르게 이윤 추구가 아니라 사회적 가치와 사회적 목적의 실현이고, 그런 임무를 수행하기 위해 영리 기업가의 전략을 활용하는 사람들이다. 그런 점에서 사회적 기업가는 영리 기업가와 사회운동가의 특성을 모두 지닌다. 사회적 기업가 정신을 주제로 한 연구들이 강조하는 부분은 사회운동가로서 사회적 기업가들이 사회적 가치와 사회적 목적을 실현하기 위해서라도 먼저 기업가 정신으로 무장해야 하며, 그럴 때 그런 목적들을 더 잘 실현할 수 있다는 점이다. 1980년대의 사회운동가나 활동가들이 사회 변혁을 위해 계급 의식으로 무장해야 한다고 강조됐다면, 오늘날 사회적 기업가 정신의 지식 체계 속에서 사회적 기업가 유형의 사회운동가나 활동가들은 기업가 정신으로 무장해야 한다고 강조된다.

조직 문화와 사회적 기업의 성과의 영향 관계에 관한 연구도 중시되고 있는데, 마찬가지로 경영학의 하위 연구 분야인 조직관리론의 영향을 강하게 받는다. 이 흐름에 속한 연구들은 유연성, 통제, 내부 지향, 외부 지향을 교차시켜 조직 문화를 합리 문화(과업 지향 문화), 위계 문화, 발전 문화, 집단 문화(관계 지향 문화)로 유형화한 틀을 활용하고 있었다(Quinn and Kimberly 1984: Quinn and McGrath 1985).

여기서 합리 문화rational culture는 과업 달성을 위해 생산성과 경쟁력을 중시하는 과업 지향 문화로, 구성원들이 거둔 성과에 관한 보상을 주요 특징으로 한다. 따라서 구성원 사이의 팀워크나 공동체적 관계가 경시돼 조직 응집성이 약해질 수 있다. 위계 문화hierarchical culture는 명령과 규칙을 통한 질서와 안정성을 중시하는 조직 문화다. 관료제적 형태에 가깝고 구성원들의 자발성을 끌어내는 데 어느 정도 한계를 지닐 수밖에 없다. 발전 문화development culture는 외부 환경에 대응한 유연한 적응성과 혁신을 통한 조직의 발전을 중시하는 문화 유형이다. 이 유형은 구성원들의 자율성과 적극성을 특징으로 한다. 마지막으로 집단 문화group culture는 구성원 사이에 인간적 관계를 형성한 산물로서 통합을 중시한다. 팀워크와 가족적 인간관계에 바탕한 자발적 참여가 특징이다.

조직 문화 관련 연구는 사회적 기업이 놓인 상황에 따라 필요한 효과적인 조직 문화 유형이 달라질 수 있기 때문에 일반화할 수 없다는 단서를 달기는 하지만, 일반적인 상황에서 사회적 기업의 성과는 특히 해당 사회적 기업이 합리 문화, 발전 문화, 집단 문화를 지닐 때 더욱 증대된다는 점을 보여준다. 이 세 가지 조직 문화는 구성원의 직무 만족도를 높이고 자발성, 헌신, 조직 통합을 이끌어내 사회적 기업의 성과를 상승시키는 데 큰 구실을 한다고 설명되는데, 특히 합리 문화와 발전 문화는 사회적 기업이 재정적 지속 가능성을 확보하고 혁신적으로 과업을 성취하는 데 효과적일 수 있다고 파악된다(반성식 외 2011; 박해긍·신원식 2014; 김행열·김형수 2013; 조상미 외 2012).

이런 연구들은 특정한 조직 문화가 해당 사회적 기업이 놓인 특정한 조건과 환경에 따라 성과에 영향을 준다는 관점을 취하기 때문에 개인이 아니라 조직을 분석 단위로 삼는다. 그렇지만 한 조직의 문화를 형성하는 데 리더의 구실은 핵심적이다. 따라서 조직 문화와 사회적 기업의 성과 사이의 영향 관계를 다루는 연구들은 사회적 기업의 리더인 사회적 기업가가 특정한 조직 문화를 만들어낼 수 있는 능력, 자질, 태도, 행위 성향 등의 집합으로서 리더십이라는 주제에 쉽게 연결될 수 있다(김행열·김형수 2013). 그런 점에서 조직 문화와 사회적 기업이 거두는 성과의 영향 관계를 다루는 연구들은 특정한 상황 속에서 사회적 기업이 특정한 성과를 높이기 위해 사회적 기업가가 어떤 능력을 배양하고, 어떤 태도와 행위 전략을 선택해 어떤 유형의 조직 문화를 만들어내며, 어떤 방식으로 조직 구성원들을 관리할지에 관련된 지식을 제공한다.

사회적 기업가 정신과 조직 문화 관련 연구에서 주목할 부분은 사회적 기업가 개인의 능력, 자질, 특성, 태도, 행위 지향성 등 개인의 미시적 차원들이 앎의 대상이 돼 그런 요소들이 사회적 기업의 성과에 미치는 효과성이 통계적 방법을 거쳐 측정되고, 그 결과 관련 지식이 생산돼 진리 체제로 기능한다는 점이다. 이를테면 사회적 기업가 정신에 관한 연구의 경우, '개별 사회적 기업가가 얼마나 혁신적이고 독창적으로 행동하는지', '얼마나 혁신적인 아이디어를 적극적으로 추구하는지', '위험이 예상돼도 얼마나 대담하게 새로움에 도전하는지', '얼마나 남이 하지 않은 새로운 일들에 도전하고 싶어 하는지', '얼마나 진취적인 행동을 권장하는 직장 분위기를 만드는지', '얼마나 신속하고 적극적으로 시장 정보를 수집하는지' 등에 관한 정보가 수집돼 계량화된 지식으로 측정되고 변환된다. 그리고 연구 결과에 바탕해 사회적 기업 육성 정책이 초점을 두고 추진해야 할 사항이나 보완점이 무엇인지 등이 제시된다. 조직 문화 형성에 관련된 사회적 기업가의 구실에 관련해, 이를테면 '개별 사회적 기업가가 직원들을 인간적이며 가족처럼 대하는지', '사람을 중시하는 태도를 지니고 있는지', '직원들하고 소통하기 위해 얼마나 많은 노력을 하는지', '구성원을 설득하기 위한 적절한 행위 기술들을 갖고 있는지', '구성원들의 동기 부여를 위해 어떤 행동을 하는지', '성과를 실적 위주로 평가하는지', '구성원들의 진취성이나 도전 정신과 혁신성을 끌어내기 위해 어떤 노력을 하는지' 등에 관한 정보들이 수집돼 계량화되고 측정되며 지식으로 축적된다.

사회적 기업가 개개인의 미시적 차원을 앎의 대상으로 삼아 획득된 지식들은 통치가 개입해야 할 지점과 방법을 명확히 함으로써 다양한 통치 테크놀로지들이 사회적 기업가 개개인을 포위하고 작동할 수 있게 해주는 통로이자 지침으로 작용한다. 이를테면 혁신적, 진취적, 위험 감수적 태도나 능력들이 사회적 기업의 성과에 긍정적 영향을 준다는 주장이 하나의 진리로 인정됨으로써, 통치는 사회적 기업 육성 과정에서 사회적 기업가에 관한 인적 투자, 특히 경영학이나 회계 지식과 노하우 관련 교육 프로그램 강화 같은 테크놀로지를 통해 사회적 기업이라는 통치 장치를 운영하는 데 적합한 사회적 기업가의 주체성을 주조하려는 전략을 채택할 수 있다. 또한 집단 문화를 형성할 수 있는 사회적 기업가의 능력이나 태도, 행동 기술들이 사회적 기업의 성과에 긍정적 영향을 준다는 결과가 진리로 간주돼, 통치는 차세대 사회적 기업가가 될 청소년들이 나눔의 정신, 연대성, 공감 능력 등을 훈련하고 체화할 수 있게 교과 과정에 관련 내용을 반영하는 테크놀로지를 전략으로 사용할 수 있게 된다.

2. 사회적 기업가를 양성하는 지식과 권력의 테크놀로지들

앞서 말한 지식 체계를 거쳐 작동하는 진리 체제들을 통해 형성된 '바림직한' 사회적 기업가 갖춰야 할 주체성의 방향이 정해지면, 이 결론을 안내 지침으로 삼아 다양한 권력의 테크놀로지들이 작용해서 사회적 기업가들을 특정한 주체로 주조하려는 구체적 실천을 수행한다. 한국의 사회적 기업 메커니즘에서는 세 가지 정책이 사회적 기업가를 생산하는 주요 제도적 전략이다. '사회적기업가 아카데미'라는 교육 사업, '사회적기업가 육성사업'(2013년까지 '청년 및 사회적기업가 육성사업'으로 불림)이라는 사회적 기업가 인큐베이팅 사업, 예비 사회적 기업가를 발굴하기 위한 '소셜벤처 경연대회'가 바로 그것이다.

사회적기업가 아카데미는 2003년 시민단체인 함께일하는재단에서 4주 단기 코스로 처음 개설된 뒤 사회적 기업이 제도화되면서 2008년부터 국가 정책으로 채택돼 추진되고 있다. 사회적기업가 아카데미는 '사회적 기업의 자립과 지속 가능한 성장을 위하여 비전, 자질, 혁신적 아이디어, 경영 능력을 갖춘 사회적 기업가 양성'과 '사회적 기업의 경영 성과를 극대화하고, 궁극적으로 지속 가능한 사회적 기업으로 발전하는 데 기여'한다는 사업 목적 아래 사회적 기업가와 사회적 기업가가 되려고 하는 사람들을 교육하는 사업이다(노동부·함께일하는재단 2010, 1). 사업 목적에서 알 수 있듯이 사회적기업가 아카데미가 사회적 기업가에게 요구하는 능력으로 특히 중점을 두는 요소는 경영 능력이다.

2014년 전에는 '청년 및 사회적기업가 육성사업'으로 불린 사회적기업가 육성사업은 주로 청년에 초점을 두고 '사회적 기업가로서 자질이 있고 사회적 기업을 창업하고자 하는 사람'을 공모해 여러 지원을 한다(한국사회적기업진흥원 2012a, 1). 사회적기업가 육성사업의 대상으로 선정된 미래의 사회적 기업가들에게 일정한 교육 프로그램을 제공하고, 창업에 필요한 공간이나 자금, 멘토링 등을 지원하는 일종의 사회적 기업 인큐베이팅 사업이다.

소셜벤처 경연대회는 사회적 기업에 관한 인식 확산, 대국민 차원의 공감대 형성, 사회적 기업의 혁신적 모델을 발굴하려는 목적에서 추진되는 프로그램이다(한국사회적기업진흥원 2013d, 12). 경연대회는 권역별 대회와 전국 단위 최종 결선으로 구성되는데, 참가팀은 권역별 대회를 거쳐 사업 계획서를 실행 가능한 아이디어로 발전시키고, 입상자들은 전국 경연대회에 출전해 다시 경합을 벌이는 형태다.[2] 입상한 팀은 상장과 포상에 더해 사업을 현실화할 수 있는 지원을 받는다. 사업 첫해 448개 팀에서 2014년에 1294개 팀으로 참가팀이 크게 늘어났는데, 단계적 경쟁과 보상의 형태를 취하고 있어 청년들이 크게 호응하고 있다(한국사회적기업진흥원 2015, 7).

그럼 사회적기업가 아카데미 교육 과정, 사회적기업가 육성사업, 소셜벤처 경연대회가 큰 관심을 두고 있는 청년 사회적 기업가 발굴에 집중해 사회적 기업가 양성 과정에 어떤 지식과 권력의 테크놀로지들이 결합되는지 살펴보자.

사회적기업가 아카데미와 표준교육과정 — 통치 테크놀로지

국가는 사회적기업가 아카데미 표준교육과정을 만들어 교육 위탁 기관들이 교육 과정의 60퍼센트 이상을 반영하게 하고 있다(노동부 2014). **표 5**를 보면 표준교육과정은 '전략경영', '마케팅', '품질관리', '조직관리', '회계 및 재정' 등 일반 엠비에이 과정하고 크게 다를 게 없는 교과 과정으로 구성돼 있다. 이런 점에서 알 수 있듯이 통치는 전문 경영인으로서 사회적 기업가라는 주체성의 생산을 목표로 삼고 있다. 그리고 회계나 경영 전문가들이 진리의 이름으로 이런 사회적 기업가의 주체성 생산 과정에 개입한다.

사회적기업가 아카데미 사업에 관한 정부의 성과 평가 또는 정책 보고서는 한결같이 이 과정이 피교육자들의 수요를 충족하는 데 실패하고 있다고 지적한다. 특히 현장 실무 교육 내용이 모자라고 개별 사회적 기업가의 상황에 따른 맞춤형 교육이 없다는 점이 주요 실패 원인으로 꼽힌다(노동부 2011b; 2012a; 2014; 한국사회적기업진흥원 2010b; 2011; 한국직업능력개발원 2011). 이런 문제의식에서 국가직무능력표준National Competency Standard을 모델로 사회적 기업가에게 요구되는 실무 역량을 과학적이고 체계적인 방식으로 도출하고 표준화한 '사회적기업가표준역량Social Enterprise Competency Standard'을 개발해 사회적기업가 아카데미 교육에 반영할 계획을 세우기도 한다(노동부 2014). 이렇게 국가가 개발한 표준교육과정 그리고 앞으로 개발될 사회적기업역량표준 등의 표준화 테크놀로지들에 기반해 사회적기업가 아카데미가 구성되고 있거나 보완될 계획이라는 사실은 사회적 기업가 주체성을 생산하는 데 깊숙이 개입해 개인들을 자기들이 원하는 주체성으로 변형하려는 국가 권력의 의도를 잘 보여준다.

국가는 지역 단위 위탁 운영 기관들이 강사진의 전문성이나 경력 관리를 방만하게 할 수 있기 때문에 일정한 수준의 교육 전문성을 확보하고 사회적 기업가 양성의 효율성을 제고해야 한다는 점을 표준교육과정을 제시한 이유로 밝힌다(한국직업능력개발원 2011, 106~198). 이때 전문성과 경력이란 결국 경영학 관련 사항을 말하는데, 따라서 표준교육과정은 사회적 기업가 대상 교육이 전문 경영인의 생산이라는 목적을 벗어나지 않도록 민간 교육 위탁 기관들을 통제하는 테크놀로지로 기능한다는 점을 시사한다. 사회적기업가 아카데미 위탁 기관 중 대학은 그동안 엠비에이 과정 등을 거쳐 비슷한 프로그램을 운영한 만큼 크게 염려할 문제는 아니다. 국가가 표준교육과정이라는 테크놀로지를 통해 통제하고 길들이려는 핵심 대상은 시민운동 조직에서 발전한 위탁 기관들이다. 시민운동 조직이 국가와 자본에 맞서 비판적이고 대결적인 방식으로 성장해온 탓에 국가는 이 조직들이 뭔가 다른 목적을 갖고 사회적 기업가 양성 과정에 참여할 가능성을 염려하지 않을 수 없었다.

표 5. 사회적기업가 아카데미 표준교육과정

영역	과목 내용
사회적기업 이해 (14시간)	사회적기업의 개념과 등장배경 사회적기업의 비전과 미션 해외 사회적기업의 이해 우리나라 사회적기업의 역사와 전개 사회적기업육성법과 정부의 육성정책 이해 사회적기업의 지역화 전략(심화) 사회적기업의 이해관계자
전략경영 (6시간)	사회적기업의 전략경영 프로세스 경영자로서의 사회적기업가의 역할과 기능 사회적기업의 사업준수 전략
마케팅 (10시간)	사회적기업의 고객지향성 사회적기업의 STP전략 사회적기업의 4P 전략 I (상품 및 가격전략) 사회적기업의 4P 전략 II (마케팅 및 유통) 사회적기업의 4P 전략 III (홍보)
생산 및 품질관리 (10시간)	사회적기업의 생산경영 I 사회적기업의 생산경영 II 사회적기업의 품질경영 사회적기업의 서비스경영 I 사회적기업의 서비스경영 II
인사 및 조직관리 (20시간)	사회적기업의 조직형태와 법적 지위 사회적기업의 의사결정과제 사회적기업의 인적자원관리 사회적기업의 역량분석과 인적자원개발 사회적기업의 인사평가 및 보상 사회적기업의 조직진단과 프로세스 혁신 사회적기업의 커뮤니케이션 사회적기업의 운영과 조직문화 사회적기업의 노무관리 I 사회적기업의 노무관리 II
사회적기업의 재정 (10시간)	사회적기업과 사회적자본시장 사회적기업의 민간자원 개발 회계와 자금 I 회계와 자금 II 내부통제와 세무
성과측정 (4시간)	사회적기업의 성과측정 I 사회적기업의 성과측정 II
사회적기업 성과관리실습 (10시간)	기관방문, 사회적기업 및 일반기업 방문실습·실무실습, 주제토론, 분임활동, 특강·일반기업 CEO특강 등

※ 자료: 노동부, 〈사회적기업 육성정책 개선방안〉, 2014, 5쪽.

2013년까지 사회적기업가 육성사업은 '청년 및 사회적기업가 육성사업'으로 불렸다. 여기서 알 수 있듯이 사회적기업가 육성사업이 겨냥하는 주요 타깃은 청년층이다. 국가는 사회적 기업 활성화를 위해 청년층을 동원할 필요가 있다고 한 보고서에서 직접 밝힌다(노동부 2010c). 이 보고서는 현행 사회적 기업 육성 정책 아래에서 사회적 기업들이 주로 일자리 창출 분야에 집중한 탓에 다양한 사회 문제에 맞는 창의적 해결 모델을 발굴하는 작업이 늦어지고 있다고 진단한다. 따라서 '청년의 창의성 및 도전 정신을 활용한 창조적인 사회적 기업'을 육성하려면 청년층을 활용해야 하고, 그러려면 청년 창업을 활성화해야 한다고 주장한다(노동부 2010c, 1). 따라서 청년을 사회적 기업가로 만들어내려는 권력의 다양한 전략과 전술들의 테크놀로지들이 청년을 에워싸고 공략한다. 물론 권력의 다양한 테크놀로지들이 청년을 대상으로 행사되기 전에 이미 앎의 대상으로서 청년들에 관한 다양한 형태의 지식들이 축적됐다(노동부 2010c; 2012b; 산업연구원 2011; 한국직업능력개발원 2010). 세밀하게 분절된 청년이라는 지식 대상은 심리적 특성, 전공, 소속 대학 유형, 경험, 가치관과 가치관에 영향을 미치는 요소, 창업 의향이나 동기, 창업 선호 분야, 창업 애로 사항, 보유한 전문 지식이나 기술, 학력 등 세세한 사항이 조사 대상이 돼 수치화되며, 그 결과 통치가 개입할 지점이 정해지고 효율적인 통치 전략이 계산된다.

특히 청년층을 지식의 대상으로 삼은 다양한 조사를 진행한 결과 청년은 다른 인구 집단에 견줘 몇 가지 특징을 지닌 인구 집단으로 평가됐다. 첫째, 청년은 물질적 보상보다 내적 만족이나 사회적 의미 같은 내적 가치를 우선시하는 집단이다. 청년을 사회적 기업가로 동원할 필요성을 제기하는 논리는 **표 6**처럼 직업 선택 기준을 둘러싼 세대별 차이에 관한 통계청 조사 결과를 근거로 든다(노동부 2010c, 2). 통계청 조사 결과 청년은 다른 집단하고 다

표 6. 연령별 직업 선택 요인 조사 결과

(단위: 퍼센트)

기준		20대	30대	40대	50대	60대
외형적 보상	명예, 명성	3.8	2.8	2.8	3.2	3.6
	안정성	27.9	31.8	32.8	33.0	30.9
	수입	29.0	36.2	39.8	41.4	39.4
	계	60.7	70.8	75.4	77.6	73.9
내재적 보상	적성, 흥미	17.8	11.7	8.3	6.1	4.7
	보람, 자아 성취	9.3	7.9	7.3	6.9	4.5
	발전성, 장래성	11.1	8.7	7.7	6.0	4.9
	계	38.2	28.3	23.3	19.0	14.1

※ 자료: 통계청(2009년 기준); 노동부, 〈청년 사회적기업가 육성 사업 추진계획(안)〉, 2010, 2쪽에서 재인용.

르게 내재적 보상을 더 중시하는 특성을 지닌다. 국가는 이런 지식에 바탕해 청년의 특성은 수입이 적거나 수익성이 낮아도 취약 계층 대상 서비스 제공이나 일자리 제공 등 다양한 사회적 목적을 위해 일하면서 내재적 보상을 얻을 수 있는 사회적 기업가에 부합할 수 있다고 판단한다(노동부 2010c).

둘째, 청년은 아직 젊기 때문에 사회 경험이 충분하지 못하다는 점이다. 따라서 청년을 사회적 기업가 주체로 변형하려면 사업비 지원도 중요하지만 창업 동아리 활동을 활성화하고, 다양한 현장 경험을 쌓을 기회를 제공하며, 창업과 경영에 관련해 상시적이고 밀착된 지원을 하는 방식이 더 효과적인 전략으로 계산된다(노동부 2010c; 2012b).

셋째, 청년의 여러 특성이 청년 창업에 영향을 끼친다. 여러 연구를 보면 청년들은 창업을 결정하는 과정에서 도전 의식과 자아실현 욕구를 더 고려하고, 창업 관련 동아리 활동을 하거나 관련 수업을 들은 경험을 지닌 청년들이 더 적극적으로 창업을 고려하며, 주변에 창업으로 성공한 역할 모델이 있는 경우 창업에 더 긍정적이라는 사실을 알 수 있다(산업연구원 2011; 한국직업능력개발원 2010). 이런 지식에 근거해 통치는 사회적 기업을 청년에게 홍보할 때 혁신성, 진취성, 도전 정신 같은 가치를 결부시키고, 사회적 기업 운영을 통해 자아를 실현할 수 있다는 점을 강조하는 전략을 수립한다. 대표적인 청년 동원의 테크놀로지가 바로 소셜벤처 경연대회다. 또한 대학에서 사회적 기업 관련 학과를 만들거나 관련 교과 과정의 비중을 늘리고, 사회적 기업 창업 동아리 활동을 지원하는 정책을 수립하고 추진한다. 더불어 여러 미디어를 활용해서 성공한 사회적 기업가나 세계적으로 유명한 사회적 기업가를 역할 모델로 소개해 청년들에게 사회적 기업을 창업할 동기를 부여하는 전략을 취한다.

정부는 사회적 기업가로 변형시킬 핵심 타깃으로 청년을 설정할 경우 사회적 기업의 활성화 말고도 여러 긍정적인 통치 효과를 낼 수 있다고 계산한다(노동부 2010c, 3; 노동부 2012a, 61~67). 첫째, 도전 정신과 모험 정신, 곧 벤처 정신을 고취해 청년층을 경제 성장의 새로운 동력으로 삼을 수 있다는 점이다. 둘째, 사회적 기업이 취약 계층에 연결되면서 야기되는 부정적 이미지를 세탁할 수 있다는 점이다. 셋째, 통치가 앞의 두 측면보다 훨씬 더 큰 비중을 두는 효과로, 심각한 청년 일자리 문제를 해결할 수 있다는 점이다.

한국 사회의 청년은 다른 세대보다 일자리 부족 때문에 더 큰 고통을 겪고 있다. **그림 18**의 실업률 추이와 **그림 19**의 청년 고용률 추이에서 볼 수 있듯이, '고용 없는 성장' 구조가 고착된 뒤 10여 년 넘게 청년 실업률은 평균 실업률보다 2~3배 정도 높았다. 통계청 '경제활동인구조사' 자료를 토대로 2008년부터 2011년까지 청년 체감 실업률을 계산한 결과에 따르면, 청년층의 체감 실업률은 공식 청년 실업률보다 3배 정도 높아 청년층의 20퍼센트 이상이 사실상 실업 상태에 있다(현대경제연구원 2012).[3] 청년 고용률은 아이엠에프 외환 위기 때 급락한 뒤 다시 상승했지만 2000년대 중반부터는 계속 떨어져, 2007년 무렵부터는 전체 고용률 평균을 밑돌면서 더 빠르게 하

그림 18. 실업률 추이

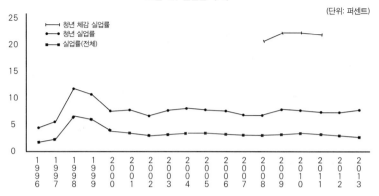

(단위: 퍼센트)

※ 자료: 통계청(경제활동인구조사), 현대경제연구원(2012)
※ 청년 연령 기준: 15~29세

$$\text{실업률} = \frac{\text{실업자}}{\text{취업자} + \text{실업자}}$$

$$\text{청년체감실업률} = \frac{\text{실업자} + \text{구직 단념자}}{\text{실업자} + \text{구직 단념자} + \text{취업 준비자} + \text{취업 무관심자}}$$

그림 19. 고용률 추이

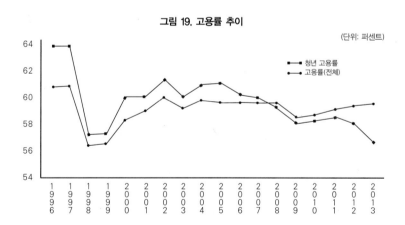

(단위: 퍼센트)

※ 자료: 통계청(경제활동인구조사)
※ 청년 연령 기준: 15~29세

$$\text{고용률} = \frac{\text{취업자}}{\text{생산가능 인구}}$$

락하고 있다. 2013년 청년 고용률은 1997년 외환 위기 직후보다 더 나빠졌다. 오이시디 국가 중에서도 한국의 청년 고용률은 하위권으로 매우 낮은 수준이다(노동부 2010c, 2). 청년 일자리 창출은 국가가 어서 빨리 해결해야 할 문제들 중 하나다. 그렇지만 고용 없는 성장을 특징으로 하는 경제 구조 속에서 청년 일자리 창출은 한계가 있을 수밖에 없다. 이런 상황을 돌파하는 전략으로 통치가 사고한 대책의 하나가 청년들의 사회적 기업 창업이다. 청년들이 스스로 사회적 기업을 창업해 자기 일자리를 창출하라는 말이다. 이제 청년들의 일자리 모색은 국가나 기업이 만들어놓은 일자리를 얻는다는 의미의 '구직'이나 '취업'이 아니라 자기 주도적으로 자기 일자리를 만드는 '창직創職'이라는 말로 표현되고, 정부는 다양한 창직 정책을 수립하고 집행한다. 청년들의 사회적 기업 창업은 그런 정책의 구체적 방안 중 하나로 사고된다(노동부 2010a, 2011c).

청년들이 청년 특유의 도전 정신을 갖고 사회적 기업을 창업해 자기가 일할 일자리를 스스로 창출하고 나아가 다른 취약 계층의 일자리도 만들어낸다면, 통치의 관점에서 이런 시도는 청년 일자리 문제와 취약 계층 일자리 문제를 한꺼번에 모두 해결할 수 있는 훌륭한 이중 해법이 된다. 따라서 통치는 창업을 선동해 청년들을 사회적 기업이라는 통치 장치 안으로 동원한다.

청년들이 사회적 기업가 육성의 핵심 타깃 집단으로 동원되는 현실은 매우 역설적이다. 국가는 청년들을 사회적 기업가로 변형함으로써 사회적 기업의 활성화는 물론 청년 일자리와 취약 계층 일자리 문제도 풀 수 있다. 또한 국가는 청년을 활용해 여러 사회 문제를 혁신적으로 풀고, 사회적 기업의 이미지를 제고하며, 경제 성장 동력으로 삼을 수 있다. 청년을 동원해 국가의 개입을 최소화하는 동시에 통치가 겨냥하는 목적들을 달성할 수 있다는 점에서 권력의 효율성을 극대화할 수도 있다. 그런 점에서 사회적 기업가의 주체성 생산 메커니즘 안으로 청년을 동원하는 통치의 테크놀로지들은 권력의 정치경제학이라는 원리에 충실하다.

청년의 처지에서 통치에 동원되는 청년이라는 존재는 이중 부담으로 작용한다. 청년들은 정작 다른 계층보다 더 일자리 문제로 고통받는 집단인데도, 사회적 기업의 통치 메커니즘 속에서 국가나 기업을 대신해 자기 일자리뿐 아니라 다른 취약 계층의 일자리까지 만들어내야 할 책임을 부여받는다. 아직 경험이 부족하고 사업을 성공시킬 만한 충분한 자원 동원 능력이 없다는 점, 사회적 기업의 주요 영업 분야가 수익성이 낮다는 점 등을 고려하면 청년들이 사업을, 게다가 사회적 기업을 성공시키기는 매우 어렵다. 따라서 청년 창업을 선동하는 담론, 지식, 권력의 테크놀로지들로 구성된 통치의 메커니즘 속에서 위험 부담은 고스란히 청년들에게 전가된다. 물론 이 위험 부담은 창의성, 도전 정신, 열정 등의 언표로 구성된 진취적인 기업가 정신의 언어와 개인의 경제적 이익 대신 사회적 약자를 향한 연대와 책임, 사회적 가치 추구라는 공동체 정신과 윤리 도덕의 언어들로 미화된다. 그런데도 통치는 몇몇 성공한 청년 사회적 기업가를 소개하고 미화하면서 일자리를 찾지 못하고 있거나 창업 대신 안정된 직장을 얻으려는 다른 청년들에 대립시킨다. 결국 이런 통치 전략 속에서 청년 실업 문제는 사회 구조적 차원의 문제가 아니라 청년 개인이 도전 정신과 혁신 의지, 타인에 관해 사회적 책임을 다하려 하는 태도 등을 결여하고 있어서 야기되는 개인 차원의 문제로 전환돼, 국가나 사회가 아니라 근본적으로 청년 개개인이 스스로 책임져야 할 문제로 간주된다.

청년들에게 사회적 기업 창업은 창의성과 연대의 가치를 실현할 수 있는 중요한 방법으로 이해된다. 청년들은 도전 정신과 열정을 품은 뜨거운 가슴으로 사회적 기업에 접근한다. 반면 통치는 청년들을 활용해 통치 효과를 극대화하려는 차가운 계산 아래 청년과 사회적 기업 문제에 접근한다. 행위자의 합리적 전략이라는 측면에서 볼 때 사회적 기업을 둘러싸고 청년과 국가가 벌이는 권력 게임 속에 다양한 합리적 전략과 전술로 무장한 국가에 맞서기 위한 청년들의 합리적 전략은 부재한 듯하다. 결국 이 권력 게임에서 청년들의 순수한 열정은 국가 권력에 착취될 가능성이 큰 반면 국가는 큰 힘을 들이지 않고도 바라는 바를 성취할 가능성이 크다.

3. 새로운 주체성 ─ 사회적 기업가와 자기의 테크놀로지들

사물에 관한 관계에서 사물을 변형하고 통제하는 데 활용되는 생산의 테크놀로지, 타자하고 맺는 관계에서 타자하고 의사소통하거나 타자를 지배하는 데 활용되는 의사소통의 테크놀로지, 지배의 테크놀로지하고 다르게 자기의 테크놀로지는 개인이 자기 자신하고 맺는 관계에서 자기 자신을 특정한 존재로 인식하고 구성하는 데 활용되는 구체적 실천들을 뜻한다. 따라서 자기의 테크놀로지는 '자기 배려'라는 형태를 취한다.

푸코는 자기 배려가 세 차원을 포괄하고 있다고 본다. 첫째, '사물을 고려하는 방식, 세상에서 처신하는 방식, 행동을 취하는 방식, 타인하고 관계를 맺는 특정한 방식' 등 같은 '자기, 타인, 세상을 대하는 태도'다. 둘째, '시선을 외부에서 자기에게 돌려' 자기 자신을 인식의 대상으로 놓기다. 셋째, 개인들이 '자기를 변화, 정화, 변형, 변모하기 위한 일련의 실천들'이다(Foucault 2005, 10~11). 곧 자기의 테크놀로지는 태도, 자기에 관한 지식, 자기를 새로운 존재로 고양하기 위한 실천들을 포괄한다. 그런 점에서 푸코는 자기의 테크놀로지를 '개인들이 자기들 나름의 수단을 활용해 자기의 신체, 자기의 영혼, 자기의 사유, 자기의 행실을 조작하고, 그런 방식을 통해 자기를 변형하고 개조할 수 있게 하는 기술들'이라고 정의한다(Foucault 1997, 177). 따라서 자기의 테크놀로지는 자기가 자기 자신을 향해 행사하는 권력이고, 구체적으로 자기의 사고방식뿐 아니라 더 중요하게는 자기들의 '행위 양식'을 변형하려 스스로 채택하는 전략들이며, 또한 자기들의 행위를 변형하려 하는 매우 세세하고 구체적이며 때로는 사소해 보일 수 있는 일상적 행위의 실천이라는 형태를 띤다.

사회적 기업가의 생산이라는 주제에 관련해 자기의 테크놀로지는 사회적 기업가 개인들이 자기 자신을 좀더 유능한 사회적 기업가로 만들어내는 데, 또는 사회적 기업가가 되려 하는 개인들이 사회적 기업가로서 역량을 길러 사회적 기업가의 주체성으로 자기 자신을 변형하는 데 활용하는 일련의 미시적이고 구체적인 전략과 기술들을 의미한다.

사회운동가에서 사회적 기업가로

한국의 많은 사회적 기업가들이 시민운동을 하거나 민주화 운동에 참여하면서 세계관을 형성한 사람들이다. 사회운동가와 사회적 기업가 사이에 어느 정도 유사성이 있다는 뜻이다. 그 두 주체성은 공동체의 사회 공익적 가치 또는 사회적 목표를 실현하려 한다는 점에서 지향점이 같다. 앞서 살핀 대로 진보적 시민운동 진영은 사회적 기업 육성 사업에 참여하면서 사회적 기업을 사회운동의 하나로 이해했다. 따라서 사회운동가들이 유능한 사회적 기업가로 자기 자신을 변형하는 과정에서는 사회운동가라는 주체성을 상대로 관계를 정립하는 일이 관건이 된다.

사회적 기업가로서 지녀야 할 능력과 자세, 구체적 지침들을 전하는 사회적 기업가 구루들의 텍스트는 사회운동가라는 주체성을 유능한 사회적 기업가로 성장하지 못하게 방해하는 요소로 문제시하면서, 사회운동가의 주체성을 버리고 새로운 주체성으로 다시 태어나야 한다는 점을 강조한다. 관련 텍스트들은 '사회적 기업가는 사회운동가가 아니라 기업가'라는 말을 반복하며, 사회적 기업가의 주체성과 사회운동가의 주체성을 대립시키고 단절시킨다. 이제 사회운동가들은 사회운동가의 주체성을 버리고 '변해야' 한다.

사회적 기업가로서 가장 성공하기 어려운 경우는 '변화하지 않은 사람'이다(시게루 2011, 39~41). 야마모토 시게루는 '유일하게 살아남는 자는 변화 가능한 자'라는 다윈의 말을 인용하면서, 유능한 사회적 기업가가 되려면 '아집을 버리고 유연하게 변화해야 한다'고 말한다. 특히 문제로 삼는 대상은 사회운동가 출신의 사회적 기업가다. '과거 경험에 사로잡혀 틀을 벗어나기 어려운' 탓에 타성에 젖어 그냥 '하던 대로' 사회적 기업을 운영하려는 경향이 있기 때문이다. 결국 사회운동가의 주체성을 계속 유지하려 하면, 그 사회적 기업가는 적자생존이라는 자연법칙에 따라 도태될 수밖에 없는 존재로 문제시된다.

1980년대에 많은 대학생들이 노동 현장으로 투신해 직업적 혁명가나 전위 활동가가 되려 했다. 투쟁 현장에 들어간 대학생 출신 활동가들은 대학생 신분으로 가지고 있던 소부르주아 의식을 걷어내고 혁명의 주체인 노동자와 민중의 행동 방식, 말투, 정서 등을 습득함으로써 혁명적 노동자의 전위로 자기를 바꾸려 했다. 여러 활동가 지침서들은 소부르주아 대학생의 주체성을 버리고 혁명적 활동가로 성장하기 위해 지켜야 할 핵심 지침으로 크게 세 가지를 제시했다. 첫째, 철저한 사상 개조, 둘째, 철저한 노동 계급화, 셋째, 투쟁 속에서 단련되기였다(조영진 1989). 활동가들은 철저한 마르크스레닌주의(또는 주체사상)와 노동 계급 의식(또는 민족자주 의식)으로 무장하려 했고, 투쟁 현장에서 겪은 경험을 바탕으로 자기 자신을 혁명적 활동가로 성장시키려 했다. 마르크스레닌주의의 과학적 사회주의로 무장해 자본주의 이데올로기를 분쇄하려 했고, 노동 계급 의식으로 무장해 소부르주아 의식을 걷어내려 했다. 또한 자본가에 맞선 투쟁 속에서 자기를 단련하려 했다. 그렇지만 20~30년이 지난 지금 사회적 기업가라는 일종의 사회운동가에게 요구되는 역량은 마르크스레닌주의가 아니라 경영학이나 회계학 지식이고,

노동자의 계급 의식이 아니라 기업가 정신이며, 투쟁 현장에서 얻은 경험과 투쟁을 조직할 수 있는 능력이 아니라 시장에서 한 현장 경험과 경영 실무 능력이다. 이제 사회를 바꾸려면 '혁명적 사회운동가'가 아니라 '혁신적인 사회적 기업가'가 되라는 요구를 받는다.

사회적 기업가의 구루들이 사회적 기업가가 갖춰야 할 역량으로 무엇보다도 강조하는 요소가 경영 전문성이다. 사회적 가치 실현을 향한 뜨거운 열정만 갖고는 훌륭한 사회적 기업가가 될 수 없으니 '냉철한 머리'도 지녀야 한다는 말이다(우인회 2010, 71). 사회적 기업가는 정부나 지자체의 정책 방향도 잘 알아야 하고, 업종에 관한 포괄적 지식도 갖춰야 한다. 또한 사회적 기업가는 경영자로서 조직을 관리해야 하며, 목표를 위해 다양한 자원을 동원하고 활용할 수 있는 능력도 갖춰야 한다. '끊임없는 자기 학습'이 요구된다는 점에서 부단한 자기 관리 능력도 지녀야 한다. 그래서 '쉬지 않고 자기 자신을 채찍질'하는 '자기 관리를 소홀히 함은 정체를 의미하고 정체는 정지가 아닌 상대적 퇴보를 뜻한다'고 말한다(우인회 2010, 75). 자기 관리를 소홀히 하면 변화에 적응하지 못하고 경쟁에서 도태돼 앞서가는 경영자가 될 수 없기 때문이다.

특히 사회적 기업가 구루들은 사회적 기업가가 자기 자신을 좀더 유능한 경영자로 성장시키려면 이론적 지식보다 현장 경험과 실무 지식이라는, '몸 속에 체득된 살아 있는 지식'을 습득해야 한다고 지적한다(우인회 2010, 73). '몸속에 체득된 살아 있는 지식'이라는 표현이 시사하듯 전문 경영인으로서 사회적 기업가가 배양해야 할 역량은 구체적인 경험 수준에서 몸과 행실로 획득된 체험적 지식이다. 이런 지식을 체득하려면 책상머리에만 있지 말고 '현장'에 뛰어들라고 권하기도 한다(시게루 2011, 63~64). 대상이 되는 사람들을 인터뷰하거나 모임에 참석해 '피부에 와 닿는 느낌'을 얻고, '감각'을 쌓아 문제를 대하는 '민감성'과 '자신감'을 키우라는 권유다. 이런 작업을 거쳐 단순히 어떤 사회 문제에 관한 지식을 지닌 사람에서 현장 감각까지 갖춰 자신 있고 민감하게 반응할 수 있는 사람으로 자기를 변형할 수 있기 때문이다. 현장 경험, 관계자 인터뷰, 모임 참석 등 어찌 보면 사소하다고 여길 수 있는 일상적 실천은 사회적 기업가들이 자기를 더 유능한 존재로 구성해내기 위해 활용할 수 있는 자기의 테크놀로지들이다.

고백의 테크놀로지 — 앎의 대상으로서 자기

자기의 테크놀로지는 일반적 의미의 권력하고 다르게 타인을 대상으로 작동하지 않고 자기가 자기 자신을 대상으로 삼아 작동시키는 권력이지만, 그것도 권력인 이상 지식을 지렛대로 삼아 작동한다. 이때 핵심이 되는 지식 대상은 자기 자신이다(Foucault 2005, 2~3: Foucault 2011, 4). 개인들은 자기가 어떤 존재고 지금 자신이 지닌 역량이나 존재 방식이 어떤 문제가 있는지에 관한 지식을 산출하고, 여기에 바탕해 자기 상황을 진단해서 자기를 더 향상된 존재로 바꾸기 위해서 어떤 전략을 활용해야 할지를 결정한다.

사회적 기업가들의 구루들은 한결같이 자기를 사회적 기업가로 구성해내려면 어떤 문제가 해결돼야 할 사회적 문제인지 또는 그 문제를 어떻게 해결할지 등을 고민하기 전에, 먼저 '자기가' 어떤 사람인지를 '알아야' 한다고 강조한다. 구루들은 계속해서 이런저런 사항들을 '스스로 생각'하라거나 '스스로 질문을 던지고 답을 하라'고 조언한다. 자기를 앎의 대상으로 삼아 자기에 관한 객관적 지식을 산출하고, 그렇게 해서 자기가 어떤 일에 헌신할 수 있는지, 그 일을 할 수 있을 만큼 충분한 역량이나 준비를 갖추고 있는지 진단하는 일이 사회적 기업가가 되기 위한 첫걸음으로 요구된다.

자기에 관한 앎을 산출하기 위해 동원되는 다양한 테크놀로지들은 기본적으로 자기 고백 또는 자기 성찰의 형태를 띤다. 곧 자기가 자기 자신에게 질문을 던지고 답을 구함으로써 자기에 관한 앎을 성찰적이고 객관적으로 파악하는 형태의 테크놀로지다.

구루들은 '자신이 어떤 일에 가치를 두고 있는'지를, 그리고 '산업'이라는 범주를 놓고 '스스로 흥미를 느끼는 분야'를 생각해보라는 조언도 한다(시게루 2011. 47). 더불어 그렇게 생각하는 이유도 같이 생각하면서 자기가 한 경험과 체험을 돌아보라고 한다. 이런 과정이 자기에 관해 더 잘 알기 위한 기법인 동시에 자기가 품은 문제의식과 추구하는 가치를 실현할 수 있는 구체적 방법을 찾아가는 한 과정이라고 말하는 시게루는 그다음 단계로 무엇이 사회 문제인지를 파악하라고 권한다.

이런 시도는 문제가 되는 현상에 관해 무지하던 개인을 일정한 지식을 지닌 개인으로 변형하는 과정이기도 하다. 시게루는 사회 문제를 인식하는 구체적 기술로 '인수 분해'라는 수학 공식을 적용해보라고 권한다. 어떤 현상을 단계적으로 잘게 쪼개는 분석 작업을 통해 그 현상을 야기한 원인을 찾아내는 방법을 가리키는 말이다.

인수 분해란 어떤 수를 소인수로 나누는 방법을 말한다. 예를 들어 15는 3×5이므로 3과 5라는 소인수로 나누어진다. 이러한 논리 구조를 사회적 문제 분석에 응용하면 좋다. '니트 문제'를 예로 들어 설명해보겠다. 청년들이 니트가 되는 경로에 '학교를 졸업하고 니트가 된다', '학교를 중퇴하고 니트가 된다', '회사나 아르바이트를 그만두고 니트가 된다'는 세 가지 유형이 있다. …… 즉 니트가 되는 경로는 세 가지 소인수로 분해된다. …… 다음으로 '중퇴 문제'에 대한 사례를 보자. 일본의 대학·전문학교생 9명 가운데 현재 1명꼴로 학교를 중퇴한다고 한다. 그 원인 무엇일까? 인수 분해해보면 경제적 이유, 임신이나 결혼, 질환이나 장애, 생활 측면의 부적응, 학습 측면의 부적응 등을 원인으로 추정한다. 그렇다면 이제 다음 단계로 파고들어 '학습 측면에서 부적응이 발생하는 원인을 찾아보자. 앞서 분해한 인수 각각을 다시 인수 분해해본다. 이런 식으로 문제를 차례차례

인수 분해하다보면 본질적인 문제를 정리하고 필요한 대책을 고안하기가 쉬워진다. …… 인수 분해를 해보면 무엇을 모르는지 발견할 수 있다. (시게루 2011, 58)

시게루도 지적하듯이 인수분해의 기술을 통해 어떤 문제에 관련된 현실을 파악하면, 그 문제를 발생시킨 원인이나 풀 수 있는 방안들이 상당히 복잡하다는 사실에 압도될 수 있다. 이런 상황에서 '사람들은 자기도 모르게 그 상황을 피하고 싶어'하고 '절망적인 기분'에 빠져 더 나아가는 대신 '자기 편의대로 상황을 해석하고 처리해버'리고 싶은 유혹에 빠질 수 있다(시게루 2011, 66). 시게루는 이런 유혹에 빠진 자기 자신에 맞서 '왜?'라는 질문을 '몇 십 번이라도 반복'함으로써 그런 유혹을 극복해야 한다고 권한다. 지속적인 자기 질문과 답변의 테크놀로지를 통해 여러 유혹을 극복함으로써 자기를 지속적으로 갱신하라는 요구다.

또한 시게루는 《피터 드러커의 다섯 가지 경영 원칙》을 해마다 읽고 비영리 조직의 경영 관리 도구로 제시된 '경영자에게 주어진 다섯 가지 질문들' 하나하나에 솔직하게 답하라고 권한다(시게루 2011, 273~275). 우리의 사명은 무엇인가, 우리의 고객은 누구인가, 고객이 가치 있게 생각하는 것은 무엇인가, 우리에게 성과란 무엇인가, 우리의 계획은 무엇인가 등 다섯 가지 질문을 자기 자신에게 던지고 스스로 답하는 과정을 통해 사회적 기업가는 자기가 조직을 잘 운영하고 있는지 지속적으로 점검하고 성찰성을 높이게 된다. 이런 고백과 성찰의 테크놀로지들을 해마다 수행해야 하는 이유는 사회적 기업을 둘러싼 환경이 시시각각 바뀌기 때문이라고 시게루는 말한다. 사회적 기업가는 끊임없이 자문하고 자답하면서 변화에 유연하게 대처해 끊임없이 혁신을 이끌 수 있어야 한다는 주장도 이어진다. 그밖에도 피터 드러커가 쓴 《프로페셔널의 조건》, 《변화 리더의 조건》, 《피터 드러커의 위대한 혁신》을 사회적 기업가뿐 아니라 직원 전체가 읽어야 한다고 권한다(시게루 2011, 274).

이렇듯 사회적 기업가의 구루들은 사회적 기업가 자신의 가치관에 관한 인식부터 어떤 사회 문제의 원인을 분석하는 과정, 조직 구성원을 관리하는 방법, 상품을 개발하는 방법까지 모든 과정에서 끊임없이 스스로 묻고 답하라고 조언한다. 그런 점에서 자기를 앎의 대상으로 삼아 성찰적으로 자기에 관한 객관적 지식을 산출하는 일종의 고백 의식 테크놀로지는 사회적 기업가의 자기 생산의 전 과정을 관통하고 있다. 그리고 이런 과정을 거쳐 산출된 자기에 관한 지식은 자기 자신을 객관화함으로써 자기의 역량이나 상태를 직시할 수 있게 해주고, 개인들이 자기를 더 유능한 사회적 기업가로 발전시키기 위해 어떤 지점에서 어떤 전략을 활용해야 하는지 안내하는 구실을 한다.

사회적 가치 계량화의 테크놀로지

사회적 기업가의 구루들은 유능한 사회적 기업가가 되고 싶은 사회적 기업가들에게 자기가 실현하려는 사회적 가치들을 측정 가능하게 양화시켜 파악하라고 권한다. 사회적 가치를 양화시켜 수치로 파악하는 일은 사회적 가치의 실현 과정을 통제 가능한 과정으로 변환하는 작업이다. 사회적 가치 계량화의 테크놀로지는 사회적 가치를 사업 아이디어로 구체화하는 과정부터 가치 지향적 사업의 성과를 평가하는 데까지 전 과정에 걸쳐 적용된다. 추구하려는 사회적 가치들을 늘 양화시켜 파악하라는 사회적 기업가 구루들의 조언은, 곧 자기를 '계산하는 자아'로 만들라는 요구다(Rose 1996b). 자기들의 목표를 실현하는 전 과정을 효율성의 관점에서 조직할 뿐 아니라 심지어 자기들의 가치, 신념, 열정 등 본질적으로 계량화할 수 없는 요소들까지 계량화해 목표 실현 과정에 활용할 효율적 수단으로 변형하라는 요구인 셈이다. 간단히 말해 이런 조언은 자기를 기업으로 변형시키라는 조언이다. 마크 알비온은 자기가 추구하는 가치를 시장 가치로 전환하고 그 성과를 주기적으로 재점검하는 데 쓸 수 있는 네 단계 점검법의 테크놀로지를 소개하고 있다.

제1단계 기업 대표로서 자신이 추구하는 최고 가치 6개가 무엇인지 결정한다. 종이를 꺼내놓고 자신이 추구하고자 하는 가치들이 무엇인지 가능한 한 오랫동안 생각해본다. 종이의 왼편에 이 여섯 가지 가치를 적어넣는다. ……

제2단계 앞에 써넣은 가치들이 어떻게 회사의 가치와 연결되는지를 확인하기 위해 회사가 추구하는 (경제적) 가치를 분석 평가해본다. …… 1단계에 남겨둔 종이의 오른쪽에 회사가 추구하는 (경제적) 가치들을 써넣는다. 이제 우리 앞에 놓인 종이에는 기업 대표로서 개인적으로 추구하고자 하는 정신적 가치들과 이윤을 추구해야 하는 기업이 추구하고자 하는 경제적 가치들이 적혀 있을 것이다. …… 종이의 양쪽 칸을 다 메우고 나서 다시 한 번 과거의 경험을 되돌아보고 어떻게 하면 과거의 실수를 반복하지 않을지 생각해보자. ……

제3단계 자신의 가치를 평가하기 위해 사용했던 방법을 이용해 기업 대표 자신의 관심사와 능력 평가 명단을 만든다. …… 별도로 종이를 마련해 조금 전처럼 두 칸으로 나누어 자신의 관심사와 자신이 할 수 있는 일을 적어 넣는(다). ……

제4단계 가치, 관심사, 능력 리스트를 이용해 정신적 가치를 경제적으로 전환시킬 수 있는 전략을 모색한다. (알비온 2007, 212)

여기서 소개하는 전략은 사회적기업가가 추구하는 개인적 가치들을 실현 가능하고 측정 가능한 목표로 변화시키고, 이 목표를 사업화할 수 있는 아이디어를 도출하는 기술이다. 이 과정을 주기적으로 반복 수행하라고 강조하는 알비온은 그렇게 해서 지난날 자기가 실행한 전략이 실패한 원인 등을 성찰할 수 있게 된다고 말한다.

사회적 기업가의 구루들은 이렇듯 사회적 기업가가 추구하는 가치나 목적을 측정 가능한 수치로 파악하고 변환하는 작업이 조직 전체가 사명을 성취하기 위해 유기적으로 움직일 수 있게 하는 데도 도움이 된다고 말한다. 특히 사회적 기업가가 실현하려 하는 목적을 수치로 인식하라고 강조한다(우인회 2010; 시게루 2011). 목적을 수치로 인식하는 작업은 성취해야 할 일의 방향을 분명히 할 뿐 아니라 자기의 역량과 성과를 지속적으로 객관화해 평가할 수 있게 해주기 때문이다.

구루들은 목표란 누가 언제까지 몇 퍼센트로 개선시킨다고 '구체적이고 명확하게 표현'돼야 한다거나(우인회 2010, 76), 사회적 목적을 달성할 대책을 마련할 때는 늘 '측정 가능한 성과 목표'에 결부시켜 생각해야 한다고 조언한다(시게루 2011, 88~89). 대책의 결과란 측정 가능한 성과로 나타나기 때문이다. 시게루는 만약 대책의 성과가 측정될 수 없다면 그 대책을 추진하는 사업은 '조절과 통제가 불가능'하다고 말한다. 곧 성과를 측정할 수 있어야 사업을 추진할 때 완급을 조절할 수 있다는 충고다. 또한 측정 가능한 성과를 목표로 삼게 되면 목표가 명확해져서 조직이 움직일 방향도 구체적이고 명확해질 수 있다고 말한다.

사회적 기업의 역량 배양이라는 측면에서 이런 사회적 가치 계량화에 따른 성과 관리의 테크놀로지는 사회적 기업가들이 자기 역량을 집중해야 할 곳을 안내해준다. 더불어 그런 테크놀로지는 자기의 노력과 역량, 성과를 객관화해 반성적으로 점검할 수 있게 해주는 자기 성찰의 도구기도 하다.

규범적 리더십의 테크놀로지들

구성원들의 동기를 유발해 최상의 시너지를 낼 수 있게 조직 문화와 분위기를 만들어낼 수 있는 리더십은 사회적 기업가가 갖춰야 할 핵심 역량이다. 사회적 기업가의 구루들은 이런 능력을 배양하기 위한 여러 테크놀로지들을 소개한다. '금욕적 헌신', '상대방 배려', '공리주의적 조직원 관리', '조직 구성원에게 권한 위임하기', '4파의 테크놀로지' 등은 구체적인 사례다. 이런 테크놀로지는 대체로 윤리적 가치 규범의 형태를 취한다. 그렇지만 규범적 리더십의 테크놀로지들은 윤리적 가치의 추구 자체를 목적으로 삼는 대신, 조직원에게 동기를 부여하고 자발성을 이끌어내 조직의 역량을 키우기 위해서 사회적 기업가가 활용하는 실용적이고 도구적인 수단들이다. 그런 규범들은 가치 합리성이 아니라 목적-수단 합리성의 원리에 기반해 전략적으로 채택되는 테크놀로지들이다.

금욕적 헌신의 테크놀로지 / 사회적 기업가 입문서들은 남들이 잘 안 하려는 일을 하면서 부딪칠 수 있는 유혹들, 곧 세상에 타협하라는 유혹, 그만두고 싶은 유혹, 헌신하는 대신 누리고 싶은 유혹 등을 이겨내야 한다고 강조한다. 시게루는 사회적 기업가의 리더십에 필요한 중요 요소 중 하나로 순수성을 든다. 순수성이란 여러 유혹에 타협하지 않고 오로지 '진실에 대한 집념을 가지는 태도'다(시게루 2011, 126). 헌신을 사회적 기업가의 가장 중요한 덕목 중 하나로 꼽는 알비온은 사회적 기업가의 소임은 '많은 돈'이 아니라 '사회적 책임'을 다하는 데 헌신하는 일이라고 말한다(알비온 2007, 86~87). 또한 '아무 이익이 없다고, 오로지 힘만 든다고 누구도 뛰어들지 않는 사회적 목적을 향해 오직 뜨거운 가슴으로 끈질기게 도전하는 정신', 곧 '끈질긴 근성'은 사회적 기업의 가장 중요한 덕목이 된다(우인회 2010, 68~69). 이렇게 타협의 유혹에 굴하지 않고 순수함과 뜨거운 가슴으로 끈질기게 도전하는 행동은 금욕적 헌신을 통해 개인들을 좀더 윤리적인 존재로 만들어내려는 자기의 테크놀로지다. 그렇지만 이런 금욕적 헌신은 자기 바깥의 무엇을 위해 자기를 포기하고 거기에 자기를 복종시킴으로써 구원을 추구하는 기독교적 자기 포기의 에토스하고 구분된다(Foucault 1997a, 228). 금욕적 헌신은 개인적 구원을 위한 자기 포기가 아니라 자기를 윤리적 존재(타인의 고통에 사회적 책임을 다하는 존재)로 고양시키기 위한 한 방식이다. 사회적 기업가 구루들에 따르면 이런 금욕적 헌신은 리더십의 핵심이다. 타협 요구에 굴하지 않고 순수성과 뜨거운 근성으로 계속 도전하는 태도는 자기 자신을 규율해 매사에 헌신하고 솔선수범하는 윤리적 리더의 주체성으로 만들어낸다. 또한 조직 구성원뿐 아니라 외부 이해관계자들의 마음을 두드리고 감동시켜 설득하고, 다른 사람들을 사회적 목적을 추구하는 사회적 기업가들의 길에 동참시킬 수 있는 있는 도덕적 힘의 원천이다.

경청의 테크놀로지 / 우인회는 《성공하는 사람들의 7가지 습관》에서 스티븐 코비가 '대인 관계를 승리로 이끌 수 있는 핵심 기술'의 하나로 제시한 '먼저 이해하고 이해시키기'라는 테크놀로지를 권한다. 또한 조직 구성원들에게 자기 생각을 이해시키고 설득하려면 먼저 '공감적 경청'을 통해 '상대방을 이해'하고 상대방의 처지에서 문제를 함께 바라보고 '같이 문제를 해결하려는 자세'를 가져야 한다고 말한다(우인회 2010, 82). 시게루도 '먼저 베풀기'를 권한다. 조직 구성원들에게 무엇인가를 끌어내려면 먼저 구성원들을 소중히 대하라는 말이다. 상대에게 베풀면 상대도 베풀려 하기 때문이다. 문제는 이런 '먼저 이해하고 나중에 이해시키기'나 '상대에게 먼저 베풀기'의 테크놀로지들이 논리로 설명할 수 있는 문제가 아니라 몸으로 느끼는 수밖에 없는 '행동의 문제'라는 점이다(시게루 2011, 265). 따라서 이런 테크놀로지들은 개별 사회적 기업가들의 몸과 행동 수준에서 일어나는 변화를 겨냥하며, 그런 미덕들이 몸과 행동 속으로 체화될 수 있게 작용한다. 사회적 기업가의 구루들은 그런 노력을 게을리하는 사회적 기업가는 리더 자격에 문제가 있을 뿐 아니라 조직 운영에 부정적 영향을 준다고 말한다. 구체적으로 무엇이 상대를 소중하게 대하는 행동인지 모르거나 그렇게 행동하는 데 익숙하지 않을 때, 시게루는 일종의 흉내내기의 테크놀로지를 권한다. 상대를 소중히 대하는 사람을 찾아보고 그 사람을 '관찰'하면서 '흉내'내는 일부터 시작해보라는 말이다(시게루 2011, 265). 흉내내기는 몸과 행동으로 상대방을 배려하는 방법을 체화하는 방식이기 때문에 단기간에 성과를 낼 수 없다. 따라서 장기간 지속하라고 시계루는 권한다.

사회적 기업가의 구루들은 조직의 리더로서 사회적 기업가에게 가장 중요한 능력들 중 하나가 '경청의 기술'이라고 말한다(우인회 2010, 82; 알비온 2007, 175~179).[4] 사회적 기업가는 조직 구성원들이 자발성을 끌어낼 수 있게 동기 부여를 할 수 있어야 하고, 그렇게 해서 최상의 시너지를 끌어낼 수 있어야 한다. 조직 구성원들에 관한 '이해와 포용'이 '체질화'돼 있어야 하며, 이때 '공감적 경청'은 이해와 포용의 '처음과 끝'이다(우인회 2010, 82). 상대방이 하는 말을 끝까지 들어 무슨 말을 하려는지 이해하는 일이 우선이라는 말이다. 그러려면 사회적 기업가는 의견 차이 등으로 '혈압이 올라오는 상황에서도 침착하게 상대방의 얘기를 들어'주는 자기 인내와 자기 구속의 테크놀로지를 작동시켜야 한다(알비온 2007, 176). 그렇지만 공감적 경청이 단순히 상대가 하는 말을 잘 들어주고 상대 처지에서 생각해보라는 소극적이고 당위적인 윤리적 요구에 머물지는 않는다. 공감적 경청은 어디까지나 '대인 관계를 승리로 이끌 수 있는 핵심 기술의 하나'다(알비온 2007, 82). 곧 리더가 조직 전체의 시너지를 끌어내거나 자기 의견을 구성원들에게 설득하려는 '목적'을 달성하기 위해 전략적으로 선택하고 배치하는 대인 관계의 기술이다. 알비온은 공감적 경청을 위한 구체적 전략을 제시한다. 이를테면 의견 차이가 심할 때는 누가 옳은지를 가리는 데 에너지를 쏟는 대신 정중히 다른 안건으로 화제를 돌린 뒤 다시 돌아오거나, 두 손을 상대방에게 보이지 않게 탁자 아래로 모은 뒤 상대방 말이 끝날 때까지 양손을 꼭 잡고 있으라고 권한다(알비온 2007, 177).

의사소통의 테크놀로지 / 한 조직의 리더로서 사회적 기업가가 갖춰야 할 능력들 중 하나로 사회적 기업의 구루들은 의사소통 능력을 지적한다. 바로 말하는 기술의 함양을 가리킨다(시계루 2011; 알비온 2007, 207).

우리는 말로 지시하고, 말로 뜻을 주고받는다. 결국 지도자의 일은 '말을 전하는 것'이다. 그러니 말하는 능력을 갈고 닦지 않으면 안 된다. 알기 쉬운 말, 자신의 머릿속에 그린 이미지를 가능한 한 그대로 전할 수 있는 말, 상대방의 마음에 새겨지는 말, 인상적이고 잊기 힘든 말, 깨달음을 주는 말. …… 어미 하나만 달라도 상대방은 전혀 다르게 느낀다. 음의 높낮이, 말투, 어법에 따라서도 달라진다. 그러니 어떤 단체·집단을 활성화하거나 정돈하고, 직원 한 사람 한 사람이 갖춘 능력을 최대한 끌어내야 하는 지도자에게 뛰어난 언변이란 없어서는 안 될 조건이다. 말솜씨를 갈고 닦으려면 매일 신문이나 책을 읽고 …… 사람들과 끊임없이 대화하는 일도 필요하다. …… 잊지 말자. 말솜씨는 리더에게 있어 최대의 무기다. (시게루 2011, 104~105)

여기서 말솜씨란 리더로서 자기 생각을 효과적으로 전달하고, 직원들을 자극해 동기를 부여함으로써 능력을 최대한 끌어내 수 있는 수완이다. 자기 생각을 정확하게 전달한다는 의미의 메시지 전달력뿐 아니라 듣는 이의 마음과 행동에 변화를 일으킬 수 있는 화용론적 효과로서 말하는 능력까지 포함하는 의미다. 사회적 기업가에게는 어조, 말투, 어법 등 세세한 것들까지 필요에 맞게 활용할 수 있는 고도의 능력이 요구되며, 이런 능력을 키우려면 신문이나 책 등 미디어 등을 통해 말하는 법을 배우고 익혀야 한다고 시게루는 말한다. 알비온은 공포감과 위기를 조장하기보다는 기쁨과 희망을 불어넣는 이야기로 구성원들을 변화시키라고 말한다(알비온 2007, 207). 그런 이야기는 쉽게 이해될 수 있게 재미있고 공감할 수 있는 종류여야 한다. 공포와 위기를 조장하는 이야기하고 다르게 기쁨과 희망을 불어넣는 이야기는 구성원들 스스로 자기 행동을 변화시켜야 할 동기를 찾게 할 수 있기 때문이다.

공리주의적 조직원 관리의 테크놀로지 / 사회적 기업가의 구루들은 사회적 기업가가 조직 구성원들에게 먼저 다가가서 이해하고 배려하려는 리더십을 발휘하는 태도가 중요하다고 말한다. 그렇지만 한 조직 안에서 사회적 기업가의 그런 노력이 전혀 통하지 않거나 조직의 통합성을 깨뜨리는 관리 불가능한 구성원이 있을 때, 이 구성원에 관해서도 계속 이해하고 배려하려는 노력을 기울여야 할까? 사회적 기업가의 구루들은 사회적 기업가는 리더로서 때로는 냉정해질 필요도 있다고 말한다(우인회 2010, 84; 알비온 2007, 78). "조직의 화합과 시너지 창출에 결정적으로 걸림돌이 되는 직원은 냉정하게 처리할 수 있는 용기가 필요하다"(우인회 2010, 84). 그리고 이런 판단은 '최대 다수의 최대 행복'이 최고선이라는 공리주의의 원칙에 따라 정당화된다. 아무리 사회적 가치와 연대의 정신을 가진 사회적 기업가라도 조직 전체를 위태롭게 하는 개인이 있을 때는 희생시키는 쪽이 최대 다수를 만족시킬 수 있는 최선의 방법이다. 이런 공리주의적 조직 관리의 테크놀로지는 조직 역량을 최대화할 수 있는 기법인 동시에 몇몇 개인을 희생시키면서 야기될 수 있는 사회적 기업가의 심리적 부담을 최소화하고 결단을 정당화하는 기법으로 활용된다.

권한 위임의 테크놀로지 / 사회적 기업가는 일반 영리 기업가보다도 혁신에 더 큰 비중을 둬야 한다(우인회 2010, 85~86). 구조적으로 사회적 기업은 생산성이 낮은 저학력 노동자와 미숙련 노동자들을 고용해 상대적으로 수익성이 낮은 분야에서 활동하고 있기 때문이다. 따라서 사회적 기업 경영자는 '지칠 줄 모르는 혁신가'일 필요가 있다(우인회 2010, 86). 사회적 기업가의 구루들은 이런 혁신을 지속하려면 조직 구성원의 자발성과 능동성을 활용해야 하고, 자발성과 능동성을 이끌어내 혁신의 과정에 참여시키려면 그럴 만한 동기를 부여해야 한다고 본다(우인회 2010, 85~86; 알비온 2007, 68~69). 방법은 권한 위임의 테크놀로지다(우인회 2010, 86). 사회적 기업가는 혼자서 모든 일을 다 결정하고 지시하는 권위적인 만능인이 되려 해서는 안 된다. 사회적 기업가는 좀더 유연하게 조직을 관리할 수 있는 능력을 가져야 한다. 자기 권한의 일정 부분을 각 구성원에게 위임함으로써 모든 구성원이 자발적이고 능동적으로 조직 혁신에 참여할 수 있게 해야 한다는 말이다. 그런 점에서 사회적 기업가는 민주적 리더십을 지녀야 한다. 물론 '민주적'이라는 가치가 그것 자체로 옳은 당위인 때문은 아니다. 권한 위임의 테크놀로지는 어디까지나 한 사회적 기업가가 자기의 사고와 행동을 민주적 리더에 알맞게 바꿀 때 자기가 추구하려는 목적을 더 효과적으로 달성할 수 있다는 계산에 바탕해 마련되는 리더십 전략이다.

4피의 테크놀로지 / 구성원들의 자발성과 능동성을 최대로 끌어낼 수 있는 조직 문화를 만들어내려면 사회적 기업가는 구성원들을 지배하겠다는 생각을 버려야 한다. 그런 조직 문화를 조성하기 위해 사회적 기업가는 지속적으로 다음 다섯 가지 질문을 자기에게 제기하고 스스로 답해야 한다(알비온 2007, 152~153). 첫째, 우리 자신의 가치를 어떻게 사내 기업 문화로 정착시킬 수 있을까? 둘째, 회사가 성장해도 지배하는 대표가 되지 않으려면 어떻게 해야 할까? 셋째, 직원들이 마음에서 우러나 일할 수 있는 분위기를 만들어주고 있는가? 넷째, 자기가 회사 직원들에게 큰 영향을 미치고 있다는 사실을 의식하고 있는가? 다섯째, 우리 회사 고유의 문화가 제대로 지켜지고 있고, 처음 내세운 가치관이 유지되고 있다고 확신하는가? 알비온은 이 다섯 질문을 자기에게 제기하고 답을 찾는 과정을 더 구체화해 '4P의 테크놀로지'를 실행하라고 권한다. '4P'란 '사람people', '과정process', '상품products', '수익profits'을 이용한 리더십 강화 방법이다.

제1단계 우리 회사의 현재 임무와 회사 분위기를 총체적으로 평가한다. 종이를 꺼내 가로로 세 칸을 만든다. 첫 번째 칸은 우리 회사의 임무를 적고, 두 번째 칸에는 현재 회사 내 분위기에 대해 적어 넣고, 마지막 세 번째 칸에는 회사의 임무와 이를 달성하기 위해 필요한 직원들의 태도, 즉 회사의 사명과 회사 분위기 사이에서 보이는 문제점을 적어넣는다. ……

제2단계 1단계에서 얻은 정보를 구체적인 행동 강령으로 분석해본다. 두 번째 종이를 꺼내 '임무를 달성하기 위해 필요한 기업 문화'라고 제목을 붙인다. 세로로 네 칸을 만들어 각각 'People(사람)', 'Process(과정)', 'Products(상품)', 'Profits(수익)'이라고 제목을 붙인다. 그리고 각각 그 제목 옆에 가로로 두 칸씩을 만들어 그 위에 '꼭 해야 할 일', '나의 역할'이라고 써 넣는다. 이렇게 칸을 다 만들었으면, 첫 번째 항목, 즉 people(사람)에 관한 항목부터 답을 찾아본다. 우리 회사 직원들이 조금 더 노력을 하여 우리 회사 목표를 달성할 수 있도록 하려면 기업 대표로서 내가 무슨 일을 해야 할까? 어떻게 하면 회사 분위기를 개선할 수 있을까? 혹시 회사 분위기와 회사의 임무 모두를 개선해야 할 필요성은 느끼지 않는가? ……

제3단계 각 항목별로 '내 역할'에 대해서 답한다. 네 가지 항목 별로 기업 대표로서 자신이 해야 할 일을 적되, 월요일 아침, 회사의 사명감 강화와 사내 분위기 개선을 위해서 당장 할 수 있는 일을 적어도 세 가지씩 적어보자. (알비온 2007, 154~157)

이런 4피의 3단계 질문법이라는 테크놀로지를 통해 사회적 기업가는 지금까지 자기가 해온 말과 행동의 문제점이 무엇이었는지, 기업 문화를 만들려면 어떤 방안을 마련해야 하고 구성원들을 어떻게 통솔할지에 관련해 리더십의 방향을 잡을 수 있다(알비온 2007, 158). 다섯 가지 질문을 던져 자기 자신하고 대화하는 테크놀로지, 그리고 그런 과정을 체계화한 4피의 3단계 자가 질문법의 테크놀로지는 조직의 리더로서 사회적 기업가가 자기 자신을 지속적으로 성찰해 자기를 규율하는 동시에 조직 문화 형성에 필요한 리더의 자질을 배양하는 자기의 테크놀로지들로 작동한다.

안주의 유혹을 이겨내기 위한 테크놀로지들

사회적 기업가의 구루들은 좀더 발전한 사회적 기업가로 자기를 변형할 수 있으려면 자만하지 말고 자기의 부족함을 인정하는 겸손의 미덕이 필요하다고 말한다. 물론 부족함을 인정하는 태도는 보완하려는 노력으로 이어져야 한다. 사회적 기업가는 자기의 부족함을 인정하고, 관련 업계에서 앞서가는 기업을 찾아가 배우며, 필요하다면 경영 기법을 모방해야 한다(우인회 2010, 80). 자기 능력을 자만하거나 조그만 성과에 방심하면 한순간에 경쟁자에게 추월당할 수 있다는 긴장 상태를 지속해야 한다. 특히 멘토는 부족한 사회적 기업가의 부족한 역량을 채우는 중요한 테크놀로지다. 선배 경영자 멘토들을 만들어 지속적으로 조언을 들어야 한다(시게루 2011, 198~203). 시게루는 멘토를 많이 만들지 말고 한정된 수의 멘토를 만들어 밀도 있는 조언을 듣는 쪽이 좋다고 말한다. 멘토의 조언을 들으면 경험이나 전문성이 부족해 알지 못한 점, 미처 생각하지 못한 일, 모자란 수완 등을 보완해 좀더 완벽한 사회적 기업가로 성장하는 데 도움이 된다. 또한 사회적 기업가로서 느끼는 고독과 불안을 이겨낼 수도 있다. 시게루는 집단적으로 만나는 방법보다는 일대일로 만나라고 권한다. 많은 시간을 투자해야 하지만 더욱 밀도 있는 조언을 들을 수 있는 이점이 있다. 이렇게 지속적으로 자기를 부족한 존재로 인식하고 다양한 기업을 동원해 그 결핍을 메우려는 노력을 기울이는 사회적 기업가들의 역량은 한 단계 상승할 수 있다.

사회적 기업가가 긴장감을 잃고 안주하고 싶은 유혹에서 벗어나 자기를 자극하고 동기 부여를 함으로써 늘 도전과 혁신을 추구하는 태도를 유지하려면 라이벌을 활용하라고 시게루는 권한다. 라이벌 만들기는 '나'와 자기 자신 사이에 라이벌을 가상으로 끼워 넣는 사유 실험이다. '자기'와 '라이벌' 사이의 경쟁을 상상하고 지속적으로 경쟁에서 도태될 수 있는 가능성, 곧 '생명의 위기'를 느끼는 사유 실험을 지속하는 방식이다. 라이벌 만들기라는 사유 실험의 테크놀로지를 통해 사회적 기업가는 생존을 위한 자극을 만들어내고 지속적인 도전과 혁신을 추구할 동기를 얻을 수 있다.

4. 저항 — 헤게모니적 포획

사회적 기업가라는 새로운 주체성의 생산 과정에는 일련의 지식과 통치 테크놀로지들이 결합된다. 학계는 사회적 기업가 정신과 조직 문화 형성, 조직 관리의 리더십이 사회적 기업의 성과 향상에 긍정적 영향을 준다는 주장을 입증하는 일련의 실증적 연구를 통해 진리의 체계를 구축했다. 이 진리 체계를 통해 사회적 기업가는 기업가 정신과 리더십 역량을 갖춰야 한다는 실천적 요구가 도출되고, 통치는 여기에 초점을 맞춰 사회적 기업가 주체들을 생산해내기 위한 다양한 권력의 테크놀로지들을 전략적으로 선택하고 배치했다. 사회적기업가 아카데미, 사회적기업가 육성사업, 소셜벤처 경연대회는 그런 테크놀로지들의 구체적인 형태였다. 특히 청년은 통치가 사회적 기업가들로 생산해내려고 겨냥한 핵심 집단이었다. 통치는 면밀한 조사를 거쳐 청년들에 관한 지식을 산출했고, 그 결과 청년들은 통치가 공략하기 가장 효과적인 지점으로 채택됐다. 청년들을 동원함으로써 통치는 통치의 효율성을 극대화하려 했지만, 청년들 처지에서는 국가나 기업을 대신해 스스로 자기들 일자리뿐 아니라 취약 계층 일자리까지 창출해야 하는 이중의 부담을 떠안는 꼴이었다. 개인들은 자기 자신을 사회적 기업가로 성장시키기 위해 다양한 형태의 고백의 테크놀로지들을 활용해 앎의 대상으로서 자기에 관한 성찰적 지식들을 산출하고 자기 상태를 진단한다. 그리고 이런 자기에 관한 지식들에 바탕해 스스로 자기를 사회적 기업가로 변형시키는 일련의 자기의 테크놀로지들을 작동시킨다. 사회적 기업을 둘러싼 통치 메커니즘은 이렇게 다양한 지식과 통치의 전략과 전술, 구체적 테크놀로지들의 총체라고 할 수 있다.

사회적 기업가 주체성의 독특한 점은 이 사람들이 경영 지식과 마인드로 무장한 전문 경영인인 동시에 어려운 이웃의 고통에 공감하고 타인의 어려움을 책임지려는 도덕적 주체고, 그런 활동을 통해 세상을 바꾸려는 변혁적 주체라는 사실이다. 문제는 사회적 기업가들의 사회적 연대, 윤리적이고 도덕적인 가치의 추구, 사회 변혁의 풍부한 에너지를 오로지 취약 계층 일자리 창출과 사회 서비스 제공, 사회적 기업 조직의 재정적 자립이라는 협소한 수로로 흐르게 하는 통치의 배치다. 이런 통치의 배치 속에서 사회적 기업가들은 의도하지 않게 통치를 재생산하고 강화하는 구실을 하게 된다. 이런 통치의 배치를 만들고 사회적 기업가들을 생산하는 메커니즘은 권위주의적 통치의 형태를 취하지 않는다. 사회적 기업을 통한 새로운 통치는 시민사회의 자발성과 참여 의지를 적극 활성화하고 활용한다. 사회적 기업가의 생산 과정에서도 개개인들이 자기 자신을 사회적 약자를 위해 일하고 사회를 바꿀 수 있는 존재로 성장시키려는 일련의 노력들이 중요한 구실을 한다.

그런 점에서 사회적 기업가의 생산 메커니즘 속에서 통치와 사회 변혁, 공동체의 연대와 윤리적이고 도덕적인 가치들, 개인의 자발성은 대립되지 않으며, 오히려 통치를 구성하는 한 계기가 된다. 이 과정에서 사회를 바꾸려하는 '급진적인 때로는 혁명적인 사회운동가들'은 취약 계층의 문제를 해결하기 위해 사회적 책임을 다하는 '혁신적 사회적 기업가들'로 변형된다. 사회정의를 위해 국가와 자본에 맞서 투쟁하던 사회운동가 주체성들은 이제 국가를 대신해 사회적 약자들의 삶에 관련된 사회적 책임을 다하려는 사회적 책임의 주체로 변형된다. 이 과정에서 세상을 좀더 나은 세상으로 변혁하려는 이들의 잠재적인 저항 에너지는 통치 시스템의 강화를 위한 동력으로 전환된다. 저항의 잠재력은 통치 메커니즘 속으로 포획된다.

신자유주의의 강력함이란 이런 식으로 자기하고 이질적이던 힘들 심지어는 자기에 맞선 저항마저도 자기 내부로 포획해 배치해낼 수 있는 유연함과 혼종성에서 연유한다. 그런 점에서 주디스 버틀러가 한 지적은 신자유주의를 분석하고 비판하려 할 때 경청할 필요가 있다. "적을 단일 형태로 파악하는 방식은 (통치 대상으로서 우리를 단일한 형태로 주조하려는 — 인용자) 그 적의 전략을 단순히 무비판적으로 뒤집어 따라하는 일종의 역담론에 불과하다"(Butler 1999, 19).

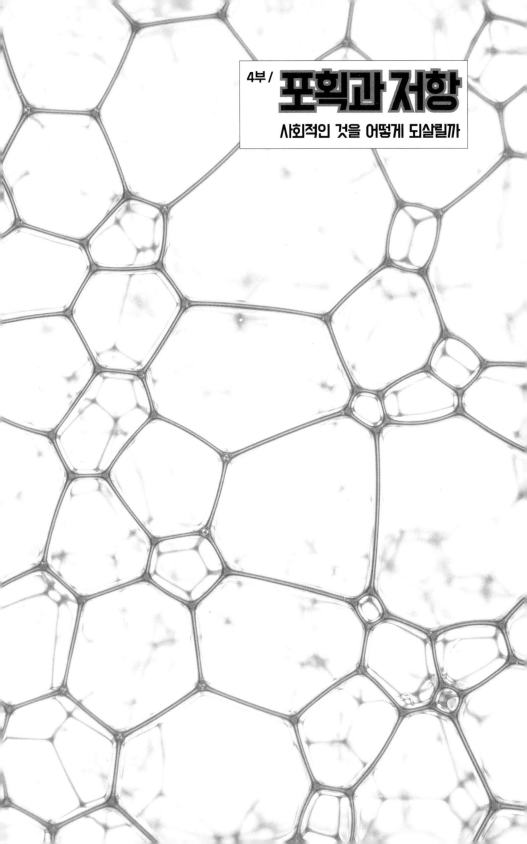

4부 /
포획과 저항
사회적인 것을 어떻게 되살릴까

9장

1997년 이후 20년
한국 사회와 사회적 기업의 정치학

1997년 이후 지난 20여 년 동안 신자유주의는 한국 사회의 지배적인 경제적 실천 체계로 작동해왔다. 정부 개입의 비효율과 무능함, 여기에 대조된 시장의 효율성과 시장 만능주의라는 신념 아래 작은 국가와 탈규제, 경쟁 만능주의 등을 기치로 내건 신자유주의는 경제 정책뿐 아니라 한국 사회의 전반적 구조를 바꿔놓았다. 시장은 경제 활동뿐 아니라 국가의 작동 방식, 인간들 사이의 관계 방식, 나아가 개개인의 삶을 조직하는 이상적 모델로 간주되면서 일체의 경제, 사회, 문화 시스템을 빠르게 시장 영역으로 바꿔놓았다. 인간의 탐욕 기제를 자극해 경쟁을 유도했고 더 많은 풍요와 번영을 약속했다. 그렇지만 신자유주의는 점증하는 양극화, 대규모 빈곤층 양산, 점증하는 사회 갈등, 불안정한 고용 조건, 노동자 권리의 축소, 실업률 증가 같은 여러 사회 문제를 야기했다. 이런 상황은 신자유주의라는 지배적인 경제적 실천 체계의 정당성과 재생산의 위기를 불러오고 있다.

비교적 안정되게 작동하던 지배적인 사회적 실천 체계의 존립과 재생산의 가능성이 주위를 둘러싼 환경이 바뀌거나 내적 모순 때문에 위기에 빠질 때, 지배적 실천 체계는 문제시되고 다른 대안적 실천 체계들의 도전을 받게 된다. 이런 과정은 무엇을 문제화하고 무엇을 문제의 원인과 해법으로 제시할지 등을 둘러싼 일련의 담론 투쟁을 수반한다. 담론 투쟁의 과정은 다양한 사회적 현실들을 새로운 방식으로 재현하거나 담론 속에 배치함으로써 그 담론적 실천의 체계가 경쟁하는 다른 담론적 실천의 체계들보다 더 일관성 있고 설득력 있게 사회적 현실을 드러내고 위기에 대처할 수 있는 참된 이론이라는 점을 입증하는 과정이기도 하다. 또한 그 과정은 자기들의 관점을 생산하고 유포하기 위해 다양한 국가 장치들을 동원하거나 국가를 경유해 국가 정책이나 제도로 현실화하려 하는 일련의 정치적 실천의 형태를 취하기도 하고, 반대로 국가 권력이 특정한 담론적 관점들을 목적의식적으로 생산하고 유포하기도 하는 권력 작용의 형태를 취하기도 한다. 이런 담론적 각축과 투쟁의 과정은 또한 협소하게 특정 정책이나 정치 쟁점을 둘러싸고 벌어질 뿐 아니라 사람들이 사고하고 행동하는 방식, 곧 삶의 방식과 주체성을 규정하는 더 넓은 차원의 문화와 규범의 체계들을 변형하는 목표를 겨냥하기도 한다.

오늘날 한국 사회에서 폭발적으로 증가하는 사회적 기업을 포함한 일련의 사회적 경제 담론들은 이런 신자유주의의 위기에 맞선 대응이라는 맥락에서 이해할 수 있다. 신자유주의는 경제적 실천 체계로서 지배적 지위를 유지하기 위해서 자기가 야기한 여러 문제와 부작용을 부단히 성찰해 추가적인 보완 장치들을 고안함으로써 시스템을 갱신하고 정당성을 입증해야만 한다. 대안 세력들은 시장 논리가 전체 사회를 지배하며 야기된 여러 사회 문제들에 관련된 책임을 물으면서 신자유주의에 도전하고 대안적인 경제적 실천 체계로 신자유주의를 대체하려 한다. 이 두 힘의 선분이 마주치고 뒤얽히는 중요한 영역들 중 하나가 사회적 경제, 그리고 그 흐름을 대표하는 사회적 기업이라는 담론적이고 제도적인 메커니즘이다.

사회적 기업 메커니즘에 관한 분석은 사회적 기업의 육성을 둘러싸고 이런 두 힘의 선분이 경쟁하거나 투쟁하면서 동원하는 담론적 실천의 전략들,

구체적인 지식과 권력의 테크놀로지들이 무엇인지에, 또한 어떻게 작동하는지에 주목해야 한다. 이런 맥락에서 나는 한국에서 새로운 담론 구성체이자 새로운 제도적 메커니즘으로서 사회적 기업과 사회적 기업가가 어떻게 출현하고 생산돼 어떤 방식으로 작동하는지를 살펴봤다. 여기서는 결론을 대신해 연구 결과를 요약하고 거기에 담긴 함의를 살펴보자.

1. 포획 — 사회적 기업과 강화된 신자유주의

1장에서는 2000년 이후 한국에서 신자유주의의 폐해가 드러나면서 사회적 기업의 제도화가 진행되고 관련 담론이 폭발적으로 증가하는 점, 그리고 진보 진영과 보수 진영의 대대적 합의 속에서 이렇다 할 근본적 비판 없이 사회적 기업 육성이 새로운 대안으로 긍정되는 점에 주목했다. 많은 사람들이 사회적 기업을 신자유주의 시장 논리에 침식되고 억압되던 사회 영역(공동체, 민주적 시민 참여, 연대 같은 가치들)을 복원하며, 나아가 신자유주의를 넘어설 수 있는 대안으로 바라본다. 그렇지만 나는 시장과 시장에 대립하는 사회적 가치들을 서로 대립하는 제로섬 게임의 관점에서 보는 대신, 사회적인 것의 영역을 비롯해 그동안 시장 바깥으로 여겨지던 일체의 영역을 시장의 영역으로 간주하고 시장의 원리에 따라 재조직화하는 신자유주의 통치성의 관점에서 사회적 기업을 바라봐야 한다고 제안했다. 사회적 기업의 출현은 새로운 신자유주의 통치 방식의 출현이라는 관점에서 파악돼야 하기 때문이다.

2장에서는 푸코의 통치성 분석에 관련된 논의와 그람시의 헤게모니 이론이 그런 분석을 하는 데 유용한 이론적 자원이 될 수 있는 이유를 살폈다. 특히 푸코의 통치성 이론은 사회적 기업 메커니즘의 등장과 전개에 개입되는 지식이나 담론, 권력, 자기의 테크놀로지 같은 다양한 측면을 종합해 살필 수 있게 해준다. 또한 헤게모니 이론은 통치 과정을 한 세력이 주도하는 일방향적 하향식 지배가 아니라 다양한 세력들 사이의 투쟁과 경합과 타협이 펼쳐지는 유연한 과정으로 볼 수 있게 해서 사회적 기업의 정치학에 깃든 세력 관계의 동학을 조망하는 데 도움을 준다. 또한 구체적인 비판적 담론 분석을 위해 방법론 측면에서 구체적인 연구 절차를 설계했다.

3장에서는 사회적 기업의 출현과 전개에 연관된 역사적 조건들을 드러내기 위해 사회적 기업을 좀더 폭넓은 사회적, 정치적, 경제적 맥락에 놓고 살폈다.

첫째, 한국에서 사회적 기업은 점증하는 실업과 근로 빈곤층에 대응하는 방안으로 출발했다. '고용 없는 성장'으로 표현되는 산업 구조 고도화, 빠른 인구 고령화, 여성 경제 활동 확대, 1997년 외환 위기 뒤 본격화된 신자유주의적 경제 재구조화는 실업과 빈곤 문제를 심화시키는 구조적 요인으로 작용했다. 국가 권력은 점증하는 실업과 빈곤에 대응해 사회 안전망을 확충하더라도 신자유주의적 방식으로 문제를 해결하겠다는 전략적 고려 속에서 사회적 기업을 고안하고 육성했다.

둘째, 국가의 정책적 의도 말고도 정치 세력들 사이의 투쟁과 타협이라는 맥락에서 정치 지형의 변화에 따른 진보적 시민운동의 전개 과정에 주목해야 한다. 장기간의 독재와 재벌 경제를 경험한 상황에서 진보적 사회운동 세력들은 국가와 자본을 상대로 대결적 관계를 맺으며 성장했고, 특히 1980년대에는 냉전 체제와 민족 분단이라는 상황 아래 사회주의 혁명이 공공연히 주장되는 등 급진화됐다. 민주화 뒤 한국의 시민운동은 사회주의 혁명이라는 전망은 포기했지만 국가와 자본에 적대적인 급진적 사회 변혁을 추구하는 전통은 유지했다. 그렇지만 군부 독재의 종식과 정치적 민주화의 쟁취로 당면 과제가 해결된 뒤 1990년대 중반부터 한국의 시민운동은 이른바 '시민 없는 시민운동'이라는 딜레마에 직면했고, 지나친 정치 지향성과 급진성 때문에 비판받는다. 이런 상황에서 노동, 정치, 경제 같은 사회운동의 전통적 의제에서 벗어나 환경, 교육, 여성, 반전 평화, 소수자, 인권, 반핵, 지역 공동체, 먹거리 등 일상적 삶에 밀착된 의제에 집중하는 신사회운동의 흐름이 빠르게 퍼진다. 서구처럼 한국의 진보적 시민운동도 고유의 급진성을 잃고 점점 체제 내화됐으며, 권력과 자본에 대결하기보다는 협력 관계를 유지하는 실용주의 노선을 걷는 경향이 강해졌다. 특히 1997년 외환 위기 뒤 진보적 시민운동 진영은 국가의 파트너로서 대규모로 양산된 실업자와 빈곤층 문제를 직접 해결하는 사업에 참여함으로써 국가 권력하고 동맹 관계에 들어가게 됐다. 이런 조건 속에서 진보적 시민운동 진영은 사회적 기업 육성 사업을 제기하고 제도화하는 데 큰 구실을 했을 뿐 아니라 사회적 기업을 실제로 운영하는 핵심 세력으로 국가 정책에 참여했다. 국가도 취약 계층하고 오랫동안 유기적 관계를 이어온 진보적 시민운동 세력의 경험과 노하우가 필요했다. 진보적 시민운동 세력과 국가 권력의 이해관계가 맞아떨어지면서 이른바 '파트너십을 통한 통치'가 작동한다.

셋째, 통치의 관점에서 공공 근로 위탁 사업과 자활 근로 사업부터 사회적 일자리 사업을 거쳐 사회적 기업 육성 사업에 이르기까지 관련 정책이 수정되고 추동되는 과정에서 근본 지침은 신자유주의적 통치 원리들이었다. 국가 권력은 빈곤과 실업 문제를 박애주의 관점이 아니라 통치 리스크 관리와 통치 효율성 제고라는 측면에서 바라봤다. 통치의 잠재적 위기 요인인 점증하는 빈곤과 실업에 대응해 통치가 활용해오던 제도적 테크놀로지와 전략들의 바탕에는 국가의 비효율과 무능함, 시장의 효율성과 유능함, 작은 국가, 일체의 비시장 영역을 시장으로 간주하는 원리, 빈곤과 복지는 개인의 노동을 통해 해결돼야 한다는 근로 연계 복지의 원리 같은 신자유주의 합리화의 원리들이 흐르고 있다.

3장에서 사회적 기업을 좀더 거시적인 사회적, 정치적, 경제적 맥락 속에 조망했다면, 4장부터 6장까지는 사회적 기업과 사회적 기업가를 둘러싼 담론에 집중해 담론 구성체의 구조를 세밀히 탐색했다.

먼저 4장은 담론 차원에서 사회적 기업의 핵심 작동 메커니즘을 드러낼 수 있는 주제가 사회적 기업 '성공 담론'이라고 보고 담론 구조를 분석했다. 분석 결과 세 가지를 확인할 수 있었다.

첫째, 사회적 기업의 성공 기준이 담론화되는 현실을 보면 사회적이고 공적인 특성에 따라 규정되지 않고 기업의 특성에 따라 규정된 결과 사회적 기업의 성공은 '시장에서 기업으로서 거두는 성공'하고 동일시되는 강한 경향이 있었다. 심지어 사회적이고 공적인 가치와 목적들은 성공의 장애물로 표상되기도 했다. 이런 담론 구조에서 진보와 보수 사이에는 의미 있는 차이가 없었다.

둘째, 사회적 기업의 성공 전략을 분석한 결과 진보의 담론은 상대적으로 보수의 담론보다 국가의 적극적 구실이 필요하다는 점을 명시적으로 강조하는 경향을 보였지만, 진보와 보수를 막론하고 절대 다수의 텍스트에서 국가의 개입은 사회적 기업의 성공에 장애 요인으로 표상되는 반면 시장, 민간, 개인의 자발성이 사회적 기업 성공의 좀더 중요한 전략으로 제시되고 있었다. 이때 시장, 민간, 개인의 자발성을 강조하는 담론들은 대부분 역설적으로 국가를 담론 안에서 비가시화함으로써 국가의 기능 축소를 탈쟁론화하는 효과를 낳는 담론 전략을 사용하고 있었다. 그런 점에서 보수의 담론은 물론 진보의 담론도 국가의 기능 축소와 시장, 민간, 개인을 향한 전통적 국가 기능의 이전을 정당화하는 신자유주의 사회 재구조화 전략의 일반적 틀을 그대로 따르고 있었다. 이런 결과는 진보와 보수를 막론하고 사회적 기업 성공 담론이 신자유주의의 주류 담론에 지배되고 있으며, 특히 진보의 담론은 대항 헤게모니 담론을 생산하지 못한 채 보수의 신자유주의 담론이 지닌 강력한 헤게모니에 장악돼 있다는 점을 시사한다.

셋째, 이렇듯 진보 진영이 독자적인 대항 헤게모니 담론을 만들어내지 못하고 보수의 신자유주의 담론의 헤게모니에 장악된 채 의도하지 않게 신자유주의 헤게모니를 강화하는 결말로 나아간 원인들 중 하나는 진보 진영의 사회적 기업 성공 담론이 원인 분석의 문제 설정이 아니라 문제 해결의 문제 설정 구조를 통해 조직되는 점에서 찾을 수 있었다. 진보의 사회적 기업 성공 담론이 문제 해결의 문제 설정 구조로 짜인 결과, 문제 상황을 야기한 구조적 요인에 관한 규범적 비판과 저항적 실천의 문제의식은 실용주의적 관점에서 문제 해결을 위한 타협의 태도로, 그리고 목적을 달성하기 위한 효율적 수단의 선택이라는 탈규범적인 도구적 합리성의 논리로 대체된다.

많은 사회적 기업 담론들은 사회적 기업을 가부장적 남성 모델에 기초해 조직되고 있는 시장 체제를 넘어서서 여성적인 것 또는 여성적 가치에 따라 새롭게 경제 체제를 재조직화할 수 있는 대안으로 제시한다. 또한 일반 영리 기업에 견줘 사회적 기업은 여성 노동자와 여성 관리자의 비율이 크게 높아 여성 친화적 기업으로 간주되기도 한다. 이런 맥락에서 5장에서는 사회적 기업 담론 속에서 작동하는 젠더 동학을 분석했다. 젠더 동학이라는 측면에서 사회적 기업 담론은 네 가지 특징을 보였다.

첫째, 영리 시장의 담론하고 다르게 사회적 기업 담론에서는 전통적으로 남성적인 특성 또는 가치로 간주된 요소들은 다양한 사회 문제를 낳은 원인으로 비판되는 반면 전통적으로 여성적인 특성이나 가치로 간주된 요소들은 새로운 대안 경제의 원리로 강조되고 있었다. 이렇게 해서 가정/일터의 분리에 입각한 위계적 성별 분업의 프레임이 무너지고 있었다.

둘째, 뒤이어 새로운 방식으로 위계적 성별 분업의 구조를 재생산하고 강화하는 담론이 이어지고 있었다. 이를테면 사회적 기업 담론들은 시장 경쟁과 경제적 성과를 핵심으로 하는 일반 영리 기업 영역을 남성의 고유 영역으로 보는 반면, 소외 계층을 돌보는 등 전통적 가사 영역을 사업화한 사회 서비스 영역을 여성의 고유 영역으로 보고 있었다. 또한 사회 서비스 분야에 속하는 일들을 특별한 기술 없이도 여성들이 쉽게 접근할 수 있는 분야로 담론화함으로써 여성 노동을 평가 절하하고 있었다.

셋째, 사회적 기업 담론은 여성적인 것들의 표상을 동원해 사회적 기업가, 노동자, 소비자, 서비스 수혜자들을 가족이나 다른 공동체로 표상함으로써 금전적 계약 관계를 특징으로 하는 시장 경제 모델하고 차별화하면서 대안적 성격을 강조하지만, 동시에 공동체라는 이름으로 사회적 기업 내부의 저임금, 고강도 노동, 나쁜 노동 조건 등은 비가시화하면서 노동자들의 불만의 목소리를 침묵시키고 희생을 강요하는 이데올로기 기능을 수행하고 있었다.

넷째, 사회적 기업 담론은 여성적인 것을 사회적 기업이 추구해야 할 이상으로 제시하고 미화하지만, 이때 여성적인 것은 사회적 기업의 실제적 활동 지침이 아니라 미래에 성취돼야 할 어떤 상태로 표상된다. 여성적인 것을 이상화하면서 후퇴한 남성적인 시장 원리는 여성적인 것으로 표상되는 미래 상태를 실현하기 위해 지금 사회적 기업의 실제적인 활동 지침으로 기능해야 하는 요소로 다시 소환된다. 이때 여성적인 것은 역설적으로 남성적인 것의 대립물로 기능하지 않고 남성 모델에 기반한 시장 원리를 통해 사회적 기업이 작동하는 방식을 정당화하는 기능을 함으로써 남성적인 시장 원리가 사회적 기업 메커니즘 안으로 스며들 수 있게 뒷받침하고 있었다.

이런 담론적 특징에서 진보와 보수의 담론 전략은 의미 있는 차이를 보이지 않았다. 여성적 가치들에 깊은 친화성을 보이는 사회적 기업이 합리주의적 개인주의 남성 영웅 모델에 기초한 시장 경제 패러다임의 대안으로 여겨지지만, 실제로 사회적 기업 담론은 진보와 보수를 막론하고 가부장적 남성 패러다임을 강화할 뿐 아니라 여성적인 것은 역설적으로 사회적 약자들의 정당한 요구를 억압하는 이데올로기로 작용했다. 사회적 기업의 메커니즘 안에서 여성주의가 신자유주의에 접합된 결과, 여성주의 관점에서는 여성의 자존감과 주체성의 회복, 사회적 지위와 경제적 지위의 일정한 상승이라는 부분적 성과를 얻어냈다. 그렇지만 그런 성과들은 역설적으로 가부장적 남성 헤게모니를 강화하는 대가를 치러야 했다. 결국 신자유주의 통치 전략으로서 사회적 기업 메커니즘 속에서 여성주의와 가부장적 남성 헤게모니는 대립하지 않고 후자의 우위 속에서 서로 강화하고 지지한다. 그런 점에서 신자유주의 통치는 단순히 남성 시장 패러다임의 일방적 단일 명령 체계가 아니라 여성주의와 가부장제를 접합하고 그 사이를 가로질러 작동한다.

6장에서는 사회적 기업가라는 새로운 주체성의 담론적 구성을 분석했다. 사회적 기업가 담론은 네 가지 특징을 보이고 있었다.

첫째, 사회적 기업가는 사회 변혁가, 취약 계층의 구원자, 윤리적이고 도덕적인 존재, 전문 경영인 등 네 가지 유형의 주체 형태로 담론화되고 있었다. 사회 변혁가로서 사회적 기업가 담론은 급진적 사회운동가들을 시대에 뒤떨어지고 무능한 존재로 문제화한 뒤 사회적 기업가로 대체했다. 또한 계급의식 대신 기업가 정신으로 무장하는 일이 사회 변혁을 위한 필수 조건으로 제시되고 있었다. 구원자로서 사회적 기업가 담론은 취약 계층을 여러 사회 문제에서 자기를 스스로 해방시킬 수 있는 잠재력을 지닌 주체로 보지 않고 능동적 주체인 사회적 기업가가 구원해야 할 피동적 주체로 표상하고 있었다. 더불어 사회적 기업가 담론에서는 사회적 기업가가 사회 변혁가이자 취약 계층의 구원자가 될 수 있으려면 먼저 윤리적이고 도덕적인 자질에 더해 전문적 경영 지식과 수완을 지닌 전문 경영인이 돼야 한다는 점을 강조하고 있었다.

둘째, 이 네 개의 주체 형태들 중 나머지 형태를 지배하며 사회적 기업가라는 주체의 정체성을 규정하는 핵심 형태는 전문 경영인이었다. 곧 전문 경영인이라는 핵심 주체 형태를 중심으로 나머지 형태의 주체 형태들이 종속적으로 접합되고 있었다. 따라서 사회적 기업가를 규정하는 가장 지배적인 담론 형태는 '사회적 기업가는 먼저 기업가 정신으로 무장한 전문 경영인으로서 사회적 목적과 공익적 목적을 추구할 때 더 효과적으로 세상을 바꾸고 취약 계층을 둘러싼 문제들을 해결할 수 있다'는 논리 구조였다.

셋째, 사회적 기업가 담론은 몇몇 특수한 사람만 겨냥하지 않고 모든 사람을 사회적 기업가로 만들려는 보편 주체화 기획의 형태를 띠고 있었다. 곧 보편 주체화 기획으로서 사회적 기업가 담론은 국가에 연관돼 권리와 의무의 관점에서 정의되는 시민이라는 보편 주체를 타인에 관한 책임과 기업가 정신을 통해 정의되는 사회적 기업가라는 보편 주체로 대체하려는 담론이다.

넷째, 사회적 기업가 담론은 국가를 시장과 개인에 대립시킨 뒤 전자를 비효율적이며 무능한 조직으로 표상하고 후자를 효율적이며 자발성과 창의성이 넘쳐나는 존재로 표상하는 신자유주의 이데올로기의 틀 속에서 조직되고 있었다. 그런 점에서 사회적 기업가 담론은 신자유주의를 극복하려 하는 대항 신자유주의 담론이라기보다는 신자유주의를 강화하는 신자유주의 담론의 일부다. 이런 여러 특징들을 놓고 보면 진보와 보수 사이에 의미 있는 담론적 차이는 없었는데, 진보의 사회적 기업가 담론이 보수 신자유주의의 담론적 헤게모니에 포획돼 있다는 점을 시사하는 대목이다.

7장에서는 사회적 기업의 메커니즘 속에서 사회적인 것의 영역이 시장의 언어들을 통해 재구조화돼 신자유주의 통치의 영토로 재편되는 과정, 그리고 신자유주의 통치가 통치 영토화된 사회적인 것의 영역을 거쳐 통치를 수행하는 방식을 분석했다. 여기서 초점은 이 과정에 구체적으로 어떤 지식들이 개입되고, 그런 지식들이 어떤 권력의 기술들에 결합돼 서로 강화하면서 통치를 공고화하는지다.

분석 결과는 다음 같다. 정부는 실업과 빈곤을 잠재적 통치 리스크라는 관점에서 문제화하고, 빈곤층과 실업자 같은 취약 계층을 사회로 통합하되 국가 대신 시장과 민간이 그 구실을 맡는 방안을 모색했다. 그리고 사회적 기업은 최종적 해결 방안으로 사고돼 제도화됐다. 이런 과정에서 지식과 권력이 결합돼 상호 의존하며 서로 강화해갔다. 통치는 국가 장치들을 동원해 통치가 원하는 지식이 생산될 수 있게 지원했고, 전문가들은 통치가 원하는 지식을 제공했다. 특히 사회적 자본, 사회적 기업이 거둔 성과의 계량화, 전문적 경영 지식 등에 관련된 지식 체계들이 권력의 지원 아래 축적됐고, 그런 지식들을 통해 통치는 통치가 집중해야 할 지점이 어디인지, 어떤 보완책을 마련해야 하는지, 어떤 통치 테크놀로지를 활용해야 효과적인지를 판단한 뒤 관련 전략을 수립하고 집행할 수 있었다. 사회적 기업 성과 평가의 정례화, 사회적 기업 인증에 관련된 국가의 상징 폭력 독점, 1사 1사회적 기업 파트너십, 프로보노 활성화 같은 구체적 조치들은 그런 과정을 통해 전략적으로 채택된 권력의 테크놀로지들이다. 이런 일련의 기술과 과정들을 통해 통치는 사회적인 것의 영역들을 측정할 수 있고 조작 가능한 대상으로 재구조화함으로써 거기에 개입해 통치의 영토로 새롭게 구축한다.

사회적 기업을 둘러싸고 벌어지는 사회적인 것의 통치 영토화 과정에는 다양한 지식과 권력의 전략과 기술들이 동원된다. 그런 총체적 통치 메커니즘이 야기하는 실질적인 귀결은 통치 시스템을 위협할 수 있을 만한 진보적이고 급진적인 사회운동의 예측 불가능한 야수성을 시장의 메커니즘 내부로 포획해 길들이는 일이다. 물론 이 과정은 하향식 권위주의의 통치 형태하고는 구분된다. 사회적 기업을 둘러싼 신자유주의 통치는 통치의 외부에 있던 진보적 시민운동 진영에 일정한 자율성과 권한을 부여함으로써 신자유주의 통치 내부로 포섭하는, 좀더 유연한 헤게모니적 통치를 특징으로 한다.

8장은 사회적 기업가라는 새로운 주체성이 생산되는 메커니즘에 관한 분석이다. 여기서는 이 과정에 어떤 지식, 권력, 자기 배려의 구체적인 기술과 전략들이 개입하고 서로 결합되는지가 초점이 됐다. 학계는 사회적 기업가 정신, 조직 문화 형성, 조직 관리의 리더십이 사회적 기업의 성과 향상에 긍정적 영향을 준다는 점을 입증하는 일련의 실증적 연구를 통해 진리의 체계를 구축했다. 이런 진리 체계를 통해서 사회적 기업가는 기업가 정신과 리더십 역량을 갖춰야 한다는 실천적 요구가 도출되며, 통치는 여기에 초점을 맞춰 사회적 기업가 주체들이 기업가 정신, 조직 문화 형성, 조직 관리의 리더십을 갖추고 배양할 수 있게 하는 다양한 권력의 테크놀로지들을 전략적으로 선택하고 배치했다. 사회적기업가 아카데미, 사회적기업가 육성사업, 소셜벤처 경연대회는 그런 테크놀로지들의 구체적 형태였다. 개인들은 사회적 기업가로 자기를 성장시키기 위해 다양한 형태를 띤 고백의 테크놀로지들을 활용해 앎의 대상으로서 자기 자신에 관한 성찰적 지식들을 산출하고 자기 상태를 진단한다. 그리고 이런 자기에 관한 지식들에 바탕해 스스로 자기를 사회적 기업가로 변형시키려 하는 또 다른 일련의 자기의 테크놀로지들을 작동시킨다.

사회적 기업을 둘러싼 통치 메커니즘은 이렇게 다양한 지식과 통치의 전략과 전술, 구체적인 테크놀로지들의 총체다. 사회적 기업가 주체성의 독특한 점은 경영 지식과 마인드로 무장한 전문 경영인인 동시에 어려운 이웃의 고통에 공감하고 이웃의 어려움을 책임지려 하는 도덕적 주체들이자, 그런 활동을 통해 세상을 바꾸려 하는 변혁적 주체들이기도 하다는 점이다. 문제는 사회적 기업가들의 사회적 연대, 윤리적이고 도덕적인 가치의 추구, 사회 변혁의 풍부한 에너지를 오로지 취약 계층 일자리 창출과 사회 서비스 제공, 사회적 기업 조직의 재정적 자립이라는 협소한 수로로 통하게 하는 통치의 배치다. 이런 통치의 배치 속에서 사회적 기업가들은 의도하지 않게 통치를 재생산하고 강화하는 구실을 하게 된다. 이런 통치의 배치를 만들고 사회적 기업가들을 생산하는 메커니즘은 권위주의적 통치의 형태를 취하지 않는다. 사회적 기업을 통한 새로운 통치는 시민사회의 자발성과 참여 의지를 적극 활성화하고 활용한다.

2. 저항 — 사회적인 것과 사회적 기업의 정치학을 위해

나는 한국의 사회적 기업 육성 정책을 근본적이고 비판적으로 바라보는 연구가 거의 전무한 상황에서 좀더 급진적인 비판적 분석을 시도했다. 통치성 비판의 관점에서 수행된 사회적 기업에 관한 연구가 해외에 몇 편 나와 있지만 이론적 논의에 집중하는 경향을 띠며, 경험적 분석을 수행하는 연구들도 거의 대부분 관련 담론에 관한 분석에 치중하고 있다. 그런 점에서 나는 통치성에 관한 비판적 분석의 관점을 취하되 한국에서 사회적 기업이 출현하고 전개되는 과정을 경험적으로 분석했고, 단순히 담론 분석을 넘어서 담론, 지식, 권력의 테크놀로지들, 자기의 테크놀로지들 등 복합체로 작동하는 통치 메커니즘으로서 사회적 기업의 출현과 작동을 둘러싼 구체적 양상들을 포괄적으로 탐색하려 했다.

　　푸코의 논의에 영향을 받은 학자들이 신자유주의 통치성의 작동 방식에 관해 많은 연구를 했다. 신자유주의 통치성을 다룬 대부분의 분석은 신자유주의가 개인들을 기업으로 간주하고 호모 에코노미쿠스로 재구성한다는 데 주목해왔다. 이런 통치성 연구들은 신자유주의 통치가 개인들을 자기 삶을 스스로 떠맡는 개인적 책임, 자조의 정신, 자기 삶의 리스크에 관한 경제적 계산 등에 기반한 자기 경영의 태도와 정신을 지닌 주체로 변형한다는 사실에 주목하면서, 신자유주의란 하나의 기업이자 호모 에코노미쿠스인 개인들을 통해 작동한다는 점을 드러내는 데 집중했다. 그렇지만 이런 통치성 연구 경향은 파편화되고 원자화된 호모 에코노미쿠스인 개인들에 집중함으로써 신자유주의의 사회 통합 메커니즘, 곧 푸코가 개인들에 대한 테크놀로지라고 부른, 개인들이 자기를 한 사회의 구성원으로 인식하게 만드는 메커니즘에 관해 적절한 분석을 제공하는 데 일정한 한계를 지닌다. 그렇지만 어떤 유형의 통치든 적절한 사회 통합 메커니즘을 수립하지 못하면 유지되기 힘들다. 더구나 푸코도 말년에 개인들에 대한 테크놀로지라는 이름으로 사회 통합의 메커니즘을 분석할 필요성을 강조했고, 근대 국가의 통치를 '개별화하면서 전체화하는' 권력 형태로 불렀다. 따라서 신자유주의 통치성 분석은 신자유주의가 개인들을 개별화하는 동시에 개별화된 개인들을 한 사회로 통합해내는 메커니즘에 주목해야 한다. 이런 맥락에서 나는 신자유주의가 한편으로는 개인들 사이의 경쟁, 이윤 추구, 개인적 책임 등 이른바 시장 원리를 강조하면서도, 다른 한편으로는 연대, 공감, 사회적 책임 등 이른바 사회적인 것의 사회 통합 논리도 강조하고 동원하면서 작동한다는 점에 주목했다. 사회적 기업은 시장 논리와 사회적인 것의 논리가 마주치는 지점이었다. 그런 점에서 나는 통치성 연구의 흐름에서 그동안 간과되던 신자유주의의 사회 통합 메커니즘, 곧 신자유주의가 사회적인 것을 통해 작동하는 통치 메커니즘을 드러냄으로써 통치성 연구를 더 풍부하게 만들려 했다.

더불어 제로섬 게임의 관점에서 시장 논리의 확장에 따른 국가나 사회 영역의 축소와 침식으로 정리되는 통상적인 신자유주의 이해에 맞서, 나는 시장과 국가와 사회 사이에 새로운 관계를 설정함으로써 작동하는 신자유주의의 작동 방식과 그런 작동 방식의 구체적 형태로서 사회적 기업에 관한 새로운 관점과 이해를 제공하려 했다. 통상 신자유주의는 민영화, 작은 정부, 복지 예산 축소 등을 통해 국가나 사회의 공적 영역을 축소하고 침식하는 시스템으로 이해된다(Brenner and Theodore 2002; Martinez and Garcia 2000). 따라서 신자유주의는 사회적이고 공익적인 가치와 영역들을 침식한다는 점에서 규범적 비판의 대상이 됐다. 그래서 신자유주의에 관한 비판과 실천은 신자유주의에 억압되던 사회적이고 공익적인 가치와 영역들을 회복하려는 노력의 형태로 정향되는 경향이 있다.

이런 맥락에서 특히 사회적 기업은 시장의 지배에 맞서 그동안 시장에 억압받던 공동체와 사회의 논리를 회복하고 확장하기 위한, 신자유주의에 맞선 대안 전략으로 이해됐다. 그렇지만 사회적 기업을 통한 통치 메커니즘을 분석한 결과, 나는 시장과 사회 또는 국가의 이항 대립 속에서 단순히 전자가 후자를 억압하고 침식하는 체제로 신자유주의를 이해하는 통념하고 다르게 신자유주의 체제는 시장을 통해 사회나 국가를 억압하는 방식이 아니라 사회와 국가 같은 비시장 영역들마저 시장 원리로 새롭게 재구조화하면서 작동한다는 사실을 드러냈다. 이를테면 신자유주의는 사회적 자본, 게임 이론, 사회적 가치나 성과의 주기적 양적 평가 등을 통해 사회적인 것을 시장의 언어로 변형하고, 사회적 목적을 추구하는 사회적 기업의 여러 실천이 시장 프레임 안에서만 작동하도록 배치한다. 공동체적 관계는 대가 없는 자선이나 기부가 아니라 기업 영역을 통해 형성되는 산물로 설명된다. 사회적 기업 메커니즘 속에서 가난한 사람들을 보살피는 국가의 구실은 사회적 기업가들과 시민운동 진영을 비롯한 민간 영역으로 이전된다. 따라서 시장과 국가 또는 시장과 사회를 이항 대립적 제로섬 게임의 관점에서 바라보는 통상적인 시각 대신에 시장, 사회, 국가를 특정한 방식으로 결합하고 재구조화함으로써 작동하는 신자유주의 통치의 새로운 작동 방식에 주목할 때, 사회적 기업은 신자유주의에 반하는 기제가 아니라 가장 신자유주의적인 통치 장치다.

한국의 진보적 시민운동 진영은 사회적 기업을 포함한 사회적 경제의 여러 형태들을 신자유주의 체제의 대안으로 이해하는 경향이 강하다. 실제로 한국 사회에서 사회적 기업을 점증하는 빈곤과 실업을 풀 해법으로 처음 제시한 진보적 시민운동 진영은 사회적 기업을 실제 운영하는 주요 주체가 되는 등 국가 권력의 파트너로서 사회적 기업의 제도화와 육성 과정에 깊이 참여했다. 또한 진보적 시민운동 진영은 사회적 기업 운동의 가장 적극적인 옹호자였다. 또한 사회적 기업의 제도화와 육성 과정에 적극 참여하는 활동을 신자유주의를 넘어서서 시장에 억눌리고 침식돼온 사회적 가치와 공익적 가치, 사회 정의를 재활성화하는 사회운동의 하나로 이해했다. 한국 사회에서 사회적 기업은 진보와 보수를 막론하고 대중적으로 긍정적인 이미지를 얻고 있으며, 이렇다 할 근본적 비판의 목소리도 매우 적었다.

그렇지만 나는 사회적 기업과 사회적 기업가 담론 구성체 속에서 사회 가치와 공익 가치의 언표들이 차고 흘러넘치는 반면 담론 구조를 보면 시장 논리에 종속돼 주변화되고 있다는 점을 보여줬다. 또한 사회적 기업 담론 구성체 속에서 사회운동이나 변혁의 실천은 시대착오적이고 비효율적인 방식으로 부정되고 있으며, 가부장적 남성 모델에 기초한 시장 논리를 재생산하거나 강화하고 있었다. 사회적 기업가라는 주체성은 전문 경영인에 따라 규정되며, 사회적 기업가 담론은 개인이 기업가 정신으로 무장할 때 사회를 바꾸고 취약 계층을 구원할 수 있다는 논리를 유포했다. 더불어 사회적 기업가 담론은 시민이라는 보편적 주체를 사회적 기업가라는 새로운 보편적 주체로 대체하는 논리를 취하고 있었다.

이런 담론 전략은 작은 정부, 시장의 효율성, 시장 경쟁, 국가의 무능과 비효율 대 민간과 개인의 자발성의 대조, 복지는 당사자의 노동을 통해 해결돼야 한다는 믿음 같은 신자유주의의 일반 원리들의 틀 안에서 작동하고 있었다. 결국 진보적 시민운동 진영이 품은 기대하고 다르게 사회적 기업 운동은 신자유주의 합리성의 원칙에 따라 추동된다. 사회적 기업 메커니즘은 시장에 억압돼온 사회적인 것의 논리를 복원하되 시장의 프레임 위에 새롭게 조직하는 방식으로, 곧 시장의 매개를 통해서만 사회 공익적 목적과 가치들이 실현될 수 있는 형태로 의미와 작동 방식을 변형시키고 있다. 그런 점에서 사회적 기업의 제도화와 육성 과정을 적극 옹호하고 참여하는 진보적 시민운동 진영의 활동은 역설적으로 스스로 비판해온 신자유주의의 재생산과 강화로 귀결되고 있다.

진보적 시민운동 진영이 사회적 기업을 신자유주의의 대안으로 여기고 의도하지 않게 신자유주의를 강화하는 오류에 빠진 중요한 이유 중 하나는 신자유주의를 시장을 통해 일체의 비시장 영역을 억압하고 침식하는 체제로 이해했기 때문이다. 그렇지만 나는 신자유주의가 단순히 비시장 영역을 억압하고 축소시키는 기제가 아니라 시장과 비시장 영역의 관계 설정 방식을 재조직하는 방식으로 작동하는 통치성이라는 점을 보여줬다. 곧 사회적 기업의 메커니즘이 보여주듯이 신자유주의는 국가, 사회, 가족, 개인 등 일체의 비시장 영역이 시장의 원리에 따라 작동하도록 재조직화하고, 개인이나 시민운동 조직과 활동가, 기업 등의 참여를 독려하는 방식으로 작동한다. 이를테면 시장의 영리 전략에 따라 사회적 목적을 추구하는 기업으로 정의되는 사회적 기업은 사회적 가치와 공익적 가치를 추구하는 소임마저 시장의 방식으로 작동하도록 일련의 지식과 권력의 테크놀로지들을 배치하는 특정한 통치 메커니즘이다.

한국의 진보적 시민운동 진영이 여전히 신자유주의를 시장 논리에 따른 사회적 영역의 축소와 억압이라는 견지에서 보는 한, 그리고 신자유주의가 개인의 자유와 사회적 민주주의를 침식하는 방식으로 작동한다는 견해를 유지하는 한, 시장과 비시장 영역을 가로지르면서, 사회적인 것을 새롭게 조직하고, 개인의 자발성과 진보적 시민운동 진영의 참여를 활성화하며, 그런 요소들을 통치 목적을 위해 적절히 배치하는 방식으로 작동하는 신자유주의 통치의 작동 동학을 볼 수 없다. 따라서 한국의 진보적 시민운동 진영은 시장과 사회, 진보와 보수 등을 가로지르며 자기들하고 이질적인 힘들을 체제 내화하면서 작동하는 신자유주의 통치의 유연함과 복합적 성격을 직시해야 할 필요가 있다.

정치적인 것의 지평에 사회적 경제 위치시키기

나는 사회적 경제를 결코 아름답게 묘사하지 않았다. 사회적 기업의 정치학을 분석하면서 나는 오히려 사회적 경제가 신자유주의 통치와 헤게모니를 가장 훌륭하게 구현하고 있는 장치라고 말했다. 그렇지만 정확히 말하면 사실 이런 주장은 사회적 기업을 둘러싸고 국가가 통치 차원에서 보이는 관심, 보수 진영과 진보 진영의 주류 담론에 한정할 때만 정당화될 수 있다. 물론 한국에서 사회적 경제의 육성을 주도하는 국가 권력의 막강한 영향력 앞에서 시민사회 진영과 활동가들은 운신의 폭이 매우 좁다. 따라서 사회적 경제의 육성이 경향적으로 국가 통치의 맥락에 흡수되리라고 예측할 수 있다. 그렇지만 우리는 끊임없이 국가의 통치 메커니즘을 넘어서고 여기에 대항하려하는 현장 활동가들의 지향과 실천의 맥락을 놓치면 안 된다. 사회적 경제는 국가의 통치 메커니즘이 빈틈없이 체계적으로 관철되고 있는 어떤 일괴암이 아니라, 국가의 통치 메커니즘의 맥락과 여기에 맞선 저항적 실천의 맥락들이 복합적으로 얽히면서 만들어지는 유동적 과정이다.

우리는 사회적 경제를 정치적인 것의 관점에서 바라봐야 한다. 정치적인 것의 맥락에서 신자유주의 통치에 맞서는 실천들을 고민하고 조직해야 한다. 사회적 경제를 정치적인 것의 관점에서 접근한다는 말은 먼저 사회적 경제를 정치적 투쟁의 영역에서 독립된 또 다른 실천 영역으로 보지 말고, 정치적 힘들의 투쟁, 경합, 타협의 지평 위에 위치시켜야 한다는 뜻이다. 이렇게 될 때 우리는 사회적 경제를 관통하는 투쟁, 적대, 권력의 전략과 전술들을 시야에 넣을 수 있으며, 사회적 경제 영역에서 벌어지는 다양한 실천들의 정치적 맥락과 의미들을 고려할 수 있다. 또한 사회적 경제 활동가들이 하는 '착한' 실천들을 통치 내부로 포획하려 하는 신자유주의 통치의 의도를 포착할 수 있으며, 신자유주의 통치의 포획에서 벗어날 수 있는 계기들을 확보할 수 있다.

사회적인 것을 정치적인 것의 지평 위에 위치시킨다는 말은 또한 힘 관계와 헤게모니 투쟁의 견지에서 사회적 경제의 활동들을 바라본다는 뜻이다. 사회적 경제를 위해서는 협치 같은 상상계의 언어가 아니라 힘들 사이의 투쟁과 경합, 적대 같은 실재의 언어가 필요하다. 특히 자본과 국가 권력 대 사회적 경제 조직과 활동가들 사이의 힘 관계가 중요하다. 자본과 국가는 막강한 지식 체계의 축적, 제도적 강제력, 금전적 유인을 동원해 시민사회의 역량을 자기의 통치 역량을 강화하는 내부 메커니즘으로 흡수하기 위해 치밀하고 체계적인 헤게모니 전략 아래 사회적 경제를 육성하고 있다. 이런 상황에서 시민사회 진영 또는 사회적 경제 조직과 활동가들이 대항 헤게모니 전략 없이 사회적 경제에 접근할 때 결말이 어떨지는 불을 보듯 뻔하다.

자기도 모르게 자기가 하는 실천이 신자유주의 통치를 강화하는 결과를 가져오는 사태를 피하고 싶다면, 나아가 신자유주의 통치에 맞서고 넘어서려 한다면, 사회적 경제 조직과 활동가들은 자본과 국가의 힘에 맞설 수 있는 역량 강화와 진지 확보라는 관점에서 사회적 경제의 실천들을 조직해야 한다. 그런 실천들은 국가가 원하는 사회적 경제의 실천을 벗어나는 시도가 될 수도 있고, 그런 시도를 통해 국가의 관리 권한과 감독 권한에 도전하는 형태를 취할 수도 있다. 따라서 그런 실천들은 필연적으로 자본이나 국가에 맞서 충돌하게 된다. 그런 충돌 속에서 둘 사이의 힘 관계를 역전시키려는 고민과 실천이 조직될 때, 결국 애초 사회적 경제 조직과 활동가들이 추구하려 한 '사회적 경제 운동'의 의미가 복원될 수 있을 것이다.

이미 많은 사회적 경제 활동가들이 이런 관점에서 다양한 고민과 실천을 펼치고 있다. 주류 담론과 국가의 제도적 장치 수준에서 사회적 기업을 다룬 결과, 나는 이런 활동가들의 실천과 언어를 충분히 반영하지 못하고 사회적 경제의 현실을 회색빛으로 그릴 수밖에 없었다. 그렇지만 여기 담긴 문제의식은 바로 이런 활동가들의 고민과 실천으로 나아가고 접속하려 했다. 사회적 경제가 자본과 국가가 내세운 통치 논리의 내부로 포획되지 않게 하려고 끊임없이 노력하는 활동가들이 더 큰 힘을 갖고 사회적 경제를 주도할 수 있기를 바란다.

주

■ 1장 / 사회적인 것, 사회적 경제, 사회적 기업

1) 한국에서도 사회적 기업가들의 성공 스토리나 인터뷰 또는 열정적으로 사회적 기업을 운영하는 모습을 소개하는 출판물이 많이 쏟아져 나왔다. 이를테면 정인철(2011), 권은정(2010), 박명준(2011), 김종락 외(2012), 유병선(2007), 한겨레경제연구소(2008; 2011) 등이 있다.

2) 한국에서 신자유주의 담론은 김영삼 정권 때 국가 정책 영역에 전면 등장했다. 그렇지만 김영삼 정권까지는 여전히 개인을 국가 경쟁력의 주체로 호명함으로써 국가의 목적에 개인을 종속시키는 담론 전략이 우세했다. 더 노골적인 신자유주의 정책을 편 이명박 정부와 박근혜 정부에 이르러 '국가 성공(행복)을 위한 국민'이 아니라 '국민 성공(행복)을 위한 국가'로 국가와 국민 사이의 담론적 배치가 변환된다(신진욱·이영민 2009). 물론 이런 표현들은 포퓰리즘 담론인 만큼 곧이 그대로 받아들여 신자유주의 국가는 오로지 국민을 복리를 위해 작동하는 '좋은' 국가라는 식으로 이해해서는 곤란하다. 그렇지만 국민과 국가 사이에 설정되는 이런 담론적 배치의 변화는 국민 개개인의 자발성을 북돋고 그 자발성을 통해 통치하려 하는 신자유주의 통치 방식의 핵심을 반영하고 있다.

3) 이를테면 공공의 이익을 위해 수행되는 민간 활동(OECD 1999, 10), 사회적 목적 추구 기업(Wallace 1999), 영리를 추구하는 사회적 벤처(Dees and Anderson 2003) 등이다.

4) 《경향신문》은 2007년에 기획 시리즈 '사회적기업이 희망이다'를 연재했고, 《조선일보》는 2010년부터 '더 나은 미래' 시리즈에서 사회적 경제와 사회적 기업을 소개했다. 특히 《한겨레》는 2003년 '성장과 분배의 두 날개로 난다', 2004년 '상생의 기업경영', 2004년부터 2005년까지 '기업-사회 상생 '지속 가능'의 길', 2005년에는 '양극화를 넘어 동반성장의 길' 같은 기획 시리즈와 2010년부터 시작한 'HERI의 눈'이라는 섹션을 거쳐 다양한 사회적 경제를 소개해 관련 담론을 형성하는 데 크게 기여했다.

5) 사회적 기업이 큰 관심을 끌면서 그동안 정부 각 부처가 많은 정책 보고서를 냈다. 그중 2007년에 '사회적기업육성법'이 만들어져 제도화될 때까지 나온 정부 정책 보고서만 살펴보자. 노동부가 낸 〈사회적 일자리 창출방안연구〉(2003), 〈사회적 일자리 창출사업 중장기 발전방안〉(2004), 〈수익형 사회적 일자리 활성화 방안: 기업참여 사례를 중심으로〉(2005) 등은 유럽과 미국의 사회적 기업을 소개하면서 취약 계층을 위한 사회적 일자리를 창출하고 사회 서비스를 확대하는 정책 전략으로 사회적 기업을 설정한 뒤 사회적 기업 활성화 방안을 모색하고 있다. 복지부가 낸 〈사회적 일자리 활성화 및 사회적 기업 발전방안 연구〉(2005)는 부서 차원에서 추진 중이던 자활 사업의 발전 방향으로 사회적 기업을 설정하고 있다. 기획예산처가 낸 〈사회적 기업 재원조달 방안 수립 및 외국사례연구〉(2006)는 외국 사례를 소개하고 참조하면서 사회적 기업의 재원 조달 방안을 모색하고 있으며, 〈사회서비스 확충전략에 따른 인력의 전문성 확보방안〉(2006)은 민간이 사회 서비스 산업의 주체가 돼야 한다는 관점에서 궁극적으로 사회적 기업이 사회 서비스 산업의 주체가 되는 해법을 제시하고 있다.

6) Parkinson 2005; Parkinson and Howorth 2008; Seanor and Meaton, 2007; Dey 2011; Dey and Teasdale, 2013; Baines et al. 2010; Cho 2006; Spear 2006.

■ 2장 / 푸코와 그람시 — 통치성, 헤게모니, 비판적 담론 분석

1) 푸코에게 '사상'이란 단순히 중립적 사유의 표상들이 아니라 '가능한 지식의 형태들, 개인들의 행실에 대한 규범적 틀들, 주체들의 잠재적 존재양태들이 서로 연결되는 교차점'을 뜻한다(Foucault 2010, 3). 곧 사상은 다양한 지식과 권력의 기술들과 실천들이 작동하고 마주치는 영역이다.

2) 렘케는 '개인들에 대한 테크놀로지'를 '사회적인 것의 테크놀로지(technology of the social)'라고 부른다(Lemke 2011, 175). 개인들에 대한 테크놀로지는 '개별' 주체들의 자기 구성 과정에 활용되는 실천들의 집합이라면, 사회적인 것의 테크놀로지는 '집합적' 주체들의 구성 과정에 활용되는 실천들의 집합을 뜻한다. 사회학적으로 말하면 '사회는 어떻게 가능한가?'라는 사회 통합에 관련된 질문에 관한 푸코식 답변이 개인들에 대한 테크놀로지라고 할 수 있고, 그런 점에서 간단히 말해 사회 통합의 테크놀로지라고 부를 수 있다.

3) 푸코는 말한다. "나의 목적은 …… 우리의 문화 속에서 인간들이 주체들로 만들어지는 상이한 양태들의 역사를 만들어내는 것이었다"(Foucault 1982, 208).

4) 이때 통치라는 용어는 오늘날 우리가 흔히 이해하듯 정부 기관들이 하는 정치적 통치 행위만을 뜻하지 않는다. 16~18세기 텍스트들에서 자기에 대한 통치, 타자에 대한 통치, 가족 통치, 경제 통치, 국가 통치 등 통치라는 말이 다양한 의미로 사용된 점에 착안해 푸코는 국가뿐 아니라 국가를 넘어서 실행되는 다양한 권력의 테크놀로지들을 가리키기 위해 통치라는 용어를 쓴다(Foucault 2007, 87~104). 이런 이질적인 통치 테크놀로지들이 국가로 수렴되거나 국가를 경유해 실행되는 과정을 분석하는 일이 푸코가 근대 국가의 계보학이라는 이름으로 수행하는 통치성 분석의 요체다(Foucault 2007; 2008 참조).

5) 푸코는 질서자유주의로 불리기도 하는 독일의 신자유주의와 미국 시카고학파의 신자유주의를 분석한다. 여기서는 지금의 신자유주의가 실질적으로 미국식 신자유주의에 절대적인 영향을 받은 만큼 미국 시카고학파의 신자유주의만 논의할 생각이다. 또한 신자유주의 통치성으로 넘어가기에 앞서 20세기 초 대공황 뒤부터 대략 1970년대까지 이어진 케인스주의 복지 체제 같은 복지주의가 하나의 통치성으로 분석돼야 마땅하지만, 아쉽게도 푸코는 따로 분석하지 않았다. 그렇지만 케인스주의 복지 체제의 통치성에 관한 분석은 푸코의 제자들과 통치성 학파로 불리는 학자들이 나서 다양한 방식으로 수행됐다. 복지주의 통치성은 Rose et al. 2006; Rose and Miller 1992; Donzelot 1980; [1982]1991; Dean 1994; 2010a를 참조하라.

6) 푸코는 자기의 테크놀로지와 개인들에 대한 테크놀로지를 구분한다(Foucault 1988b). 전자는 개개인들의 윤리적 자기 구성을 위해 동원하는 자기 해석과 자기 인식의 구체적인 기술들을 뜻한다. 후자는 '사회적인 것의 테크놀로지(technology of the social)'라고도 불리는 것으로, 개개인들이 자기 자신을 한 사회나 국가의 구성원으로 인식하게 만듦으로써 개인을 한 사회나 국가에 통합해내는 권력 기술을 뜻한다(Lemke 2011, 175). 일기 쓰기, 자기 양심에 관한 검토, 자기 수행, 자기에 관한 고백 등이 전자의 예고, 후자의 예는 흔히 사회보장 제도라고 불리는 공중위생, 복지 후생 사업, 의료 보조 등 개개인의 건강과 복지 등을 세심히 돌보는 권력 테크놀로지들을 들 수 있다.

7) 언표(énoncé)란 하나의 담론을 구성하는 담론의 원자로서, 어떤 언어적 표현을 그것의 의미가 해체될 때까지 분해할 때 남게 되는 전의적 차원의 담론의 최소 단위를 말한다(Foucault 2002).

1) 이 논자들은 자본주의의 역사를 재구성하면서 《국부론》을 쓴 애덤 스미스 대신 《도덕감정론》을 쓴 애덤 스미스를 부각시킨다. 그리고 자본주의의 역사적 형성 과정에 큰 영향을 준 캘빈파들이 당대의 지배 세력과 결탁하는 대신에 성서를 직접 읽을 수 있게 교육하는 등 대중의 삶 속으로 파고든 이유가 대중을 사랑하는 연대와 공동체 정신 때문이라고 주장한다. 그런 점에서 공동체 정신은 자본주의 정신에 이질적이지 않고 자본주의의 역사적 발전 과정 속에 이미 내재돼 있다고 본다.

2) 출산율은 1980년 2.820, 1990년 1.570, 2000년 1.460, 2013년 1.190으로 계속 떨어지고 있다(통계청, 〈2013년 출생통계〉).

3) 한국 진보 진영은 7가지 형태로 유형화되는데, 박원순과 희망제작소로 대표되는 흐름은 부르주아적 반자본주의에 속한다(이정구 2011). 이 흐름은 '인간의 얼굴을 한 자본주의'를 지향하면서 시장의 방식으로 공익을 추구할 수 있다고 믿으며, 기업의 사회적 책임을 촉구하는 캠페인이나 사회적 기업 운동을 펼친다.

4) 급진적 사회운동 단체의 형태를 띠지는 않더라도 여러 자활 조직, 야학, 실업 대책 조직, 종교 단체들이 조직돼 사회적 약자 계층의 복리 욕구를 직접 충족하려고 활동하기도 했다. 그렇지만 이런 조직들의 실천도 많은 부분 국가의 기능을 보완하기보다는 국가와 자본이 배제한 사회적 약자들하고 연대함으로써 국가에 대항한다는 맥락에서 진행됐다. 국가는 언제든지 사회 불만 세력이 될 수 있는 소외 계층 속으로 활동가들이 파고들지 못하게 경계할 수밖에 없었다. 따라서 국가는 이 활동가와 조직들을 향한 감시의 눈길을 늦추지 않았고, 필요에 따라 혁명 분자나 반정부 불순 세력으로 몰아 탄압하고 공안 정국을 조성하는 데 이용하기도 했다. 이런 상황들은 자활 조직, 야학, 실업 대책 조직, 종교 단체처럼 직접적인 사회 변혁 운동보다는 소외된 사람들의 삶의 요구를 충족시키려는 시민 조직들의 활동도 국가에 맞선 대결이라는 맥락에서 이해될 필요가 있다는 점을 보여준다.

5) 《시민의신문》이 1997년부터 3년마다 발간한 《한국민간단체총람》은 비정부 기구를 시민단체와 민간단체로 나누고 있다. 이 총람은 시민단체를 '자발성에 기초하여 사회운동 차원에서 경제적 이익과 단체 이익을 추구하지 않고 회원 가입에 배타성이 없는 권익주창형 또는 갈등형 NGO를 중심으로' 분류하며, 그밖의 비정부기구는 민간단체로 분류한다. 많은 시민단체들의 활동이 반국가나 반기업 기조 속에서 사회운동의 성격을 지니고 있는 한국 사회의 현실을 반영하는 분류법이다.

6) 2012년 노동부가 한 조사에 따르면 2012년 현재 조사 대상 사회적 기업의 과거 조직 형태로는 비영리 조직 사업단 출신이 36.3퍼센트, 사회적 일자리 참여 단체가 17.9퍼센트, 자활 공동체가 16.1퍼센트, 영리 회사가 15.1퍼센트, 장애인 직업 재활 시설과 기타가 10.7퍼센트다(노동부 2012a, 16). 여기서 볼 수 있듯이 비영리 조직, 사회적 일자리 참여 단체, 자활 공동체 같은 시민단체 형태의 조직이 지배적이다. 이 조직들을 통틀어 진보적 시민사회 운동 단체라고 말할 수는 없겠지만, 한국에서 시민운동 조직들이 진보 진영을 중심으로 성장해온 점, 그리고 진보적 시민운동 단체들이 사회적 기업 육성에 적극적이던 상황을 고려할 때 진보적 시민운동 단체들이 사회적 기업을 주도한 주체라는 사실을 예상할 수 있다. 마을 기업은 대체로 보수적 직능 단체들이, 사회적 기업은 대체로 진보적 시민사회 단체들이 주도했다는 지적도 있다(양세훈 2012, 226~227).

7) 이 보고서는 강원도의 여러 특정 지역에서 사회적 기업을 비롯한 사회적 경제가 비교적 활발히 펼쳐지고 있는 중요한 이유를 이 지역들이 사회운동이나 1980년대 민주화 운동의 역사가 깊다는 점에서 찾고 있다.

8) 기획재정부 2006a; 2006b; 2007b; 2008; 노동부 2004a; 2005; 2009; 2012a; 2013b; 보건사회연구원 2005; 복지부 2010a; 2010b; 2011; 안전행정부 2009; 여성가족부 2013; 여성정책연구원 2007; 관계부처합동 2012 등.

9) 한국사회적기업진흥원은 사회적 기업 육성에 관련된 여러 제도를 만들어 집행하고 관련 연구와 담

론들을 생산하는 데 핵심 구실을 한다. 따라서 사회적 기업을 둘러싼 담론의 정치학을 연구하려면 한국사회적기업진흥원이라는 국가 장치의 활동에 집중하는 방법도 좋을 수 있다. 그렇지만 나는 그런 전략을 취하지 않았는데, 한국사회적기업진흥원의 역사가 짧아 사회적 기업의 정치학을 포괄하기 힘들다고 판단한 때문이었다.

10) 여기서 오해하지 말아야 할 점이 있다. 나는 한국의 사회적 기업 육성 정책이 빈곤의 원인을 개인의 부족한 노동 윤리에서 찾고 기본적으로 개인 책임이라고 보는 빈곤에 관한 자유주의적 신념에만 바탕하고 있다고 보지 않는다. 이 문제는 8장에서 좀더 자세히 다룰 생각인데, 한국에서 사회적 기업이 제도화되는 과정은 빈곤을 바라보는 영미식 전통의 자유주의적 신념과 빈곤을 개인의 책임보다는 사회 구조적 요인에 따른 체계적 배제의 문제로 보고 빈곤한 이들을 사회에 통합하는 방안을 중시하는 유럽 전통의 사회적 연대에 기반한 사회적 배제의 문제 틀이 혼종돼 있다.

■ 4장 / 성공 — '사회적' 기업과 사회적 '기업' 사이

1) 이를테면 '하늘에서 번개가 친다'는 똑같은 문장도 자연과학 담론들 속에서 배치될 때와 종교적 또는 신화적 담론들 속에서 배치될 때 의미가 완전히 달라진다. 앞의 경우 '하나의 자연 현상'을 뜻하지만, 뒤의 경우 '신이 죄지은 인간에게 내리는 천벌'의 뜻을 지닌다.

2) 홉스(Hobbes 2011)가 국가 성립에 관해 논의한 뒤, 국가의 가장 본질적인 성격과 기능은 사인들 사이의 사적 폭력을 국가 공권력의 공적 폭력으로 전환함으로써 자연 상태의 '만인에 맞선 만인의 투쟁 상태'를 끝내고 사회 질서를 가져오는 데 맞춰졌다. 베버도 근대 국가를 물리적 폭력의 '독점체'로 정의한다(Weber 1946, 78). 그런 점에서 사인들 사이의 폭력을 관리하는 문제는 국가의 가장 본질적인 임무라고 할 수 있다.

3) 여기에서는 신문 기사가 분석 대상인 탓에 본문에서 언급하지 않았지만, 진보 성향 신문인 《한겨레》의 부설 연구소인 한겨레경제연구소가 펴내는 사회적 기업과 사회적 경제 관련 출판물들은 어떤 보수 매체나 연구소보다 더 사회적 기업의 사회적 가치 추구라는 측면보다는 '지속 가능성', '자립', '경영 능력', '경영 전략' 등을 강조하고 있다. 그런 점에서 한겨레경제연구소는 진보적 정체성을 자임하면서도 다른 어느 기관보다 신자유주의를 사회적인 것의 영역 안으로 끌어들이고 강화하는 데 큰 구실을 하고 있나(한겨레경제연구소 2008; 2011 참조).

4) 여기서 분명히 해둘 점은 이 책의 분석 대상인 매스미디어의 담론과 사회적 기업가들의 실제 언어가 다를 수 있다는 점이다. 사회적 기업가들은 매스미디어의 담론을 무비판으로 수용하는 수동적 존재가 아니기 때문이다. 사회적 기업가들의 인터뷰를 분석한 연구들은 이 기업가들이 자기가 하는 활동을 영리 기업가의 활동하고 차별화하거나 사회적 기업에 관한 지배적 담론에 저항하기도 한다는 점을 보여준다(Dey 2010; Dey and Teasdale 2013; Parkinson and Howorth 2008; Seanor and Meaton 2007).

■ 5장 / 젠더 — 여성적인 것과 사회적인 것

1) 2012년 10월 말 기준 국내 100대 기업의 여성 임원 비율이 1.5퍼센트인 반면 사회적 기업의 여성 대표 비율은 32.4퍼센트로, '유리 천장'이라는 말이 무색할 정도로 크게 높았다(노동부 2013, 9). 또한 2013년 6월 기준 여성의 경제 활동 참가율은 51.4퍼센트인 반면 사회적 기업 여성 노동자의 비율은 66퍼센트로, 사회적 기업에서 여성의 경제 활동 참여가 매우 두드러졌다.

2) 《한겨레》와 《경향신문》을 엄밀한 의미에서 진보 신문으로 분류할 수 있느냐는 논란이 제기될 수 있다. 이런 지적에 나도 어느 정도 동의한다. 그런데도 이 책에서 《한겨레》와 《경향신문》을 진보 신

문으로 분류하고 이 신문들이 실은 기사를 분석 대상으로 삼은 이유는 방법론적 차원에서 제기되는 몇 가지 실용성이다. 첫째, 진보가 무엇인지를 엄밀히 규정하는 논의는 나름대로 의미가 있지만 이 글의 연구 목적에 비춰 본질적인 사안도 아니고 논의 자체의 복합성 때문에 학문적 합의를 보기 쉽지 않아 생산적이지도 않다. 둘째, 엄밀한 의미에서 《한겨레》와 《경향신문》을 진보 신문으로 분류할 수 있을지를 둘러싼 논란은 벌어질 수 있지만, 한국의 정치 지형 속에서 주요 일간지 중에서 주로 이 두 매체를 거쳐 실질적으로 진보의 목소리가 표현된 점을 부정할 수 없다. 셋째, 좀더 선명하게 진보의 목소리를 내는 매체들이 몇몇 있기는 하지만 허약한 대중적 영향력을 고려할 때 의미 있는 담론 분석의 대상으로 삼기에는 한계가 있다. 결국 나는 일정한 한계가 있지만 엄밀한 의미보다는 통상적 기준에 따라 이 두 신문을 진보지로 분류한 뒤 여기에 실린 텍스트들을 거쳐 생산되고 유포되는 담론을 분석하는 차선을 선택했다.

3) 이 책에서 사회적 기업을 다루고 있는 보수 신문과 진보 신문들에 실린 기사를 분석 대상으로 삼은 이유는 몇 가지 방법론적 이유 때문이다. 연구의 목적에 따라 분석될 텍스트들은 '사회적 기업', '신자유주의', '여성 또는 젠더', '세력 간 헤게모니의 동학'이라는 쟁점들의 뒤얽힘을 보여줄 수 있어야 했다. 일반적으로 보수 신문은 신자유주의를 대변하고 진보 신문은 신자유주의에 비판적이라는 점에서 대조된다고 볼 수 있다. 그렇지만 젠더라는 주제에 관련해, 물론 진보 신문은 반드시 여성주의 시각을 대변한다거나 보수 신문은 남성의 시각을 대변한다고 단정할 수는 없다. 그렇지만 보수 신문은 남성 가부장의 이데올로기를 더 많이 생산하는 반면, 상대적으로 진보적인 신문은 여성주의 시각을 대변하는 데 더 적극적이라는 점은 보편적으로 인정될 수 있다. 이때 여성의 목소리를 대변하는 신문이기는 하지만 사회적 기업을 다루는 기사가 깊이 있는 분석할 수 있을 만큼 많지 않다는 점도 고려했다. 결국 나는 충분하지는 않지만 차선으로 진보 신문과 보수 신문의 담론 전략을 비교함으로써 신자유주의 시대에 사회적 기업을 둘러싼 젠더 담론의 정치적 동학을 살피기로 했다.

4) 실제로 빈곤의 여성화 문제는 심각하다. 사회적 기업의 제도화를 둘러싼 논의가 막 시작되던 2000년대 초반, 여성 가구주 중 21퍼센트가 빈곤 가구로 남성 가구주의 빈곤 가구 비율의 3배였고, 전체 빈곤 가구 중 여성 가구주 비율은 45.5퍼센트였는데 전체 가구 중 여성 가구주 비율 18.5퍼센트의 2.5배나 됐다(석재은 2004).

5) 여기서 '여성주의'란 여성주의 일반을 의미하지 않는다. 따라서 이 진술은 여성주의 내부의 차이를 무시한 채 여성주의 내부의 모든 흐름이 자본주의 노동 담론에 결합되고 있다는 의미로 이해되면 안 된다. 나는 '여성주의'를 앞서 말한 대로 여성의 주체성 고취, 여성의 사회적이고 경제적인 지위 향상, 여성 노동의 가치 제고 같은 전통적으로 여성주의를 대표하던 의제들을 주요 내용으로 하는 주의 또는 주장의 의미로 사용한다.

6) 사회적 기업과 사회 서비스 영역은 남성에게는 적합하지 않은 분야라는 가정은 흥미로운 주제를 하나 제기한다. 남성 미용사나 남성 간호사, 남성 보모 등은 전형적인 성역할 관념 측면에서 사회적 일탈로 여겨지고, 심지어 동성애자나 아동 성애자일 수도 있다는 편견에 시달렸다(Williams 1991). 이런 점에서 사회적 기업에서 남성이 출산, 보육, 도시락, 요리, 간병 등 전형적으로 여성에 적합한 일이라고 여겨지던 영역에서 일을 하게 될 때, 이런 남성들은 과연 어떻게 재현될까 하는 주제는 흥미로울 수 있다. 그렇지만 분석 대상이 되고 있는 대부분의 텍스트들이 여성을 중심으로 하고 있어서 남성 노동자에 관한 언급이나 인터뷰를 찾을 수 없었다. 따라서 관련 주제는 분석되지 못했다.

7) 분석 대상이 되는 텍스트들에서 출현하고 있는 사회적 기업의 이름도 공동체성을 강하게 띠고 있다. 이를테면 '두레마을', '빵두레', '언니네 텃밭', '약손 엄마' 같은 이름이 그렇다.

8) 물론 몇몇 텍스트에서 사회적 기업가는 어머니보다는 엄격한 훈육을 하는 아버지로 묘사되기도 한다. 이를테면 탈북자들을 위한 사회적 기업을 운영하는 한 사회적 기업가는 자본주의의 원리를 이해하고 습득하게 하려고 탈북자들에게 일정한 교육 프로그램을 이수할 수 있게 하고, 여기에 결석

하거나 탈락하면 스스로 준비하지 않는 사람으로 여겨 과감히 내친다(《조선일보》 2008년 6월 8일). 그렇지만 이렇게 사회적 기업가를 훈육과 처벌을 하는 아버지의 모습으로 그리는 사례는 매우 예외적이었다. 대부분의 텍스트는 사회적 기업가들을 '불쌍한' 사회적 약자를 너그럽게 품고 돌보는 어머니의 이미지로 묘사했다.

9) 양가성이 지니는 정치적 함의를 해석하는 시각은 상반되지만 에드워드 사이드(Said 1977)와 호미 바바(Bhabha 1994)도 동양은 우월한 남성적 서구의 대립물로서 열등한 여성성에 동일시돼온 동시에, 다른 한편으로는 남성적 서구의 물질문명이 지닌 폐해들이 극복된 좀더 이상적이고 우월한 상태로 그려지기도 하는 등 양가성 속에서 재현돼왔다고 지적한다.

10) 헤겔에게서 정신이 아주 어려운 자기 실현과 자기 인식의 역사적 과정을 거쳐 최종적으로 이르게 되는 존재와 사유, 주관과 객관의 총체적 통일로서 절대정신의 상태가 곧 정신이 여행을 떠나온 바로 그 원초적 총체성의 상태하고 똑같은 '형태'라는 점, 마르크스에게서 역사의 종착지인 무계급과 무국가로서 공산주의는 또한 역사의 출발점인 무계급과 무국가 상태로서 원시적 공산주의하고 똑같은 '형태'라는 점은, 어떻게 해서 진보의 서사 속에서 '지나간 과거'의 기원 상태가 '앞으로 도래할 미래' 속에서 반복되는지, 어떻게 해서 기원이 후퇴하는 동시에 회귀하는지를 보여준다.

11) 이런 맥락에서 사회적 기업을 중심으로 소개하고 있는 《조선일보》의 '더 나은 미래'라는 공익 섹션의 제목은 상징적이다. 사회적 기업은 '더 나았던 과거'가 아니라 '더 나은 미래'로 나아가는 진보의 프레임 안에 있다.

■ 6장 / 사회적 기업가 ― 호모 에코노미쿠스와 사회화된 호모 에코노미쿠스 사이

1) 텅 빈 기표는 하나의 구조를 구성하는 요소지만, 그 구조에 일관성을 부여하고 구조 내부에 있는 요소들의 관계를 조직하는 특권적 중심으로 기능한다. 구조를 조직하는 중심으로 기능하기 위해 텅 빈 기표는 구조 내부의 요소들을 규정하면서도 자기는 구조 내부의 요소들에 규정되면 안 된다. 따라서 텅 빈 기표는 구조 안에 있는 다른 요소들하고 다르게 기의를 가지면 안 된다. 텅 빈 기표의 기능과 출현 논리에 관해서는 데리다(Derrida 1978, 351~370)와 들뢰즈(Deleuze 2004)를 보라.

2) 그러려면 이 텅 빈 기표는 특수하고 구체적이기보다는 보편적이어야 한다. '국민'이나 '민족', '민중' 같은 보편적 용어들이 정치 세력들 사이의 헤게모니 투쟁이 벌어지게 되는 가장 흔한 텅 빈 기표다.

3) 배제된 사람들이나 빈민들의 삶을 그런 부정적 표상들을 거쳐 구제 불능의 인간 붕괴자들로 이미지화하는 방식은 뉴스, 신문, 영화 등에서 흔히 볼 수 있는 상투적인 담론화 양식이다. 그런 담론 속에서 이런 사람들의 존재와 삶과 공동체는 개조돼야 할 대상이 되고, 이 작업을 위해 다양한 형태의 권력들이 이 사람들의 삶에 파고드는 행위가 정당화된다. 그렇지만 많은 문화 인류학 연구들은 이런 사람들이 구성원들 사이의 협동과 연대 같은 긍정적인 방식을 거쳐 자체적인 질서를 만들어간다는 점을 밝혀내고 있다. 이를테면 벵타쉬는 시카고의 한 빈민 밀집 공동 주택 공동체를 다룬 민족지에서 구성원들이 공동체 안의 갱 조직을 중심으로 삼아 공동체 차원의 질서를 조화롭게 조직한다는 점을 밝혀냈다(Venkatesh 2008). 갱 조직은 인종이 다르고 가난하다는 이유로 공동체 구성원들을 함부로 대하는 경찰들의 부당한 폭력에 맞서 주민을 보호하고, 공권력이 포기한 공동체 안의 치안 문제를 스스로 해결하며, 공동체 아이들을 위해 방과 후 학교 프로그램을 조직하거나, 마약에 중독된 주민들의 치료를 돕는다.

4) 《탈무드》에 나온 이 표현은 내가 분석 대상으로 삼고 있는 4개 신문사의 텍스트에 모두 등장하는데, 분석 대상 텍스트인 기사 82개 중 4개 기사에서 9번 등장했다.

5) 이를테면 '사회적 기업가는 기업의 방식으로 사회적이고 공익적인 목표를 추구하는 사람이다'는 진술은 사회적 기업가에게 필요한 자질을 언급하는 진술로 여겨지지 않았다. 그렇지만 '사회적 기업가가 되려면 다른 사람을 이해할 수 있는 공감 능력과 전문 경영 지식을 습득해야 한다' 같은 진술

은 사회적 기업가에게 필요한 자질로 '공감 능력'이나 '전문 경영 지식'을 언급하고 있는 진술로 여겨졌다.

6) 박원순은 헌법의 1조 1항을 '대한민국 모든 국민은 소기업 사장이 될 수 있다'로 바꾸는 게 꿈이라는 말을 여러 미디어를 거쳐 여러 번 했다(〈사회적 기업, 사회책임투자가 희망〉, 《시민사회신문》 2009년 3월 30일; 〈착한 소비자와 '행복거래' 꿈꾸다〉, 《한겨레》 2008년 7월 23일; 〈국민 모두를 소기업 사장으로: 박원순에게 하승창이 '대안경제'를 묻다〉, 《시사IN》 2009년 1월 12일; 〈수정헌법 제1조, 모든 국민은 소기업 사장이 될 수 있다〉, 《프레시안》 2007년 7월 26일).

7) 근대 국가의 계보학을 분석하면서 푸코는 근대 국가라는 독특한 권력 장치가 고대 그리스에 연원을 둔 도시/시민 게임과 히브리 전통에 연원을 둔 목자/양떼 게임(사목 권력)의 결합체라고 말한다. 셰퍼드처럼 근대 국가는 개인들이 누리는 삶의 복지를 하나하나를 꼼꼼하게 살핀다(개별화). 동시에 도시라는 정치 공동체의 정치인처럼 근대 국가는 개인들의 통합에 관심을 둔다(총체화). 그런 점에서 푸코는 근대 국가란 근대 통치 테크놀로지들 중 가장 중요한 권력 테크놀로지로서, 개별화하면서 총체화하는 권력이라고 주장한다(Foucault 2000a).

■ 7장 / 위험 관리 — 사회적인 것과 신자유주의적 통치

1) 한국에서 출간된 많은 텍스트들이 사회적 기업을 노동 윤리를 습득하고 근면한 노동을 함으로써 자립을 성취하고 부를 획득한다는 전형적인 영미식 자유주의의 프레임 안에 위치시키고 있지만, 일찍부터 한국에 사회적 기업을 알린 사람들 중에서 특히 정선희가 이런 관점을 가장 선명하게 보이고 있다(정선희 2005; 2007). 정선희는 시종일관 정부의 지원은 의존감을 심화시킨다는 주장과 노동을 통한 자립과 자존 회복이라는 논점을 강조하고 있다.

2) 학술 논문은 여러 편 예로 들 수 있다(박상하 2009; 2011; 김종수·김태영 2010; 이현주·조성숙 2012; 신국현·서순탁 2014; 박지선·전은주 2012). 사회적 기업을 사회적 자본의 확충이라는 관점에서 비중 있게 다루는 정부 보고서도 여럿 있다(기획재정부 2007a; 안전행정부 2009; 참여정부 2006; 보건사회연구원 2010; 노동부 2003; 2012a; 2013a).

3) 많은 정부 보고서가 이런 분석 작업을 하고 있지만, 정교함과 포괄성이라는 측면에서 그중에서도 보건사회연구원(2005), 기획재정부(2008), 노동부(2011a)는 주목할 만하다.

4) 한국사회적기업진흥원은 민간 위탁 기관들이 지닌 역량을 자산 현황, 상근 멘토 현황, 창업 공간 제공 역량, 다양한 자원 연계 능력, 각 민간 위탁 기관들의 특화된 목표와 전략, 수행 경험, 전문성 등으로 나눈다. 그리고 이런 기준으로 관련 정보를 세밀히 취합해 민간 위탁 기관을 선정하고 역량을 평가하는 근거로 활용한다.

5) 많은 사람이 사회적 기업이나 사회적 경제를 둘러싼 거버넌스 형태를 국가와 시민사회와 시장 사이의 '협력'이나 '협치'로 표현한다. 이를테면 "우리는 …… 제3의 대안을 모색하고 있다. 그것은 복지에서의 관할영역을 분점하는 거버넌스의 모색이다. …… 우리는 제3의 대안으로 시민사회, 기업, 국가가 혼합통치(heterarchy)를 하는 복지 거버넌스를 주장한다. …… 새로운 복지 거버넌스는 사회적 기업, 민간 기업, 국가가 공동으로, 협력적으로 통치하는 거버넌스가 될 것이다. 물론 사회적 기업은 …… 시민사회가 주도할 수밖에 없다. 시민사회가 주도하는 사회적 기업이 국가와 민간 기업, 지방 정부와 협력하여 공익성과 수익성을 조화롭게 추구하여 지속가능한 사업 모델(business model)을 만들어낸다면 …… 복지 거버넌스의 제3의 길을 발견할 수 있을 것이다"(강조는 인용자)는 주장을 보자(임혁백 외 2007, 6~7). 여기서 사회적 기업을 둘러싼 거버넌스는 '관할영역을 분점하는 혼합통치'로 설명된다. 이런 주장은 의도하든 의도하지 않든 국가, 시민사회, 시장 사이에 존재하는 힘의 불균형과 지배의 주도권을 무시함으로써 상황을 심각하게 왜곡할 뿐 아니라, 오늘날 통치의 전략이 변화하는 양상에 관한 적절한 인식을 제공하지 못한다.

6) 한국사회적기업진흥원 2011c; 2011d; 2013c; 2014c.

7) 사회적기업육성법 제8조 제1항은 7가지 인증 요건을 명시하고 있다. ① 조직 형태, ② 유급 근로자 고용, ③ 사회적 목적 실현, ④ 이해관계자가 참여하는 의사 결정 구조, ⑤ 영업 활동을 통한 수입, ⑥ 정관이나 규약의 구비, ⑦ 이윤의 3분의 2 이상을 사회적 목적 실현을 위해 재투자.

8) 공동체주의의 흐름은 자유주의적 공동체주의, 시민적 공동체주의, 통치 공동체주의로 나누기도 한다(한상진·황미영 2009, 34~44). 그렇지만 이런 구분은 마치 자유주의적 공동체주의나 시민적 공동체주의는 통치에 결합되지 않는 별도의 공동체주의들이고, 또한 공동체를 통한 통치를 특징으로 하는 통치 공동체주의라는 별도의 사상적 흐름이 있다는 듯한 환상을 불러온다. 이를테면 한상진과 황미영은 '시민의식과 시민사회에서의 참여라는 적극적 개념을 바탕'으로 하고 있는 시민적 공동체주의는 통치 문제고고는 무관한 듯 서술하고 있다. 그렇지만 공동체를 통한 통치, 곧 한상진과 황미영의 표현을 빌리면 통치 공동체주의는 바로 그런 시민 의식, 신민들의 자발적 참여에 기반해 관철된다. 공동체를 통한 통치는 자유주의적 공동체주의든 시민적 공동체주의든 공동체와 공동체 구성원들의 능동성과 자발성, 연대의 정신, 시민의 의무, 참여 등을 통치에 활용하는 통치 전략이다. 공동체주의에 관한 한상진과 황미영의 구분법은 공동체와 통치의 관계를 오해하게 만들 수 있다.

■ 8장 / 지식, 권력, 자기 — 사회적 기업가 주체성의 생산

1) 다음을 참조하라. Rose and Miller 1992; Cruikshank 1996; Rose 1999a; 2007; Rimke 2000; Dean 2006; 2010; 서동진 2009.

2) 글로벌 부문에 출전해 입선하면 아시아 소셜벤처 경연대회에 출전할 자격을 얻으며, 해외 유명 사회적 기업을 탐방할 수 있는 기회도 얻는다.

3) 체감 실업률은 공식적으로 쓰이는 개념은 아니다. 그렇지만 실업률 통계에 잡히지 않는 구직 포기자, 취업과 공무원 시험을 준비하는 청년의 비율이 높다는 점을 감안하면 공식 실업률 계산법은 청년 실업의 현실을 제대로 반영하지 못한다. 따라서 공식 실업률 통계를 보완하려면 체감 실업률을 참조해야 한다. 체감 실업률은 공식 실업률 통계에 제시된 수치를 훨씬 웃돈다.

4) 푸코는 고대 그리스인들이 활용한 자기를 향한 배려의 테크놀로지들을 분석하면서 대화 대신 '경청'의 기술(질문 없이 경청하기, 일정 기간 침묵하기 등)이 진리 획득을 위한 기술로 활용됐다고 지적한다(Foucault 1997a, 235~236; Foucault 2005, 334).

참고 자료

■ 한글 문헌

고유상·장인철·문철우·신유형. 2014. 〈프로세스 관점의 사회적기업가 정신〉.《전략경영연구》17(2). 155~184쪽.

구도완. 1995. 〈한국의 새로운 환경운동〉.《한국사회학》29. 347~371쪽.

권영준·심상달·정세열. 2007 〈공동체자본주의와 사회적 기업〉. KDI 공동체자본주의와 사회적기업 심포지엄(서울, 2007년 10월 17일).

권은정. 2010.《착한 기업 이야기》. 웅진지식하우스.

김명희. 2013. 〈사회적기업가정신 연구의 흐름과 동향: 미국과 유럽 맥락을 중심으로〉.《한국자치행정학보》27(4). 133~155쪽.

김성국. 2000. 〈신사회운동의 제도화와 급진화: 연국의 도로건설반대운동을 대상으로〉.《한국사회학》34. 709~745쪽.

김성기. 2011.《사회적기업의 이슈와 쟁점: '여럿이 함께'의 동학》. 아르케.

김성윤. 〈사회적인 것의 재-구성〉.《진보평론》48. 188~206쪽.

김용태·박재환. 2013. 〈사회적기업 창업성과 영향요인 연구〉.《경영교육연구》28(2). 303~327쪽.

김유미 2011.《사회적기업과 여성주의 대안노동》. 푸른사상.

김정원. 2009.《사회적 기업이란 무엇인가》. 아르케.

김종걸. 2011. 〈한국경제의 변화와 사회적기업: 공생발전의 새로운 계기〉. 사회적기업과 함께하는 공생발전 심포지엄 자료집(노동부·한국경제신문·한국경영학회 주최, 서울, 2011년 11월 16일).

김종락·이경숙·이재영. 2012.《살맛나는 세상을 꿈꾸는 사회적기업가 21인의 세상 고쳐쓰기》. 부키.

김종수·김태영. 2010. 〈사회적기업과 주민자치센터의 연계 가능성에 대한 연구〉.《도시행정학보》23(1). 47~68쪽.

김주환. 2012. 〈신자유주의 사회적 책임화의 계보학: 기업의 사회책임경영과 윤리적 소비를 중심으로〉.《경제와 사회》96. 210~251쪽.

_____. 2014. 〈사회적 기업 성공담론의 구조와 신자유주의 헤게모니〉.《문화와 사회》16. 223~274쪽.

_____. 2015. 〈사회적기업과 젠더 담론의 정치동학〉.《문화와 사회》18. 329~380쪽.

김행열·김형수. 2013. 〈한국 사회적 기업가의 리더십이 조직문화와 조직효과성에 미치는 영향〉.《한국동북아논총》69. 265~289쪽.

김효순. 2014. 〈사회적 기업에 취업한 빈곤여성의 노동경험에 관한 연구: 페미니즘적 접근을 중심으로〉. 2014년 사회정책연합 공동학술대회('한국사회의 사회안전망을 점검한다') 발표 논문(한국보건복지인력개발원. 2014년 10월 17~18일).

김희송. 2006. 〈시민운동 비판의 이데올로기적 요소 고찰: '시민없는 시민운동'이란 비판을 중심으로〉.《NGO연구》4(1). 191~220쪽.

박미경·최송식·이창희. 2012. 〈사회적기업의 사회적 성과 요인에 대한 연구: 부산·경남지역을 중심으로〉. 《특수교육재활과학연구》. 51(1). 191~210쪽.

박상하. 2009. 〈사회적기업의 사회적 가치가 구성원의 조직시민행동에 미치는 영향〉. 《사회복지정책》 36(3). 375~398쪽.

_____. 2011. 〈이탈리아 사회적기업의 사회자본 형성에 관한 탐색적 접근〉. 《한국지역사회복지학》 38. 301~329쪽.

박명준. 2011. 《사회적 영웅의 탄생》. 이매진.

박지선·전은주. 2012. 〈EU 사회적기업들의 지역네트워킹에 관한 연구〉. 《EU연구》 30. 95~132쪽.

박해긍·신원식. 2014. 〈사회적기업의 조직문화가 종사자의 직무만족에 미치는 영향〉. 《지방정부연구》 18(2). 301~318쪽.

박혜경. 2010. 〈신자유주의 주부 주체화 담론의 계보학: 신문기사를 중심으로〉. 《한국여성학》 26(2). 127~158쪽.

반성식·김상표·유지현·장성희. 2011. 〈사회적 기업가정신, 조직문화 및 네트워크 활동이 사회적 기업의 성과에 미치는 영향〉. 《생산성논집》 25(3). 49~82쪽.

삼성경제연구소. 2009. 《청년 취업을 위한 사회적 기업의 역할》. 삼성경제연구소.

서동진. 2005. 〈자기계발의 의지, 자유의 의지: 자기계발 담론을 통해 본 한국 자본주의 전환과 주체형성〉. 연세대학교 박사 학위 논문.

_____. 2009. 《자유의 의지, 자기계발의 의지: 신자유주의 한국사회에서 자기계발하는 주체의 탄생》. 돌베개.

서영표. 2013. 〈인식되지 않은 조건, 의도하지 않은 결과: 노골적인 계급사회의 탈계급 정치〉. 《진보평론》 58. 62~85쪽.

선남이·박능후. 2011. 〈사회적 기업의 사회 경제적 성과에 미치는 영향요인 분석〉. 《지방정부연구》 15(2). 141~164쪽.

시게루, 야시모토. 2011. 김래은 옮김. 《사회적기업 창업 교과서》. 생각비행.

신국현·서순탁. 2014. 〈사회적 기업의 거버넌스 심층분석: 신수동 행복마을(주)과 홍성유기농영농조합의 사례를 중심으로〉. 《도시행정학보》 27(1). 317~343쪽.

신동면. 2003. 〈자활사업에 대한 평가와 발전방안〉. 《사회과학논총》 20. 192~212쪽.

신진욱. 2007. 〈사회운동의 연대 형성과 프레이밍에서 도덕감정의 역할: 5·18 광주항쟁 팸플릿에 대한 내용분석〉. 《경제와 사회》 73. 203~243쪽.

_____. 2008. 〈보수단체 이데올로기의 개념구조, 2000~2006: 반공, 보수, 시장 이데올로기를 중심으로〉. 《경제와 사회》 78. 163~193쪽.

신진욱·이영민. 2009. 〈시장포퓰리즘 담론의 구조와 기술: 이명박 정권의 정책담론에대한 비판적 담론분석〉. 《경제와 사회》 81. 273~299쪽.

알비온, 마크. 2007. 김민주·송희령 옮김. 《미래 기업의 3C 경영》. 프라임.

양재진·이종태·정형선·김혜원. 2008. 《사회정책의 제3의 길: 한국형 사회투자정책의 모색》. 백산서당.

양세훈. 2012. 《마을기업과 사회적기업의 거버넌스》. 이담.

엄형식. 2008. 《한국의 사회적 경제와 사회적 기업: 유럽 경험과의 비교와 시사점》. 실업극복국민재단·함께일하는사회.

오정진. 2007. 〈여성주의 경제의 비전과 대안적 경제활동: 공정무역, 소액대출, 사회적 기업을 중심으로〉. 《여성학연구》 17(1). 1~19쪽.

우인회. 2010. 《성공하는 사회적기업의 9가지 조건》. 황금고래

윤정향. 2007. 《사회적일자리 창출사업 실태와 개선방안》. 한국고용정보원.

이광우·권주형. 2009. 〈사회적기업의 역량요인이 공익적 성과와 영리적 성과에 미치는 영향〉. 《상업교육연구》 23(1). 261~292쪽.

이대영·이상희. 2009. 〈한국 사회적 기업 연구 동향에 대한 분석과 고찰〉. 《한국비영리연구》 8(2). 187~217쪽.

이문국. 2009. 〈자활사업 제도화 전 단계: 생산공동체운동 시기〉. 《자활사업 15주년 기념백서: 자활운동의 역사와 철학》. 자활정책연구소.

이윤재. 2010. 《사회적기업 경제》. 탑북스.

이용탁. 2011. 〈사회적 기업가정신과 성과와의 관련성에 관한 연구〉. 《한국인적자원관리학회》 18(3). 129~150쪽.

이윤재. 2010. 《사회적기업 경제》. 탑북스.

이정구. 2011. 〈한국에서 진보·좌파의 대안세계화운동 이념 비교〉. 《마르크스주의 연구》 23. 47~75쪽.

이현주·조성숙. 2012. 〈지역사회복지 역할 제고를 위한 사회적기업의 과제〉. 《한국지역사회복지학》 42. 211~229쪽.

임혁백·김윤태·김철주·박찬웅·고형면. 2007. 《사회적 경제와 사회적 기업: 한국형 사회적 일자리와 사회 서비스 모색》. 송정문화사.

장성희·마윤주. 2011. 〈기업가정신이 시장지향성 및 사회적 기업의 성과에 영향을 미치는 요인: 성별 차이 분석을 중심으로〉. 《산업경제연구》 24(5). 2777~2802쪽.

장성희. 2012. 〈창업가의 특성, 환경적 특성과 사회적 기업가정신이 사회적 기업의 성과에 영향을 미치는 요인〉. 《경영연구》 27(3). 223~245쪽.

장성희. 2014. 〈사회적 기업가정신이 CSR 활동과 사회적 성과에 미치는 연구〉. 《한국벤처창업연구》 9(2). 117~127쪽.

장성희·반성식. 2010. 〈사회적 기업의 기업가 지향성과 시장 지향성이 경제적 성과와 사회적 성과에 미치는 영향에 관한 연구〉. 《대한경영학회지》 23(6). 3479~3496쪽.

장원봉. 2007. 〈사회적 경제(Social Economy)의 대안적 개념화: 쟁점과 과제〉. 《시민사회와NGO》 5(2). 5~34쪽.

정대용·김태현. 2013. 〈비영리조직 구성원의 사회적기업가정신이 가치일치를 매개로 협조적 행동에 미치는 영향〉. 《한국산학기술학회논문지》 14(9). 4303~4312쪽.

정선희. 2005. 《한국의 사회적 기업》. 다우.

_____. 2007. 《성공하는 사회적 기업의 모든 것》. 노동부.

정인철. 2011. 《사회적기업의 충격: 빅 소사이어티》. 이학사.

조돈문. 1996. 〈노동운동과 신사회운동의 연대 I: 이론적 이해와 연대의 경험〉. 《한국노동운동동의 전망과 과제》. 한국노총중앙연구원.

조상미·권소일·김수정. 2012. 〈조직요인은 사회적 기업의 성과에 영향을 미치는가〉. 《한국사회복지학》 64(3). 29~50쪽.

조상미·이재희·간기현·송재영. 2013. 〈사회적 기업 연구, 어디까지 왔는가?: 경향분석〉. 《한국사회복지행정학》 15(1). 105~138쪽.

조영진. 1989. 《대중활동가론》. 두리.

정진경. 1990. 〈한국성역할검사(KSRI)〉. 《한국심리학회지: 사회》 5(1). 82~92쪽.

조은. 2010. 〈젠더 불평등 또는 젠더 패러독스: 신자유주의 통치성과 모성의 정치경제학〉. 《한국여성학》 26(1). 69~95쪽.

최광웅·심해영·윤호창. 2012. 〈한국의 사회적 기업 최근 연구 동향에 대한 분석〉. 한국콘텐츠학회 2012 춘계종합학술대회 발표 논문(강원대학교, 2012년 5월 25일~26일).

최조순. 2012. 《사회적 기업의 지속가능성과 기업가정신》. 한국학술정보.

통계청. 2014. 《고령자통계》. 통계청.

하승수. 2003. 〈한국 시민운동, 정말 시민없는 시민운동인가: 자립성의 도그마에 대해〉. 《시민과 세계》 3. 134~150쪽.

한겨레경제연구소. 2008.《새로운 미래 사회적기업: 사회적 기업가 정신과 경영전략 사례》. 한겨레경제
　　연구소.

　　　　　　. 2011.《사회적기업을 어떻게 경영할 것인가: 경영사례집1》. 아르케.

한국노동연구원·성공회대학교. 2000. 빈곤과 실업극복을 위한 국제포럼 '자활사업 활성화와 사회적
　　일자리 창출' 자료집(대한민국국회·성공회대, 2000년 12월 6일~9일).

한상진·황미영. 2009.《지역사회복지와 자원부문: 한국과 영국의 사회적 기업 사례를 중심으로》. 집문당.

현대경제연구원. 2012.《글로벌경제위기 이후 고용한파 지속》. 현대경제연구원.

홍태희. 2011. 〈젠더와 대안 경제: 여성주의 경제론과 현실 적용 가능성〉.《여성경제연구》8(2). 99~118쪽.

　　　　. 2014.《여성주의 경제학》. 한울아카데미.

■ 해외 문헌

Ahl, Helene. 2004. *The Scientific Reproduction of Gender Inequality: A Discourse Analysis of Research Texts upon Women's Entrepreneurship*. Copenhagen: CBS Press.

Ahl, Helene. 2006. "Why Research on Women Entrepreneurs Needs New Directions." *Entrepreneurship Theory and Practice* 30(5). pp. 595~621.

Ahl, Helene. 2007. "A Foucauldian Framework for Discourse Analysis." Hellen Neergaar and John Ulhoi(eds.), *Handbook of Qualitative Research Methods in Entrepreneurship*. Chelternham, Edward Elgar. pp. 216~252.

Althusser, Louis. 2001. "Ideology and Ideological State Apparatuses." *Lenin and Philosophy, and Other Essays*. New York: Monthly Review Press. pp. 85~126.

Amin, Ash, Angus Cameron and Ray Hudson. 2002. *Placing the Social Economy*. New York: Routledge.

Arthur, Len, Molly Cato, Tom Keenoy and Russell Smith. 2009. "Where is the 'Social' in Social Enterprise?" Duncan Fuller et al.(eds.), *Interrogating Alterity: Alternative Economic and Political Spaces*. Aldeshot: Ashgate. pp. 207~222.

Austin, James, Howard Stevenson and Jane Wei-Skillern. 2006. "Social and Commercial Entrepreneurship: Same, Different, or Both?" *Entrepreneurship Theory and Practice* 30(1). pp. 1~22.

Bacq, Sophie and Frank Janssen 2011. "The Multiple Faces of Social Entrepreneurship: A Review of Definitional Issues Based on Geographical and Thematic Criteria." *Entrepreneurship and Regional Development: An International Journal* 23(5). pp. 373~403.

Baines, Sue, Mike Bull and Ryan Woolrych. 2010. "A More Entrepreneurial Mindset? Engaging Third Sector Suppliers to the NHS." *Social Enterprise Journal* 6(1). pp. 49~58.

Barrett, Michelle and Mary McIntosh. 1980. "The 'Family Wage': Some Problems for Socialists and Feminists." *Capital and Class* 11. pp. 51~72.

Baudrillard, Jean. 1983. *In the Shadow of the Silent Majorities or 'The Death of the Social'*. New York: Semiotext(e).

Bem, Sandra. 1974. "The Measurement of Psychological Androgyny." *Journal of Consulting and Clinical Psychology* 42. pp. 155~162.

Bhabha, Homi. 1994. *The Location of Culture*. New York: Routledge.

Boden, Richard and Alfred Nucci. 2000. "On the Survival Prospects of Men's and Women's new Business Ventures." *Journal of Business Venturing* 15(4). pp. 347~362.

Bourdieu, Pierre. 1986[1979]. *Distinction: A Social Critique of the Judgement of Taste*. London: Routledge.

　　　　　　　　, 1999. "Rethinking the State: Genesis and Structure of the Bureaucratic Field." George

Steinmetz(ed.), *State/Culture: State-Formation after the Cultural Turn*. New York: Cornell University Press. pp. 53~75.

Brenner, Neil. 1994. "Foucault's New Functionalism." *Theory and Society* 23. pp. 679~709.

Brenner, Neil and Nik Theodore. 2000. "Cities and the Geographies of 'Actually Existing Neoliberalism.'" *Antipode* 34(3). pp. 349~379.

Burchell, Graham. 1991. "Peculiar Interests: Civil Society and Governing 'The System of Natural Liberty.'" Graham Burchell et al.(eds.), *The Foucault Effect: Studies in Governmental Rationality*. London: Harvester Wheatsheaf. pp. 119~150.

_____, 1993. "Liberal Government and Techniques of the Self." *Economy and Society* 22(3). pp. 267~282.

_____, 1996. "Liberal Government and Techniques of the Self." Andrew Barry et al.(eds.), *Foucault and Political Reason: Liberalism, Neoliberalism and Rationalities of Government*. London: UCL Press. pp. 19~35.

Burtler, Judith. 1999. *Gender Trouble: Feminism and the Subversion of Identity*. New York: Routledge.

Buttner, Holly and Dorothy Moore. 1997. "Women's Organizational Exodus to Entrepreneurship: Self-reported Motivations and Correlates with Success." *Journal of Small Business Management* 35(1). pp. 34~46.

Carmel, Emma and Jenny Harlock. 2008. "Instituting the 'Third Sector' as a Governable Terrain: Partnership, Procurement and Performance in the UK." *Policy & Politics* 36(2). pp. 155~171.

Chaganti, Radha. 1986. "Management in Women-owned Enterprises." *Journal of Small Business Management* 24(4). pp. 19~29.

Cho, Albert. 2006. "Politics, Values and Social Entrepreneurship: A Critical Appraisal." Johanna Mair et al.(eds.), *Social Entrepreneurship*. Basingstoke: Palgrave Macmillan. pp. 34~56.

Cliff, Jennifer. 1998. "Does One Size Fit All? Exploring the Relationship between Attitudes towards Growth, Gender and Business Size." *Journal of Business Venturing* 13(6). pp. 523~541.

Coffey, Mary. 2003. "From Nation to Community: Museums and the Reconfiguration of Mexican Society under Neoliberalism." Jack Bratich et al.(eds.), *Foucault, Cultural Studies, and Governmentality*. New York: State University of New York Press. pp. 207~241.

Coleman, James. 1988. "Social Capital in the Creation of Human Capital." *American Journal of Sociology* 94. Supplement. pp. 95~120.

Cook, Beth, Chris Dodds and William Mitchell. 2003. "Social Entrepreneurship: False Premises and Dangerous Forebodings." *Australian Journal of Social Issues* 38(1). pp. 57~72.

Coole, Diana. 2009. "Repairing Civil Society and Experimenting with Power: A Genealogy of Social Capital." *Political Studies* 57. pp. 374~396.

Cruikshank, Barbara. 1996. "Revolutions within: Self-Government and Self-esteem." Nikolas Rose et al.(eds.), *Foucault and Political Reason: Liberalism, Neo-liberalism and Rationalities of Government*. Chicago: University of Chicago Press. pp. 231~252.

Dacin, Peter, Tina Dacin and margaret Matear. 2010. "Social Entrepreneurship: Why We Don't Need an New Theory and How We Move Forward from Here." *Academy of Management Perspectives* 24(2). pp. 36~56.

Dahlstedt, Magnus. 2009. "The Partnering Society: Governmentality, Partnerships and Active Local Citizenship." *The Open Urban Studies Journal* 2. pp. 18~27.

De Haan, Arjan. 2000. "Social Exclusion: Enriching the Understanding of Deprivation." *Studies in Social and Political Thought* 2(2). pp. 22~40.

Dean, Mitchell. 1992. "A Genealogy of the Government of Poverty." *Economy and Society* 21(3). pp. 215~251.

――――――. 1994. *Critical and Effective Histories: Foucault's Methods and Historical Sociology*. New York: Routledge.

――――――. 2006. "A Genealogy of the Government of Poverty." *Economy and Society* 21(3). pp. 215~251.

――――――. 2010a. "What is Society? Social Thought and the Arts of Government." *The British Journal of Sociology* 61(4). pp. 677~695.

――――――. 2010b. *Governmentality: Power and Rule in Modern Society*(2nd Edition). Los Angeles: Sage.

Dees, George. 1998. "Enterprising Nonprofits." *Harvard Business Review*, January. pp. 55~67.

――――――. 2007. "Taking Social Entrepreneurship Seriously." *Society* 44(3). pp. 24~31.

Dees, Gregory and Beth Anderson. 2003. "For-profit Social Ventures." *International Journal of Entrepreneurship Education(special issue on social entrepreneurship)* 2. pp. 1~26.

Defourny, Jacques. 2010. "Concepts and Realities of Social Enterprise: A European Perspective." Alain Fayolle and Harry Matlay(eds.), *Handbook of Research on Social Entrepreneurship*. Morthampton: Edward Elgar Publishing. pp. 57~87.

Defourny Jacques and Marthe Nyssens. 2010. "Conceptions of Social Enterprise in Europe and the United States: Convergences and Divergences." *Journal of Social Entrepreneurship* 1(1). pp. 32~53.

Deleuze, Gilles. 2004. "How Do We Recognize Structuralism." David Lapujade(ed.), *Desert Islands and Other Texts 1953-1974*. New York: Semiotext(e). pp. 170~192.

――――――. 1988a[1986]. *Bergsonism*. New York: Zone Books.

――――――. 1988b[1986]. *Foucault*. Minneapolis: University of Minnesota Press.

Dempsey, Sarah and Mattthew Sanders. 2010. "Meaningful Work? Nonprofit Marketization and Work/life Imbalance in Popular Autobiographies of Social Entrepreneurship." *Orgnaization* 17(4). pp. 437~459.

Derrida, Jacques. 1978. *Writing and Difference*. New York: Routledge.

Dey, Pascal. 2006. "The Rhetoric of Social Entrepreneurship: Paralogy and New Language Games in Academic Discourse." Chris Steyaert and Daniel Hjorth(eds.), *Entrepreneurship As Social Change: A Third New Movements in Entrepreneurship Book*. Northampton. Edward Elgar. pp. 121~142.

――――――. 2010. "The Symbolic Violence of 'Social Entrepreneurship': Language, Power and the Question of the Social (Subject)." The Third Research Colloquium on Social Entrepreneurship, Said Business School, University of Oxford, 22nd-25th June.

――――――. 2011. "Social Entrepreneurship and the 'New Spirit of the Third Sector.'" Paper presented at 4th Research Colloquium on Social Entrepreneurship, Fuqua School of Business, Duke University. July 28.

――――――. 2014. "Governing the Social through 'Social Entrepreneurship': A Foucauldian View of 'The Art of Governing' in advanced liberalism." Heather Douglas and Suzanne Grant(eds.), *Social Entrepreneurship and Enterprise: Concepts in Context*. Mellourne: Tilde University Press. pp. 55~72.

Dey, Pascal and Chris Steyaert. 2010. "The Politics of narrating Social Entrepreneurship." *Journal of Enterprising Communities* 4(1). pp. 85~108.

Dey, Pascal and Simon Teasdale. 2013. "Social Enterprise and Dis/identification: The Politics of Identity Work in the English Third Sector." *Administrative Theory & Praxis* 35(2). pp. 248~270.

Donzelot. Jacques. 1980[1977]. *The Policing of Families: Welfare versus the State*. London: Hutchinson.

――――――. 1991[1982]. "The Mobilization of Society." Graham Burchell(ed.), *The Foucault Effect:*

Studies in Governmentality. Chicago: University of Chicago Press. pp. 169~179.

_____. 2008. "Michel Foucault and Liberal Intelligence." *Economy and Society* 37(1). pp. 115~134.

Drayton, William. 2002. "The Citizen Sector: Becoming as Entrepreneurial and Competitive as Business. *California Management Review* 44(3). pp. 120~132.

DuRietz, Anita and Magnus Henrekson. 2000. "Testing the Female Underperformance Hypothesis." *Small Business Economics* 14(1). pp. 1~10.

Durkheim, Emile. 1995[1912]. *The Elementary Forms of Religious Life*. New York: The Free Press.

Eagleton, Terry. 1991. *Ideology: An Introduction*. New York: Verso.

Eikenberry, Angela. 2009. "Refusing the Market: A Democratic Discourse for Voluntary and Nonprofit Organizations." *Nonprofit and Voluntary Sector Quarterly* 38(4). pp. 582~596.

Eikenberry, Angela and Jodie Kluver 2004. "The Marketization of the Nonprofit Sector: Civil Society at Risk?" *Public Administration Review* 64(2). pp. 132~140.

Elkinton, John and Pamela Hartigan. 2008. *The Power of Unreasonable People: How Social Entreprenerus Create Markets that Change the World*. Boston: Harvard Business Press.

European Commission. 2013. *Social Europe Guide 4: Social Economy and Social Entrepreneurship*. European Union.

European Foundation for the Improvement of Living and Working Conditions. 1995. *Public Welfare Services and Social Exclusion: The Development of Consumer Oriented Initiatives in the European Union*. Dublin: The Foundation.

Fairclough, Norman. 1989. *Language and Power*. London: Longman.

_____. 1992. *Discourse and Social Change*. Cambridge: Polity Press.

_____. 1995. *Critical Discourse Analysis: The critical study of language*. New York: Longman.

_____. 2003. *Analysing Discourse: Textual Analysis for Social Research*. Routledge.

Fagenson, Ellen. 1993. "Personal Value Systems of Men and Women: Entrepreneurs versus Managers." *Journal of Business Venturing* 8(5). pp. 409~430.

Felski, Rita. 1995. *The Gender of Modernity*. Massachusetts: Harvard University Press.

Fine, Ben and Costas Lapavitsas. 2004. "Social Capital and Capitalist Economies." *South Eastern Europe Journal of Economics* 1. pp. 17~34.

Fitzsimons, Frank. 2000. "Neoliberalism and 'Social Capital': Reinventing Community." Paper presented at the American Educational Research Association Conference, New Orleans. April 24~28.

Foucault, Michel. 1973[1963]. Allain Sheridan(tr.), *The Birth of the Clinic: An Archaeology of Medical Perception*. London: Tavistock.

_____. 1977[1971]. "Nietzsche, Genealogy, History." Donald Boucahrd(ed.), *Language, Counter-Memory, Practice*. New York: Cornell University Press. pp. 139~164.

_____. 1978[1976]. *History of Sexuality 1*. New York: Pantheon Book.

_____. 1980a[1977]. "Truth and Power." Colin Gordon(ed.), *Power/Knowledge: Selected Interviews and Other Writings 1972-1977*. New York: Pantheon Books. pp. 109~133.

_____. 1980b[1977]. "Two Lectures." Colin Gordon(ed.), *Power/Knowledge: Selected Interviews and Other Writings 1972-1977*. New York: Pantheon Books. pp. 78~108.

_____. 1980c[1977]. "The Confession of the Flesh." Colin Gordon(ed.), *Power/Knowledge: Selected Interviews and Other Writings 1972-1977*. New York: Pantheon Books. po. 194~228.

_____. 1981[1971]. "The Order of Discourse." Robert Young(ed.), *Untying the Text: a Post-structuralist Reader*. Boston: Routledge. pp. 4~78.

_____. 1982. "The Subject and Power." Hubert Dreyfus and Paul Rabinow(ed.), *Michel Foucault: Beyond Structuralism and Hermeneutics*. Chicago: The University of Chicago Press. pp. 208~226.

_____. 1984a. "Space, Knowledge, and Power." Paul Rabinow(ed.), *The Foucault Reader*. New York: Pantheon. pp. 239~256.

_____. 1984b. "On the Genealogy of Ethics: An Overview of Work in Progress." Paul Rabinow(ed.), *The Foucault Reader*. New York: Pantheon. pp. 340~372.

_____. 1984c. "What is Enlightenment?" Paul Rabinow(ed.), *The Foucault Reader*. New York: Pantheon. pp. 32~50.

_____. 1986[1984]. *The History of Sexuality 3: The Care of the Self*. New York: Pantheon.

_____. 1988a[1984]. "The Concern for Truth." Lawrence Kritzman(ed.), *Politics, Philosophy, Culture: Interviews and other Writings, 1977-1984*. New York: Routledge. pp. 255~267.

_____. 1988b[1983]. "Critical Theory/Intellectual History." Lawrence Kritzman(ed.), *Politics, Philosophy, Culture: Interviews and other Writings, 1977-1984*. New York: Routledge. pp. 17~46.

_____. 1988c[1983]. "Practicing Criticism." Lawrence Kritzman(ed.), *Politics, Philosophy, Culture: Interviews and other Writings, 1977-1984*. New York: Routledge. pp. 152~156.

_____. 1989a[1966]. *The Order of Things: An Archaeology of the Human Science*. New York: Routledge.

_____. 1989b. "An Ethics of Pleasure." Sylvere Lotringer(ed.), *Foucault Live: Interviews, 1966-84*. New York: Semiotext(e). pp. 371~381.

_____. 1990[1984]. *The History of Sexuality 2: The Use of Pleasure*. New York: Vintage Books.

_____. 1991a. "Questions of Method: An Interview with Michel Foucault." Graham Burchell(ed.), *The Foucault Effect: Studies in Governmentality*. Chicago: University of Chicago Press. pp. 73~81.

_____. 1991b[1978]. "Governmentality." Graham Burchell(ed.), *The Foucault Effect: Studies in Governmentality*. Chicago: University of Chicago Press. pp. 87~104.

_____. 1995[1975]. *Discipline and Punish: The Birth of Prison*. New York: Vintage Book.

_____. 1997a[1994]. "Technologies of the Self." Paul Rabinow(ed.), Ethics: Subjectivity and Truth. New York: The New Press. pp. 223~252.

_____. 1997b[1994]. "Polemics, Politics, and Problematizations." Paul Rabinow(ed.), *Ethics: Subjectivity and Truth*, edited by New York: The New Press. pp. 111~120.

_____. 1997c[1981]. "Sexuality and Solitude." Paul Rabinow(ed.), *Ethics: Subjectivity and Truth*. New York: The New Press. pp. 175~184.

_____. 2000a[1979]. "Omnes et Singulatim: Toward a Critique of Political Reason." James Fubion(ed.), *Power: Essential Works of Foucault: 1954-1984*. New York: The New Press. pp. 298~327.

_____. 2000b[1988]. "The Political Technology of Individuals." James Fubion(ed.), *Power: Essential Works of Foucault: 1954-1984*. New York: The New Press. pp. 403~417.

_____. 2002[1969]. *Archaeology of Knowledge*. New York: Routledge.

_____. 2003[1997]. *Society Must Be Defended*. New York: Picador.

_____. 2005[2001]. *The Hermeneutics of the Subject*. New York: Picador.

_____. 2006[1961]. *History of Madness*. New York: Routledge.

_____. 2007[2004]. Michel Senellart(ed.), *Security, Territory, Population: Lectures at the College de France, 1977-1978*. New York: Palgrave Macmillan.

_____. 2008[2004]. G. Burchell(tr.), M. Senellart et al.(eds.), *The Birth of Biopolitics: Lectures at the Collège de France, 1978-1979*. New York: Palgrave Macmillan.

_____. 2010[2008]. *The Government of Self and Others*. New York: Picador.

_____. 2011[2008]. *The Courage of Truth*. New York: Picador.

Friedman, Victor and Helena Desivilya. 2010. "Integrating Social Entrepreneurship and Conflict Engagement for Regional Development in Divided Societies." *Entrepreneurship & Regional Development* 22(6). pp. 495~514.

Froelich, Karen. 1999. "Diversification of Nevenue Strategies: Evolving Resource Dependence in Non-profit Organizations." *Non-profit and Voluntary Sector Quarterly* 28. pp. 246~268.

Fukuyama, Francis. 2002. "Social Capital and Development: The Coming Agenda." *SAIS Review* 22(1). pp. 23~37.

Fulcher, James and John Scott. 2011. *Sociology*(fourth edition). New York: Oxford University Press.

Gane, Nicholas. 2012. "The Governmentalities of Neoliberalism: Panopticism, Post-panopticism and Beyond." *The Sociological Review* 60. pp. 611~634.

Giddens, Anthony. 1998. *The Third Way: The Renewal of Social Democracy*. Cambridge: Polity Press.

Gordon, Colin. 1987. "The Soul of the Citizen: Max and Michel Foucault on Rationality and Government." Scott Lash and Sam Whimster(eds.), *Max, Rationality and Modernity*. London: Allen & Unwin. pp. 293~316.

Gramsci, Antonio. 1971. Hoare Quintin and Smith Geoffrey(eds.), *Selections from the Prison Notebooks*. New York: International Publishers.

Granados, Maria, Vlatka Hlupic, Elayne Coakes and Souad Mohamed. 2011. "Social Enterpries and Social Entrepreneurship Research and Theory: A Bibliometric Analysis from 1991 to 2010." *Social Enterprise Journal* 7(3). pp. 198~218.

Guala, Francesco. 2006. "Review of Michel Foucault's the 'Birth of Biopolitics.'" *Economics and Philosophy* 22. pp. 429~439.

Habermas, Jürgen. 1987. *The Theory of Communitive Action Volume 2: Lifeworld and System: A Critique of Functionalist Reason*. Boston: Beacon Press.

Hall, Stuart. 1980. "Cultural Studies and the Centre: Some Problematics and Problems." Stuart Hall et al.(eds.), *Culture, Media, Language: Working papers in Cultural Studies*. New York: Routledge. pp. 15~47.

_____. 1996. "On Postmodernism and Articulation." D. Moreley et al.(eds.), *Stuart Hall: Critical Dialogues in Cultural Studies*. London: Routledge. pp. 131~150.

_____. 1997a. "Old and New Identities, Old and New Ethnicities." Anthony King(ed.), *Culture, Globalization and the World-System*. Minneapolis: University of Minnesota Press. pp. 41~68.

_____. 1997b. "The Local and the Global: Globalization and Ethnicity." Anthony King(ed.), *Culture, Globalization and the World-System*. Minneapolis: University of Minnesota Press. pp. 19~40.

_____. 1997c. "The Work of Representation." Stuart Hall(ed.), *Representation: Cultural Representations and Signifying Practices*. London: Sage. pp. 13~74.

_____. 2002. "Race, Articulation, and Societies Structured in Dominance." Philomena Essed and David Goldberg(eds.), *Race Critical Theories: Text and Context*. Oxford: Blackwell. pp. 38~68.

Hartmann, Heidi. 1979. "The Unhappy Marriage of Marxism and Feminism: Towards a More Progressive Union." *Capital and Class* 8.

Hay, James. 2003. "Unaided Virtues: The (Neo)Liberalization of the Domestic Sphere and the New Architecture of Community." Jack Bratich et al.(eds.), *Foucault, Cultural Studies, and Governmentality*. New York: State University of New York Press. pp. 165~206.

Herbert-Cheshire, Lynda. 2000. "Contemporary Strategies for Rural Community Dedevelopment in Australia: A Governmentality Perspective." *Journal of Rural Studies* 16(2). pp. 203~215.

Hervieux, Chantal, Eric Gedajlovi and Marie-France Turcotte. 2010. "The legitimization of social entrepreneurship." *Journal of Enterprising Communities: People and Places in the Global Economy* 4(1). pp. 37~67.

Hobbes, Thomas. 2011. *Leviathan*(revised edition). New York: Bradview Press.

Honneth, Axel. 1991[1985]. *The Critique of Power: Reflective Stages in a Critical Social Theory*. Cambridge: MIT Press.

Humphries, Maria and Suzanne Grant. 2005. "Social Enterprise and Re-Civilization of Human Endeavors: Re-Socializing the Market Metaphor or Encroaching Colonization of the Lifeworld?" *Current Issues in Comparative Education* 8(1). pp. 41~50.

International Monetary Fund. 2000. *IMF Survey* 29(5).

Jessop, Bob. 1990. *State Theory: Putting the Capitalist State in its Place*. University Park: Pennsylvania State University Press.

Johanisova, Nadia, Tim Crabtree, and Eva Frankova. 2013. "Soial Enterprises and Non-market Capitals: A Path to Degrowth?" *Journal of Cleaner Production* 38. pp. 7~16.

Koo, Hagen. 2001. *Korean Workers: The Culture and Politics of Class Formation*. Ithaca: Cornell University Press.

Kerlin, Janelle and Tom Pollak. 2011. "Nonprofit Commercial Revenue: A Replacement for Declining Government Grants and Contributions?" *American Review of Public Administration* 41(6). pp. 686~704.

Klepeis, Peter and Colin Vance. 2003. "Neoliberal Policy and Deforestation in Southeastern Mexico: An Assessment of the PROCAMPO Program." *Economic Geography* 79(3). pp. 221~240.

Koselleck, Reinhart. 1988. *Critique and Crisis: Enlightenment and the Pathogenesis of Modern Society*. Oxford: Berg.

Kuchler, Manfred and Russel Dalton. 1990. "New Social Movements and the Political Order: Inducing Change for Long-term Stability?" Russell Dalton and Manfred Kuchler(eds.), *Challenging the Political Order: New Social and Political Movements in Western Democracies*. Cambridge: Polity Press. pp. 277~300.

Laclau, Ernesto and Chantal Mouffe. 2001. *Hegemony and Socialist Strategy: Towards a Radical Democratic Politics*(2nd edtion). New York: Verso.

Laclau, Ernesto. 2000. "Identity and Hegemony: The Role of Universality in the Consitution of Political Logics." Judith Butler et al.(eds.), *Contingency, Hegemony, Universality: Contemporary Dialogues on the Left*. New York: 2000. pp. 44~89.

Latham, Mark. 2001. "Making Welfare Work." Peter Botsman and Mark Latham(ed.), *The Enabling State: People Before Bureaucracy*. Annandale: Pluto Press. pp. 115~131.

Latham, James, Robert Jones and Michela Betta. 2009. "Critical Social Entrepreneurship : An Alternative Discourse Analysis." Julie Cox et al.(eds.), *Critical management studies at work: multidisciplinary approaches to negotiating tensions between theory and practice*. Cheltenham: Edgar Elgar. pp. 285~298.

Lears, Jackson. 1985. "The Concept of Cultural Hegemony: Problems and Possibilities." *The American Historical Review* 90(3). pp. 567~593.

Lemke, Thomas. 2001. "'The Birth of Bio-politics': Michel Foucault's Lecture at the College de France on Neo-liberal Governmentality." *Economy and Society* 30(2). pp. 190~207.

_____. 2002. "Foucault, Governmentality, and Critique." *Rethinking Marxism* 14(3). pp. 49~64.

_____. 2011. "Beyond Foucault: From Biopolitics to the Government of Life." Thomas Lemke(ed.), *Governmentality: Current Issues and Future Challenges*. New York: Routledge. pp. 165~184.

Lessenich, Stephan. 2011. "Constructing the Socialized Self: Mobility and Control in the Active Society,"

Thomas Lemke(ed.), *Governmentality: Current Issues and Future Challenges*. New York: Routledge. pp. 304~320.

Lemke, Thomas. 2001. "'The Birth of Bio-politics': Michel Foucault's Lecture at the College de France on Neo-liberal Governmentality." *Economy and Society* 30(2). pp. 190~207.

Lin, Nan. 2001. *Social Capital*, Cambridge University Press.

Lipschutz, Ronnie D. 2005. "Power, Politics and Global Civil Society." *Millenium: Journal of International Studies* 33(3). pp. 747~769.

Lyotard, Jean-François. 1984[1979]. *The Postmodern Condition: A Report on Knowledge*. Menchester: Manchester University Press.

Mair, Johanna. 2010. "Social Entrepreneurship: Taking Stock and Looking Ahead." Alain Fayolle and Harry Matlay(ed.), *Handbook of Research on Social Entrepreneurship*. Cheltenham: Edward Elgar. pp. 15~28.

Mair, Johanna and Ignasi Marti. 2006. "Social Entrepreneurship Research: A Source of Explanation, Prediction and Delight." *Journal of World Business* 41. pp. 36~44.

Martinez, Elizabeth and Arnoldo García. 2000. *What is "Neo-Liberalism?" A Brief Definition*. New York: The New Press.

Marx, Karl. 1978. "Contribution to the Critique of Hegel's *Philosophy of Right*: Introduction." Karl Marx and Friedrich Engels, Robert Tucker(ed.), *Marx-Engels Reader*(2nd Edition). New York: W. W. Norton and Company. pp. 53~65.

_____. 1988. *Economic and Philosophic Manuscripts of 1984*. New York: Prometheus Books.

Marx, Karl and Frederick Engels. 2000. "The Communist Manifesto." David McLellan(ed.), *Karl Marx: Selected Writings(2nd Edition)*. New York: Oxford University Press. pp. 245~272.

Mason, Chris. "Up for Grabs: A Crticial Discourse Analysis of Social Entrepreneurship Discourse in the United Kingdom." *Social Enterprise Journal* 8(2). pp. 123~140.

Masters, Robert and Meier, Robert. 1988. "Sex Differences and Risk-taking Propensity of Entrepreneurs." *Journal of Small Business Management* 26(1). pp. 31~35.

McAdam, Maura and Treanor, Lorna. 2012. "An Investigation of the Discourses Surrounding Social Entrepreneurship Policy and Research: Is It Gendered?" paper presented at the 35th Institute for Small Business & Entrepreneurship Annual Conference. Dublin. November 7-8, Dublin.

Mitchell, Timothy. 1999. "Society, Economy, and the State Effect." George Steinmetz(ed.), *State/Culture: State-Formation after the Cultural Turn*. Ithaca: Cornell University Press. pp. 76~97.

Mulholland, K. 1996. "Entrepreneurialism, Masculinities and the Self-made Man." David Collinson and Jeff Hearn(eds.), *Men as Managers, Managers as Men*. London: Sage. pp. 123~149.

OECD. 1999. *Social Enterprises*, OECD.

Parkinson, Caroline. 2005. *Meanings behind the language of social entrepreneurship*. Working Paper of Institute for Entrepreneurship and Enterprise Development, Lancaster University.

Parkinson, Caroline and Carole Howorth. 2008. "The Language of Social Entrepreneurs." *Entrepreneurship and Regional Development* 20. pp. 285~309.

Pearce, John. 2003. *Social Enterprise in Anytown*. London: Calouste Gulbenkian Foundation.

Pearson, Noel. 2001. "Rebuilding Indigenous Communities." Peter Botsman and Mark Latham(eds.), *Enabling the State: People before Bureaucracy*. Anmandale: Pluto Press. pp. 132~147.

Pêcheux, Michel. 1982[1975]. *Language, Semantics, and Ideology: Stating the Obvious*. London: Macmillan.

Phillips, Louise and Marianne Jorgensen. 2002. *Discourse Analysis: As Theory and Method*. London: Sage.

Polanyi, Karl. 2001. *The Great Transformation: The Political and Economic Origins of Our Time(2nd edition)*. Boston: Beacon Press.

Poter, Michael and Mark Kramer. 2011. "Creating Shared Value: How to Reinvent Capitalism and Unleash a Wave of Innovation and Growth." *Harvard Business Review*, January–February. pp. 4~17.

Poulantzas, Nicos . 2000. *State, Power, Socialism*(2nd edition). New York: Verso.

Putnam, Robert. 1993a. *Making Democracy Work*. Princeton: Princeton University Press.

_____, 1993b. "The Prosperous Community: Social Capital and Public Life." *The American Prospect* 13. pp. 35~42.

_____, 2000. *Bowling Alone*. New York: Simon and Schuster Paperbacks.

Quinn, Robert and Michael McGrath. 1985. "The Transformation of Organizational Cultures: A Competing Values Perspective." Peter Frost et al.(eds.), *Organizational Culture*. Beverly Hills: Sage. pp. 315~334.

Quinn, Robert and John Kimberly. 1984. "Paradox, Planning and Perseverance: Guidelines for Managerial Practice." John Kimberly and Robert Quinn(eds.), *Managing Organizational Transitions*. Homewood: Dow Jones-Irvine.

Rimke, Heidi. 2000. "Governing Citizens through Self-help Literature." *Cultural Studies* 14(1). pp. 61~78.

Reed, Rosslyn. 1996. "Entrepreneurialism and Paternalism in Australian Management: A Gender Critique of the 'Self-made' Man." David Collinson and Jeff Hearn(eds.), *Men as Mangers, Manager as Men*. London: Sage. pp. 99~122.

Rimke, Heidi. 2000. "Governing Citizens through Self-help Literature." *Cultural Studies* 14(1). pp. 61~78.

Ritchie, Bob and Wing Lam. 2006. "Taking Stock of Small Business and Entrepreneurship Research." *International Journal of Entrepreneurial Behaviors and Research* 12(6). pp. 312~327.

Roper, Juliet and George Cheney. 2005. "The Meanings of Social Entrepreneurship Today." *Corporate Governance* 59(3). pp. 99~104.

Rose, Nikolas. 1996a. "The Death of the Social? Re-figuring the Territory of Government." *Economy and Society* 25(3). pp. 327~356.

_____, 1996b. *Inventing Our Selves*. Cambridge: Cambridge University Press.

_____, 1996c. "Governing 'Advanced' Liberal Democracies." Nikolas Rose et al.(eds.), *Foucault and Political Reason: Liberalism, Neo-liberalism and Rationalities of Government*. Chicago: University of Chicago Press. pp. 37~64.

_____, 1996d. "Power and Subjectivity: Critical History and Psychology." Carl Graumann and Kenneth Gergen(eds.), *Historical Dimensions of Psychological Discourse*. Cambridge: Cambridge University Press. pp. 103~124.

_____, 1999a. *Power of Freedom: Reframing Political Thought*. New York: Cambridge University Press.

_____, 1999b. *Governing the Soul: The Shaping of the Private Self*(2nd edition). New York: Free Association Books.

_____, 2007. *The Politics of Life Itself: Biomedicine, Power, and Subjectivity in the Twenty First Century*. Princeton: Princeton University Press.

Rose, Nikolas and Miller, Peter. 1992. "Political Power beyond the State: Problematic of Government." *British Journal of Sociology* 43(2). pp. 271~303.

Rose, Nicolas, Pat O'Malley, and Mariana Valverde. 2006. "Governmentality." *Annual Review of Law and Social Science* 2. pp. 83~104.

Levitas, Ruth. 2006. "The Concept and Measurement of Social Exclusion." Christina Pantazis, David

Gordon and Ruth Levitas, *Poverty and Social Exclusion in Britain*. Bristol: The Policy Press. pp. 123~160.

Said, Edward. 1977. *Orientalism*. London: Penguin.

Schmitter-Beck, Rudiger. 1992. "A Myth institutionalized: Theory and Research on New Social Movements in Germany." *European Journal of Political Research* 21. pp. 357~383.

Schumpeter, Joseph. 2008. *The Theory of Economic Development: An Inquiry into Profits, Capital, Credit, Interest and the Business Cycle*. New Brunswick: Transaction Publishers.

Seanor, Pam and Julia Meaton. 2007. "Making Sense of Social Enterprise." *Social Enterprise Journal* 3(1). pp. 90~100.

Shamir, Ronen. 2008. "The Age of Responsibilization: on Market-embedded Morality." *Economy and Society* 37(1). pp. 1~19.

Simons, Jon. 1995. *Foucault and the Political*. New York: Routledge.

Simpson, Mary and George Cheney. 2007. "Marketization, Participation, and Communication within New Zealand Retirement Villages: A Critical-rhetorical and Discursive Analysis." *Discourse* and *Communication* 1(2). pp. 191~222.

Skoll, Jeff. 2009. "Social Entrepreneurship: Power to Change, Power to Inspire." *Innovations*(Special Edition for the Skoll World Forum 2009). pp. 3~4.

Spear, Roger. 2006 "Social entrepreneurship: a different model?" *International Journal of Social Economics* 33(5). pp. 399~410.

Stoddart, Mark. 2007. "Ideology, Hegemony, Discourse: A Critical Review of Theories of Knowledge and Power." *Social Thought and Research* 28. pp. 191~225.

Thatcher, Margaret. 1987. "Interview for 'Woman's Own'(No Such Thing as Society)." Margaret Thatcher Foundation: Thatcher Archive(Interview with Women's Own Magazine, October 31, 1987).

Trexler, Jeff. 2008. "Social Entrepreneurship as An Algorithm: Is Social Enterprise Sustaniable?" *Emergence: Complexity and Organization* 10(3). pp. 65~85.

Venkatesh, Sudhir. 2008. *Gang Leader for a Day: A Rogue Sociologist Takes to the Streets*. New York: The Penguin Press.

Waddock, Sandra and James Post. 1991. "Social Entrepreneurs and Catalytic Change." *Public Administration Review* 51(5). pp. 393~401.

Wallace Sherri. 1999. "Social Entrepreneurship: The Role of Social Purpose Enterprises in Facilitating Community Economic Development." *Journal of Developmental Entrepreneurship* 4(2). 153~174.

Weber, Max. 1946. "Politics as a Vocation." Hans Gerth and C. Wright Mills(eds.), *From Max Weber: Essay in Sociology*. New York: Oxford University Press. pp. 77~128.

_____. 1978. Guenther Roth and Claus Wittich(eds.), *Economy and Society: An Outline of Interpretive Sociology*. Berkely: University of California Press.

Williams, Christine. 1991. *Gender Differences at Work: Women and Men in Nontraditional Occupations*. Berkeley: University of California Press.

Yunus, Muhammad. 2007. *Creating a World without Poverty: Social Business and the Future of Capitalism*. New York: Public Affairs.

Zahra, Shaker, Eric, Gedajlovic, Donald Neubaum and Joel Shulman. 2009. "A Typology of Social Entrepreneurs: Motives, Search Processes and Ethical Challenges." *Journal of Business Venturing* 24(5). pp. 519~532.

Zahra, Shaker, Hans Rawhouser, Nachiket Bhawe, Donald Neubaum and James Hayton. 2008. "Globalization of Social Entrepreneurship Opportunities." *Strategic Entrepreneurship Journal* 2(2). pp.

117~131.

Žižek, Slavoj. 1989. *The Sublime Object of Ideology*. New York: Verso.

■ 정부 보고서(정책 보고서와 연구 보고서)

관계부처합동. 2012. 〈제2차 사회적기업 육성 기본계획〉.

기획재정부. 2006a. 〈사회서비스 일자리 재정사업 평가 및 핵심전략과제 도출〉.

_____. 2006b. 〈사회서비스 확충전략에 따른 인력의 전문성 확보방안〉.

_____. 2007a. 〈사회투자재단 역할과 운영방안에 대한 연구〉.

_____. 2007b. 〈해외직업사례를 통한 사회서비스 일자리 창출방안 연구〉.

_____. 2008. 〈사회서비스 수요·공급 실태 정밀조사〉.

기획예산처. 2004. 〈보도자료: 내년도 '사회적 일자리' 27천명 지원요구(6월 17일)〉.

_____. 2006. 〈사회적 기업 재원조달 방안 수립 및 외국사례연구〉.

노동부. 2003. 《사회적 일자리 창출방안 연구》.

_____. 2004b. 〈사회적 일자리 창출사업 확충방안〉, 일자리만들기위원회 3월 26일 회의자료.

_____. 2004a. 〈사회적일자리 창출 사업 중장기 발전방안〉.

_____. 2005. 〈수익형 사회적 일자리 활성화 방안: 기업참여 사례를 중심으로〉.

_____. 2007. 〈사회적기업 활성화를 위한 고용지원센터와 지방자치단체간의 바람직한 역할 방안〉.

_____. 2008. 〈(제1차)사회적기업 육성 기본계획〉.

_____. 2009. 〈사회서비스 일자리 재정지원 사업 실태분석〉.

_____. 2010a. 〈청년창직·창업인턴 성과평가 및 활성화방안 연구〉.

_____. 2010b. 〈2010 사회적기업 육성을 위한 자본시장 연구Ⅱ〉.

_____. 2010c. 〈청년 사회적기업가 육성 사업 추진계획(안)〉.

_____. 2011a. 〈사회적 기업 육성사업 고용영향평가 연구〉.

_____. 2011b. 〈사회적 기업 육성을 위한 전략분야 실태조사: 지역분야〉.

_____. 2011c. 〈청년창직을 통한 지속가능한 일자리 창출 방안 연구〉.

_____. 2012a. 〈사회적기업 육성 기본계획 수립을 위한 기초 조사연구〉.

_____. 2012b. 〈대학생 창업활동 및 창업지원제도 현황 분석〉.

_____. 2013a. 〈사회적기업 활성화 추진계획〉.

_____. 2013b. 〈사회적기업 활성화를 위한 선진국의 정책 실태 조사〉.

_____. 2014. 〈사회적기업 육성정책 개선방안〉.

노동부·한국사회적기업진흥원. 2014. 〈사업보고서 작성매뉴얼(4월 말 제출용)〉.

노동부·함께일하는재단. 2010. 〈2010 사회적기업가 아카데미 교육운영기관 공모사업 안내자료〉.

농촌경제연구원. 2010. 〈농촌지역 활성화와 일자리 창출을 위한 사회적기업 육성방안 연구〉.

미래창조과학부. 2012. 〈기술집약형 사회적 기업 활성화 방안〉.

법제처. 2011. 〈사회적기업에 관한 법제 개선을 위한 연구〉.

보건사회연구원. 2005. 〈사회적 일자리 활성화 및 사회적 기업 발전방안 연구〉.

_____. 2010. 〈고용-지속형 사회적기업: 모형과 발전방안〉.

복지부. 2005. 〈사회적 일자리 활성화 및 사회적 기업 발전 방안 연구〉.

_____. 2010a. 〈국제비교를 통한 사회서비스 예산분석 및 프로그램〉.

_____. 2010b. 〈사회지출이 경제성장에 미치는 효과에 관한 연구〉.

_____. 2011. 〈사회적기업의 사회복지서비스 제공 실태 및 운영 구조 연구〉.

산업연구원. 2011. 〈청년창업 생태계 조성 및 활성화방안〉.

안전행정부. 2009. 〈사회적 기업을 통한 여성일자리 창출방안〉.

여성가족부. 2013. 〈여성친화적 협동조합 및 사회적기업 활성화를 통한 여성일자리 창출방안 연구〉.

여성정책연구원. 2007. 〈사회서비스분야 여성 일자리 창출을 위한 정책과제〉.

참여정부. 2006. 〈비전2030 최종보고서〉.

한국사회적기업진흥원. 2010a. 〈사회적기업 3주년 성과분석〉.

_____. 2010b. 〈사회적기업가아카데미 성과보고서〉.

_____. 2011a. 〈사회적기업의 경제적·사회적 성과〉.

_____. 2011b. 〈2010년 사회적기업가아카데미사업 최종보고서〉.

_____. 2011c. 〈사회적기업의 사회적 가치 측정 사례연구〉.

_____. 2011d. 〈사회적기업 사회적 가치 측정 지표개발에 관한 연구〉.

_____. 2012a. 〈청년 등 사회적기업가 육성사업 운영지침〉.

_____. 2012b. 〈사회적기업 성과분석〉.

_____. 2013a. 〈2012 사회적기업 성과분석〉.

_____. 2013b. 〈세상을 한뼘 더 키우는 프로보노 활동이야기〉.

_____. 2013c. 〈사회적 경제 사회적 가치 측정지표 개발연구〉.

_____. 2013d. 〈소셜벤처 사례집〉.

_____. 2014a. 〈2013 사회적기업 성과분석(기초분석)〉.

_____. 2014b. 〈프로보노 매뉴얼: 착한 나눔, 프로보노 길라잡이〉.

_____. 2014c. 〈사회적 경제 사회가치 측정지표 정교화 및 활용을 위한 연구〉.

_____. 2015. 〈새로운 세상을 만드는 평범한 사람들의 특별한 이야기: 2014 소셜벤처 우수사례집〉.

한국직업능력개발원. 2010. 〈청년 지식기술 창업 활성화 방안〉.

_____. 2011. 〈사회적 기업가의 인력양성 현황과 정책과제〉.

KDI. 2008. 〈나눔과 기부 문화 활성화를 위한 사회적 기업의 역할 제고방안〉.

현대경제연구원. 2012. 〈글로벌경제위기 이후 고용한파 지속〉.

■ 신문 기사(매체 이름, 날짜 기준)

〈사랑으로 보듬는 엄마손은 약손입니다〉. 《경향신문》 2006년 3월 7일.

〈'사회적 벤처' 키우는 美대학들〉. 《경향신문》 2007년 8월 21일.

〈세상을 바꾸는 사람들(1): '사회적 기업가' 그들은 누구인가?〉. 《경향신문》 2007년 10월 9일.

〈인간적인 세계화를 위한 실험, 보노보혁명: 제4섹터, 사회적기업의 아름다운 반란〉. 《경향신문》 2008년 1월 5일.

〈이 시대에 필요한 기업의 사회적 역할은…〉. 《경향신문》 2008년 1월 7일.

〈네팔 빈민여성 자립 돕는 러키 체트리〉. 《경향신문》 2009년 6월 11일.

〈착한 시민이 사회적 기업 살린다〉. 《경향신문》 2009년 7월 4일.

〈산모·아기에 평온과 사랑을. 엄마 품 같은 기업〉. 《경향신문》 2009년 7월 6일.

〈사회적기업이 희망이다 16: 포천 행복도시락〉. 《경향신문》 2009년 7월 20일.

〈사회적기업이 희망이다 (28): 우리가 만드는 미래〉. 《경향신문》 2009년 10월 12일.

〈사회적기업이 희망이다 (37): 충남 홍성 '문당마을'〉. 《경향신문》 2009년 12월 14일.

〈'아쇼카재단' 설립자 미국 빌 드레이턴 방한," 사회적기업가 힘 원천은 높은 수준의 윤리적 자질〉. 《경향신문》 2010년 6월 4일.

〈무담보 소액신용대출 사업 세계적 권위자 우드워스 미국 브리검영대 교수 인터뷰〉. 《경향신문》 2010

년 10월 18일.

〈영국에서 찾은 '시민운동의 희망'〉. 《경향신문》 2011년 3월 26일.

〈인터넷 집단지성 '양날의 칼'〉. 《경향신문》 2011년 6월 4일.

〈유누스, "가난한 사람들을 분재식물처럼 돌봐야"〉. 《경향신문》 2011년 8월 17일.

〈위기의 사회적기업, 사회적기업 보조금, 인건비 아닌 역량 육성 도와야〉. 《경향신문》 2011년 12월 19일.

〈사회적기업, 사회책임투자가 희망〉. 《시민사회신문》 2009년 3월 30일.

〈국민 모두를 소기업 사장으로: 박원순에게 하승창이 '대안경제'를 묻다〉. 《시사IN》 70호(2009년 1월 12일).

〈'마이크로 크레디트' 그라민 은행 무하마드 유누스 총재〉. 《조선일보》 2007년 9월 14일.

〈탈북자 자립 돕는 '희망의 공장' 프로젝트〉. 《조선일보》 2008년 6월 8일.

〈정부주도 서민은행, 제발 정부는 뒤로 빠져라〉. 《조선일보》 2009년 9월 21일.

〈세계 TOP 10 사회적기업가를 찾아서(2): 아쇼카 재단 창업자 빌 드레이튼〉. 《조선일보》 2010년 5월 18일.

〈세계 TOP 10 사회적기업가를 찾아서(4): '안데스 식료품점' 설립자 가음 밥스트〉. 《조선일보》 2010년 7월 13일.

〈道·삼성·成大 사회적 기업 힘모아 양성〉. 《조선일보》 2010년 11월 30일.

〈기업인·학생·기자 한자리, '진짜 나눔'을 논하다〉. 《조선일보》 2010년 11월 23일.

〈경영지도 마케팅 강화키로〉. 《조선일보》 2010년 12월 13일.

〈세계 TOP 10 사회적기업가를 찾아서(10): '하갈(Hagar)' 설립자 피에르 타미〉. 《조선일보》 2011년 1월 11일.

〈사회적 기업가 이지혜씨〉. 《조선일보》 2011년 2월 14일.

〈세계 사회적기업은 진화중: 일본의 사회적기업 '고토랩' 르포〉. 《조선일보》 2012년 5월 22일.

〈더 나은 미래: 무엇을 원하고, 해결하고 싶은지에 집중하라〉. 《조선일보》 2012년 7월 10일.

〈사회봉사도 '기업가 정신'이 필요하다〉. 《중앙일보》 2008년 10월 18일.

〈지금 '사회적 기업'이 주목받는 이유〉. 《중앙일보》 2008년 11월 19일.

〈사회적 기업 활성화시키자〉. 《중앙일보》 2009년 3월 11일.

〈빵으로 '희망' 파는 회사〉. 《중앙일보》 2009년 7월 30일.

〈사회적기업도 성장해야 살아남는다〉. 《중앙일보》 2012년 6월 14일.

〈수정헌법 제1조, 모든 국민은 소기업 사장이 될 수 있다〉. 《프레시안》 2007년 7월 26일.

〈상생의 기업경영: 영국이 찾은 제3의 길〉. 《한겨레》 204년 1월 21일.

〈착한 소비자와 '행복거래' 꿈꾸다〉. 《한겨레》 2008년 7월 24일.

〈영국서 열린 '스콜세계포럼'을 가다: 세계경제권력 시민사회로 이동중〉. 《한겨레》 2009년 3월 30일.

〈'내 밥' 벌고 이웃의 식탁도 채워드려요〉. 《한겨레》 2009년 4월 3일.

〈사회적기업가 학교 교장 되는 신영복 교수 인터뷰〉. 《한겨레》 2009년 7월 15일.

〈아쇼카재단 CEO 빌 드레이턴: 물고기를 줘? 낚시 가르쳐? 어업 통째로 바꿔야 혁신가!〉. 《한겨레》 2009년 11월 13일.

〈신영복 칼럼: 사회와 함께 하는 기업〉. 《한겨레》 2010년 4월 14일.

〈한국, 사회적 기업가 비율 높여야〉. 《한겨레》 2010년 6월 4일.

〈폐기물에 숨 불어넣어 '명품' 만들어요〉. 《한겨레》 2010년 6월 29일.

〈지속가능한 사회적기업 위해 정부·기업과 동반자관계 필요〉. 《한겨레》 2010년 11월 9일.

부록

1. 4장에 적용한 연구 절차

4장에서 한 연구는 다음 같은 연구 절차를 따라 수행됐다.

① '텍스트 차원'에 관련해, 이 연구는 특히 분석 대상이 되는 신문 기사 텍스트들에 등장하는 '어휘들'에 주목했다. 특히 주목한 어휘들은 이념형적 수준에서 전통적으로 진보의 주요 관심사인 사회적이고 공적인 가치 또는 공적 영역과 친화성을 지니는 어휘군들과 전통적으로 보수의 주요 관심사인 시장의 가치 또는 시장 영역에 친화성을 지니는 어휘군들이다. 분석에 사용될 구체적인 두 형태의 어휘들을 추출하기 위해 먼저 담론분석 프로그램인 엔비보 10을 이용해 1차로 수집된 전체 자료를 대상으로 가장 자주 등장하는 관련 어휘들을 추출한 뒤, 형태소 차원에서 유사 어휘들끼리 묶고 목록화해 각각 '사회 가치와 공익 가치 어휘들'과 '시장 가치 어휘들'이라고 명명했다. 이렇게 해서 선별된 두 형태의 어휘군 목록은 '부록 2'에 첨부했다.

② 코드화 작업은 ①의 단계에서 만든 어휘 목록에 바탕해 엔비보 10을 이용해 수행했다. 이때 1차로 추출된 전체 자료 차원에서 사회적 기업 담론과 2차로 추출된 사회적 기업 성공 담론을 개괄적으로 비교하기 위해 두 자료를 대상으로 모두 코드화 작업을 수행했다.

③ 1차로 추출된 전체 자료 차원과 2차로 추출된 사회적 기업 성공 담론에 관한 자료를 모두 대상으로 엔비보 10을 이용해 사회 가치와 공익 가치 어휘들과 시장 가치 어휘들의 출현 빈도를 측정했다. 그리고 정치적 입장 사이를 비교하기 위해 진보 언론과 보수 언론으로 구분해 분석했다. 첫째 자료의 분석 단위는 개별 기사 텍스트고, 둘째 자료의 분석 단위는 개별 문단으로 삼았다.

④ 단순히 전체적으로 두 어휘군이 얼마나 자주 출현하는지를 측정하는 수준을 넘어, 같은 텍스트 안에서 두 어휘군이 어떤 구조로 결합되는지를 전반적으로 파악하기 위해, 엔비보 10을 이용해 두 어휘군이 같은 텍스트 안에서 공출현하는 빈도를 측정했다. 측정 결과를 넷드로우 사회 연결망 분석 프로그램에 입력해 두 어휘군 사이의 연결망과 주성분 분석을 수행했다. 과정 ③처럼 이 과정도 1차로 추출된 전체 자료와 2차로 추출된 사회적 기업 성공 관련 텍스트 자료를 모두 대상으로 해 수행했고, 비교를 위해 진보 언론과 보수 언론을 나눠 분석했다. 또한 분석 단위도 각각 개별 기사와 개별 문단으로 삼았다.

⑤ ④의 분석 결과를 토대로 사회적 기업 성공을 다루고 있는 자료들을 심층 분석했다. 이때 먼저 해당 텍스트들 안에서 사회적 기업의 성공 '기준'이 무엇으로 표현되고 있는지, 그리고 성공을 위한 '방법' 또는 '전략'으로 무엇이 제시되고 있는지 주목했다. 그리고 더 근본적인 차원에서 사회적 기업이 어떤 문제 상황을 풀 해법으로 제시되며 그 해법의 원인은 또 무엇으로 제시되는지를 분석함으로써, 사회적 기업 성공 담론이 어떤 '원인-문제 상황-해법'의 문제 설정 담론 구조로 구성돼 있는지를 분석했다. 서로 다른 정치 진영 사이를 비교하기 위해 진보 언론의 텍스트와 보수 언론의 텍스트를 구분해 분석했다.

⑥ 마지막으로 지금까지 진행된 연구 절차를 적용해 도출된 결과들을 담론적 차원을 넘어서 좀더 넓

은 사회적 실천의 맥락, 특히 신자유주의적 사회 재구조화와 이 과정을 둘러싼 정치 세력들 사이의 헤게모니 투쟁이라는 맥락에 위치시켜 정치적 함의를 해석했다.

2. 사회 가치와 공익 가치 어휘들과 시장 가치 어휘들의 단어 목록

사회 가치와 공익 가치 어휘	시장 가치 어휘
공감, 공공, 공동체, 공생, 공익, 공적인, 공존, 나눔, 도덕적인, 동반, 박애, 비영리, 사회 공헌, 사회적 목적, 사회적 책임, 상생, 선한, 시민, 연대, 윤리적, 이웃, 이타성, 인간적인, 인도적인, 자선, 정의로운, 착한, 함께, 협동, 협력, 호혜적, 희생 정신	경영, 경쟁, 경쟁력, 경제(사회적 경제 미포함), 경제학, 고객, 기업(사회적 기업 미포함), 리스크, 매출, 비즈니스, 사업가(사회사업가 미포함), 사익, 생산성, 서비스, 성장, 소비, 소비자, 손실, 손익, 수익, 수지, 시장, 영리, 이기심, 이윤, 자본, 적자, 주주, 컨설턴트, 컨설팅, 투자, 품질, 혁신, 효율, 흑자

3. 5장에 적용한 연구 절차

5장의 분석은 다음 같은 절차를 거쳐 진행됐다.
① 텍스트 차원의 분석에 관련해, 주요 남성성 어휘들과 여성성 어휘들을 추출했다. 이때 정진경이 샌드라 벰의 성역할 척도(Bem Sex Role Inventory)를 바탕으로 한국의 언어와 문화적 상황을 고려해 개발한 한국형 성역할 검사(KSRI) 척도를 활용했다(정진경 1990). 정진경의 한국형 성역할 검사 문항들은 전통적으로 남성성의 특질이라고 여겨진 특성 20개, 여성성의 특질이라고 여겨진 특성 20개, 기타 특성 20개로 구성된 60개의 문항으로 구성돼 있다. 이 중 이 연구에서 주목한 특성은 전통적으로 남성성의 특성과 여성성의 특성으로 여겨진 각 20개씩의 인간 특성이다. 다만 남성성의 하위 항목 중 하나인 '남성적이다'와 여성성의 하위 항목 중 하나인 '여성적이다'는 지시하는 대상이 지나치게 포괄적이고 모호할 뿐 아니라 다른 항목들의 종합으로서 의미를 가질 수 있다고 판단해 제외하고, 최종적으로 19개씩의 남성성과 여성성 어휘 범주를 활용했다. 그리고 의미론적 유사성에 기반해 유사 어휘들을 각 범주에 포함시켰고, 범주 사이의 중복(최대 2회)을 허용했다. 유의어 검색 도구로는 네이버 국어사전 검색 엔진의 유의어 사전((주)낱말의 낱말창고 DB에서 제공)을 활용했다. 이 남성성과 여성성 어휘들의 목록은 '부록 4'에 정리했다.
② 둘째 단계에서는 담론의 내적 구조를 분석했는데, 이 분석은 다시 두 단계로 나눠 수행했다. 먼저 사회적 기업 담론 내 젠더 담론 구조의 큰 그림을 파악하려고 엔비보 10과 넷드로우를 이용해 같은 텍스트 안의 남성성 어휘와 여성성 어휘들, 사회적 기업이라는 어휘의 공출현 빈도를 조사해 어휘 연결망 주성분 분석을 수행하고, 이 결과를 시각화했다. 다음에는 이렇게 해서 파악된 전체적인 담론 구조를 길잡이 삼아서 직접 텍스트 분석으로 들어가 심층 분석을 수행했다. 이때 특히 주목한 지점들은 가정/일터의 구분, 주요 행위자들 사이의 관계, 여성적인 것과 남성적인 것이 결합되는 서사 구조를 둘러싼 담론적 실천의 양상이었다.
③ 마지막으로 이상의 담론 분석 과정에서 파악된 결과들을 진보와 보수 사이의 헤게모니 투쟁, 젠더의 정치학, 신자유주의 통치 같은 좀더 넓은 권력 관계의 맥락에 위치시켜 해석했다.

4. 남성성과 여성성 어휘 목록

남성성

정진경의 한국형 성역할 검사 남성성 지표	추가한 유의어
믿음직스럽다	듬직하다, 든든하다, 진중하다, 점잖다
의욕적이다	적극적이다, 능동적이다, 성취 욕구가 강하다, 활동적이다, 경쟁하다
과묵하다	진중하다, 점잖다
자신의 신념을 주장한다	확신하다, 소신 있다, 자신하다, 자부하다
강하다	굳세다, 확고하다, 강인하다, 튼튼하다, 힘이 세다
의지력이 강하다	성취 욕구가 강하다, 의욕적이다
자신감이 있다	자신하다, 자신만만하다, 확신하다, 낙관하다
대범하다	대담하다, 담대하다, 과감하다, 용감하다, 용기 있다, 위험을 무릅쓰다, 얽매이지 않다
털털하다	수수하다
집념이 강하다	고집 있다, 일념이 강하다, 칠전팔기의 정신을 갖는다, 끈질기다, 억척스럽다, 줄기차다, 집요하다, 포기하지 않는다, 의지력이 강하다, 성취 욕구가 강하다
박력이 있다	추진력이 있다, 밀고 나가다,
의리가 있다	신의를 지키다
독립적이다	자립적이다, 주체적이다, 자활, 자조, 스스로, 자력으로, 혼자 힘으로
지도력이 있다	리더십이 있다, 통솔력이 있다, 주도하다, 앞장서다, 이끌다
씩씩하다	늠름하다, 용감하다, 명랑하다, 쾌활하다
결단력이 있다	과감하다
야심적이다	야망이 있다, 포부가 크다, 패기 있다
모험적이다	위험을 무릅쓰다(감수하다), 도전, 실험, 시도, 개척정신, 프런티어
근엄하다	엄하다, 엄숙하다, 권위적이다, 권위주의적이다

여성성

정진경의 한국형 성역할 검사 여성성 지표	추가한 유의어
섬세하다	치밀하다, 용의주도하다, 꼼꼼하다, 세심하다, 신중하다, 빈틈없다
다정다감하다	다정하다, 살갑다, 친근하다, 사랑, 정답다, 상냥하다
어질다	자상하다, 자비롭다, 인자하다, 자애롭다, 관대하다, 보듬다, 껴안다, 끌어안다, 선하다, 사랑, 포용하다
차분하다	조용하다, 침착하다, 얌전하다
친절하다	상냥하다
알뜰하다	지극하다, 살뜰하다, 알뜰살뜰하다, 근검하다, 절약하다
온화하다	온후하다, 따뜻하다, 어질다, 온순하다, 인자하다, 상냥하다, 자상하다, 너그럽다, 자애롭다, 포용하다
유순하다	순하다, 순종적이다, 부드럽다, 고분고분하다, 얌전하다
부드럽다	유순하다, 순하다, 원만하다, 유연하다, 유하다
민감하다	예민하다, 까다롭다

상냥하다	다정다감하다, 다정하다, 정답다, 친절하다, 부드럽다
순종적이다	순응적이다, 따르다
감정이 풍부하다	감상적이다, 낭만적이다, 감정 이입하다, 눈물 흘리다, 울다, 감동하다
꼼꼼하다	섬세하다, 치밀하다, 용의주도하다, 세심하다, 신중하다, 빈틈없다, 조심스럽다, 철두철미하다, 철저하다
깔끔하다	매끈하다, 정갈하다, 정결하다, 청결하다, 깨끗하다, 위생적이다
얌전하다	온순하다, 순하다, 부드럽다, 차분하다, 조용하다
따뜻하다	온화하다, 온후하다, 자상하다, 인자하다, 너그럽다, 자애롭다, 정답다, 다정다감하다, 다정하다, 사랑, 포근한
인정이 많다	정이 많다, 공감적이다, 정감적이다, 연민을 느끼다, 동정심을 느끼다, 불쌍히 여기다, 애처롭게 여기다, 딱하게 여기다, 측은하게 여기다, 안타깝게 여기다, 슬프다, 가엽게 여기다, 안쓰럽게 여기다, 가슴 아프다, 마음 아프다, 애통해하다, 애석해하다, 감정 이입하다, 인간적이다, 인간적이다, 마음이 따뜻하다, 착한, 선한, 사랑
싹싹하다	나긋나긋하다, 상냥하다, 친절하다

※정진경이 개발한 한국형 성역할 검사 도구를 참조해, 조금 수정하고 유의어를 덧붙여 확장했음.

5. 6장에 적용한 연구 절차

6장에서 진행한 연구는 다음 같은 연구 절차를 따랐다.

① 먼저 어떤 언표들이 사회적 기업가 담론을 구성하는 주요 요소인지 확인했다. 이때 특히 주목한 요소는 텍스트들에 등장하는 주요 '어휘들'이다. 어떤 어휘들이 해당 텍스트들에 자주 등장하는지 확인하기 위해 담론 분석 프로그램인 엔비보 10을 이용해 모든 어휘들의 출현 빈도를 조사한 뒤, 어휘들을 형태소와 의미의 유사성을 기준으로 통합하고 분류해 가장 자주 사용된 어휘 목록 100개를 추출했다. 주요 어휘들의 출현 빈도는 아래 '부록 6'에 정리했다.

② 사회적 기업가 담론을 구성하는 하위 담론을 파악하기 위해 위 100개의 어휘들을 의미의 유사성과 연관성을 기준으로 범주화한 뒤, '변화 지향', '사회 문제 해결 지향', '공동체 가치 지향', '시장 지향', '기타' 등 다섯 범주로 묶었다.

③ 이 중 '기타' 범주를 뺀 네 범주의 어휘들이 사회적 기업가 담론 속에서 어떤 구조로 결합되는지를 전반적으로 파악하기 위해 엔비보 10을 이용해 어휘군들이 같은 텍스트 안에서 공출현하는 빈도를 측정했다. 측정 결과를 넷드로우 사회 연결망 분석 프로그램에 입력해 이 어휘들 사이의 연결망과 주성분 분석을 수행했다.

④ 지금까지 진행한 분석 절차에 근거해 그다음 단계에서 사회적 기업가들을 다루고 있는 자료들을 심층 분석했다. 이때 사회적 기업가가 담론화되는 주체 형태들의 유형을 파악하고, 그 유형들 중 특히 지배적인 구실을 하는 유형이 무엇인지를 파악하며, 어떤 담론 전략들을 거쳐 여러 언표들이 결합되는지를 분석하는 데 특히 주목했다. 곧 어떤 형태가 나머지 형태들을 지배하는 좀더 핵심적 형태로 표상돼 사회적 기업가 주체에 일정한 일관성을 부여하는 지배적 구실을 하는지 분석했다. 그런 분석을 위해 먼저 각 주체 형태들을 규정하는 핵심 능력이나 자질들이 텍스트에서 언급되는 빈도를 측정했다. 다음으로 그런 능력과 자질들이 같은 텍스트 속에서 동시에 언급될 때, 그중 무엇이 더 중시되는지를 측정했다.

⑤ 이 연구는 이런 분석을 거쳐 파악된 사회적 기업가라는 새로운 담론적 주체가 단지 사회적 기업을 운영하는 특수한 부류의 사람들만을 겨냥하는 데 그치지 않고, 국민 전체를 사회적 기업가로 변형하려는 보편적 주체화의 담론 기획 속에서 구성된다는 점에 주목했다. 따라서 다음 단계에서는 이

런 보편적 주체화의 담론 기획이 어떤 담론적 논리와 전략을 거쳐 작동하는지를 분석했다. 이 과정
도 진보 신문과 보수 신문으로 구분해 분석했다. 진보 세력과 보수 세력 사이 담론 전략의 차이가
있는지를 파악하려고 ①부터 ⑤까지 이어지는 전 과정은 진보 신문과 보수 신문으로 구분해 수행
했다.

⑥ 마지막으로 앞서 서술한 분석 과정을 거쳐 나온 결과들을 좀더 넓은 비담론적 차원의 정치적 헤게
모니 투쟁이나 신자유주의 체제 등에 관련지어 해석한 뒤, 사회적 기업가 주체의 담론적 구성이 지
니는 정치적 함의를 분석했다.

6. 주요 어휘의 출현 빈도(사회적 기업가 텍스트)

순위	주요어휘	출현 빈도	순위	주요어휘	출현 빈도
1	기업(사회적 기업 제외)	474	2	지원	326
3	취약 계층들(취약 계층, 여성, 장애인, 빈민, 실업자 등)	242	4	육성	212
5	국가	201	6	혁신	196
7	사회 문제들(실업, 고용난, 환경 문제, 장애인 문제, 양극화, 빈곤 문제 등)	178	8	교육	161
9	창업	161	10	청년	145
11	수익	141	12	일자리(고용, 취업 포함)	139
13	경제(사회적 경제 제외)	135	14	지역	121
15	공동체	117	16	경영	109
17	시장	100	18	경영자(기업가, 최고 경영자, 사업가 포함/ 사회적 기업가 제외)	98
19	해결	94	20	변화시키다	91
21	금융	89	22	새로운	83
23	시민	78	24	바꾸다	76
25	투자	76	26	참여	70
27	성장	67	28	희망	66
29	지속 가능한	63	30	시민단체	62
31	서비스	56	32	기부	54
33	창의성	49	34	사회운동(시민운동, 빈민 운동, 노동 운동 등)	48
35	리더	47	36	사회 공헌	45
37	미래	44	38	자립	44
39	대안	43	40	복지	43
41	꿈	41	42	비영리	41
43	자본주의	41	44	소액 대출	40
45	책임	37	46	컨설팅	37

47	경쟁	35	48	봉사	35
49	자본	35	50	협력	35
51	전문가	32	52	좋은	32
53	도움	31	54	효율	31
55	공공	29	56	열정	27
57	자선	27	58	더 나은	25
59	청소년	25	60	대학생	24
61	사회운동가	23	62	연대	23
63	공유	22	64	지자체	22
65	행복	22	66	도전	21
67	나눔	20	68	실험	19
69	윤리	19	70	공익	17
71	민간	17	71	예산	17
73	착한	17	74	공감	16
75	자활	16	76	파트너	16
77	경쟁력	15	78	개선	14
79	사회적 경제	14	80	공생	13
81	변혁	13	82	사회적 목적	13
83	신뢰	12	84	전문성	12
85	자발적인	11	86	소비	10
87	소비자	10	88	실용적	10
89	의미 있는	10	90	개척	9
91	상생	9	92	자유	9
93	사회 통합	8	94	사회 환원	7
95	혁명	7	96	공정	6
97	사회사업	6	98	인간적인	6
99	품질	6	100	헌신	6
101	주주	5	102	공존	4
103	도덕적인	4	104	제3섹터	3
105	고객	3	106	동반	3
107	생산성	3	108	제4섹터	2
109	리스크	2	110	자율	2
111	협약	2	112	박애	1
113	이타성	1	114	정의로운	1
115	형평	0	116	호혜적	0
117	희생정신	0			

찾아보기